Compliance und Rechtsstaat

Frankfurter kriminalwissenschaftliche Studien

Bd./Vol. 146

Zu Qualitätssicherung und Peer Review der vorliegenden Publikation

Die Qualität der in dieser Reihe erscheinenden Arbeiten wird vor der Publikation durch Herausgeber der Reihe geprüft.

Notes on the quality assurance and peer review of this publication

Prior to publication, the quality of the work published in this series is reviewed by editors of the series.

Björn Kruse

Compliance und Rechtsstaat

Zur Freiheit von Selbstbelastung bei Internal Investigations

PL ACADEMIC RESEARCH

Bibliografische Information der Deutschen Nationalbibliothek
Die Deutsche Nationalbibliothek verzeichnet diese Publikation in der Deutschen Nationalbibliografie; detaillierte bibliografische Daten sind im Internet über http://dnb.d-nb.de abrufbar.

Zugl.: Frankfurt (Main), Univ., Diss., 2014

Gedruckt auf alterungsbeständigem,
säurefreiem Papier.

D 30
ISSN 0170-6918
ISBN 978-3-631-65354-8 (Print)
E-ISBN 978-3-653-04546-8 (E-Book)
DOI 10.3726/978-3-653-04546-8

PL Academic Research ist ein Imprint der Peter Lang GmbH.

Peter Lang – Frankfurt am Main · Bern · Bruxelles · New York ·
Oxford · Warszawa · Wien

Diese Publikation wurde begutachtet.

www.peterlang.com

Meinen Eltern und meiner Schwester

„Es ist nicht genug, zu wissen, man muss auch anwenden. Es ist nicht genug, zu wollen, man muss auch tun.“ *Johann Wolfgang von Goethe*

Vorwort

Die vorliegende Arbeit wurde vom Fachbereich Rechtswissenschaft der Johann Wolfgang Goethe-Universität in Frankfurt am Main im Februar 2014 als Dissertation angenommen.

Mein herzlicher Dank gebührt meinem akademischen Lehrer *Prof. Dr. Peter-Alexis Albrecht*, der mich in den Vorlesungen des ersten Semesters für das Strafrecht gewonnen und bis zum Abschluss meiner Dissertation gefördert hat. Ich habe die Ausbildung zu einem kritischen Frankfurter Strafrechtler als Student sowie als Mitarbeiter und Doktorand im Rahmen der Vorlesung, der Seminare und der vielen persönlichen Gespräche sehr geschätzt. Diese Zeit hat mich geprägt.

Prof. Dr. Wolfgang Naucke gebührt mein hochachtungsvoller Dank, nicht nur für die zügige Erstellung des Zweitgutachtens, sondern auch für den gemeinsamen Austausch im Frankfurter Dienstagsseminar, der mich für die kritischen Aspekte meiner Dissertation sensibilisiert hat.

Ich danke *Gerd Becht*, der mein Interesse für das Thema Compliance weckte und mir einen tiefen Einblick in die praktische Arbeit eines Großkonzerns gewährt hat. Ich freue mich auch in Zukunft über seinen Rat.

Zudem danke ich *Dr. Marc Fornauf*, der mich schon in den ersten Jahren des Studiums als Tutor für das Strafrecht begeisterte und mich von der Auswahl des Themas bis zum Abschluss meiner Dissertation, trotz seiner Tätigkeit als Rechtsanwalt, zu jeder Zeit persönlich und fachlich unterstützt hat. Ohne ihn hätte ich meine Dissertation nicht in diesem Zeitraum abgeschlossen.

Darüber hinaus danke ich *Dr. Stefan Vogelsang* für seine Hilfe die praktischen Aspekte von Compliance zu verstehen sowie *Gerhard Malle* für seine Unterstützung.

Mein Freund *Mathias Grzesiek* begleitet mich seit der siebten Klasse. Ihm gebührt mein brüderlicher Dank für seine Freundschaft sowie die juristische Zusammenarbeit, die uns vom Abitur, über das juristische Staatsexamen und die gemeinsame Lehrstuhlarbeit bis zu unseren Dissertationen geführt hat. Ich kann mich immer auf ihn verlassen.

Ich danke zudem den Herausgebern für die Aufnahme meiner Dissertation in die Frankfurter Kriminalwissenschaftliche Schriftenreihe sowie den Organisatoren des Frankfurter Dienstagsseminars für die Möglichkeit, meine Thesen vorzutragen. Dies hat mich in meiner juristischen Arbeit und meinem Willen, die Dissertation abzuschließen, sehr gestärkt.

Meinen *Kommilitonen*, die mich seit dem Anfang meines Studiums begleitet haben, danke ich für die gemeinsame unvergessliche Studienzeit und für die hilfreichen Ablenkungen in den vielen unterhaltsamen Kaffeepausen.

Ich widme meine Dissertation meinen Eltern und meiner Schwester, die mich zu jederzeit bedingungslos unterstützten und mir auch in zeitintensiven Abschnitten meiner juristischen Tätigkeiten immer zur Seite standen. Ohne Euch hätte ich es nicht geschafft. Familie ist von unschätzbarem Wert.

Frankfurt am Main, im Frühjahr 2014 *Björn Kruse*

Inhaltsverzeichnis

Einleitung

Der Begriff Compliance ist in aktiengesellschaftlichen Unternehmensstrukturen allgegenwärtig und hat sich als ein fester Bestandteil der Unternehmensorganisation etabliert. Dazu haben insbesondere medienwirksame korruptions-[1], daten-[2] und kartellrechtliche[3] Verfahren in Großunternehmen sowie eine verschärfte unternehmensbezogene Gesetzgebung und Gesetzesanwendung beigetragen. Auch in Zukunft wird das Thema Compliance keine „Binsenweisheit“[4] oder „Modewort“[5] sein, sondern, gerade im Hinblick auf die Unternehmensverantwortlichkeit und eine etwaige Strafbarkeit juristischer Personen,[6] im Rahmen der Unternehmensstrukturen wegweisend bleiben[7].

Ungeachtet genauer Begriffsbestimmungen wird Compliance allgemein mit der Einhaltung von Regeln und Gesetzen definiert.[8] Damit ist zunächst nicht viel gesagt und es erklärt vor allem auch nicht, warum Compliance zunehmend an Bedeutung im Wirtschaftsleben gewinnt. „Normen des positiven Rechts sind stets auf Geltung berechnet“[9], es ist daher eher ein „in allen Rechtsstaaten selbstverständliches Prinzip“[10],

---

1 Siehe *Presseerklärung der Siemens AG v. 15.12.2008*; *Ad-hoc Meldung der Siemens AG v. 15.12.2008*; vgl. Jahn, StV 2009, 41ff.

2 Siehe zu Deutsche Bahn und Deutsche Telekom, *Brockhaus*, in: Knierim/Rübenstahl/Tsambikakis, Internal Investigations, Kap. 26 Rn. 20ff.; *Knierim*, StV 2009, 324.

3 *Presseerklärung der EU-Kommission v. 21.2.2007* zum „Aufzug-Kartell“, u.a. Thyssen-Krupp, siehe IP/07/209; *Presseerklärung der EU-Kommission v. 4.12.2013* zum „Libor-Skandal“, u.a. Deutsche Bank, siehe IP/13/1208.

4 *U. Schneider*, ZIP 2003, 646.

5 Auf diesen Verdacht weisen hin *Jahn*, ZWH 2012, 478; *Rotsch*, ZIS 2010, 615; *Moosmayer*, NJW 2012, 3013.

6 Siehe Antrag der „SPD-Fraktion“ v. 16.4.2013, BT-Drucks. 17/13087; siehe auch *Kutschaty*, DRiZ 2013, 16f.; dagegen *BRAK-Stellungnahme-Nr. 9/2013*, S. 2ff.

7 Vgl. *Bock*, Criminal Compliance, S. 22.

8 *Hauschka*, in: Hauschka, Corporate Compliance, § 1 Rn. 2; *Bock*, Criminal Compliance, S. 19; *Momsen*, ZIS 2011, 508; *Rotsch*, ZIS 2010, 614; *Eufinger*, CCZ 2012, 21; *Dix*, ZIS 2011, 110; *Kort*, NZG 2008, 84.

9 *Jahn*, ZWH 2012, 478.

10 *Hauschka*, in: Hauschka, Corporate Compliance, § 1 Rn. 2; vgl. *Prittwitz*, in: Compliance und Strafrecht, S. 126; *Rotsch*, ZIS 2010, 614; *ders.*, in: FS-Samson, S. 142.

die Regeln und Gesetze einzuhalten. „So allgemein verstanden ist es weder neu noch besonders aufregend, dass es Compliance gibt.“[11] Vielmehr ist das ‚Wie‘, also die Umsetzung eines konformen Verhaltens in Unternehmensstrukturen, das wesentliche Ziel der Compliance. Dies beinhaltet unter anderem organisatorische Maßnahmen des Risikomanagements, um rechtswidrigen Handlungen entgegenzuwirken und zudem internes Fehlverhalten repressiv aufzudecken. Letztere Compliance-Maßnahmen bezwecken auch interne Ermittlungen, sog. Internal Investigations, zur Aufklärung einzelner Rechtsverstöße jeglicher Art.

Gegenstand der vorliegenden Untersuchung ist es, die Vorteile der Compliance im Hinblick auf die Abwendung von Strafzahlungen gegen das Unternehmen aufzuzeigen, aber auch mögliche Gefahren darzustellen. Durch das zunehmende Ausmaß unternehmensweiter Compliance-Managements und das Bestreben, internes Fehlverhalten selbst aufzuklären, liegt eine Parallele zu Ermittlungsverfahren der Strafverfolgungsbehörden vor, die kritisch zu hinterfragen ist. Es ist zu befürchten, dass die Verselbstständigung der Ermittlungen in Unternehmen die Entstehung einer (rechtlichen) Subkultur im Hinblick auf die Verfolgung von Wirtschaftsdelinquenz fördern könnte.

Ein Bestandteil der Internal Investigations sind auch Befragungen der Mitarbeiter, sog. Interviews, die durch Gedächtnisaufzeichnungen, im Wesentlichen aber durch Interviewprotokolle dokumentiert werden und selbstbelastende Auskünfte beinhalten können. Die Besonderheit dieser Art der Arbeitnehmerbefragung ist, dass dem befragenden Arbeitgeber ein Auskunftsanspruch zusteht, der im Zweifel durch arbeitsrechtliche Maßnahmen und Sanktionsandrohungen wie Abmahnungen, Kündigung oder Schadensersatzforderungen durchgesetzt werden kann.

Abgesehen von arbeitsrechtlichen Maßnahmen kann der Inhalt des Gesprächs bzw. der Interviewprotokolle – sofern ein strafrechtlich relevantes Verhalten offenbart wird – auch für die zuständigen Strafverfolgungsbehörden von Bedeutung sein. Dabei bestehen zwei Möglichkeiten, die zur naheliegenden Verwendung in einem Strafverfahren führen können. Entweder gibt das Unternehmen die Unterlagen ungeachtet der konkreten Interessen freiwillig an die Strafverfolgungsbehörden heraus oder die entsprechenden Unterlagen werden beschlagnahmt. Dieser Transfer kann dazu führen, dass rechtsstaatliche und verfassungsrechtliche Prinzipien an Bedeutung verlieren. Die dabei aufgeworfenen rechtlichen und insbesondere verfassungsrechtlichen Bedenken sollen vom Entstehen bis zur Verwendung der Interviewprotokolle diskutiert werden, um die Rechtmäßigkeit der Verwertbarkeit der Beweismittel zu hinterfragen. Dagegen sprechen auch keine grundsätzlichen

11 *Kuhlen*, in: Compliance und Strafrecht, S. 1.

Hindernisse. Das Argument, dass sich strafprozessuale Prinzipien nur an staatliche Institutionen richten,[12] ist in diesem Zusammenhang „zu simpel und auch zu oberflächlich“, um den „Kern des Problems treffen zu können“[13].

Zu erörtern ist, ob die zivilrechtliche Auskunftspflicht – bei selbstbelastendem Inhalt – aufgrund der Gefahr einer strafrechtlichen Verwertung eingeschränkt werden muss und gegebenenfalls ein Auskunftsverweigerungsrecht zu erwägen ist. Sofern die Unterlagen beschlagnahmt werden, ist fraglich, ob aufgrund der oft rechtsanwaltlich durchgeführten Internal Investigations etwaige Beschlagnahmeverbote einschlägig sind. Sobald der Transfer in ein Strafverfahren stattfindet, ist des Weiteren zu hinterfragen, wie die Interviewprotokolle im Rahmen des Urkundenbeweises Einzug in die Hauptverhandlung finden könnten und damit grundsätzlich verwertbar wären.

Wesentlicher Fokus der vorliegenden Untersuchung soll auf dem intradisziplinären Spannungsverhältnis zwischen der arbeitsrechtlichen Auskunftspflicht und dem strafprozessualen Nemo-tenetur-Prinzip liegen. Neben der Frage eines Auskunftsverweigerungsrechts in der arbeitsrechtlichen Befragungssituation ist darüber hinaus in Betracht zu ziehen, ob ein Beweisverwertungsverbot erforderlich ist, wobei die Umstände der arbeitsrechtlichen Befragung bei der Beurteilung der Zwangswirkung miteinzubeziehen sind. Dabei sind insbesondere, aufgrund der Intradisziplinarität des Spannungsverhältnisses, der Aspekt der Einheit der Rechtsordnung, die Übertragbarkeit der Grundsätze des „Gemeinschuldner-Beschlusses“ des Bundesverfassungsgerichts sowie die Reichweite eines möglichen Beweisverwertungsverbots zu diskutieren.

Um das Problem der Freiheit von Selbstbelastung im Rahmen von Internal Investigations richtig zu erfassen, bedarf es eingangs der Sichtung der zugriffsbegrenzenden Prinzipien eines rechtsstaatlichen Strafrechts des Freiheitsschutzes. Im Rechtsstaat gibt es keinen strafrechtlichen Zugriff um jeden Preis, sondern nur eine verfassungsrechtlich und vor allem menschenrechtlich legitimierte Strafverfolgung.

---

12 Siehe zu § 136a StPO *Raum*, StraFo 2012, 398.

13 Deutlich und zutreffend im Hinblick auf § 136a StPO *Hassemer/Matussek*, Das Opfer als Verfolger, S. 76.

Kapitel 1: Das Nemo-tenetur-Prinzip im rechtsstaatlichen Strafprozessrecht

Zunächst wird die Bedeutung des Nemo-tenetur-Prinzips im Rahmen zentraler Prinzipien des rechtsstaatlichen Strafrechts erläutert.

A. Freiheit als Grundlage staatlichen Rechts

Der Begriff des Rechts ist vielseitig und wurzelt in divergierenden gesellschaftstheoretischen Ansätzen. Das Fundament moderner Staatslehre ist die Frage nach dem Zustand, der vorherrschte, noch bevor von einer Gesellschaft oder auch Gemeinschaft gesprochen werden konnte.

1. *Hobbes*, der diesen Weg maßgeblich vorzeichnete,[14] nennt diesen Zustand ein „Krieg aller gegen alle", in dem „alle ein Recht auf alles hätten", und betitelt dies als „Naturzustand"[15]. Der Mensch sei zwar von Natur aus nicht böse, er habe jedoch von Natur aus Begierden, Furcht und Zorn[16]. Dies führe dazu, dass die guten von den bösen Menschen nicht hinreichend unterschieden werden könnten, was letztlich zum Misstrauen aller gegenüber allen führe.[17] Man müsse dem anderen zuvorkommen, ihn unterjochen, um sich auf alle Weisen zu verteidigen.[18] *Hobbes* zeichnet damit ein negatives Menschenbild, das bei fehlendem gemeinsamen Konsens und Zusammenhalt in einer Auseinandersetzung zwischen den einzelnen Individuen endet und somit zu einem „Kriegszustand" führt.[19] Davon ausgehend kann das Ziel menschlichen Zusammenlebens nur die Überwindung

---

14 So *Naucke*, Kant und die psychologische Zwangstheorie Feuerbachs, S. 7.

15 *Hobbes*, Vom Menschen vom Bürger, S. 69. „I demonstrate, in the first place, that the state of men without civil society, which state we may proberly call state of nature, is nothing else but a mere war of all against all", siehe *ders.*, The English Works of Thomas Hobbes, 1841 Vol. II, S. XVII.

16 *Hobbes*, Vom Menschen vom Bürger, S. 68f.

17 *Hobbes*, Vom Menschen vom Bürger, S. 68f.

18 *Hobbes*, Vom Menschen vom Bürger, S. 69.

19 *Hobbes*, Vom Menschen vom Bürger, S. 69; *ders.*, Leviathan, S. 119; *ders.*, The English Works, 1841 Vol. II, S. XVII; so auch *Harzer*, Der Naturzustand als Denkfigur moderner praktischer Vernunft, S. 31.

dieses „elenden Zustands“[20] sein. Trotz dieses Zustands oder gerade aufgrund von ihm ist das Individuum keinen öffentlichen bzw. gemeinschaftlichen Zwängen ausgesetzt. Dem Naturzustand immanent und Grundlage des Rechts ist der Gedanke der Freiheit,[21] bei dem der Mensch jedem anderen in Körper und Geist gleich ist[22]. „Das Naturrecht ist die Freiheit, nach welcher ein jeder zu Erhaltung seiner selbst seine Kräfte beliebig gebrauchen und folglich alles, was dazu etwas beizutragen scheint, tun kann.“[23] Freiheit ist, ihrer ursprünglichen Bedeutung nach, die Abwesenheit aller äußeren Hindernisse in sich.[24] Der freiheitliche Naturzustand ist der wesentliche Bestandteil weiterer Ansätze, die den Begriff des Rechts herleiten und darstellen. Das Wie der Konstitution einer Gemeinschaft baut auf dem Gedanken des Naturzustands und der Freiheit auf, wird jedoch unterschiedlich interpretiert.

Hobbes beschreibt den Weg zur Bildung der Gemeinschaft mittels des Vertragskonstrukts. Im Naturzustand folgt jeder seinem eigenen Ziel und übt Gewalt selbst aus, weshalb in diesem Zustand „keiner, sollte er auch der Stärkste sein, sich für sicher halten kann“[25]. Der Ursprung der „großen und dauernden Verbindung der Menschen“ erfolgt daher aus der Furcht, von anderen verletzt zu werden.[26] Solange der Mensch sich sein Naturrecht – „alles zu tun, was er will“ – vorbehält, dauert auch der Krieg an.[27] „Jeder muss von seinem Recht auf alles – vorausgesetzt, dass andere dazu auch bereit sind – abgehen und mit der Freiheit zufrieden sein, die er den übrigen eingeräumt wissen will.“[28] Den wechselseitigen Verzicht betitelt Hobbes als Vertrag.[29] Dies schafft kein neues Recht, das das Individuum nicht schon von Natur aus hätte, sondern es tritt das Recht einem anderen nur so ab, dass jeder sein schon vorher gebrauchtes Recht ausüben kann, ohne von diesem ein Hindernis zu befürchten.[30]

---

20 *Hobbes*, Leviathan, S. 151. „And the life of man, solitary, poor, nasty, brutish, and short“, *ders.*, Leviathan (engl.), S. 62; *ders.*, Vom Menschen vom Bürger, S. 69f.; *Harzer* spricht von einem „schrecklichen Leben“, *ders.*, Der Naturzustand als Denkfigur moderner praktischer Vernunft, S. 39; *Naucke* nennt es einen „nicht erträglichen Zustand“, *ders.*, in: Christentum und modernes Recht, S. 215.

21 *Hobbes*, Leviathan, S. 119; vgl. *ders.*, Vom Menschen vom Bürger, S. 70.

22 *Naucke*, Kant und die psychologische Zwangstheorie Feuerbachs, S. 8.

23 *Hobbes*, Leviathan, S. 118.

24 *Hobbes*, Leviathan, S. 118.

25 *Hobbes*, Leviathan, S. 119.

26 *Hobbes*, Vom Menschen vom Bürger, S. 79.

27 *Hobbes*, Leviathan, S. 119; *ders.*, Vom Menschen vom Bürger, S. 70.

28 *Hobbes*, Leviathan, S. 119.

29 *Hobbes*, Leviathan, S. 119ff.

30 *Hobbes*, Leviathan, S. 120.

Dieser Vertrag ist jedoch zunächst nur ein „gedankliches Konstrukt“[31] und hat keine zwingende Bindungswirkung. Jedoch stellt *Hobbes* fest, dass vertragliche Abkommen zu halten seien, da man ansonsten dem Recht auf alles vergeblich entsagt hätte und der Krieg aller gegen alle bleiben würde.[32] Verträge können an und für sich den Zustand des Krieges aller gegen alle nicht aufheben, da bloße Worte keine Furcht erregen können.[33] Diese Furcht, insbesondere vor Strafe, muss jedoch auf die Einhaltung des Vertrags drängen.[34] Dies kann nur mit der Ausübung der allgemeinen Gewalt erreicht werden, derer sich alle unterworfen haben. Und als hätte jeder zu jedem gesagt: „Ich übergebe mein Recht, mich selbst zu beherrschen, diesem Menschen oder dieser Gesellschaft unter der Bedingung, dass du ebenfalls dein Recht über dich ihm oder ihr abtrittst“, werden Einzelne zu einer Person und heißen Staat oder Gemeinwesen[35]. „Dabei wollte Hobbes zeigen, durch welchen Akt es rechtlich möglich wird, dass sich das Volk (im Sinne der bloßen Menschenmenge) als Volk (in staatsrechtlicher Bedeutung) konstituiert.“[36] Gleichermaßen entstehen durch diesen Vertrag zum einen die Staatsgewalt als Quelle der staatsrechtlichen Kompetenz, die allgemeine Gewalt auszuüben, und zum anderen auch die staatsbürgerliche Pflicht, sich dieser Gewalt unterzuordnen.[37]

2. Auch der Vertragstheoretiker *Rousseau* legt seinen Theorien den Naturzustand sowie die Freiheit des Individuums zugrunde. „Der Mensch ist frei geboren und überall liegt er in Ketten.“[38] Er unterstellt dabei, dass das Fortbestehen des Naturzustandes den Menschen schaden und das Menschengeschlecht zugrunde gehen würde, sofern es die Art seines Daseins nicht ändere.[39] Das Verlassen des Naturzustandes ist daher vielmehr logische Konsequenz. „Allein die Vorteilssuche treibt den Menschen aus dem Naturzustand.“[40] Die Menschen schließen einen Vertrag, um ihre eigene Nutzenposition zu verbessern[41] und vereinen daher ihre

---

31 *Albrecht*, Kriminologie, S. 105.
32 *Hobbes*, Leviathan, S. 129.
33 *Hobbes*, Leviathan, S. 151.
34 *Hobbes*, Leviathan, S. 151.
35 *Hobbes*, Leviathan, S. 155.
36 *Hüning*, Freiheit und Herrschaft in der Rechtsphilosophie des Thomas Hobbes, S. 191.
37 Vgl. *Hüning*, Freiheit und Herrschaft in der Rechtsphilosophie des Thomas Hobbes, S. 192.
38 *Rousseau*, Vom Gesellschaftsvertrag oder Grundsätze des Staatsrechts, S. 5.
39 *Rousseau*, Vom Gesellschaftsvertrag oder Grundsätze des Staatsrechts, S. 16.
40 *Kersting*, Jean- Jacques Rousseaus „Gesellschaftsvertrag“, S. 56.
41 *Kersting*, Jean- Jacques Rousseaus „Gesellschaftsvertrag“, S. 56.

Kräfte stärker als jeder Widerstand, um sie gemeinsam wirken zu lassen[42]. Die Problematik des Zusammenschlusses besteht darin, eine Form zu finden, die mit ihrer ganzen gemeinsamen Kraft die Person und das Vermögen jedes einzelnen verteidigt sowie schützt und gleichzeitig jeder genauso frei bleibt wie zuvor.[43] Diese Form kann nur der Gesellschaftsvertrag sein, dessen Vertragsgrundlage die „volonté générale" – der Allgemeinwille – ist.[44] Durch diesen Zusammenschluss wird aus jedem Einzelnen eine „sittliche Gesamtkörperschaft", die aus ebenso vielen Gliedern besteht, wie die Versammlung Stimmen hat, und die durch diesen Akt ihre Einheit und ihr „gemeinschaftliches Ich" erhält.[45] Diese „öffentliche Person" nennt sich Staat.[46]

Allen Ansichten des Gesellschaftsvertrags ist gemeinsam, dass der Vertrag „nur" als „gedankliches Konstrukt"[47] existiert, um den Naturzustand zu überwinden: „Im Falle eines Konflikts, also dann, wenn ein anderer unerlaubt in die eigene Freiheitssphäre eindringt, soll der Mensch auf den Einsatz eigener Gewaltmittel"[48], die ihm kraft Natur gegeben sind, verzichten. Um das Opfer jedoch nicht schutzlos zu stellen, überträgt das Individuum sein Gewaltmonopol auf einen neutralen Dritten, der dann die Lösung des Konflikts übernimmt.[49] „Mit dem wechselseitigen Verzicht auf Gewalt und deren Übertragung auf einen Dritten ist der Staat begründet."[50] Zu diesem Zeitpunkt tritt das Individuum in den Zustand des Rechts ein.[51]

Der gegenseitige Verzicht auf Gewalt kann mittels des Gesellschaftsvertrags hergestellt werden. Daneben ist allerdings auch ein Begründungsansatz aufzuzeigen, der sich dieses Konstrukts nicht bedienen muss, sondern die Entstehung einer Gemeinschaft mit der „praktischen Vernunft" der Individuen begründet.

3. *Kant* bedient sich zur Herleitung der Gemeinschaft, des Staates und des Rechts des Begriffs der Metaphysik, einer Wissenschaft, „die über die Grenzen

---

42 *Rousseau*, Vom Gesellschaftsvertrag oder Grundsätze des Staatsrechts, S. 16f.
43 *Rousseau*, Vom Gesellschaftsvertrag oder Grundsätze des Staatsrechts, S. 17.
44 *Rousseau*, Vom Gesellschaftsvertrag oder Grundsätze des Staatsrechts, S. 18.
45 *Rousseau*, Vom Gesellschaftsvertrag oder Grundsätze des Staatsrechts, S. 18.
46 *Rousseau*, Vom Gesellschaftsvertrag oder Grundsätze des Staatsrechts, S. 18f.
47 *Albrecht*, Kriminologie, S. 105.
48 *Albrecht*, Kriminologie, S. 105.
49 *Albrecht*, Kriminologie, S. 105.
50 *Albrecht*, Kriminologie, S. 105.
51 *Albrecht*, Kriminologie, S. 105.

der Natur als Inbegriff der Gegenstände der Erfahrung hinausgeht"[52]. „Sie ist also Erkenntnis a priori oder aus reinem Verstande und reiner Vernunft."[53] Die Vernunft ergibt sich aus dem Vermögen des Einzelnen, nach systematischen Prinzipien zu urteilen und zu handeln.[54] „Nur ein vernünftiges Wesen hat das Vermögen, nach der Vorstellung der Gesetze, d. i. nach Prinzipien, zu handeln, oder einen Willen. Da zur Ableitung der Handlungen von Gesetzen Vernunft erfordert wird, so ist der Wille nichts anderes als praktische Vernunft."[55] Dabei wird deutlich, dass sich *Kant* des vertraglichen Konstruktes nicht bedienen muss.[56] Jeder erkennt seinen universalen Zweck, welcher gegenseitig vermittelt und dadurch verwirklicht wird.[57]

Eine Verbindung zu irgendeinem gemeinsamen Zweck sei zwar in allen Gesellschaftsverträgen anzutreffen, allerdings sei eine äußere Verbindung zwischen Menschen, die an sich der Zweck und damit unbedingte und oberste Pflicht des Zusammenlebens sind, nur in einer bürgerlichen Gesellschaft vorzufinden.[58] Demnach ist nicht ein Vertrag, sondern der Zweck der Grund für den Zusammenschluss der Gemeinschaft. „Der Zweck nun, der in solchem äußeren Verhältnis an sich selbst Pflicht und selbst die oberste formale Bedingung (conditio sine qua non) aller übrigen äußeren Pflicht ist, ist das Recht der Menschen unter öffentlichen Zwangsgesetzen, durch welche jedem das Seine bestimmt und gegen jedes anderen Eingriff gesichert werden kann."[59] Damit verdeutlicht *Kant*, dass nur ein Zweck zum äußeren Verhältnis der Gemeinschaft führen und öffentliche Zwangsgesetze legitimieren kann, um dadurch vor Eingriffen zu schützen. Der Begriff des äußeren Rechts geht aus dem Begriff der Freiheit im äußeren Verhältnis zueinander hervor. „Recht ist die Einschränkung der Freiheit eines jeden auf die Bedingung ihrer Zusammenstimmung mit der Freiheit von jedermann, insofern diese nach einem allgemeinen Gesetze möglich ist; und das öffentliche Recht ist der Inbegriff der äußeren Gesetze, welche eine solche durchgängige

---

52 *Naucke*, Kant und die psychologische Zwangstheorie Feuerbachs, S. 14, mit Hinweis auf *Kant*, Prolegomena, S. 23.

53 *Kant*, Prolegomena, S. 13.

54 So *Harzer*, Der Naturzustand als Denkfigur praktischer Vernunft, S. 83.

55 *Kant*, Grundlegung zur Metaphysik der Sitten, S. 41.

56 Nach *Kersting* ein „vertragsunabhängiger Rechtsgrund" für die Staatserrichtung, *dies.*, Wohlgeordnete Freiheit, S. 218.

57 Vgl. *Harzer*, Der Naturzustand als Denkfigur praktischer Vernunft, S. 90.

58 *Kant*, Über den Gemeinspruch, S. 40.

59 *Kant*, Über den Gemeinspruch, S. 40.

Zusammenstimmung möglich machen."[60] Das Recht muss demnach die Freiheit durch öffentliche Gesetze einschränken, um gleichzeitig die Freiheit eines jeden zu sichern. Dabei unterwirft sich der freie Mensch in einer bürgerlichen Verfassung Zwangsgesetzen, da auch „jede Einschränkung der Freiheit durch die Willkür eines anderen Zwang heißt"[61].

Diesen Schluss begründet *Kant* mit der Vernunft, die es selbst so will.[62] Die Vernunft drängt den Menschen in einen rechtlichen Zustand, da in einem nicht-rechtlichen Zustand jeder verfährt, wie es ihm „recht und gut dünkt", und dabei „seinem eigenen Kopfe" folgt[63]. Dies muss nicht zwangsläufig ein ungerechter Zustand sein, ist jedoch ein Zustand der Rechtlosigkeit,[64] in dem niemand sicher ist, da keiner auf die Einhaltung des Rechtsprinzips achtet[65]. Daher kann Recht und Freiheit nur in einem rechtlichen Zustand gewährleistet werden.[66] Dieser rechtliche Zustand ist der Staat, welchen zu errichten somit aus der Vernunft folgt und oberste Pflicht ist.[67]

Kant gründet den rechtlichen Zustand auf die Prinzipien der Freiheit, Gleichheit und Selbstständigkeit.[68] Den Begriff der Freiheit im Sinne einer Gemeinschaft umschreibt *Kant* mit Glückseligkeit, die jeder auf dem Weg suchen kann, der ihm beliebt, sofern er die Freiheit von jedermann achtet.[69] Freiheit ist die Unabhängigkeit von der Willkür eines anderen und das „ursprüngliche, jedem Menschen, kraft seiner Menschheit, zustehende Recht"[70]. Die Gleichheit beruht auf dem Gedanken, dass jedes Glied der Gemeinschaft gegen jedes andere ein Zwangsrecht hat, dem alle gleichermaßen unterworfen sind,[71] und jeder Mensch zu jeder Stufe eines Standes gelangen kann, wozu ihn sein Talent, sein Fleiß

60 *Kant*, Über den Gemeinspruch, S. 40.
61 *Kant*, Über den Gemeinspruch, S. 40.
62 „Die reine, a priori gesetzgebende Vernunft, die auf keinen empirischen Zweck (dergleichen alle unter dem allgemeinen Namen Glückseligkeit begriffen werden) Rücksicht nimmt (…)", siehe *Kant*, Über den Gemeinspruch, S. 40.
63 *Kant*, Die Metaphysik der Sitten, S. 430.
64 *Kant*, Die Metaphysik der Sitten, S. 430; vgl. *Naucke*, Kant und die psychologische Zwangstheorie Feuerbachs, S. 28.
65 *Naucke*, Kant und die psychologische Zwangstheorie Feuerbachs, S. 28.
66 *Naucke*, Kant und die psychologische Zwangstheorie Feuerbachs, S. 28.
67 So *Naucke*, Kant und die psychologische Zwangstheorie Feuerbachs, S. 29; vgl. auch *Kersting*, Wohlgeordnete Freiheit, S. 217.
68 *Kant*, Über den Gemeinspruch, S. 41ff.; *ders.*, Die Metaphysik der Sitten, S. 432.
69 Vgl. *Kant*, Über den Gemeinspruch, S. 41.
70 *Kant*, Die Metaphysik der Sitten, S. 345.
71 *Kant*, Über den Gemeinspruch, S. 42.

und sein Glück bringen können.[72] Die Selbstständigkeit sieht die Aufgabe eines Gemeinschaftsmitgliedes darin, sich als „Mitgesetzgeber" einzubringen, um den öffentlichen Willen im Rahmen von öffentlichen Gesetzen zum Ausdruck zu bringen.[73]

Trotz des Gedankens der praktischen Vernunft verliert das Konstrukt des Gesellschaftsvertrages in der Theorie *Kants* nicht gänzlich an Bedeutung.[74] Allerdings nimmt der Vertrag bei *Kant* die Gestalt einer vernunftrechtlichen Verfassung des Staates an, der die normative Struktur des allein nach Vernunftbegriffen entworfenen Rechtszustands ist.[75] Er ist damit nicht „Ermöglichungs- und Legitimationsbedingung staatlicher Herrschaft, sondern ein Verfassungsprinzip, das die anderenorts in ihrer rechtlichen Notwendigkeit begründete staatliche Allmacht freiheitsgesetzlich domestiziert"[76].

4. Die vertragstheoretischen Ansätze *Rousseaus* und *Hobbes* sowie der Begründungsansatz *Kants* lassen sich ihrem Inhalt nach freilich nicht vereinen. Allerdings ist die These der drei erläuterten Modelle, dass dem Individuum naturgemäße Freiheitsrechte gegeben sind, die durch den Zusammenschluss der Einzelnen zu einer Gemeinschaft gewahrt und geschützt werden. Das Fundament moderner Staatstheorie ist damit die Stellung des Menschen im Rahmen des gesellschaftlichen Lebens, wobei dem Individuum eine außerordentliche Stellung als eigenständiges Subjekt zukommt.[77] Das Subjekt begehrt, wenn es in einer Gemeinschaft ist, den Schutz seiner persönlichen Stellung. Warum sollte es sonst Teil der Gemeinschaft sein wollen. Die Abgabe der Macht, durch praktische Vernunft oder durch Vertrag, folgt somit unter einer Bedingung: Ein Eingriff in die subjektiven Rechte darf nur unter bestimmten Voraussetzungen erfolgen. Diese dürfen keineswegs weitreichend und bedingungslos sein. Vielmehr muss Macht begrenzt werden. Die Reichweite privater Machtausübung ist durch Verhaltensnormen des staatlichen Strafrechts zu bestimmen, sofern sie die Freiheit anderer tangiert. Die Reichweite staatlicher Machtbefugnisse muss durch Prinzipien konkretisiert werden, die die Macht auf das Verhältnismäßige beschränken[78] und dadurch das Individuum vor willkürlicher Machtausübung schützen.

---

72 *Kant*, Über den Gemeinspruch, S. 43.

73 *Kant*, Über den Gemeinspruch, S. 46; *ders.*, Die Metaphysik der Sitten, S. 433f.

74 Vgl. *Kersting*, Wohlgeordnete Freiheit, S. 215ff.; so auch *Fornauf*, Die Marginalisierung der Unabhängigkeit der Dritten Gewalt im System des Strafrechts, S. 31.

75 *Kersting*, Wohlgeordnete Freiheit, S. 219.

76 *Kersting*, Wohlgeordnete Freiheit, S. 231.

77 *Harzer*, Der Naturzustand als Denkfigur moderner praktischer Vernunft, S. 27.

78 Vgl. *Albrecht*, Kriminologie, S. 105.

B. Ein prinzipienorientiertes Strafrecht zur Begrenzung staatlicher Macht

I. Zwang zur Sicherung des Rechtszustands

Nachdem der Mensch in den Zustand des Rechts eingetreten ist, begehrt er auch Gerechtigkeit. Bei einem Untergang der Gerechtigkeit hätte es keinen Wert mehr, dass Menschen auf Erden leben.[79] Durch die Natur des Menschen kommt es zwangsläufig zur Beeinträchtigung fremder Rechtskreise. Dies ist kein Phänomen der Gemeinschaft, sondern wesentlicher Bestandteil des Naturzustands, den es zu überwinden gilt. Diese Beeinträchtigung fremder Rechtskreise stellt sich als Unrecht dar. Eine Handlung ist erst rechtens, wenn „die Freiheit der Willkür eines jeden mit jedermanns Freiheit, nach einem allgemeinen Gesetze zusammen bestehen kann“[80]. Insofern ist Unrecht, wenn jemand an einer Handlung im Einklang mit allgemeinen Gesetzen gehindert wird.[81]

Wenn das Gesetz nun durch das Verhalten Einzelner übertreten wird, steht der Gemeinschaft, anders als im Naturzustand, ein Instrumentarium zur Verfügung, das den Gemeinschaftswillen ausdrückt. Es ist jedoch nicht nur der Ausdruck des Gemeinschaftswillens, dahinter steht vielmehr ein Gemeinschaftsmittel, das dem Gemeinschaftswillen Ausdruck verleiht. Es muss ein Mittel sein, das fähig ist, die Erhaltung des Rechts zu sichern. Dies ist der Zwang zur Einhaltung des selbstgesetzten Normensystems, also das eigene Handeln danach auszurichten.[82] *Kant* führt dazu aus, dass das Recht mit der Befugnis zu zwingen verbunden ist.[83] Ein Zwang, der der Verhinderung eines Verhaltens dient, das die Freiheit eines Einzelnen beeinträchtigt, kann nur Recht sein.[84] Jenes Zwangsrecht ist das Strafrecht, das der Gemeinschaft als Mittel zur Sicherung der individuellen Rechte dient.[85] Dies ist wesentlicher Bestandteil der Gemeinschaft und hält sie zusammen. Die an die Gemeinschaft abgegebene Gewalt muss durch Zwang ausgeübt werden und darf nicht verloren erscheinen. Denn nur das Vertrauen in die ‚gerechte‘

---

79 *Kant*, Die Metaphysik der Sitten, S. 453.
80 *Kant*, Die Metaphysik der Sitten, S. 337.
81 *Kant*, Die Metaphysik der Sitten, S. 337.
82 Vgl. *Braum*, Europäische Strafgesetzlichkeit, S. 57.
83 *Kant*, Die Metaphysik der Sitten, S. 339.
84 *Kant*, Die Metaphysik der Sitten, S. 338f.
85 *Byrd/Hruschka*, JZ 2007, 959.

Gemeinschaft erhält dieselbe und damit den Rechtszustand dauerhaft. „Nur wenn dem Staat diese Befugnis (Zwang) zuerkannt wird, kann er sich gegen die mit dem Verbrechen verbundene Gefahr des Rückfalls in den Naturzustand gegen den Verbrecher zur Wehr setzen und die Idee der Strafgerechtigkeit verwirklichen."[86]

II. Strafe als Ausdruck der Strafgerechtigkeit

Der Zwang zur Umsetzung der allgemeinen Gesetze drückt sich in Form von Sanktionen gegen denjenigen aus, der sich gegen die öffentlichen Gesetze gerichtet hat und somit Verbrecher ist.[87] Diese Sanktion ist Strafe.[88] Neben dem Zwang zur Einhaltung der allgemeinen Gesetze können jedoch noch weitere Aspekte der Legitimierung von Strafe dienen. Die Rechtfertigung von Strafe lässt sich demnach in absolute und relative Straftheorien einordnen.[89]

Die relativen Straftheorien, insbesondere vertreten durch *v. Liszt*[90] und *v. Feuerbach*[91], sehen den Grund für Strafe in einem weiterreichenden präventiven Zweck.[92] Dieser stellt sich in Form der „Besserung", d.h. durch „Einpflanzung und Kräftigung altru-istischer, sozialer Motive"[93], der „Unschädlichmachung der nicht besserungsfähigen Verbrecher"[94] sowie der „Abschreckung", d.h. durch „Einpflanzung und Kräftigung egoistischer, aber in der Wirkung mit den altruistischen zusammenfallender Motive"[95], dar. „Sollen (...) Rechtsverletzungen überhaupt verhindert werden, so muss neben dem physischen Zwange noch ein anderer bestehen, welcher der Vollendung der Rechtsverletzung vorhergeht, und, vom Staate

86 *Fornauf*, Die Marginalisierung der Unabhängigkeit der Dritten Gewalt im System des Strafrechts, S. 31.
87 *Kant*, Die Metaphysik der Sitten, S. 452.
88 *v. Liszt*, Der Zweckgedanke im Strafrecht, S. 29.
89 Siehe zur „Vereinigungstheorie" BVerfGE 45, 187, 253ff.; vgl. *Albrecht*, Der Weg in die Sicherheitsgesellschaft, S. 30.
90 *v. Liszt*, Der Zweckgedanke im Strafrecht, S. 29ff.
91 *v. Feuerbach*, Lehrbuch des gemeinen in Deutschland gültigen peinlichen Rechts, S. 16f., §§ 12, 13.
92 vgl. *Naucke*, Kant und die psychologische Zwangstheorie Feuerbachs, S. 32ff.; *Albrecht*, Der Weg in die Sicherheitsgesellschaft, S. 27ff.
93 *v. Liszt*, Der Zweckgedanke im Strafrecht, S. 29.
94 *v. Liszt*, Der Zweckgedanke im Strafrecht, S. 32.
95 *v. Liszt*, Der Zweckgedanke im Strafrecht, S. 30.

ausgehend, in jedem einzelnen Falle wirksam ist, ohne dass dazu die Erkenntnis der jetzt bevorstehenden Verletzung vorausgesetzt wird. Ein solcher Zwang kann auch ein psychologischer sein."[96]

Präventive Strafmotive sind der absoluten Straftheorie grundsätzlich fremd.[97] Sofern der Verhängung der Strafe ein Zweck, etwa der der Besserung oder der Abschreckung, zukommen würde, müsste man den Verbrecher als Mittel zur Erreichung dieses Zweckes missbrauchen.[98] Denn nur er kann dem Zweck, zu bessern oder abzuschrecken, überhaupt nachkommen. Allerdings darf der Mensch nicht zum Mittel instrumentalisiert werden, er ist vielmehr der „Zweck an sich selbst"[99].

Denn *„richterliche Strafe (...) kann niemals bloß als Mittel, ein anderes Gute zu befördern, für den Verbrecher selbst, oder für die bürgerliche Gesellschaft, sondern muss jederzeit nur darum wider ihn verhängt werden, weil er verbrochen hat; denn der Mensch kann nie bloß als Mittel zu den Absichten eines anderen gehandhabt und unter die Gegenstände des Sachenrechts gemengt werden, wowider ihn seine angeborne Persönlichkeit schützt, (...). Er muss vorher strafbar befunden sein, ehe noch daran gedacht wird, aus dieser Strafe einigen Nutzen für ihn selbst oder seine Mitbürger zu ziehen"*[100].

Damit rechtfertigt Strafe allerdings nicht Vergeltung im Sinne von maßloser Rache, vielmehr orientiert sie sich an der „Idee der Wechselseitigkeit"[101]. Wechselseitigkeit meint die Wechselbeziehung, also eine Art Tausch, wodurch die empfangene Leistung des zugeführten Übels in Form der Strafe ‚heimgezahlt' wird.[102] Daher charakterisiert Neutralität den Inhalt von Vergeltung und nicht die von subjektiven Trieben geprägte Rache.

---

96 *v. Feuerbach*, Lehrbuch des gemeinen in Deutschland gültigen peinlichen Rechts, S. 16f., § 12.

97 *Naucke*, Kant und die psychologische Zwangstheorie Feuerbachs, S. 32, mit Verweis auf *Kant*, Die Metaphysik der Sitten, S. 452ff.; vgl. *Albrecht*, Der Weg in die Sicherheitsgesellschaft, S. 25ff.

98 *Naucke*, Kant und die psychologische Zwangstheorie Feuerbachs, S. 33.

99 *Kant*, Grundlegung zur Metaphysik der Sitten, S. 63.

100 *Kant*, Die Metaphysik der Sitten, S. 453.

101 *Höffe*, Kategorische Rechtsprinzipien, S. 217; vgl. *Sinner*, Der Vertragsgedanke im Strafprozessrecht, S. 49.

102 *Höffe* nennt dies „Tauschgerechtigkeit", siehe *ders.*, Kategorische Rechtsprinzipien, S. 217.

III. Strafgesetzlichkeit als Maßstab staatlicher Gesetzgebung

Der erforderliche Zwang des Staates wird in Form von Sanktionen, also Strafe, durchgesetzt. Die Sanktion richtet sich gegen den Einzelnen, der sich durch sein Verhalten gegen die Freiheit anderer und die allgemeinen Gesetze gerichtet hat. Die Bedeutung der Freiheit könnte damit unter bestimmten Umständen schwinden. Dies geschieht freilich aufgrund eines gegen die Gemeinschaft und die Freiheit gerichteten Verhaltens, schränkt aber das kraft Natur gegebene Recht auf Freiheit nichtsdestotrotz ein. Dies ist zwar, wie bereits erläutert, unentbehrlich um den Rückfall in den Naturzustand zu verhindern, birgt jedoch auch Gefahren in sich. Denn würde dem Staat dieses Recht vorbehaltlos zugesprochen werden, so könnte er vor dem Hintergrund des ‚notwenigen Zwangs' und der Strafgerechtigkeit nach Belieben verfahren. Um diesem jedoch Einhalt zu gebieten, bedarf es gewisser unumstößlicher Grundpfeiler, die ein rechtsstaatliches Strafrecht gewährleisten und damit Garant und Wächter der individuellen Freiheit sind.

Die Anwendung einer Strafe muss verhältnismäßig sein. Indem das staatliche Zwangsmittel der Strafe am schärfsten die Freiheit des Einzelnen beschneidet, darf es nicht als erstes unter mehreren zur Verfügung stehenden Mitteln ergriffen werden. Vielmehr muss Strafe das letztmögliche Mittel und damit ultima ratio sein.[103] Das heißt, dass vor dem Sanktionsmechanismus des Strafrechts andere, mildere Mittel, vor allem die des Zivilrechts, greifen können. Strafrechtliche Sanktionen sind nur gerechtfertigt, wenn das Zivilrecht allein einen wirksamen Schutz vor Rechtsverletzungen nicht ausreichend gewährleisten kann. Sie müssen „im äußersten Fall das äußerste Mittel"[104] sein und sollen die Ausnahme bleiben[105].

Die Strafgesetzlichkeit, als Kurzformel „keine Strafe ohne Gesetz" (nullum crimen, nulla poena sine lege), stellt die wichtigste und oberste Einschränkung staatlicher Macht dar.[106] Eine Sanktionierung von Fehlverhalten ist nur dann Recht, wenn es zuvor durch ein Gesetz ausgedrückt und dem Adressaten des

---

103 *Hassemer*, KritV 1988, 342f.; *ders.*, ZRP 1992, 380; *Naucke*, Strafrecht – Eine Einführung, § 1 Rn. 166.

104 *Naucke*, Strafrecht – Eine Einführung, § 1 Rn. 166.

105 *Franke*, in: MüKo-StGB, § 46 Rn. 11.

106 So *Albrecht*, Die vergessene Freiheit, S. 57; *ders.*, Kriminologie, S. 117; vgl. auch *Sinner*, Der Vertragsgedanke im Strafprozessrecht, S. 50.

Gesetzes ein Mitspracherecht eingeräumt wurde.[107] Denn der Adressat, legt man das erläuterte Staatskonstrukt zugrunde, stellt seine individuelle Gewalt zur Disposition und möchte daher in den Prozess, der diese Disposition betrifft, miteinbezogen werden. Diese Form der Einbeziehung erfolgt durch den demokratischen Weg der parlamentarischen Gesetzesbildung und verkörpert ebenfalls eine entscheidende Formel der Strafgesetzlichkeit.[108]

Der freiheitlich-rechtsstaatliche Charakter des Strafrechts gebietet es, die Sanktion auf die Verletzung der Freiheit des Bürgers zu beschränken. Das Strafgesetz bezeichnet in strengen Linien die Missachtung „elementar-konkreter Freiheits-verletzungen"[109] durch Tötung, Körperverletzung, Freiheitsberaubung und persönlichen Besitz als strafwürdiges Unrecht[110]. Rechtsgüter der Allgemeinheit meidet das rechtsstaatliche Strafrecht[111] und bleibt daher auf fundamentale Rechtsverletzungen beschränkt. Dies folgt daraus, dass sich die Sanktion der Gemeinschaft nur auf solche Verhaltensweisen beschränken muss, die sich gegen die individuellen Rechte richten,[112] die einer Vergesellschaftung vorgelagert sind. Allgemeine Rechtsgüter waren im Naturzustand nicht vorhanden. Dies entspricht dem „fragmentarischen Charakter"[113] des Strafrechts.[114]

Das Strafrecht definiert sich nicht primär durch die positiven Strafgesetze, da nur die Beeinträchtigung der Strafgerechtigkeit in die Strafgesetzlichkeit mündet. Was also strafwürdig ist, wird in Form des Gesetzes letztlich nur ausgedrückt.[115] Daraus folgt, dass nicht erst eine Handlung durch das Strafgesetz eine Straftat wird, sondern bereits durch Zuwiderlaufen der Strafgerechtigkeit strafwürdig ist.[116] Somit straft der Staat nicht, weil es ein Strafgesetz gibt, sondern

---

107 *Albrecht*, Die vergessene Freiheit, S. 58; *ders.*, Kriminologie, S. 115.

108 So *Albrecht*, Die vergessene Freiheit, S. 58.

109 *Sinner*, Der Vertragsgedanke im Strafprozessrecht, S. 50.

110 *Naucke*, in: Vom unmöglichen Zustand des Strafrechts, S. 485; vgl. *ders.*, KritV 1990, 247.

111 *Naucke*, KritV 1990, 247.

112 *Fornauf*, Die Marginalisierung der Unabhängigkeit der Dritten Gewalt im System des Strafrechts, S. 47.

113 *Naucke*, Strafrecht – Eine Einführung, § 2 Rn. 13.

114 Einschränkend *Hassemer*, sofern der Schutz von Individualrechtsgütern nur durch den Schutz von Rechtsgütern der Allgemeinheit verwirklicht werden kann, z.B. die Gefährdung des Straßenverkehrs sowie der Besitz von gemeingefährlichen Gegenständen, *ders.*, ZRP 1997, 320; vgl. auch *Naucke*, KritV 1990, 247.

115 *Naucke*, in: Vom unmöglichen Zustand des Strafrechts, S. 485.

116 *Naucke*, in: Vom unmöglichen Zustand des Strafrechts, S. 485.

weil ein die Gerechtigkeit abbildendes Gesetz dies notwendig macht.[117] Um die Strafgesetzlichkeit nicht ins Uferlose führen zu lassen, muss sie sich daher an der Strafgerechtigkeit messen lassen. „Wirkliche Strafwürdigkeit und wirkliche Gesetzlichkeit entsprechen einander im Inhalt. Daher kann es nur wenig echte Strafgesetzlichkeit geben."[118] Eine unechte Strafgesetzlichkeit orientiert sich nicht an der Strafgerechtigkeit, sondern an politischen Motiven, die allerdings nicht Bestandteil eines rechtsstaatlichen Strafrechts werden, da sie die ständige Gefahr des Missbrauchs in sich tragen.[119] Sofern sich die Strafgesetzlichkeit nicht an der Strafgerechtigkeit, sondern an außenstehenden Motiven orientieren würde, ließe man eine Sanktionierung in Bereichen zu, die nicht dem „fragmentarischen Charakter" der Strafgerechtigkeit und damit nicht dem rechtsstaatlichen Strafrecht entsprechen.[120]

IV. Die Erforderlichkeit machtbegrenzender Schutzprinzipien

Dieses Staats- und Rechtsverständnis stellt konkrete Forderungen an die Umsetzung des Strafrechts in einem Rechtsstaat. Strafrecht versteht sich als Instrument, das auf alle Ebenen der Machtausübung begrenzend einwirkt. *Naucke* führt dazu aus: „Das philosophisch richtige Strafrecht ist die Summe der Regeln, die gegen die Machtausübung durch den Straftäter und gegen die Machtausübung durch den Staat, also gegen Straftat und Strafe, schützt. Die Summe von Regeln, die gegen Macht schützen, ist das rechtsstaatliche Strafrecht."[121] Dadurch ist Strafrecht nicht nur ein Verbrechensbekämpfungsrecht, sondern, gemessen an rechtsstaatlichen Prinzipien, ein „Verbrechensbekämpfungsbegrenzungsrecht"[122]. Strafrecht begrenzt durch Strafgesetze Machtausübung zwischen Individuen, indem es bestimmte Handlungen als strafwürdig anerkennt und damit auch die Freiheit des Individuums diese Handlung auszuüben – also Macht –, beschränkt. Gleichzeitig legt Strafrecht auch den Rahmen fest, in dem die staatliche Gemeinschaft strafwürde

117 *Naucke*, in: Vom unmöglichen Zustand des Strafrechts, S. 487.

118 *Naucke* führt weiter aus, dass es „aber natürlich viel unechte Strafgesetzlichkeit = bloße Regelhaftigkeit geben" kann, siehe *ders.*, in: Vom unmöglichen Zustand des Strafrechts, S. 485 in Fn. 6.

119 *Naucke*, in: Vom unmöglichen Zustand des Strafrechts, S. 485.

120 *Naucke*, in: Vom unmöglichen Zustand des Strafrechts, S. 485.

121 *Naucke*, KritV 1993, 137.

122 *Naucke*, ZStW 94 (1982), 564.

Handlungen verfolgen und letztlich bestrafen darf. Strafrecht ist demnach ein „machtverneinendes Instrument“[123] staatlicher Sanktionierung. Somit steht das Strafrecht in einem Spannungsverhältnis, weil es die Freiheit des Opfers gegen den Täter und zugleich die Freiheit des Täters gegen den Staat gewährleisten muss.[124]

Ein rechtsstaatliches Strafrecht setzt auch den Schutz der Freiheit des Menschen zwingend voraus. Diesem Schutz kommt es einerseits durch die Sanktionierung von Strafungerechtigkeit nach, anderseits durch die Begrenzung von Maßnahmen, die der Herstellung der Strafgerechtigkeit dienen. Solche Strafverfolgungsmaßnahmen müssen das Bedürfnis der Herstellung von Strafgerechtigkeit in einem Verhältnis zur Freiheit des Menschen interpretieren, wobei ein Kern freiheitlichen Seins unantastbar bleibt. Dies folgt schon daraus, dass der Mensch immer der „Zweck an sich selbst“[125] und nicht das Mittel sein kann.

Dieser Kernbereich menschlicher Freiheitssicherung im Strafrecht muss im Rahmen staatlicher Maßnahmen zur Verfolgung der Strafungerechtigkeit Ausdruck finden und durch Mechanismen gesichert sein, die auch die Einhaltung dieses Kernbereichs gewährleisten. Erforderlich ist, dass das machtabgebende Individuum als Gegenleistung Planungssicherheit bzw. Rechtssicherheit für das Ausmaß staatlicher Machtausübung erhält und erkennen kann, welche individuelle Machtausübung strafwürdig ist. Rechtssicherheit können aber nur Regeln und Normen hervorrufen, die so verfasst sind, dass sie für das Individuum erkennbar sind und ihre Geltung gewährleistet ist. Zudem muss das Ungleichgewicht zwischen Staat und Mensch bei der Aufklärung von Strafungerechtigkeit eine Kompensierung durch Strafverfahrensrechte erfahren. Ein wesentlicher Bestandteil dessen ist, dass der Einzelne erkennt, wann sich staatliche Macht in Gestalt von Strafverfolgungsmaßnahmen gegen ihn richtet, da diese letztlich zur Strafe führen kann und damit seine Freiheit beschränken würde. Die Freiheit über die persönliche Mitwirkung an hoheitlichen Maßnahmen erfordert daher, dass der Betroffene über diesen Vorgang in Kenntnis gesetzt wird, da er sich durch ein aktives Verhalten auch selbst schaden könnte. Die Zweckbestimmung des Menschen erfordert es auch, dass der – die Strafgerechtigkeit herstellenden – Gemeinschaft nur

---

123 So *Wolfgang Naucke* im „Dienstagsseminar“ der Goethe-Universität Frankfurt am Main am 11.6.2013 im Rahmen des Vortrags zum „Problem der politischen Wirtschaftsstraftat“.

124 *Ebert* spricht von einer „gerechten Verteilung von Freiheit“, siehe *ders.*, JR 1978, 137; vgl. *Naucke*, KritV 1993, 143; *Sinner*, Der Vertragsgedanke im Strafprozessrecht, S. 49.

125 *Kant*, Grundlegung zur Metaphysik der Sitten, S. 63.

Zwangsmaßnahmen zugestanden werden, die die individuelle Freiheit in verhältnismäßigem Maße einschränken und den Zugriff auf den Kernbereich individueller Freiheit verwehren. Ein machtverneinendes Strafrecht muss demnach auch die Grenzen staatlicher Ermittlungen aufzeigen, um die freiheitsentziehenden Konsequenzen für den Einzelnen vorhersehbar zu machen. Andernfalls wäre gegenüber dem Naturzustand nicht viel gewonnen und der Nutzen der Gemeinschaft erheblich eingeschränkt.

C. Die verfassungsrechtliche Umsetzung rechtsstaatlicher Anforderungen

Das rechtsstaatliche Strafrecht wird durch die Prinzipien der Gesetzlichkeit sowie durch Strafverfahrensprinzipien konkretisiert, die gemäß ihrer fundamentalen Bedeutung im Grundgesetz verankert sind.

I. Das Gesetzlichkeitsprinzip im Verfassungsrecht

Die Forderung nach einer Strafgesetzlichkeit wird durch das Gesetzlichkeitsprinzip umgesetzt und ist in Art. 103 II GG festgehalten.[126] Das Gesetzlichkeitsprinzip beinhaltet das Bestimmtheitsgebot, das Rückwirkungsverbot, das Gewohnheitsrechtsverbot und das Analogieverbot als Grundsätze des deutschen Strafrechts.[127]

Das Bestimmtheitsgebot stellt den Anspruch an den Gesetzgeber, die Tatbestandsmäßigkeit eines Strafgesetzes deutlich zu definieren und einzugrenzen, sodass eine Straftat für jedermann voraussehbar ist,[128] um dem Adressaten des Gesetzes ein gesetzeskonformes Verhalten zu ermöglichen. Unpräzise und undeutliche Begriffe eröffnen dagegen weite Auslegungsmöglichkeiten, die die Tatbestandsmäßigkeit nicht hinreichend konkretisieren und den Anforderungen an die Bestimmtheit nicht genügen.

Das Analogieverbot richtet sich nicht an die Legislative, sondern fordert vom Gesetzesanwender nur solche Handlungen zu bestrafen, die durch ein Gesetz

---

126 Vgl. *Fornauf*, Die Marginalisierung der Unabhängigkeit der Dritten Gewalt im System des Strafrechts, S. 53.

127 Vgl. *Albrecht*, Kriminologie, S. 116ff.; *Naucke* bezeichnet das Bestimmtheitsgebot als „Genauigkeitsgarantie", siehe *ders.*, Strafrecht – Eine Einführung, § 2 Rn. 11.

128 *Albrecht*, Kriminologie, S. 116; *ders.*, Die vergessene Freiheit, S. 60.

kodifiziert sind. Die Ähnlichkeit zu anderen Delikten ist nicht ausreichend, eine Handlung unter einen gesetzlichen Straftatbestand zu subsumieren.[129] Dies stößt freilich auf Probleme, da zu erörtern ist, ob noch eine zulässige Auslegung gegeben ist oder bereits die Grenze zu einer unzulässigen Analogie überschritten wurde.[130] In diesem Zusammenhang markiert der Wortlaut des Gesetzes die äußerste Grenze der Auslegung.[131] Dies gilt jedoch nur, sofern die Ähnlichkeit zu einem Gesetz zulasten des Täters ausgelegt wird.[132] Sofern die Ähnlichkeit zu einem Strafgesetz den Betroffenen begünstigt, darf die Norm zu seinen Gunsten ausgelegt werden und kollidiert damit nicht mit Art. 103 II GG.

Auch ein Gewohnheitsrecht darf im Strafrecht – anders als im Zivilrecht – nicht zulasten des Täters angewandt werden. Gewohnheitsrecht ist der „ständige Gerichtsgebrauch, der im Gesetz keine Stütze findet"[133] und allgemein Anerkennung genießt[134]. Auch durch dieses Verbot wird die Anforderung an den Gesetzesanwender, nur aufgrund von bestehenden gesetzlichen Normen Recht zu sprechen, deutlich und konkretisiert eine weitere bedeutende Säule des Gesetzlichkeitsprinzips.

Das Rückwirkungsverbot richtet sich als einziges Prinzip an Gesetzgeber und Gesetzesanwender.[135] Es bestimmt, dass zum Tatzeitpunkt nur das geltende Recht anwendbar ist. Das heißt, dass ein Strafgesetz nicht rückwirkend für bereits begangene Taten erlassen oder angewendet werden darf.[136]

Zusammenfassend: Dem Gesetzgeber werden Schranken im Hinblick auf die Kriminalisierung von Verhaltensweisen gesetzt[137] und der Gesetzesanwender ist bei der Auslegung der Gesetze begrenzt. Daraus folgt, dass die Sanktionierung von Strafungerechtigkeit und die Begrenzung staatlicher Strafgesetzgebung verfassungs-rechtlich durch Art. 103 II GG umgesetzt werden.

---

129 *Albrecht*, Kriminologie, S. 117; *ders.*, Die vergessene Freiheit, S. 60; vgl. *Naucke*, Strafrecht – Eine Einführung, § 2 Rn. 23.

130 Siehe zur „Sitzblockaden-Entscheidung" und dem „vergeistigten Gewaltbegriff" im Rahmen des § 240 StGB, BVerfGE 92, 1, 14ff.; siehe zum „Diebstahl elektrischer Energie" im Rahmen des § 242 StGB, RGSt 29, 111ff.; vgl. *Naucke*, Strafrecht – Eine Einführung, § 2 Rn. 5.

131 *Albrecht*, Kriminologie, S. 117.

132 *Naucke*, Strafrecht – Eine Einführung, § 2 Rn. 23.

133 *Naucke*, Strafrecht – Eine Einführung, § 2 Rn. 27.

134 *Schmitz*, in: MüKo-StGB, § 1 Rn. 24.

135 *Albrecht*, Kriminologie, S. 118.

136 Siehe zum „Reichstagsbrand" *Albrecht*, Die vergessene Freiheit, S. 62.

137 Vgl. *Fornauf*, Die Marginalisierung der Unabhängigkeit der Dritten Gewalt im System des Strafrechts, S. 53.

II. Das Prinzip des fairen Verfahrens als wesentlicher Bestandteil des rechtsstaatlichen Strafprozesses

Im Strafprozess treffen der gesetzliche Richter als Organ der Rechtspflege, die Staatsanwaltschaft als Strafverfolgungsbehörde und der Beschuldigte gegebenenfalls mit seinen Verteidigern aufeinander. Das Prinzip des fairen Verfahrens trägt dem Umstand Rechnung, dass sich die Beteiligten im gesamten Verfahren, welches vom Ermittlungsverfahren bis zum rechtskräftigten Urteil reicht,[138] in einem Ungleichgewicht zueinander befinden. Dabei liegt die Vermutung auf der Hand, dass der Beschuldigte den anscheinend „allmächtigen" Strafverfolgungsbehörden unterlegen ist[139]. Zum einen besteht die Möglichkeit, dass er keine Kenntnis über das Vorliegen eines Ermittlungsverfahrens hat, zum anderen ist er als juristischer Laie dem ‚Know-how' der Ermittlungsbehörden ausgesetzt. Bedingt durch die notwendigen Eingriffe der Strafverfolgungsmaßnahmen in die Freiheitsrechte des Beschuldigten, die zum Zweck einer effektiven Strafverfolgung erforderlich sind, müssen auch im Strafverfahren rechtsstaatliche Grundsätze gewahrt bleiben, um der offensichtlichen Ungleichheit entgegenzuwirken.[140] Denn gerade „im Strafprozess entscheidet sich, ob der wechselseitige Verzicht auf Freiheit auch für den Ernstfall krimineller Überhebung gilt"[141].

Die Anforderungen an das Gleichgewicht zwischen den Verfahrensbeteiligten sind in den „fair-trial-Prinzipien" gemäß Art. 6 EMRK festgehalten.[142] National wird das Recht auf ein faires und rechtsstaatliches Verfahren durch das Rechtsstaatsprinzip gemäß Art. 20 III i. V. m., dem allgemeinen Freiheitsrecht aus Art. 2 I GG[143], wobei auch eine Gesamtschau der Art. 1 I, 2 II 2, 20 III, 101 I 2, 103 I GG

138 *Linnenbaum*, Belehrung und „qualifizierte" Belehrung im Strafverfahren, S. 17.

139 Vgl. *Rogall*, Der Beschuldigte als Beweismittel gegen sich selbst, S. 186.

140 Die einzelnen Ausprägungen des Prinzips des fairen Verfahrens sind zahlreich. Im Hinblick auf den Schwerpunkt dieser Arbeit soll daher nur auf Aspekte dieses Prinzips eingegangen werden, die für die spätere Diskussion fruchtbar gemacht werden können.

141 *Hassemer*, KritV 1988, 337.

142 In der deutschen Übersetzung der EMRK wurde früher „fair-trial" mit „in billiger Weise" ausgedrückt, nun wird die deutsche Übersetzung „faires Verfahren" verwendet, siehe dazu *Paeffgen*, in: SK-StPO, Art. 6 EMRK Rn. 70; grundlegend *Rzepka*, Zur Fairness im deutschen Strafverfahren, S. 34ff.

143 BVerfGE 26, 66, 71; 38, 105, 111; 46, 202, 210; 66, 313, 318; 122, 248, 271ff.; *Meyer-Goßner*, StPO, Einl. Rn. 19.

als Begründungsansatz herangezogen wird[144], gewährleistet. „Gemeint ist damit der Anspruch auf effektive Rechtswahrnehmung im Prozess“[145] als das oberste Gebot eines menschenrechtskonformen Strafverfahrens[146].

Nur eine starke Verteidigung des Beschuldigten kann ein „taugliches Gegengewicht zum Anklagemonopol der Staatsanwaltschaft“[147] bilden. Daher müssen sich Verteidigung und Staatsanwaltschaft auf „gleicher Augenhöhe“[148] begegnen. Der Verteidigung muss die Möglichkeit gegeben werden, aktiv auf den Gang des Verfahrens einwirken zu können. Dabei kann nur der Verteidiger die Freiheitsrechte des Beschuldigten schützen und die praktische Verwirklichung der Beschuldigtenrechte gewährleisten,[149] weshalb das Prinzip der Waffengleichheit im deutschen Strafprozess Anwendung findet.

Art. 6 II EMRK normiert weiter die Unschuldsvermutung[150]. Danach gilt jede Person, die einer Straftat verdächtigt wird, bis zum gesetzlichen Beweis ihrer Schuld als unschuldig. Dies gilt unabhängig davon, inwieweit die Schuld des Beschuldigten offensichtlich ist. Denn das Strafverfahren muss auch gerade demjenigen Beschuldigten gerecht werden, dessen Unschuld später rechtskräftig festgestellt wird.[151] In diesem Zusammenhang soll der Beschuldigte so wenig wie möglich in seiner Freiheit beeinträchtigt werden, solange er noch nicht verurteilt worden ist. Zudem sollen von dem Beschuldigten Nachteile ferngehalten werden, die einem Schuldspruch oder einer Strafe gleichkommen.[152] Dies ist etwa der Fall, wenn Ermittlungsbehörden Stellungnahmen veröffentlichen, die im Hinblick auf den Beschuldigten nicht hypothetisch, sondern feststellend formuliert und durch die Publikationen der Medien besonders öffentlichkeitswirksam sind.

Das Nemo-tenetur-Prinzip (nemo tenetur se ipsum accusare) umfasst das Recht des Beschuldigten zu schweigen sowie das Recht, sich nicht selbst belasten zu

---

144 BVerfG, NJW 2001, 2245, 2246; *Beulke*, Strafprozessrecht, Rn. 28; *Rogall*, in: SK-StPO, Vor § 133 Rn. 101ff.

145 *Paeffgen*, in: SK-StPO, Art. 6 EMRK Rn. 70.

146 *Weigend*, ZStW 113 (2001), 276; *Roxin/Schünemann*, Strafverfahrensrecht, § 11 Rn. 4; dagegen *Heubel*, der den fair-trial-Grundsatz im Verfahrensrecht für „rechtstheoretisch wie rechtspraktisch entbehrlich“ hält, siehe *ders.*, Der „fair-trial“ – ein Grundsatz des Strafverfahrens?, S. 145.

147 *Albrecht*, Kriminologie, S. 135.

148 *Albrecht*, Kriminologie, S. 135.

149 *Albrecht*, Kriminologie, S. 135.

150 Siehe *Rzepka*, Zur Fairness im deutschen Strafverfahren, S. 49ff.

151 Vgl. BGHSt 20, 281, 283.

152 *Albrecht*, Die vergessene Freiheit, S. 146.

müssen, und ist notwendiger Bestandteil eines fairen Verfahrens.[153] Der Beschuldigte muss wissen, „wie ihm geschieht" und darüber in Kenntnis sein, dass er Beschuldigter im Rahmen eines Strafverfahrens ist, bevor er eine Aussage trifft.[154]

Der Schutzbereich des Nemo-tenetur-Prinzips ist vielschichtig und in seiner Bedeutung sowie seinem Anwendungsrahmen umstritten. Deshalb und weil dieses Prinzip zentrale Bereiche der folgenden Untersuchung betrifft, soll eine ausführliche Auseinander-setzung, gerade im Hinblick auf die hohen Anforderungen an die einfachgesetzliche Umsetzung, erfolgen. Dies ermöglicht, die selbstbelastenden Mitwirkungen des Beschuldigten zu beurteilen und deren Bedeutung sowie die Anforderungen an die Folgen eines Verstoßes zu konkretisieren.

D. Rechtsgrundlage

Das Nemo-tenetur-Prinzip ist in Art. 14 III g des Internationalen Pakts über bürgerliche und politische Rechte vom 19.12.1966 positiviert. Auch Art. 6 EMRK erkennt das Schweigerecht des Beschuldigten an, um sich nicht selbst bezichtigen zu müssen. Die Selbstbelastungsfreiheit „gehört zu den heiligsten Rechten des Angeklagten" und „ist im Kern gemeineuropäisches Gedankengut"[155].

Die Selbstbelastungsfreiheit und das Verbot staatlicher Zwangsausübung zur Aussagegewinnung ist ein vorkonstitutionelles Prinzip, das der Gesetzgeber nicht schaffte, sondern vielmehr vorausgesetzt hat.[156] Die nationale verfassungsrechtliche Fundierung ist zwar allgemein anerkannt, allerdings wird die konkrete Rechtsgrundlage unter Berücksichtigung der Art. 1 I, 2 I, 4 I, 20 III, 103 I GG unterschiedlich bewertet.[157]

---

153 BGHSt 38, 214, 220; 38, 302, 305.

154 *Albrecht*, Kriminologie, S. 133.

155 *Paeffgen*, in: SK-StPO, Art. 6 EMRK Rn. 80; vgl. dazu aber die moderne Debatte zum Antikorruptions- und Antiterrorismusstrafrecht wonach in Großbritannien, Frankreich, Polen und der Schweiz manifeste Gesetzesveränderungen vorliegen, die von diesem Prinzip Abstand nehmen, siehe z.B. *Navrotska/Lashchuk*, in: Der eigene Weg in die Ukraine, S. 181f.

156 Siehe zur Reichsstrafprozessordnung *Reiß*, Besteuerungsverfahren und Strafverfahren, S. 157.

157 Zur Ableitung des Nemo-tenetur-Grundsatzes aus dem Grundgesetz unter Bezugnahme von rechtshistorischen und rechtsphilosophischen Ansätzen instruktiv *Eisenhardt*, Das nemo tenetur-Prinzip: Grenze körperlicher Untersuchungen beim Beschuldigten, S. 186ff. Siehe zur These des „weiten Grundrechtstatbestands"

I. Anspruch auf rechtliches Gehör Art. 103 I GG

Der verfassungsrechtliche Begründungsansatz wird teilweise in dem Anspruch auf rechtliches Gehör gemäß Art. 103 I GG verortet.[158] Als unabdingbares „prozessuales Urrecht des Menschen"[159] dient der Anspruch auf rechtliches Gehör dem Beschuldigten dazu, sich zu dem Anklagevorwurf hinsichtlich der Tatsachen und der Rechtslage äußern zu können,[160] und soll ihm die Möglichkeit der Einflussnahme auf das Verfahren geben, um eine Verobjektivierung des Individuums zu verhindern[161]. Die Einflussnahme auf das Verfahren erschöpft sich demnach nicht in aktiver Gestaltung, sondern beinhaltet auch Verteidigung durch Schweigen.[162] Sofern der Anspruch auf rechtliches Gehör einen Anspruch auf Verteidigung begründet, muss nach dieser Ansicht auch das Schweigen als Verteidigungsmittel von Art. 103 I GG erfasst sein. Ansonsten würde man der Entscheidung des Betroffenen über seine Verteidigungsstrategie vorgreifen.[163] Die Möglichkeit der Kommunikation mit den Strafverfolgungsbehörden zum Zweck

---

ausführlich *Kölbel*, Selbstbelastungsfreiheiten, S. 273ff. m.w.N.; gegen ein Prinzip mit Verfassungsrang *K. Peters*, ZStW 91 (1979), 122f.

158 *Böse*, Wirtschaftsaufsicht und Strafverfolgung, S. 166ff.; *ders.*, GA 2002, 118ff.; vgl. *Bosch*, der eine Überschneidung „in wichtigen Teilaspekten" sieht, *ders.*, Aspekte des nemo-tenetur-Prinzips aus verfassungsrechtlicher und strafprozessualer Sicht, S. 165f.; im Ansatz mit Bezug auf Art. 104 III GG, *Castringius*, Schweigen und Leugnen des Beschuldigten im Strafprozess, S. 21; „allenfalls flankierende Schutzbestimmungen" nach *Rogall*, Der Beschuldigte als Beweismittel gegen sich selbst, S. 124f.; nicht akzeptable Beschränkung auf die „Äußerungsfreiheit", *ders.*, in: SK-StPO, Vor § 133 Rn. 132 in Fn. 820 a.E.; vgl. auch *Schlüter*, Die Strafbarkeit von Unternehmen in einer prozessualen Betrachtung, S. 101; kritisch *Wolff*, Selbstbelastung und Verfahrenstrennung, S. 32; *Nothhelfer*, Die Freiheit von Selbstbezichtigungszwang, S. 51ff.; *Besson*, Das Steuergeheimnis und das Nemo-tenetur-Prinzip im (steuer-) strafrechtlichen Ermittlungsverfahren, S. 75f.; *B. Fischer*, Divergierende Selbstbelastungspflichten nach geltendem Recht, S. 107ff.

159 BVerfGE 55, 1, 6.

160 *Eisenberg*, StPO, Rn. 510; *Schmid-Aßmann*, in: Maunz/Dürig-GG, Art. 103 I Rn. 66.

161 BVerfGE 86, 133, 144; 89, 28, 35; *Schmid-Aßmann*, in: Maunz/Dürig-GG, Art. 103 I Rn. 2; siehe zur Grundlegung des rechtlichen Gehörs in der Würde des Menschen *Rüping*, Der Grundsatz des rechtlichen Gehörs und seine Bedeutung im Strafverfahren, S. 124ff.

162 *Böse*, Wirtschaftsaufsicht und Strafverfolgung, S. 166; *ders.*, GA 2002, 119f.; *Rüping*, Der Grundsatz des rechtlichen Gehörs und seine Bedeutung im Strafverfahren, S. 133f.; vgl. *Kölbel*, Selbstbelastungsfreiheiten, S. 295f.

163 *Böse*, Wirtschaftsaufsicht und Strafverfolgung, S. 167.

der Mitteilung beinhaltet demnach auch, „dass dieser Kommunikationsprozess frei von staatlichem Zwang verläuft“[164].

Dem wird primär entgegengehalten, dass der Anspruch auf rechtliches Gehört lediglich die Möglichkeit der aktiven Verteidigungsmöglichkeit eröffnet, das Nemo-tenetur-Prinzip allerdings ein „negatives Abwehrrecht“ ist, das primär die eigene Überführung verhindern und nicht das rechtliche Gehör sichern soll.[165] Demnach ist ein strafprozessuales Schweigerecht mit Art. 103 I GG nur schwer in Einklang zu bringen, da das Sachwissen des Betroffenen gerade dem Gericht vorenthalten werden soll.[166] Zudem wird angemerkt, dass der verfassungsrechtliche Adressat des Anspruchs auf rechtliches Gehör gemäß Art. 103 I GG das Gericht ist und sich der Schutzbereich demnach nicht auf das gesamte Strafverfahren erstreckt.[167]

Neben diesen in der Literatur stark vertretenen Argumenten ist noch ein weiterer Aspekt entscheidend. Eine grundsätzliche Parallele zwischen dem Verfahrensprinzip des rechtlichen Gehörs und dem Nemo-tenetur-Prinzip ist zunächst naheliegend. Dabei ist auch der Schluss von einem Recht auf aktive Verteidigung auf ein passives Verhalten nachvollziehbar, stößt jedoch auf die bereits angeführten Bedenken.

Maßgeblich ist, dass dem Recht auf Kommunikation mit dem Strafverfolger gemäß Art. 103 I GG die Zwanglosigkeit dieses Kommunikationsprozesses nicht immanent ist[168] und diese Annahme vielmehr von einer ergebnisorientierten Argumentation geleitet zu sein scheint. Überspitzt dargestellt erfüllt selbst der

---

164 *Böse*, Wirtschaftsaufsicht und Strafverfolgung, S. 167; *ders.*, GA 2002, 119; vgl. *Bosch*, Aspekte des nemo-tenetur-Prinzips aus verfassungsrechtlicher und strafprozessualer Sicht, S. 165f.

165 *Rogall*, Der Beschuldigte als Beweismittel gegen sich selbst, S. 125 in Fn. 11; *Wolff*, Selbstbelastung und Verfahrenstrennung, S. 32; *Nothhelfer*, Die Freiheit von Selbstbezichtigungszwang, S. 53f.; vgl. *H. Schneider*, Grund und Grenzen des strafrechtlichen Selbstbegünstigungsprinzips, S. 28f.; *Besson*, Das Steuergeheimnis und das Nemo-tenetur-Prinzip im (steuer-)strafrechtlichen Ermittlungsverfahren, S. 76; *Schlüter*, Die Strafbarkeit von Unternehmen in einer prozessualen Betrachtung, S. 101; *B. Fischer*, Divergierende Selbstbelastungspflichten nach geltendem Recht, S. 108; *Sahan*, Keine Steuererklärungspflicht bei Gefahr strafrechtlicher Selbstbelastung, S. 127.

166 *Nothhelfer*, Die Freiheit von Selbstbezichtigungszwang, S. 54.

167 *Nothhelfer*, Die Freiheit von Selbstbezichtigungszwang, S. 52; *Wolff*, Selbstbelastung und Verfahrenstrennung, S. 32; dagegen *Böse*, Wirtschaftsaufsicht und Strafverfolgung, S. 169f.

168 So aber *Böse*, Wirtschaftsaufsicht und Strafverfolgung, S. 167; *ders.*, GA 2002, 119f.; auch *Bosch*, Aspekte des nemo-tenetur-Prinzips aus verfassungsrechtlicher und strafprozessualer Sicht, S. 165f.

Zwang zur Aussage den Anspruch auf rechtliches Gehör.[169] Dies soll keineswegs die Erforderlichkeit des staatlichen Zwangsmittelverbots in Frage stellen, allerdings kann sich der Schutzbereich des Nemo-tenetur-Grundsatzes nicht allein aus einem Verfahrensgrundsatz ergeben, der einerseits dem Beschuldigten nur ein Anhörungsrecht garantieren will, sowie andererseits, und das ist vorliegend entscheidend, den durch die Zwangskomponente entstehenden Persönlichkeitseingriff schon rein abstrakt nicht berücksichtigt. Art. 103 I GG weist zwar mehrere nicht von der Hand zu weisende Parallelen auf, jedoch vermag diese Verfassungsnorm den Schutzbereich des Nemo-tenetur-Prinzips nicht auszufüllen.

II. Freiheit der Person Art. 2 II GG

Vereinzelt wird die verfassungsrechtliche Grundlage des Nemo-tenetur-Prinzips auch in der Freiheit der Person gemäß Art. 2 II GG gesehen[170] und im Wesentlichen im Zusammenhang mit den einfachgesetzlichen Normen der §§ 136 I 2, 136a StPO begründet[171]. Art. 2 II GG bezieht allerdings nur die „Freiheit der Person“, also die körperliche Bewegungsfreiheit,[172] in den Schutzbereich ein und kann damit nicht als verfassungsrechtliche Grundlage für die Selbstbelastungsfreiheit dienen[173]. Darüber kann auch nicht der Umstand hinweghelfen, dass eine Selbstbelastung zu einer strafgerichtlichen Verurteilung und damit zu einer die körperliche Bewegungsfreiheit einschränkenden Freiheitsstrafe führen kann.[174] Die Passivität im Strafverfahren erfordert eine verfassungsrechtliche Norm, die einen Zwang zur Selbstbelastung ausschließt und nicht deren mittelbare Folgen umfasst.[175]

---

169 *B. Fischer*, Divergierende Selbstbelastungspflichten nach geltendem Recht, S. 109.

170 *Wessels*, JuS 1966, 171; dagegen *Rogall*, Der Beschuldigte als Beweismittel gegen sich selbst, S. 125; *Nothhelfer*, Die Freiheit von Selbstbezichtigungszwang, S. 59ff.

171 An weiteren Begründungen fehlt es bei *Wessels*, JuS 1966, 171; so auch *Nothhelfer*, Die Freiheit von Selbstbezichtigungszwang, S. 59. Insbesondere wurden die Belege *Wessels* in Fn. 15 als unzutreffend gewertet, siehe *Rogall*, Der Beschuldigte als Beweismittel gegen sich selbst, S. 126; auch *Nothhelfer*, Die Freiheit von Selbstbezichtigungszwang, S. 59f.

172 *Di Fabio*, in: Maunz/Dürig-GG, Art. 2 II 2 Rn. 21.

173 Siehe dazu und zur Systematik des Art. 2 GG *Rogall*, Der Beschuldigte als Beweismittel gegen sich selbst, S. 126; *Nothhelfer*, Die Freiheit von Selbstbezichtigungszwang, S. 60.

174 Diesen Ansatz zeigt *Nothhelfer* auf und lehnt ihn gleichwohl ab, *ders.*, Die Freiheit von Selbstbezichtigungszwang, S. 60ff.

175 *Nothhelfer*, Die Freiheit von Selbstbezichtigungszwang, S. 60ff.

III. Gewissensfreiheit Art. 4 I GG

Vereinzelt wird auch Art. 4 I GG als Grundlage für das Recht zum Schweigen im Strafprozess herangezogen.[176] Dies wird mit dem Schutzbereich und den Schranken der in der Diskussion entscheidenden Grundrechte der Art. 2 I, II GG und des Art. 4 I GG begründet. Art. 2 II GG biete demnach keine mögliche Grundlage für ein staatliches Zwangsmittelverbot, da der Schutz der körperlichen Unversehrtheit nicht alle möglichen Beeinflussungen der staatlichen Strafverfolgung umfasse und zudem unter dem Vorbehalt der allgemeinen Gesetze gemäß Art. 2 II 3 GG stehe.[177] Eine Argumentation an Art. 2 GG ermögliche dem Staat „unter dem Vorwand des zulässigen körperlichen Eingriffs das Personengeheimnis jedes beliebigen Menschen"[178] zu lüften.

Einen wirksamen Schutz biete demnach nur Art. 4 I GG, da dessen Schutzbereich nicht bloß den „Schutz der freien Willensbestimmung des Menschen" umfasse, der ohnehin durch „jede verpflichtende Rechtsnorm eingeschränkt" werden könne[179]. Entscheidend sei, dass „das Verhalten des Strafverfahrensbeteiligten, des Angeschuldigten oder des Angeklagten im Strafverfahren (…) nur hinsichtlich seiner Aussage dem freien Willen des Betroffenen unterworfen" ist, das insoweit eine „Respektierung des Gewissens" erfordere.[180] Ergänzend ergebe sich schon aus dem Sinn der Gewissensfreiheit, dass persönliche Überzeugungen nicht offenbart werden müssen und „jede Ausübung von Zwang zum Zwecke solcher Offenbarung ausgeschlossen"[181] sei. Der Mensch habe das Recht, „über Gewissensfragen zu schweigen"[182].

---

176 *Scholler*, Die Freiheit des Gewissens, S. 149ff.; *Hamel*, in: Die Grundrechte IV/1, S. 58f.; kritisch *Rogall*, Der Beschuldigte als Beweismittel gegen sich selbst, S. 127ff.; *Wolff*, Selbstbelastung und Verfahrenstrennung, S. 31; *Kölbel*, Selbstbelastungsfreiheiten, S. 290ff.; *Bosch*, Aspekte des nemo-tenetur-Prinzips aus verfassungsrechtlicher und strafprozessualer Sicht, S. 43ff.; *Böse*, Wirtschaftsaufsicht und Strafverfolgung, S. 124f.; *Nothhelfer*, Die Freiheit von Selbstbezichtigungszwang, S. 54ff.; *Besson*, Das Steuergeheimnis und das Nemo-tenetur-Prinzip im (steuer-) strafrechtlichen Ermittlungsverfahren, S. 77; *B. Fischer*, Divergierende Selbstbelastungspflichten nach geltendem Recht, S. 104ff.

177 *Scholler*, Die Freiheit des Gewissens, S. 150.

178 *Scholler*, Die Freiheit des Gewissens, S. 150.

179 *Scholler*, Die Freiheit des Gewissens, S. 150.

180 *Scholler*, Die Freiheit des Gewissens, S. 150.

181 *Hamel*, in: Die Grundrechte IV/1, S. 58.

182 *Hamel*, in: Die Grundrechte IV/1, S. 58.

Eine Gewissensentscheidung kann mit der Freiheit der Selbstbelastung zwar vereinzelt einhergehen, jedoch vermag sie dieselbe nicht vollständig auszufüllen.[183] Art. 4 I GG schützt sowohl die Gewissensbildung sowie die Gewissensentscheidung im Einzelfall, das sog. forum internum, als auch die Freiheit der Gewissensverwirklichung.[184] Der historische Konnex zwischen der in Art. 4 I GG garantierten Glaubens- und der Gewissensfreiheit ist nach heutigem Verständnis gelöst, sodass auch „nicht-religiöse" Aspekte von der Gewissensfreiheit des Art. 4 I GG umfasst sind.[185] Dies eröffnet grundsätzlich den Anwendungsbereich für ein strafverfahrensrechtliches Zwangsmittelverbot, da es den Beschuldigten davor bewahrt, entgegen seinem Gewissen staatlicher „Prozess- und Sanktionsförderung" nachzukommen.[186] Dabei können bestimmte Vernehmungsmethoden die einzelnen „Schichten des Innenlebens"[187] erforschen, also in das forum internum des Betroffenen eingreifen und dementsprechend Art. 4 I GG tangieren[188]. Die Beeinträchtigung der Gewissensfreiheit kann jedoch nicht genügen, da das Abstellen auf bestimmte Zwangsmittel nur diesen konkreten Methoden gerecht werden würde, die „prinzipielle Pflichtenposition des Staatsbürgers"[189] allerdings begründet werden muss.

Auch der Begriff des Gewissens spricht gegen eine verfassungsrechtliche Verortung des Nemo-tenetur-Grundsatzes in Art. 4 I GG. Das Gewissen knüpft im Gegensatz zur Glaubens- bzw. Religionsfreiheit an der Ethik an und versucht abseits des Metaphysischen zu beurteilen, was das sittlich „richtige" Verhalten in einer bestimmten Situation ist.[190] Dabei wurde die Gewissensentscheidung auch

---

183 *Bosch*, Aspekte des nemo-tenetur-Prinzips aus verfassungsrechtlicher und strafprozessualer Sicht, S. 45f.; *Rogall*, Der Beschuldigte als Beweismittel gegen sich selbst, S. 127f.; mit einem Hinweis auf die „Vielzahl von Schutzgewährleistungen" des Nemo-tenetur-Prinzips *Lorenz*, JZ 1992, 1006; vgl. *Böse*, Wirtschaftsaufsicht und Strafverfolgung, S. 124f.; *Sahan*, Keine Steuererklärungspflicht bei Gefahr strafrechtlicher Selbstbelastung, S. 126.

184 *Herzog*, in: Maunz/Dürig-GG, Art. 4 Rn. 129f., 132ff.; vgl. *Morlok*, in: Dreier-GG, Art. 4 Rn. 58, 61.

185 *Herzog*, in: Maunz/Dürig-GG, Art. 4 Rn. 123ff.; vgl. *Morlok*, in: Dreier-GG, Art. 4 Rn. 52ff.

186 *Kölbel*, Selbstbelastungsfreiheiten, S. 290f.

187 Im Zusammenhang mit „Narkoanalyse und Hypnose", siehe *Scholler*, Die Freiheit des Gewissens, S. 146ff.

188 *Rogall*, Der Beschuldigte als Beweismittel gegen sich selbst, S. 128.

189 *Rogall*, Der Beschuldigte als Beweismittel gegen sich selbst, S. 128; dagegen *Bosch*, Aspekte des nemo-tenetur-Prinzips aus verfassungsrechtlicher und strafprozessualer Sicht, S. 45.

190 *Herzog*, in: Maunz/Dürig-GG, Art. 4 Rn. 125; BVerwGE 7, 242, 245ff.; BVerfGE 12, 45, 54f.

mit der Unterscheidung zwischen „Gut“ und „Böse“ begründet.[191] „Es ist also nicht die Kategorie des Verstehens, sondern die des Sollens, die den Begriff des Gewissens kennzeichnet.“[192] Das Recht auf Passivität im Strafverfahren kann sich jedoch nicht an „Gut“ und „Böse“ oder dem richtigen Verhalten orientieren, da die Motive für eine Mitwirkung im Strafprozess auch die persönliche Entlastung, die Unklarheit über die eigenen Rechte oder die überraschende Strafverfolgung sein können, was verdeutlicht, dass die Entscheidung des Betroffenen nicht immer von seiner Gewissenentscheidung beeinflusst ist.[193] Insofern muss das Recht auf Passivität auch gewahrt bleiben, wenn der Betroffene seine Entscheidung nicht nur auf sein Gewissen zurückführt.

E contrario muss dies auch für die Fälle gelten, in denen zwar das Gewissen „befragt“ wurde, dies aber nicht zu einer Gewissensentscheidung geführt hat. Wenn also der Betroffene es als verwerflich erachtet, nicht am Strafverfahren sowie an der Aufklärung des Sachverhalts mitzuwirken, so muss ihm ein Recht auf Passivität dennoch zustehen, sofern er die Mitwirkung aus Zweckmäßigkeitsgründen ablehnt[194] oder sich schlichtweg der Vernehmungssituation nicht gewachsen sieht[195]. Somit kann die eigene Wertsetzung für die Frage der Selbstbelastungsfreiheit im Strafverfahren nicht maßgeblich sein, da der Beschuldigte nicht nur schutzbedürftig ist, sofern er seine Handlung als „sittlich unbedingt geboten erachtet“[196]. Er soll sich trotz „schlechten Gewissens“ verteidigen dürfen.[197] Ohnehin ergibt sich kein geschlossener „Kanon anerkannter Gewissensmaßstäbe“[198], der einen für den Strafprozess erforderlichen Maßstab festlegen könnte. Die Entscheidung über die Wahrung der Passivität im Strafverfahren kann zwar mit der Einschränkung der Gewissensfreiheit gemäß Art. 4 I GG einhergehen, dies ist allerdings nur im Einzelfall möglich

---

191 BVerfGE 12, 45, 55; vgl. *Herzog*, in: Maunz/Dürig-GG, Art. 4 Rn. 128; *Kölbel*, Selbstbelastungsfreiheiten, S. 291.

192 *Herzog*, in: Maunz/Dürig-GG, Art. 4 Rn. 125.

193 *Rogall*, Der Beschuldigte als Beweismittel gegen sich selbst, S. 129; vgl. *Sahan*, Keine Steuererklärungspflicht bei Gefahr strafrechtlicher Selbstbelastung, S. 126.

194 *Wolff*, Selbstbelastung und Verfahrenstrennung, S. 31.

195 *Bosch*, Aspekte des nemo-tenetur-Prinzips aus verfassungsrechtlicher und strafprozessualer Sicht, S. 45.

196 *Bosch*, Aspekte des nemo-tenetur-Prinzips aus verfassungsrechtlicher und strafprozessualer Sicht, S. 45; vgl. *Rogall*, Der Beschuldigte als Beweismittel gegen sich selbst, S. 129; *Wolff*, Selbstbelastung und Verfahrenstrennung, S. 31.

197 *Kölbel*, Selbstbelastungsfreiheiten, S. 292.

198 *Böse*, Wirtschaftsaufsicht und Strafverfolgung, S. 124.

und kann dem Anspruch sowie der Schutzbedürftigkeit des Betroffenen nicht gerecht werden.[199]

IV. Die Grundlage des Art. 2 I GG

Die heute herrschende Meinung[200] interpretiert Art. 2 I GG als allgemeine Handlungsfreiheit, die die Freiheit vor staatlichem Zwang vorbehaltlich der vorrangigen Spezialgrundrechte erfasst. Mangels einschlägiger spezieller Grundrechte wird das verfassungsrechtliche Fundament des Nemo-tenetur-Grundsatzes in dem Recht auf freie Entfaltung der Persönlichkeit gemäß Art. 2 I GG gesehen[201] und damit ein „ungeschriebener Rechtssatz" begründet[202], dessen Konstruktion durch die Interpretation des Art. 2 I als „umfassende Handlungsfreiheit" grundsätzlich verfassungskonform ist[203].

Die Einheit des Art. 2 I GG umfasst sämtliche „individuellen Anlagen, Wesenszüge und Antriebskräfte, gleich ob diese (sozial-)ethisch ‚positiv' oder ‚negativ' zu bewerten sein mögen"[204], also jede Verhaltensweise mag sie auch noch so „skurril"[205] sein. Notwendigerweise muss von dieser Handlungsfreiheit auch die Freiheit umfasst sein, von der „Entfaltungsmöglichkeit keinen Gebrauch zu

---

199 Vgl. *Kölbel*, Selbstbelastungsfreiheiten, S. 291f.; *Rogall*, Der Beschuldigte als Beweismittel gegen sich selbst, S. 129; *Böse*, Wirtschaftsaufsicht und Strafverfolgung, S. 124f.; *Sahan*, Keine Steuererklärungspflicht bei Gefahr strafrechtlicher Selbstbelastung, S. 126f.

200 *Di Fabio*, in: Maunz/Dürig-GG, Art. 2 Rn. 12 m.w.N. in Fn. 4.

201 Grundlegend *Rogall*, Der Beschuldigte als Beweismittel gegen sich selbst, S. 129ff.; *Reiß*, Besteuerungsverfahren und Strafverfahren, S. 157ff.; vgl. *Bosch*, Aspekte des nemo-tenetur-Prinzips aus verfassungsrechtlicher und strafprozessualer Sicht, S. 46f.; *Kölbel*, Selbstbelastungsfreiheiten, S. 287f.

202 *Rogall* ging im Jahr 1977 von einem „neuen, bisher ungeschriebenen Rechtssatz" aus, siehe *ders.*, Der Beschuldigte als Beweismittel gegen sich selbst, S. 130 mit einem Verweis auf das Recht eines fairen Verfahrens in Fn. 58 m.w.N.; ein „neues Freiheitsrecht" sieht auch *Reiß*, Besteuerungsverfahren und Strafverfahren, S. 162.

203 *Rogall*, Der Beschuldigte als Beweismittel gegen sich selbst, S. 130f. Das Allgemeine Persönlichkeitsrecht „ergänzt als ‚unbenanntes' Freiheitsrecht die speziellen (‚benannten') Freiheitsrechte", BVerfGE 54, 148, 153; vgl. 72, 155, 170; 79, 256, 268; 95, 220, 241; zur „dogmatischen Verselbständigung einzelner Gewährleistungsinhalte" siehe *Di Fabio*, in: Maunz/Dürig-GG, Art. 2 Rn. 19.

204 *Erbel*, Das Sittengesetz als Schranke der Grundrechte, S. 182.

205 *Erbel*, Das Sittengesetz als Schranke der Grundrechte, S. 182.

machen" und sich gegenüber dem Staat passiv zu verhalten[206] und zu schweigen[207], weshalb Art. 2 I GG auch als „negatives Abwehrrecht" bezeichnet werden kann[208].

Die „Schrankentrias" steht dieser These aufgrund der zu Recht aufgeführten Erwägungen nicht entgegen.[209] Der staatliche Strafverfolgungsanspruch ist nicht als entgegenstehendes „Recht eines anderen" einzuordnen, da die Einschränkung des Grundrechts aufgrund eines staatlichen Rechts den Abwehranspruch des Individuums ins Leere laufen lassen würde.[210] Aus dem „Sittengesetz", das sich an den in der Verfassung manifestierten ethischen Werten orientiert,[211] ergibt sich auch „keine Verpflichtung zur Förderung eines strafprozessualen Nachteils"[212]. Letztlich steht die These offensichtlich auch im Einklang mit der „verfassungsmäßigen Ordnung", da der Gesetzgeber das Recht des Beschuldigten auf Passivität weitgehend sichern möchte.[213] Insofern ist die allgemeine Handlungsfreiheit des Art. 2 I GG zunächst eine geeignete verfassungsrechtliche Grundlage des Nemo-tenetur-Prinzips. Würde man die Selbstbelastungsfreiheit isoliert auf Art. 2 I GG zurückführen, wäre allerdings nach dem bisher Erläuterten eine Beschränkung durch einen einfachen Gesetzesvorbehalt unter Beachtung des Verhältnismäßigkeitsgrundsatzes möglich.[214] Dementsprechend ist die Erforderlichkeit einer Ergänzung der verfassungsrechtlichen Grundlage um einen geschützten Kernbereich in Betracht zu ziehen.[215]

---

206 *Wintrich*, Zur Problematik der Grundrechte, S. 21ff.; dem zustimmend *Rogall*, Der Beschuldigte als Beweismittel gegen sich selbst, S. 131.

207 *Castringius*, Schweigen und Leugnen des Beschuldigten im Strafprozess, S. 45ff.

208 „Auf Unterlassung gegen den Staat gerichtet", *H. Peters*, in: Laun-FS, S. 672; dem zustimmend *Rogall*, Der Beschuldigte als Beweismittel gegen sich selbst, S. 131; vgl. *Di Fabio*, in: Maunz/Dürig-GG, Art. 2 Rn. 132; *Kunig*, in: v. Münch/Kunig-GG, Art. 2 Rn. 40; *Dreier*, in: Dreier-GG, Art. 2 I Rn. 57; BVerfGE 56, 37, 49; nicht beschränkend auf diesen Aspekt, *Bosch*, Aspekte des nemo-tenetur-Prinzips aus verfassungsrechtlicher und strafprozessualer Sicht, S. 47.

209 *Rogall*, Der Beschuldigte als Beweismittel gegen sich selbst, S. 132ff.; vgl. *Castringius*, Schweigen und Leugnen des Beschuldigten im Strafprozess, S. 46ff.

210 *Rogall*, Der Beschuldigte als Beweismittel gegen sich selbst, S. 132f.

211 *Di Fabio*, in: Maunz/Dürig-GG, Art. 2 Rn. 45.

212 *Rogall*, Der Beschuldigte als Beweismittel gegen sich selbst, S. 134.

213 *Rogall*, Der Beschuldigte als Beweismittel gegen sich selbst, S. 137, mit Bezug auf *Castringius*, Schweigen und Leugnen des Beschuldigten im Strafprozess, S. 51ff.

214 *Reiß*, Besteuerungsverfahren und Strafverfahren, S. 163; *Rogall*, Der Beschuldigte als Beweismittel gegen sich selbst, S. 137; *Kölbel*, Selbstbelastungsfreiheiten, S. 288; *Wolff*, Selbstbelastung und Verfahrenstrennung, S. 30.

215 *Rogall*, Der Beschuldigte als Beweismittel gegen sich selbst, S. 137; *Reiß*, Besteuerungsverfahren und Strafverfahren, S. 164ff.; anders *Castringius*, Schweigen und Leugnen des Beschuldigten im Strafprozess, S. 51ff., der sich nur auf Art. 2 I beschränkt.

V. Der Bezug zum Allgemeinen Persönlichkeitsrecht des Art. 2 I i. V. m. Art. 1 I GG

Die Handlungsfreiheit des Art. 2 I GG erfährt durch die Menschenwürde des Art. 1 I GG in der Form des Allgemeinen Persönlichkeitsrechts[216] eine Ergänzung. Das Allgemeine Persönlichkeitsrecht ist als „subjektive Gewährleistung" dogmatisch in Art. 2 I GG zu verorten und Art. 1 I GG, „begrenzt auf die Rolle als Auslegungsmaßstab für die Ermittlung des Inhalts und der Reichweite des Schutzumfangs", hinzuzuziehen[217]. Dies ist im Hinblick auf den Konflikt zwischen dem durch einen einfachen Gesetzesvorbehalt einschränkbaren Art. 2 I GG und dem absoluten Schutz des Art. 1 I GG erforderlich.

1. Der Menschenwürdegehalt des Allgemeinen Persönlichkeitsrechts

Um festzustellen, ob eine Pflicht zur Aussage und zur Mitwirkung im Strafverfahren das Allgemeine Persönlichkeitsrecht gemäß Art. 2 I i. V. m. Art. 1 I GG tangiert, muss der Menschenwürdegehalt der Selbstbelastungsfreiheit festgestellt werden.

Der Begriff der Menschenwürde ist nur schwer definierbar und bereitet noch heute „Kopfzerbrechen"[218]. Die verschiedenen Begründungsansätze und deren immanente Bestimmungsprobleme sind Ausdruck der Schwierigkeit, „die typischerweise der Versuch mit sich bringt, von einem unbestimmten Rechtsbegriff der Abstraktionshöhe der Menschenwürde den Bogen der Argumentation zu einem konkreten Sachproblem zu schlagen"[219]. Dabei werden jedoch einige Interpretationsansätze der Bedeutung und Tragweite des Art. 1 GG gerecht.[220]

Die „Objektformel"[221] knüpft an der These *Kants* an, der den Mensch nicht nur als Mittel, sondern auch als Zweck des Gebrauchs sieht.[222] „Da die Gemeinschaft

---

216 *Di Fabio*, in: Maunz/Dürig-GG, Art. 2 Rn. 128 m.w.N in Fn. 16.

217 *Di Fabio*, in: Maunz/Dürig-GG, Art. 2 Rn. 128; vgl. *Kunig*, in: v. Münch/Kunig-GG, Art. 2 Rn. 30; *Dreier*, in: Dreier-GG, Art. 2 I Rn. 50.

218 Dies prognostizierte bereits im Jahr 1903 *Beling*, Die Beweisverbote als Grenzen der Wahrheitserforschung im Strafprozess, S. 37; vgl. *Nothhelfer*, Die Freiheit von Selbstbezichtigungszwang, S. 66.

219 *Nothhelfer*, Die Freiheit von Selbstbezichtigungszwang, S. 64.

220 Siehe grundlegend *Herdegen*, in: Maunz/Dürig-GG, Art. 1 I Rn. 33ff.; *Wolff*, Selbstbelastung und Verfahrenstrennung, S. 42ff.; *Nothhelfer*, Die Freiheit von Selbstbezichtigungszwang, S. 63ff.; *Kühne*, Strafprozessuale Beweisverbote und Art. 1 I Grundgesetz, S. 75ff.

221 *Wintrich*, in: FS-Laforet, S. 235f.; *Dürig*, AöR 1956, 127.

222 *Kant*, Grundlegung zur Metaphysik der Sitten, S. 63.

sich aus freien eigenständigen Personen aufbaut, die durch ihr Zusammenwirken das Gemeinschaftsgut verwirklichen, muss aber der Mensch auch in der Gemeinschaft und ihrer Rechtsordnung immer ‚Zweck an sich selbst' (Kant) bleiben, darf er nie zum bloßen Mittel eines Kollektivs, zum bloßen Werkzeug oder zum rechtlosen Objekt eines Verfahrens herabgewürdigt werden. Hier ist die absolute, unverrückbare Grenze gegenüber allen Zugriffen des Staates in den Selbststand der Person gezogen."[223] „Die Menschenwürde als solche ist betroffen, wenn der konkrete Mensch zum Objekt, also zum bloßen Mittel, zur vertretbaren Größe herabgewürdigt wird."[224]

Der Ansatz der Instrumentalisierung wird für unzureichend erachtet, den Einzelheiten jeder möglichen Fremdbestimmung gerecht zu werden,[225] da „allgemeine Formeln" letztlich nur die „Richtung andeuten, in der Fälle der Verletzung der Menschenwürde gefunden werden können"[226]. Dennoch wurde die These der Instrumentalisierung im Rahmen des Art. 1 I GG bislang durch keine andere Interpretation verdrängt,[227] weshalb auch das Bundesverfassungsgericht die Objektformel bei der Bestimmung des Schutzbereichs von Art. 1 I GG mehrfach herangezogen hat[228].

Dass die Objektsverletzung nicht das einzige Kriterium der Menschenwürde sein kann, zeigt auch die Konstruktion des Allgemeinen Persönlichkeitsrechts aus Art. 2 I GG und Art. 1 I GG, da isoliert nach dieser Komponente ein Eingriff in den Schutzbereich des Allgemeinen Persönlichkeitsrechts bereits die Subjektsqualität des Menschen angreifen würde. Insofern würde ein den Schutzbereich des Art. 2 I i. V. m. Art. 1 I GG tangierendes Gesetz das Individuum zum Objekt deklarieren und damit einen Verstoß gegen den absoluten Schutz des Art. 1 I GG darstellen und könnte „nie Bestandteil der ‚verfassungsmäßigen Ordnung' werden"[229]. Dem Objektcharakter der Menschenwürde ist daher auch ein geringer wiegendes Element „vorgelagert"[230], das „unter strikter Wahrung des Verhältnismäßigkeitsgrundsatzes und des Übermaßverbots zwischen Erhaltungs- und Eingriffsinteresse" unter „erschwerter Disposition

---

223 *Wintrich*, in: FS-Laforet, S. 235f.

224 *Dürig*, AöR 1956, 127.

225 BVerfGE 30, 1, 25; *Rogall*, Der Beschuldigte als Beweismittel gegen sich selbst, S. 141; *Kölbel*, Selbstbelastungsfreiheiten, S. 284f.; *Nothhelfer*, Die Freiheit von Selbstbezichtigungszwang, S. 72; *H.-L. Günther*, GA 1978, 196.

226 BVerfGE 30, 1, 25; dem zustimmend *Kunig*, in: v. Münch/Kunig-GG, Art. 1 Rn. 23.

227 So *Herdegen*, in: Maunz/Dürig-GG, Art. 1 I Rn. 36.

228 BVerfGE 9, 89, 95; 27, 1, 6; 28, 386, 391; 45, 187, 228; 50, 166, 175; 87, 209, 228.

229 *Rogall*, Der Beschuldigte als Beweismittel gegen sich selbst, S. 143.

230 *Rogall*, Der Beschuldigte als Beweismittel gegen sich selbst, S. 144.

des Gesetzgebers steht“[231]. Dieses bestimmt sich nach der Eingriffsqualität der Maßnahme im Hinblick auf die Beeinträchtigung des in Art. 1 I, 19 II GG fundierten Persönlichkeitskerns.[232] In Anbetracht der erforderlichen Begriffsbestimmung definiert sich die Menschenwürde aber nicht durch das ‚konstruierte' Allgemeine Persönlichkeitsrecht gemäß Art. 2 I i. V. m. Art. 1 I GG, da der Kernbereich der Subjektstellung des Art. 1 I GG unberührt bleibt. Die Ergänzung durch das Persönlichkeitselement ist allerdings für die Dynamik des Allgemeinen Persönlichkeitsrechts erforderlich.

Die durch das Bundesverfassungsgericht entwickelte Sphärentheorie[233] stellt zur Bestimmung der Schutzwürdigkeit auf den Bereich der Persönlichkeitsverletzung ab. Sieerschließt sich aus der „Intimsphäre“, der „Privatsphäre“ und dem „Öffentlichkeitsbereich“[234].

Die „Intimsphäre“[235] ist eine „Sphäre privater Lebensgestaltung“, die als „letzter unantastbarer Bereich menschlicher Freiheit besteht“ und der „gesamten öffentlichen Gewalt entzogen ist“[236]. In diesem Kernbereich „besitzt der Mensch sich selbst und muss sich dorthin ohne Zutrittsmöglichkeit der Umwelt, insbesondere der öffentlichen Gewalt, zurückziehen können“[237]. Allerdings steht nicht der „gesamte Bereich des privaten Lebens unter dem absoluten Schutz des Grundrechts aus Art. 2 I i. V. m. Art. 1 I GG“, da jedermann als „gemeinschaftsbezogener und gemeinschaftsgebundener Bürger“ staatliche Maßnahmen hinnehmen muss, „die im überwiegenden Interesse der Allgemeinheit unter strikter Wahrung des Verhältnismäßigkeitsgebots getroffen werden, soweit sie nicht den unantastbaren Bereich privater Lebensgestaltung beeinträchtigen“[238]. Das entscheidende Abgrenzungs-

---

231 *Rogall*, Der Beschuldigte als Beweismittel gegen sich selbst, S. 144; vgl. *Di Fabio*, in: Maunz/Dürig-GG, Art. 2 Rn. 130.

232 *Di Fabio*, in: Maunz/Dürig-GG, Art. 2 Rn. 130.

233 BVerfGE 34, 238, 245; *Di Fabio*, in: Maunz/Dürig-GG, Art. 2 Rn. 158 m.w.N. in Fn. 3; *Kunig*, in: v. Münch/Kunig-GG, Art. 2 Rn. 41 m.w.N.; *Vogelgesang*, Grundrecht auf informationelle Selbstbestimmung?, S. 42ff.; *Rohlf*, Der grundrechtliche Schutz der Privatsphäre, S. 70ff.

234 Siehe die folgenden Nachweise.

235 *Di Fabio*, in: Maunz/Dürig-GG, Art. 2 Rn. 158; *Vogelgesang*, Grundrecht auf informationelle Selbstbestimmung?, S. 42; *Rohlf*, Der grundrechtliche Schutz der Privatsphäre, S. 76, 87ff.; „Individualsphäre“ nach *Hubmann*, Das Persönlichkeitsrecht, S. 269f.

236 BVerfGE 6, 32, 41; 27, 1, 6; 32, 373, 378f.; 34, 238, 245; 80, 367, 373; 109, 279, 313f.; vgl. *Rogall*, Der Beschuldigte als Beweismittel gegen sich selbst, S. 144; *Herdegen*, in: Maunz/Dürig-GG, Art. 1 I Rn. 46; *Hubmann*, Das Persönlichkeitsrecht, S. 269.

237 *Di Fabio*, in: Maunz/Dürig-GG, Art. 2 Rn. 158, m.w.N. zu der restriktiven Rechtsprechung in Fn. 6–11.

238 BVerfGE 34, 238, 246.

kriterium des Bundesverfassungsgerichts zwischen der „Privatsphäre“[239] und der „Intimsphäre“, das letztlich auch über die staatliche Eingriffsbefugnis entscheidet, ist der Sozialbezug des Verhaltens und der Kontakt des Menschen nach außen.[240] Die „Intimsphäre“ wird demnach durch Kommunikation, etwa durch Gespräche[241] oder Briefe[242], verlassen.[243]

Daneben besteht der Öffentlichkeitsbereich,[244] der nicht von der Außenwelt abgeschirmt werden kann und folglich den geringsten Rechtfertigungsanforderungen unterliegt.[245] Dieser Bereich wurde durch das Bundeverfassungsgericht nicht ausdrücklich hergeleitet, allerdings ergibt er sich als „logische Konsequenz“ durch die „Fortentwicklung des Intimbereichs und der Privatsphäre, denen sich ein nicht geschützter Öffentlichkeitsbereich anschließen muss“[246].

2. Die Selbstbelastungsfreiheit und der Kernbereich der Menschenwürde

Eine Beeinträchtigung des Kernbereichs der Menschenwürde gemäß Art. 1 I GG kann im Einzelfall mit einer Verletzung des Nemo-tenetur-Prinzips einhergehen. Maßnahmen zum Zweck der Mitwirkung im Strafverfahren im Sinne des § 136a StPO verletzen eindeutig das Nemo-tenetur-Prinzip, instrumentalisieren den Betroffenen und richten sich somit offensichtlich gegen die Achtung der Menschenwürde gemäß Art. 1 I GG.[247] Allerdings vermag dieser Kernbereich des Art. 1 I GG nicht alleine die Besonderheiten des Nemo-tenetur-Prinzips zu erfassen, da die Ermittlungsmaßnahmen des Staates nicht immer von einer konkreten Verobjektivierung

---

239 *Di Fabio*, in: Maunz/Dürig-GG, Art. 2 Rn. 159; *Rohlf*, Der grundrechtliche Schutz der Privatsphäre, S. 76ff., 89ff.; *Vogelgesang*, Grundrecht auf informationelle Selbstbestimmung?, S. 43f.; *Hubmann*, Das Persönlichkeitsrecht, S. 269f.

240 BVerfGE 6, 389, 433; 33, 367, 377; vgl. *Rohlf*, Der grundrechtliche Schutz der Privatsphäre, S. 78ff.

241 BVerfGE 33, 367, 377.

242 BVerfGE 35, 35, 39f.

243 Siehe dazu *Rohlf*, Der grundrechtliche Schutz der Privatsphäre, S. 78f.

244 *Rohlf*, Der grundrechtliche Schutz der Privatsphäre, S. 76; *Vogelgesang*, Grundrecht auf informationelle Selbstbestimmung?, S. 44f.; dem zustimmend *Di Fabio*, in: Maunz/Dürig-GG, Art. 2 Rn. 159.

245 *Di Fabio*, in: Maunz/Dürig-GG, Art. 2 Rn. 159.

246 *Vogelgesang*, Grundrecht auf informationelle Selbstbestimmung?, S. 44.

247 BGHSt 5, 332, 333; *Meyer-Goßner*, § 136a Rn. 1; *Rogall*, in: SK-StPO, § 136a Rn. 3; *Gleß*, in: LR-StPO, § 136a Rn. 3; *Roxin/Schünemann*, Strafverfahrensrecht, § 25 Rn. 17.

des Betroffenen geprägt sein müssen und das Verbot der Folter mit dem Nemo-tenetur-Prinzip „nichts zu tun“ hat.[248] Eine Pflicht zur Mitwirkung im Strafverfahren – abseits der Mittel des § 136a StPO – genügt noch nicht, die Subjektstellung des Betroffenen anzugreifen und steht damit im Einklang mit der Würde des Menschen.[249] Dies schließt wohlgemerkt nicht aus, dass der Zwang zur Mitwirkung im Strafprozess den Gehalt des Art. 1 I GG tangieren kann, allerdings muss das verfassungsrechtliche Fundament überwiegend in einem Grundrecht verortet werden, das den besonderen Umständen einer Beeinflussung der Passivität des Betroffenen gerecht wird und nicht nur die unmittelbare Zwangsmittelanwendung erfasst. Dabei ist jedoch der Ausgangspunkt einer Verobjektivierung des Betroffenen – als Mittel gegen sich selbst zu handeln – bei der Gewichtung von Art. 1 I GG im Rahmen des Allgemeinen Persönlichkeitsrechts zu beachten.

3. Die Selbstbelastungsfreiheit als Kern des Allgemeinen Persönlichkeitsrechts

Das Persönlichkeitsrecht gewährt dem Individuum, sein Verhalten unbeeinflusst von staatlichen Zwängen auszuleben, kann jedoch, wie bereits erläutert, im Rahmen der Privatsphäre und des Öffentlichkeitsbereichs unter Verhältnismäßigkeitserwägungen eingeschränkt werden. Eine Pflicht zur Aktivität im Strafprozess hat in diesem Zusammenhang eine besondere und bedeutende Tragweite, da hier nicht nur ein Verhalten des täglichen Lebens, das die Handlungsfreiheit einschränkt, gefordert wird, sondern ein Verhalten abverlangt wird, das strafprozessuale Konsequenzen mit sich bringt und letztlich den Betroffenen dazu zwingt, sich selbst einen Schaden zuzufügen.[250] Neben der Beeinträchtigung der Handlungsfreiheit gemäß Art. 2 I GG präzisiert diese Feststellung den relevanten Eingriff in das Persönlichkeitsrecht des Betroffenen, da dem individuellen Selbsterhaltungstrieb[251] des Menschen durch den Zwang zur Selbstbelastung entgegengewirkt wird und dies die Wahrung seiner Individualität ausschließt[252]. Unerheblich muss deshalb

248 *Rogall*, Der Beschuldigte als Beweismittel gegen sich selbst, S. 141.

249 *B. Fischer*, Divergierende Selbstbelastungspflichten nach geltendem Recht, S. 99; vgl. *Besson*, Das Steuergeheimnis und das Nemo-tenetur-Prinzip im (steuer-) strafrechtlichen Ermittlungsverfahren, S. 80.

250 Vgl. *Rogall*, Der Beschuldigte als Beweismittel gegen sich selbst, S. 146; differenzierend *B. Fischer*, Divergierende Selbstbelastungspflichten nach geltendem Recht, S. 101.

251 *Eb. Schmidt*, NJW 1969, 1139.

252 *Rogall*, Der Beschuldigte als Beweismittel gegen sich selbst, S. 146; *ders.*, in: SK-StPO, Vor § 133 Rn. 132.

sein, „ob in einen Schutzbereich von außen eingedrungen oder ob der Beschuldige selbst dazu gezwungen wird"[253]. Eine Pflicht des Betroffenen, gegen sich selbst zu sprechen,[254] funktionalisiert[255] bzw. instrumentalisiert den Betroffenen zur Selbstüberführung und verdeutlicht die erhebliche Gewichtung des Würdecharakters der Selbstbelastungsfreiheit[256]. Gemessen an der Sphärentheorie betrifft die Preisgabe von persönlichem Wissen sowie der Zwang, dies zu offenbaren und sich damit bewusst selbst zu schädigen, nicht bloß die Privatsphäre, die gleichfalls eine Einschränkung ermöglichen würde.[257] Vielmehr tangiert die Instrumentalisierung des Betroffenen die Intimsphäre, also den Kernbereich privater Lebensgestaltung, und erfordert damit den absoluten Schutz der Selbstbelastungsfreiheit.[258] Der Intimbereich, der dem Menschen die Preisgabe seines Wissens zugesteht, markiert damit den Menschenwürdebereich des Persönlichkeitsrechts.[259]

Auch das Bundesverfassungsgericht stellte im Zusammenhang mit Art. 2 I GG fest, dass ein Zwang „unzumutbar und mit der Würde des Menschen unvereinbar wäre (...), durch eigene Aussagen die Voraussetzungen für eine strafgerichtliche Verurteilung oder die Verhängung entsprechender Sanktionen liefern zu müssen"[260] und konkretisierte damit den Menschenwürdegehalt des Nemo-tenetur-Prinzips[261].

---

253 *B. Fischer*, Divergierende Selbstbelastungspflichten nach geltendem Recht, S. 102.

254 *Rogall*, in: SK-StPO, Vor § 133 Rn. 132; *ders.*, StV 1996, 64.

255 *Keller*, Rechtliche Grenzen der Provokation von Straftaten, S. 132; zustimmend *Rogall*, in: SK-StPO, Vor § 133 Rn. 132; *ders.*, StV 1996, 64.

256 Zu Achtung und Schutz der Menschenwürde als Kernbereich des Nemo-tenetur Gedankens und insbesondere zum Würdeverständnis vgl. *Eisenhardt*, Das nemo tenetur-Prinzip: Grenze körperlicher Untersuchungen beim Beschuldigten, S. 200ff.; *Rogall*, in: SK-StPO, Vor § 133 Rn. 132; vgl. *Eidam*, Die strafprozessuale Selbstbelastungsfreiheit am Beginn des 21. Jahrhunderts, S. 118f.

257 *Di Fabio*, in: Maunz/Dürig-GG, Art. 2 Rn. 157.

258 *Rogall*, Der Beschuldigte als Beweismittel gegen sich selbst, S. 148; *ders.*, StV 1996, 64; *Talaska*, Mitwirkungspflichten des Steuerpflichtigen im Spannungsfeld von Besteuerungs- und Steuerstrafverfahren, S. 34; *Di Fabio*, in: Maunz/Dürig-GG, Art. 2 Rn. 188.

259 Vgl. *Sahan*, Keine Steuererklärungspflicht bei Gefahr strafrechtlicher Selbstbelastung, S. 124ff.; dagegen *Günther*, GA 1978, 197; kritisch *Wolff*, Selbstbelastung und Verfahrenstrennung, S. 45ff.; *Verrel*, NStZ 1997, 364; *H. Schneider*, Grund und Grenzen des strafrechtlichen Selbstbegünstigungsprinzips, S. 45ff.

260 BVerfGE 56, 37, 49.

261 Ständige Rechtsprechung BVerfGK 18, 144, 150; BVerfGE 96, 171, 181; 95, 220, 241; 65, 1, 41f.; vgl. schon im Ansatz BGHSt 14, 358, 364; mit Bezug auf den „Gemeinschuldner-Beschluss" BGHSt 34, 39, 45f.; 36, 328, 332; 38, 214, 220; 52, 11, 17.

Dies erfordert eine Ergänzung der allgemeinen Handlungsfreiheit des Art. 2 I GG um Art. 1 I GG und begründet die verfassungsmäßige Grundlage des Nemo-tenetur-Prinzips in Art. 2 I i. V. m. Art. 1 I GG.[262]

Gegen einen Menschenwürdegehalt des Nemo-tenetur-Prinzips wird eingewandt, dass sich daraus die Unzulässigkeit der Strafverfolgung ergeben müsse, da es die über Art. 20 III GG vorgegebene Aufgabe der Strafverfolgungsorgane sei, in den Geheimhaltungsbereich des Beschuldigten zum Zweck der Strafverfolgung einzudringen.[263] Dem ist jedoch entgegenzuhalten, dass der Eingriff in die Intimsphäre von dem Sozialbezug, also dem Kommunikationsverhalten des Menschen, abhängt. Maßgeblich ist daher, ob sich der Mensch mitteilt oder nicht. Demnach begründet und rechtfertigt sich das Wissen des Betroffenen als intimes Recht, sofern es von der Außenwelt abgeschirmt und durch seinen Willen manifestiert wurde. Diese Manifestation des Intimwissens begründet auch den Intimbereich und verbietet einen Eingriff durch staatliche Zwangsmittel, die in diesen Bereich eingreifen könnten. Die Strafverfolgung kann zwar bezwecken, diesen Bereich auszuforschen, allerdings ist der vom Bundesverfassungsgericht verlangte Sozialbezug bzw. die Preisgabe des Wissens gerade nicht zwingend, weshalb Strafverfolgungsmaßnahmen auch die Intimsphäre unberührt lassen können. Das Wissen darf daher nur mit den Mitteln abgeschöpft werden, die freiwillig und im Bewusstsein des Intimsphärenträgers preisgegeben werden. Dies lässt den Intimbereich unberührt und lässt Strafverfolgungsmaßnahmen zu. Insofern schließt der verfassungsrechtliche Bezug des Nemo-tenetur-Grundsatzes zu Art. 1 I GG im Rahmen des Allgemeinen Persönlichkeitsrechts gemäß Art. 2 I GG i. V. m. Art. 1 I GG die Strafverfolgung nicht aus.

---

262 *Eisenhardt*, Das nemo tenetur-Prinzip: Grenze körperlicher Untersuchungen beim Beschuldigten, S. 199ff.; *Rogall*, Der Beschuldigte als Beweismittel gegen sich selbst, S. 148; *ders.*, in: SK-StPO, Vor § 133ff. Rn. 132; *B. Fischer*, Divergierende Selbstbelastungspflichten nach geltendem Recht, S. 102f.; *Sahan*, Keine Steuererklärungspflicht bei Gefahr strafrechtlicher Selbstbelastung, S. 125f.; *Besson*, Das Steuergeheimnis und das Nemo-tenetur-Prinzip im (steuer-)strafrechtlichen Ermittlungsverfahren, S. 81; *Nothhelfer*, Die Freiheit von Selbstbezichtigungszwang, S. 77ff.; *Dingeldey*, NStZ 1984, 529; *Beulke*, Strafprozessrecht, Rn. 125; *Di Fabio*, in: Maunz/Dürig-GG, Art. 2 Rn. 187f.; *Böse* sieht in diesem Zusammenhang „nur ein Recht auf Selbsterhaltung", siehe *ders.*, GA 2002, 103ff.; *ders.*, Wirtschaftsaufsicht und Strafverfolgung, S. 135ff.

263 Das Problem aufzeigend *Reiß*, Besteuerungsverfahren und Strafverfahren, S. 164f.; dem zustimmend *H. Schneider*, Grund und Grenzen des strafrechtlichen Selbstbegünstigungsprinzips, S. 47.

VI. Rechtsstaatsprinzip Art. 20 III GG

Vermehrt wird das Nemo-tenetur-Prinzip aus dem Rechtsstaatsprinzip des Art. 20 III GG hergeleitet.[264] Dies wird damit begründet, dass die besonderen Rechtsverbürgungen in der „sachnäheren Norm" des Art. 20 GG zum Ausdruck kommen würden.[265] Inhaltlich konstituiere sich die materielle Rechtsstaatlichkeit durch die Verbürgung von Grundrechten als Abwehrrechten, die auf bestimmten unbestrittenen Rechtsüberzeugungen beruhen und das „vorverfassungsmäßige Gesamtbild"[266] formen. Die deutsche Entwicklungsgeschichte verdeutliche, dass das Nemo-tenetur-Prinzip neben der individuellen Selbstbestimmung aus rechtsstaatlicher Perspektive auch als Ausdruck staatlicher Selbstbeschränkung betrachtet werden könne.[267] Ein Strafverfahren ohne Aussagefreiheit wäre kein rechtsstaatliches Verfahren im Sinne des Grundgesetzes, weshalb sie auch als Ausdruck einer rechtsstaatlichen Grundhaltung, die auf der „Achtung des Rechtsstaates vor der Menschenwürde"[268] beruht, bezeichnet wird.

Trotz dieser nachvollziehbaren Argumentation stehen einer isolierten Fundierung des Nemo-tenetur-Grundsatzes in Art. 20 III GG Bedenken entgegen. Dem berechtigten Einwand *Rogalls*, wonach Art. 20 III GG mehr formale als materielle Aspekte zum Ausdruck bringt und sich daraus eher eine „blankettartige Bezeichnung"[269] ergibt, wird entgegengehalten, dass dies dem historischen Zusammenhang nicht gerecht werden würde[270] und einem „überholtem Rechtsstaatsverständnis" geschuldet sei, da sowohl das Bundesverfassungsgericht als auch das verfassungsrechtliche Schrifttum „zunehmend materielle Rechtssätze

---

264 Ergänzend zu Art. 2 I i.V.m. Art. 1 I GG, daher mit „persönlichkeitsrechtlichem Charakter", *Reiß*, Besteuerungsverfahren und Strafverfahren, S. 155ff., 164ff.; nach *Paeffgen* muss „gelegentlich" auf Art. 1 und 2 GG „zurückgegriffen" werden, *ders.*, Vorüberlegungen zu einer Dogmatik des Untersuchungshaft-Rechts, S. 70ff.; *ders.*, in: SK-StPO, Vor §§ 112ff. Rn. 31; isoliert aus Art. 20 III GG siehe *Jahn*, StV 1998, 654; *H. Schneider*, Grund und Grenzen des strafrechtlichen Selbstbegünstigungsprinzips, S. 38ff.; gegen *H. Schneider* siehe Rezension *Rogall*, StV 1996, 64.

265 *Paeffgen*, Vorüberlegungen zu einer Dogmatik des Untersuchungshaft-Rechts, S. 71.

266 *H. Schneider*, Grund und Grenzen des strafrechtlichen Selbstbegünstigungsprinzips, S. 39 m.w.N.

267 *H. Schneider*, Grund und Grenzen des strafrechtlichen Selbstbegünstigungsprinzips, S. 41; vgl. *Reiß*, Besteuerungsverfahren und Strafverfahren, S. 155f.

268 *Reiß*, Besteuerungsverfahren und Strafverfahren, S. 157 m.w.N.; BVerfG, NJW 1981, 1431.

269 *Rogall*, Der Beschuldigte als Beweismittel gegen sich selbst, S. 138f.

270 *Reiß*, Besteuerungsverfahren und Strafverfahren, S. 156f.

wie beispielsweise das Verhältnismäßigkeitsprinzip in den Regelungsbereich des Art. 20 III GG einordnen“[271].

Der materiell-rechtlich geprägte Schutzbereich des Art. 20 III GG erscheint bei der verfassungsrechtlichen Begründung des Schutzbereichs des Nemo-tenetur-Grundsatzes fraglich, da der aufgeführte Verhältnismäßigkeitsgrundsatz zwar materielle Gesichtspunkte berücksichtigt, seine Intention allerdings lediglich die verfassungskonforme Auslegung der Grundrechtseingriffe ist und insofern keinen konkreten Schutzbereich ausgestaltet. Grundsätzlich ist es nicht der Anspruch der materiellen Ausprägungen des Art. 20 III GG, ein verfassungsmäßiges Recht und damit einen konkreten Schutzbereich zu begründen, was für die Herleitung eines konkreten Abwehrrechts essentiell wäre. Erörterungen im Hinblick auf die verfassungsmäßigen Ansätze des individuellen Schutzbereichs, also des Zwangsmittelverbots, bleiben diese Ansichten im Übrigen auch schuldig und lassen insofern die materielle Ausgestaltung des Nemo-tenetur-Prinzips ungeklärt. Vielmehr wird die Aussagefreiheit als vorkonstitutionelles Prinzip schlichtweg vorausgesetzt.[272] Durch die Inbezugnahme des Rechtsstaatsprinzips wird dem anerkannten Grundsatz der Selbstbelastungsfreiheit nur die rechtliche bzw. verfassungsrechtliche Bedeutung verliehen, die hier freilich außer Frage stehen soll. Allerdings muss die verfassungsrechtliche Grundlage eines Verfahrensprinzips auch den konkreten Schutzbereich begründen und nicht bloß feststellen, dass der Rechtsstaat ihn beachten muss. Das Rechtsstaatsprinzip wird durch die Grundrechte nur „aufgefüllt“[273] und verdeutlicht die staatliche Perspektive des erforderlichen Grundrechtsschutzes[274]. Insofern fehlt dem rechtsstaatlichen Begründungsansatz auch der Persönlichkeitsbezug, der gerade im Konflikt zwischen dem Staat und dem betroffenen Individuum unverzichtbar ist.

Auch der Einwand, dass ein Zugriff auf Art. 20 III GG dem Gesetzgeber aufgrund der Ewigkeitsgarantie des Art. 79 III GG entzogen sei,[275] kann letztlich nicht überzeugen, da dies auch durch den überwiegenden Menschenwürdegehalt

---

271 So *H. Schneider*, Grund und Grenzen des strafrechtlichen Selbstbegünstigungsprinzips, S. 39 m.w.N. in Fn. 41.

272 *Reiß* geht davon aus, dass die Aussagefreiheit des Beschuldigten „das kennzeichnende Element des modernen rechtsstaatlichen Strafverfahrens“ ist, siehe *ders.*, Besteuerungsverfahren und Strafverfahren, S. 157.

273 *Rogall*, Der Beschuldigte als Beweismittel gegen sich selbst, S. 138, m.w.N. in Fn. 123.

274 *Rogall*, Der Beschuldigte als Beweismittel gegen sich selbst, S. 138, mit Bezug auf *Krauß*, in: Strafrechtsdogmatik und Kriminalpolitik, S. 153 in Fn. 5; vgl. *Stürner*, NJW 1981, 1757f.

275 *Jahn* StV 1998, 654.

im Rahmen des Art. 2 I i. V. m. Art. 1 I GG gesichert ist. Dabei soll nicht bestritten werden, dass die Aussagefreiheit „Ausdruck einer rechtsstaatlichen Grundhaltung“[276] ist, weshalb ergänzend zu Art. 2 I i. V. m. Art. 1 I GG auch Art. 20 III berücksichtigt wird[277]. Allerdings kann die verfassungsmäßige Grundlage des Art. 20 III GG dem individuell-konkreten Anspruch des Nemo-tenetur-Prinzips nicht gerecht werden, da der Grundsatz der Rechtsstaatlichkeit noch keinen wirksamen Schutzbereich eines Zwangsmittelverbots begründet.

VII. Resümee und Ausblick auf den Umgang mit Selbstbelastung

Das Nemo-tenetur-Prinzip hat seine verfassungsmäßige Grundlage in Art. 2 I i. V. m. Art. 1 I GG. Dies ist im Wesentlichen damit zu begründen, dass die aufgeführten Grundrechte und Verfassungsnormen – trotz ihrer naheliegenden Parallelitäten – nicht die notwendige Spezialität aufweisen, die für die Verortung des staatlichen Zwangsmittelverbots erforderlich ist. Der durch die Beeinträchtigung der Menschenwürde naheliegende Persönlichkeitsbezug kann nur durch das Allgemeine Persönlichkeitsrecht ausgedrückt werden und den Schutzbereich des Nemo-tenetur-Prinzips ausfüllen.

Die Verletzung strafprozessualer Schutzprinzipien darf nicht folgenlos bleiben, sondern muss aufgrund der Missachtung einen rechtsstaatlichen Ausgleich erfahren.[278] Als machtverneinendes Instrument muss das rechtsstaatliche Strafrecht neben der Wahrung der Prinzipien gleichzeitig auch die unzulässige Machtausübung an sich korrigieren, um den Schutz der Freiheit zu gewährleisten. Notwendig ist, dass die Schutzbedürftigkeit des Individuums auch dann präsent bleibt, wenn es bereits zu einer Prinzipienverletzung gekommen ist. Abstrakte Prinzipien ohne konkrete Schutzmechanismen würden dem Individuum nicht viel nützen, es blieben nur normative Postulate.

Im Zusammenhang mit dem Recht auf Selbstbelastungsfreiheit kann der Schutz des Betroffenen bei erfolgter Verletzung nur durch eine eingeschränkte Nutzung oder eine Nichtverwendung der gewonnen Informationen geheilt werden. Die Verwendung darf sich insofern nur auf die Informationen beschränken, die im

---

276 So *Reiß*, Besteuerungsverfahren und Strafverfahren, S. 157.

277 Gleichwohl wird Art. 20 III GG offenbar nicht als maßgebliche Grundlage gesehen, siehe *Beulke*, Strafprozessrecht, Rn. 125; wohl auch *Roxin/Schünemann*, Strafverfahrensrecht, § 25 Rn. 1.

278 Vgl. *Amelung*, Prinzipien strafprozessualer Beweisverwertungsverbote, S. 45.

Einklang mit den Prinzipien des rechtsstaatlichen Strafverfahrens, also unter Achtung der persönlichen Freiheit, gewonnen wurden. Eine derartige Informationsregulierung ist demnach eine „Selbstbeschränkung der staatlichen Macht“[279], um den Anspruch an das rechtsstaatliche Strafrecht zu erfüllen.

Die aufzuerlegenden Schranken staatlicher Beweisgewinnung legen fest, dass die Ergebnisse unzulässiger Zwangsausübung zwar einen Beweis erbringen können, sie allerdings durch die Verletzung elementarer Schutzprinzipien nicht zum Gegenstand der Beweiswürdigung werden dürfen.[280] „Das Beweisverbot sperrt einen Weg, der trefflich gangbar sein und sicher zum Ziele führen kann, es sperrt ihn, weil er nicht begangen werden soll“[281], da er die individuelle Freiheit angreifen und strafprozessuale Prinzipien aushöhlen würde. Der Umfang der Beweissperre muss demnach den Zustand wiederherstellen, der ohne die Verletzung der individuellen Freiheit geherrscht hätte. Erst diese bedingungslose Einhaltung ermöglicht den angemessenen Schutz. Somit gilt es die Verletzung elementarer Schutzprinzipien durch umfassende Beweisverbote zu flankieren, um einen Ausgleich der Missachtung der Freiheitsrechte zu gewährleisten.

---

279 *Dalakouras*, Beweisverbote bezüglich der Achtung der Intimsphäre, S. 103.

280 So auch schon *Beling*, Die Beweisverbote als Grenzen der Wahrheitserforschung im Strafprozess, S. 3.

281 *Beling*, Die Beweisverbote als Grenzen der Wahrheitserforschung im Strafprozess, S. 4.

Kapitel 2: Organisation und Motive der Corporate Compliance

A. Corporate Compliance

Die Begriffe der Compliance und der Corporate Governance stammen ursprünglich aus der angelsächsischen Rechtsterminologie.[282] Der mit der Compliance verwandte[283] Begriff der Corporate Governance benennt den Ordnungsrahmen für die Leitung und Überwachung eines Unternehmens und beinhaltet verschiedenste Elemente der Unternehmensüberwachung[284]. Die genaue Bedeutung der Compliance ist dabei gleichermaßen umfangreich. Ausgehend von der wörtlichen Bedeutung ist Compliance das Substantiv zum Verb „to comply", dessen Bedeutung in seiner wörtlichen Übersetzung „befolgen" ist.[285] Ursprünglich stammt Compliance aus der Medizin und entspricht einem therapiegerechten Verhalten.[286] Wer also seine Medizin einnimmt und die ärztlichen Ratschläge befolgt, handelt „compliant".[287] Insofern nehmen Unternehmen die Medizin durch die „Corporate Compliance" ein, um die Krankheit der Wirtschaftskriminalität, mit den Symptomen der Korruption, Bestechung oder Untreue, zu bekämpfen.[288]

Compliance beinhaltet eine erhebliche Interdisziplinarität, die durch eine wesentliche Komponente geprägt ist: Der Kern der Compliance ist das ‚Wie', also die Gewährleistung des rechtskonformen Verhaltens durch organisatorische präventive Maßnahmen,[289] um das Unternehmen in gesetzeskonformer ‚Spur'

---

282 *Hauschka*, in: Hauschka, Corporate Compliance, § 1 Rn. 1f.; *Eufinger*, CCZ 2012, 21.

283 *Hauschka*, in: Hauschka, Corporate Compliance, § 1 Rn. 1.

284 *Keßler*, Strafrechtliche Aspekte von Corporate Governance, S. 8ff.; *Rotsch*, ZIS 2010, 614.

285 Nach Pons Online Wörterbuch, http://www.pons.de; vgl. *Prittwitz*, in: Compliance und Strafrecht, S. 126.

286 *Eufinger*, CCZ 2012, 21; *Rau*, Compliance und Unternehmensverantwortlichkeit, S. 21; *Momsen*, ZIS 2011, 508; *Bock*, Criminal Compliance, S. 19; *Rotsch*, ZIS 2010, 614; *Jahn*, ZWH 2012, 478.

287 *Jahn*, ZWH 2012, 478; Handelsblatt Wochenendausgabe 22./23./24.6.2012, Nr. 119, S. 51.

288 *Momsen*, ZIS 2011, 508.

289 *Hauschka*, in: Hauschka, Corporate Compliance, § 1 Rn. 2; *Moosmayer*, Compliance, S. 1ff.; *Eufinger*, CCZ 2012, 21; *Bürkle*, Compliance in Versicherungsunternehmen,

zu halten. Diese Maßnahmen umfassen im Wesentlichen Risikoanalysen und konkrete Gefahrenabwehrmaßnahmen und sind in sämtlichen Geschäfts- bzw. Rechtsbereichen angesiedelt. Bedingt durch die Vielzahl der gesetzlichen Vorgaben entwickeln sich dabei einzelne vermeintliche Fachgebiete wie unter anderem IT-Compliance[290], Tax-Compliance[291], Umwelt-Compliance[292], Korruptions-[293] oder Kartell-Compliance[294]. Diese Bereiche zeichnen sich durch ihre individuellen juristischen Besonderheiten aus, dienen jedoch alle dem Zweck, Haftungsfälle zu verhindern und das Haftungsrisiko durch Präventionsmaßnahmen in den jeweiligen Geschäftsfeldern zu minimieren.

Neben der Abwehr externer Risiken versteht sich Compliance auch als internes Kontrollinstrument, rechtmäßiges Verhalten im Innenverhältnis sicherzustellen. Denn „compliant" handelt ein Unternehmen nicht nur im Umgang mit Dritten, sondern auch im Umgang mit Mitarbeitern und internen betrieblichen Gefahrenquellen, weshalb gerade arbeitsrechtliche sowie datenschutzrechtliche Vorgaben bedeutende Rollen spielen.[295] Schnell wird deutlich, dass die Begriffe der Rechts- und Regeltreue sehr allgemeine, weitreichende und im Rahmen der wissenschaftlichen Diskussionen „schwache"[296] Compliance-Begriffe sind und in der Sache „zu kurz"[297] greifen. Allerdings scheint sich der Drang der Juristerei, hier eine einheitliche, eventuell sogar abschließende Definition zu finden, an dem ‚Mammutbegriff' der Compliance die Zähne auszubeißen, da die – noch aufzuzeigenden – individuellen Besonderheiten, also die facettenreichen Anforderungen an eine Rechts- und Regeltreue von Unternehmen, derartigen Bestrebungen entgegenstehen. Bei der Erörterung der Frage nach einer konkreten Definition muss auch die Gegenfrage erlaubt sein, ob es im Hinblick auf das Ausmaß der Compliance überhaupt der Anspruch sein kann, die Einzelheiten der Materie konkret festzulegen. Erschwerend kommt hinzu, dass schon die Bestimmung der zuständigen „Fakultät", durch die interdisziplinäre Reichweite der Compliance-Aspekte,

---

§ 1 Rn. 4; *Jahn*, ZWH 2012, 478; *Passarge*, in: Martinek/Semler/Habermeier/Flohr, § 82 Rn. 125.

290 *Schmidl*, in: Hauschka, Corporate Compliance, § 29 Rn. 1ff.

291 Siehe dazu *Gotzens*, in: FS-Imme Roxin, S. 453ff.; *v. Kromer/Pumpler/Henschel*, BB 2013, 791ff.; *Schwedhelm*, AnwBl 2009, 90ff.

292 *Meyer*, in: Hauschka, Corporate Compliance, § 31 Rn. 1ff.

293 *Greeve*, in: Hauschka, Corporate Compliance, § 25 Rn. 1ff.

294 *Lampert/Matthey*, in: Hauschka, Corporate Compliance, § 26 Rn. 1ff.

295 Siehe dazu *Maschmann*, in: Compliance und Strafrecht, S. 85ff.

296 *Jahn*, ZWH 2012, 478.

297 *Eufinger*, CCZ 2012, 21.

Schwierigkeiten bereitet.[298] Beides ist letztlich für die Existenz von Compliance und die Diskussion inhaltlicher Fragen nicht notwendig. Compliance wächst mit dem Maßstab einer redlichen Geschäftsführung, die sich nicht nur an Gesetzen bemisst, sondern auch „soft-law“-Regelungen unter Berücksichtigung der Moral und Ethik[299] umfasst. Dieser Gedanke drängt sich im Zusammenhang mit einer redlichen Unternehmensführung zunächst nicht zwingend auf und erschwert die Thematik zunehmend. Hinzu treten auch die noch aufzuzeigenden, selbst gesetzten Verhaltensrichtlinien, die Unternehmen dazu veranlassen, sich den eigenen Maßstäben unterzuordnen. Damit erschöpft sich der Begriff der Compliance nicht bloß in den Gesetzes- oder Regelstrukturen und deren Einhaltung, Compliance generiert und definiert sich vielmehr durch die Praxis selbst.[300]

Ungeachtet begrifflicher Schwierigkeiten hat sich Compliance seit den Finanzskandalen des Jahres 2001 im Zusammenhang mit den Konzernen Enron und Worldcom in den USA weltweit etabliert[301] und breitete sich durch weitere Korruptionsskandale in internationalen Großkonzernen aus.

Ein mahnendes Beispiel im Hinblick auf drohende Strafzahlungen ist der Fall Siemens. Der Siemenskonzern zahlte in Deutschland und den USA wegen weltweiter Korruptionszahlungen insgesamt ca. 1 Mrd. Euro inklusive Gewinnabschöpfungen.[302]

Daneben beflügelten auch Datenschutzverletzungen die Diskussion der Compliance.[303] Die Deutsche Bahn AG überwachte systematisch den internen E-Mailverkehr, um den Kontakt zu bahnkritischen Journalisten oder Mitarbeitern von Bundestagsabgeordneten aufzudecken. Dabei unterzog das Unternehmen die Belegschaft auch einem „systematischen Screening“ mit dem Ziel, die Vorteilsannahme oder Vorteilgewährung durch Mitarbeiter aufzudecken. Zudem wurden die Daten von Mitarbeitern der Deutschen Bahn an ein privates Dienstleistungsunternehmen weitergegeben, das die Personal- und Kontodaten analysierte und mit

---

298 *Moosmayer*, NJW 2012, 3013; *Bock* sieht hingegen ein „Rechtsgebiet Compliance“ im Entstehen, siehe *ders.*, Criminal Compliance, S. 22.

299 *Momsen*, ZIS 2011, 508; *Wieland*, CCZ 2008, 15ff.; vgl. *D. Schneider*, Die Arbeitsrechtliche Implementierung von Compliance- und Ethikrichtlinien, S. 16f.; *Moosmayer* geht vom Begriff der „Integrität“ aus, siehe *ders.*, NJW 2012, 3015f.; nach *Bock* verdunkelt dieser Begriff mehr als er erklärt, siehe *ders.*, Criminal Compliance, S. 20; kritisch auch *Rathgeber*, Criminal Compliance, S. 53.

300 Vgl. *Momsen*, ZIS 2011, 508.

301 *Dix*, ZIS 2011, 110; *Campos Nave*, Rechtsstaatliche Regeltreue?, S. 9ff.

302 *Ad-hoc Meldung der Siemens AG v. 15.12.2008.*

303 Siehe *Knierim*, StV 2009, 324; *Brockhaus*, in: Knierim/Rübenstahl/Tsambikakis, Internal Investigations, Kap. 26 Rn. 20ff.

Lieferantendaten abglich, um durch etwaige Nähebeziehungen korruptive Handlungen aufzudecken. Daraufhin verhängte die Aufsichtsbehörde für Datenschutz im nicht-öffentlichen Bereich ein Bußgeld in Höhe von ca. 1,1 Mio. Euro gegen die Deutsche Bahn AG.[304]

Neben US-amerikanischen und deutschen Gesetzesverstößen tragen auch ethisch-moralische Verfehlungen einzelner Unternehmensmitarbeiter zur Etablierung von Compliance-Management-Systemen bei. Das Versicherungsunternehmen Ergo installierte beispielsweise nach internen moralischen Verfehlungen[305] ein Compliance-System unter der Leitung eines Chief Compliance Officers[306].

Zusammenfassend scheint kaum ein Monat zu vergehen, in dem nicht ein für Compliance relevantes Thema im Hinblick auf wirtschaftliche oder reputative Schäden durch die Tagespresse bekannt wird. Die daraus folgenden Motive für Corporate Compliance sind auch unter Berücksichtigung der normativen Maßstäbe redlicher Unternehmensführung näher darzustellen.

B. Motive für Compliance

Die Motive für Compliance sind vielschichtig. Durch den Maßstab eines rechtmäßigen Verhaltens im Unternehmen offenbart sich zunächst die Bandbreite aller nationalen gesetzlichen Vorgaben, die für das jeweilige Unternehmen angewendet werden können. Entscheidend für die rasant wachsenden Compliance-Strukturen sind jedoch die internationalen Vorschriften der exterritorial wirkenden Antikorruptionsgesetze, welche im Wesentlichen durch die Gesetzgebung der Vereinigten Staaten von Amerika und Großbritannien an Bedeutung gewonnen haben.

Insbesondere exterritorial wirkende Gesetze der USA, namentlich der Sarbanes-Oxley Act (SOA) und der Foreign Corrupt Practices Act (FCPA), führten dazu, dass international agierende Großkonzerne sich an diesen Maßstab der Unternehmensführung anpassen mussten. Gerade im Bereich der Korruption wurde diese Entwicklung auch durch das am 17.12.1997 durch die Mitglieder der OECD beschlossene Übereinkommen zur Bekämpfung der Bestechung ausländischer

---

304 Vgl. zur Deutschen Bahn *Dix*, ZIS 2011, 110; *Brockhaus*, in: Knierim/Rübenstahl/Tsambikakis, Internal Investigations, Kap. 26 Rn. 20ff.

305 Siehe zum *Fall-Ergo*, http://www.spiegel.de/wirtschaft/unternehmen/verhaltenskodex-ergo-vetreter-bekommen-neuen-regelkatalog-a-778145.html, Abrufdatum 29.1.2014.

306 Siehe zu *Compliance-Ergo*, http://www.ergo.com/de/Unternehmen/Overview/Corporate-Governance/Compliance, Abrufdatum 29.1.2014.

Amtsträger im Internationalen Geschäftsverkehr bestärkt.[307] Dies führte dazu, dass nationale Korruptionsgesetze, wie der United Kingdom Bribery Act (UKBA) in Großbritannien[308] und das Gesetz zur Bekämpfung internationaler Bestechung (IntBestG) in Deutschland, in Kraft traten und der Anwendungsbereich des FCPA erweitert wurde. Im Bereich der Corporate Respon-sibility führte auch der Global Compact der Vereinten Nationen zu einer Sensibilisierung internationaler Großkonzerne im Bereich der Achtung der Menschenrechte sowie bei Umweltthemen, bei Arbeitsbedingungen und im Rahmen der Korruptionsbekämpfung.[309] Daneben rief die Compliance-Diskussion in Deutschland auch den bereits seit 1975 im Besonderen Teil des Ordnungswidrigkeitenrechts bestehenden[310] und im Rahmen der Wirtschaftsdelinquenz fast tot geglaubten § 130 OWiG ins Leben zurück[311].

I. Korruptionsgesetze in den Vereinigten Staaten von Amerika und Großbritannien

1. United States Foreign Corrupt Practices Act (FCPA)

Der FCPA trat als Reaktion auf den „Watergate-“[312] und den „Lockheed-Skandal“[313] im Jahr 1977 in Kraft und umfasst verschiedene Bestechungsdelikte[314] sowie einzelne Buchungs- und Dokumentationspflichten[315]. Der FCPA war das weltweit erste Gesetz, das grenzübergreifend die Bestechung ausländischer Amtsträger sanktionierte.[316]

---

307 Ausführlich dazu *Horrer*, Bestechung durch deutsche Unternehmen im Ausland, S. 41ff.; siehe auch *Greeve*, in: Hauschka, Corporate Compliance, § 25 Rn. 50; *Bannenberg*, in: Wabnitz/Janovsky, Handbuch Wirtschafts- u. Steuerstrafrecht, Kap.10 Rn. 108; *Taschke*, NZWiSt 2012, 89.

308 Siehe zum Auftrieb der präventiven Compliance Bemühungen durch den UKBA *Jahn*, ZWH 2012, 480.

309 *Global Compact der Vereinten Nationen – Zehn Prinzipien.*

310 Eingeführt durch Art. 29 des Einführungsgesetzes zum Strafgesetzbuch (EGStGB) v. 2.3.1974, siehe BGBl. I Nr. 22 v. 9.3.1974, S. 543.

311 Siehe die empirische Untersuchung von *Geismar*, Der Tatbestand der Aufsichtspflichtverletzung bei der Ahndung von Wirtschaftsdelikten, S. 124ff., wonach in maximal 5–8 % der Fälle von Wirtschaftskriminalität § 130 OWiG zur Anwendung kommt.

312 *Walisch*, Organisatorische Prävention gegen strafrechtliche Haftung deutscher Unternehmen und ihrer Leitung nach US-Recht, S. 30f.

313 *Horrer*, Bestechung durch deutsche Unternehmen im Ausland, S. 36.

314 15 U.S.C. § 78dd–ff.

315 15 U.S.C. § 78m.

316 *Horrer*, Bestechung durch deutsche Unternehmen im Ausland, S. 36; siehe zur Entstehung *Nietzer*, IStR 1998, 187.

Die Sektion der Korruption erfasst jede Vorteilsgewährung an einen Amtsträger oder eine politische Partei mit dem Ziel, das dienstliche Verhalten zu beeinflussen, um dadurch einen eigenen Vorteil zu erlangen.[317] Die Besonderheit ist, dass auch Bestechungszahlungen an Amtsträger außerhalb der USA unter Strafe gestellt werden und damit nicht nur amerikanische, sondern auch ausländische Unternehmen erfasst sind. Dies ist auf die Umsetzung des OECD-Übereinkommens und die Erweiterung der Jurisdiktion im Jahr 1998 zurückzuführen und hat maßgeblich zur Ausweitung der Compliance-Diskussion in Deutschland beigetragen.[318]

Zunächst sind alle Unternehmen vom Anwendungsbereich des FCPA erfasst, deren Anteile an einer Börse der USA gehandelt werden[319] und die zur Vollendung der Bestechung ein Mittel des „interstate commerce" nutzen[320]. „Interstate Commerce", also zwischenstaatlicher Handel, meint dabei jeglichen Handel, die Wirtschaft, den Transport oder die Kommunikation zwischen mehreren Einzelstaaten oder zwischen einem ausländischen Staat und einem Staat der USA.[321] Kommunikationswege sind dabei alle im Inland eingesetzten Kommunikationsmittel, wodurch quasi jede Nutzung eines E-Mail-Servers, des Postweges oder des Telefondienstes den Anwendungsbereich des FCPA eröffnet.[322] Daneben sind auch natürliche und juristische Personen erfasst, die keine Emittenten und keine inländischen Personen sind, die während ihres bloßen Aufenthalts auf dem Hoheitsgebiet der Vereinigten Staaten von Amerika ein Mittel des „interstate commerce" zur Korruption nutzen. Zusammenfassend ist daher der Sitz des Unternehmens für die Anwendbarkeit unerheblich, weshalb folglich auch deutsche Unternehmen vom Anwendungsbereich des FCPA erfasst sind.[323]

Die Ermittlungen im Zusammenhang mit dem FCPA werden durch die U.S. Securities and Exchange Comission (SEC) und das Department of Justice (DoJ)

---

317 *Bannenberg*, in: Wabnitz/Janovsky, Handbuch Wirtschafts- u. Steuerstrafrecht, Kap. 10 Rn. 139.

318 *Partsch*, The Foreign Corrupt Practices Act (FCPA) der USA, S. 26.

319 15 U.S.C. § 78dd-1 (a); *Walisch*, Organisatorische Prävention gegen strafrechtliche Haftung deutscher Unternehmen und ihrer Leitung nach US-Recht, S. 32; *Bannenberg*, in: Wabnitz/Janovsky, Handbuch Wirtschafts- u. Steuerstrafrecht, Kap. 10 Rn. 141.

320 15 U.S.C. § 78dd-1 (a).

321 15 U.S.C. § 78dd-2 (h)(5).

322 Siehe 15 U.S.C. § 78dd-2 (h)(5)(A),(B); vgl. *Walisch*, Organisatorische Prävention gegen strafrechtliche Haftung deutscher Unternehmen und ihrer Leitung nach US-Recht, S. 33.

323 *Bannenberg*, in: Wabnitz/Janovsky, Handbuch Wirtschafts- u. Steuerstrafrecht, Kap. 10 Rn. 141.

geleitet.[324] Ist es zu einem Verstoß im Sinne des FCPA gekommen, richtet sich die Höhe der Strafe nach der Effektivität des präventiven Compliance-Programms.[325] Dabei können angemessene Compliance-Maßnahmen eine Anklage verhindern oder die Strafe mildern,[326] sofern sie im Einklang mit den US-Strafzumessungsvorschriften der U.S. Sentencing Guidelines stehen[327]. Zuwiderhandlungen können bei ausländischen natürlichen Personen mit bis zu 5 Mio. US-Dollar, bei ausländischen juristischen Personen mit bis zu 25 Mio. US-Dollar geahndet werden.[328] Daneben ist eine Gewinnabschöpfung durch die Gerichte möglich, weshalb insgesamt Zahlungen in dreistelliger Millionenhöhe drohen.[329]

2. Sarbanes-Oxley Act (SOA)

Der Sarbanes-Oxley Act (SOA) wurde im Jahr 2002 aufgrund der Bilanzskandale bei den Konzernen Enron und Worldcom eingeführt.[330] Der SOA bestimmt die Verantwortung der Unternehmen und ihrer Vorstände hinsichtlich einzelner bilanzrechtlicher Offenlegungspflichten und enthält gesonderte Vorschriften für Anwälte, Analysten und Wirtschaftsprüfer.[331] Dabei werden insbesondere einzelne interne Kontrollmaßnahmen zur Verhinderung von Bilanzvergehen vorgeschrieben,[332] die im Einzelfall gemäß Section 302 und 404 periodisch bestätigt werden

324 *Partsch*, The Foreign Corrupt Practices Act (FCPA) der USA, S. 3; *Cohen/Holland*, CCZ 2008, 7; vgl. *Jahn*, StV 2009, 41; *Walisch*, Organisatorische Prävention gegen strafrechtliche Haftung deutscher Unternehmen und ihrer Leitung nach US-Recht, S. 57.

325 *Moosmayer*, Compliance, S. 8; vgl. *Walisch*, Organisatorische Prävention gegen strafrechtliche Haftung deutscher Unternehmen und ihrer Leitung nach US-Recht, S. 56f. Nach Verstößen gegen den FCPA durch einen Mitarbeiter der Investment Bank Morgan Stanley sah die SEC und das DoJ von einer Strafe für das Unternehmen ab, da ein wirksames Compliance-Management-System eingerichtet worden war, siehe dazu *Grützner/Behr*, CCZ 2013, 71f.

326 *Walisch*, Organisatorische Prävention gegen strafrechtliche Haftung deutscher Unternehmen und ihrer Leitung nach US-Recht, S. 57; *Cohen/Holland*, CCZ 2008, 11; *Bannenberg*, in: Wabnitz/Janovsky, Handbuch Wirtschafts- u. Steuerstrafrecht, Kap. 10 Rn. 142.

327 *Moosmayer*, Compliance, S. 8; siehe zu den U.S. Sentencing Guidelines *Partsch*, The Foreign Corrupt Practices Act (FCPA) der USA, S. 41ff.

328 15 U.S.C. § 78ff (a).

329 Im Fall Siemens 450 Mio. US-Dollar, siehe die *Ad-hoc Meldung der Siemens AG v. 15.12.2008.*

330 *Hilber*, BB 2003, 1054; *Strauch*, NZG 2003, 952; *Campos Nave*, Rechtsstaatliche Regeltreue?, S. 9ff.

331 Ausführlich *Strauch*, NZG 2003, 952ff.

332 *Sieber*, in: FS-Tiedemann, S. 457; *Immenga*, in: FS-Schwark, S. 206.

müssen[333]. Dabei sind nicht nur die gesetzlichen Vorgaben des SOA zu beachten, sondern auch auf dessen Grundlage erlassene Regelungen, die für die Unternehmen rechtlich verbindlich sind.[334] Die Durchsetzung des SOA obliegt dabei der U.S. Securities and Exchange Comission (SEC) und dem Department of Justice (DoJ)[335] im Zusammenhang mit allen Aktiengesellschaften, die an einer Börse der USA zugelassen sind[336]. Somit sind parallel zum FCPA auch Unternehmen außerhalb der USA vom Anwendungsbereich des SOA erfasst.

3. United Kingdom Bribery Act (UKBA)

Der United Kingdom Bribery Act ist ein Antikorruptionsgesetz, das seit dem 1.7.2011[337] korruptes Verhalten in sämtlichen Bereichen des Geschäftsverkehrs sanktioniert, und erfasst sowohl juristische als auch natürliche Personen.[338] §§ 1 und 2 UKBA stellen die aktive und passive Bestechung im Privatrechtsverkehr sowie im inländischen öffentlichen Sektor unter Strafe.[339] Als Spezialtatbestand sanktioniert § 6 UKBA die Bestechung von ausländischen Amtsträgern und ist wohl die deutlichste Reaktion auf die OECD-Konvention gegen die Bestechung ausländischer Amtsträger.[340]

Die unter Compliance-Gesichtspunkten maßgeblichste Norm ist § 7 UKBA, die für das Nichteinrichten von adäquaten Präventionsmaßnahmen Strafzahlungen vorsieht. Unternehmen im Sinne des UKBA sind gemäß § 7 V (b) auch Körperschaften, die in Großbritannien (aktiv) geschäftlich tätig sind.[341] Im Vergleich zum

---

333 *Obermayr*, in: Hauschka, Corporate Compliance, § 17 Rn. 22; *Immenga*, in: FS-Schwark, S. 206; *Regelin/Fischer*, IStR 2003, 277ff.

334 *Immenga*, in: FS-Schwark, S. 206.

335 *Walisch*, Organisatorische Prävention gegen strafrechtliche Haftung deutscher Unternehmen und ihrer Leitung nach US-Recht, S. 39f.

336 *Walisch*, Organisatorische Prävention gegen strafrechtliche Haftung deutscher Unternehmen und ihrer Leitung nach US-Recht, S. 39; zum Konflikt mit deutschen Recht *Strauch*, NZG 2003, 1055ff.

337 *Deister/Geier/Rew*, CCZ 2011, 81.

338 Ausführlich zum UKBA *Deister/Geier/Rew*, CCZ 2011, 81ff.; *Klengel/Dymek*, HRRS 2011, 22ff.; *Deister/Geier*, CCZ 2011, 12ff.

339 Zu den Unterschieden im Hinblick auf § 299 StGB ausführlich *Deister/Geier*, CCZ 2011, 13ff.

340 *Deister/Geier*, CCZ 2011, 14f.

341 „(…) relevant commercial organisation means – any other body corporate (wherever incorporated) which carries on a business, or part of a business, in any part of the United Kingdom (…)“.

FCPA ist somit keine Listung an einer Börse Großbritanniens erforderlich, sondern lediglich der geschäftliche Kontakt maßgeblich.[342] Insofern lässt der exterritoriale Anwendungsbereich auch das Einbeziehen einer nahezu unbestimmbaren Anzahl ausländischer Unternehmen zu, weshalb dieser offene Maßstab freilich zu Unsicherheiten führt und daher einer – bislang noch ausstehenden – Ausgestaltung durch britische Gerichte bedarf.[343]

Gemäß § 7 I UKBA ist das Unternehmen („relevant commercial organisation") strafbar, wenn ein Mitarbeiter eine dritte Person besticht, um einen Vorteil für das Unternehmen zu bewirken.[344] Entscheidend und wesentlicher Grund für Compliance-Maßnahmen ist, dass sich Unternehmen gemäß § 7 II UKBA durch adäquate Prävention exkulpieren können,[345] deren Ausgestaltung durch die Leitlinien des Justizministeriums zum UKBA bestimmt werden[346]. Die Zuständigkeit für die Ahndung einer Verletzung des UKBA obliegt in diesem Zusammenhang dem Serious Fraud Office (SFO) und dem Crown Prosecution Service (CPS).[347]

Das Strafmaß bemisst sich nach § 11 UKBA, wonach natürliche Personen zu einer Haftstrafe von bis zu 10 Jahren und bzw. oder zu einer Geldstrafe verurteilt werden können. Die Strafzahlungen für juristische Personen sind dagegen nicht begrenzt.[348]

4. Zwischenergebnis

Die Korruptionsgesetze der USA und Großbritanniens belegen, dass das angelsächsische Recht bedingt durch die exterritoriale Anwendung einen wesentlichen

342 Ziffer 36 S. 15 der *Leitlinien zum United Kindom Bribery Act.*

343 *Deister/Geier/Rew*, CCZ 2011, 84; siehe zur ersten Verurteilung *Hugger/Pasewaldt*, CCZ 2012, 23f.

344 „A relevant commercial organisation (‚C') is guilty of an offence under this section if a person (‚A') associated with C bribes another person intending – to obtain or retain business for C, or to obtain or retain an advantage in the conduct of business for C."

345 „But it is a defence for C to prove that C had in place adequate procedures designed to prevent persons associated with C from undertaking such conduct."; siehe auch *Deister/Geier*, CCZ 2011, 15.

346 Solche sind verhältnismäßige Maßnahmen (Proportionate Procedures), Verpflichtungen der Führungsebene (Top-level Commitment), Risikobewertung (Risk Assessment), sorgfältige Auswahl und Überwachung (Due Diligence), Kommunikation und Mitarbeiterschulung (Communication) und Überwachung und Überarbeitung (Monitoring and Review), siehe *Leitlinien zum United Kindom Bribery Act*, S. 21ff.; dazu ausführlich *Deister/Geier/Rew*, CCZ 2011, 86ff.; vgl. *Hartwig*, in: Moosmayer/Hartwig, Interne Untersuchungen, S. 13.

347 *Hugger/Röhrich*, BB 2010, 2643.

348 Vgl. *Hugger/Röhrich*, BB 2010, 2647.

Beitrag zur Entwicklung der internationalen Korruptionsbekämpfung in internationalen Unternehmen geleistet hat. Im Hinblick auf strafverfolgende Ermittlungsmaßnahmen ist jedoch entscheidend, dass nicht internationale Korruptionsvorschriften, sondern das nationale materielle Strafrecht – trotz der Schnittstellen mit dem FCPA und des UKBA – für die deutschen Strafverfolgungsbehörden maßgeblich ist.

II. Deutsche Korruptionsdelikte und Unternehmensverantwortlichkeit

1. Deutscher Corporate Governance Kodex

Der Deutsche Corporate Governance Kodex[349] legt gemäß seiner Präambel international und national anerkannte Standards verantwortungsvoller und guter Unternehmensführung fest. Dies bezweckt das Vertrauen internationaler und nationaler Anleger, insbesondere der Kunden und der Mitarbeiter, sowie der Öffentlichkeit in die Leitung und Überwachung deutscher börsennotierter Unternehmen zu fördern. Der Kodex ist ein „von einer staatlich eingesetzten und von Weisungen unabhängigen Kommission verfasstes Regelwerk, das keinen rechtlichen Zwang zur Befolgung der Regeln auslöst und nicht den Charakter einer staatlich gesetzten Rechtsnorm besitzt"[350]. Es ist daher weder „Gesetz noch Rechtsverordnung noch eine behördliche Allgemeinverfügung"[351]. Gemäß § 161 AktG haben der Vorstand und Aufsichtsrat der börsennotierten Gesellschaft jedoch jährlich zu erklären, dass den vom Bundesministerium der Justiz im amtlichen Teil des elektronischen Bundesanzeigers bekannt gemachten Empfehlungen der „Regierungskommission Deutscher Corporate Governance Kodex" entsprochen wird oder welche Empfehlungen nicht angewendet werden, wobei die Gründe dafür zu erläutern sind.

Trotz der fehlenden normativen Bindungswirkung legt der Deutsche Corporate Governance Kodex Compliance-Standards fest. Gemäß Ziffer 3.4 des deutschen Corporate Governance Kodex hat der Vorstand „den Aufsichtsrat regelmäßig, zeitnah und umfassend über alle für das Unternehmen relevanten Fragen der Strategie, der Planung, der Geschäftsentwicklung, der Risikolage, des Risikomanagements und der Compliance" zu informieren. Gemäß Ziffer 4.1.3 hat der Vorstand für „die Einhaltung der gesetzlichen Bestimmungen und der unternehmensinternen Richtlinien zu sorgen und wirkt auf deren Beachtung durch die Konzernunternehmen hin (Compliance)".

---

349 Deutscher Corporate Governance Kodex in der Fassung vom 15.5.2012.

350 *Hoffmann-Becking*, in: Münchener Handbuch des Gesellschaftsrechts, § 29 Rn. 59.

351 *Hoffmann-Becking*, in: Münchener Handbuch des Gesellschaftsrechts, § 29 Rn. 59.

Dies hebt die Bedeutung der Compliance im Rahmen der Corporate Governance hervor, da die Vorgaben rechtskonformen Verhaltens und umfangreicher Präventionssysteme durch den Corporate Governance Kodex zum anerkannten Standard guter und verantwortungsvoller Unternehmensführung zählen.

2. Strafrechtliche Individualverantwortlichkeit

Die §§ 331ff. StGB erfassen die Vorteilsannahme und Vorteilsgewährung sowie Bestechung und Bestechlichkeit im Amt und gelten abseits des traditionellen Verständnisses im Hinblick auf die Bestechung inländischer Amtsträger, in Verbindung mit dem EUBestG und IntBestG auch für Bestechungen im Ausland.[352] Anstoßpunkt dafür waren supranationale Bestrebungen zur Verhinderung von Korruption durch exterritorial anwendbare Gesetze:

Am 26.7.1995 ist das Übereinkommen zum Schutz der finanziellen Interessen der Europäischen Gemeinschaft durch die Mitgliedsstaaten der Europäischen Union unterzeichnet worden.[353] Dieses verpflichtet die Mitgliedsstaaten, in den nationalen Rechtsordnungen Betrug zum Nachteil der finanziellen Interessen der EG als Straftat zu kodifizieren.[354] Dieses Übereinkommen wurde durch zwei Zusatzprotokolle ergänzt:

Das erste Zusatzprotokoll sieht vor, dass die Mitgliedsstaaten sicherzustellen haben, dass korruptive Handlungen im Zusammenhang mit Amtsträgern im Bereich der Europäischen Gemeinschaft strafrechtlich sanktioniert werden.[355] Zur Bekämpfung von gemeinschaftsschädlicher Bestechung und Bestechlichkeit und zum Schutz der finanziellen Interessen Europas trat daraufhin das EUBestG am 10.09.1998 in Kraft.[356] Darin wird die Anwendbarkeit der §§ 332, 334 bis 336, 338 StGB auf Richter und sonstige Amtsträger der Europäischen Union oder der Europäischen Gemeinschaft ausgeweitet.[357] Das zweite Zusatzprotokoll bezweckt Regelungen zur Geldwäsche unter Berücksichtigung der Verantwortung juristischer Personen.[358] Durch Art. 3 des EU-Bestechungsgesetzes ist Geldwäsche gemäß § 261 I 2 Nr. 1 und

352 *Kuhlen*, in: Compliance und Strafrecht, S. 3.
353 *Zieschang*, NJW 1999, 105; vgl. *Fischer*, StGB, § 331 Rn. 1.
354 Amtsbl. EG Nr. C 313/1 v. 23.10.1996; C 221/11 v. 19.7.1997.
355 Amtsbl. EG Nr. C 313/1ff. v. 23.10.1996.
356 BT-Drucks. 13/10424, S. 1; 13/10970, S. 1.
357 Ausführlich *Horrer*, Bestechung durch deutsche Unternehmen im Ausland, S. 106ff.; vgl. *Zieschang*, NJW 1999, 105f.
358 Amtsbl. EG Nr. C 221/11ff. v. 19.7.1997; siehe *Korte*, NJW 1998, 1464.

2a StGB auch in Verbindung mit Art. 2 § 1 I des EUBestG und damit grenzüberschreitend im Rahmen der EU anzuwenden.[359]

Grundlage für das Gesetz zur Bekämpfung internationaler Bestechung (InstBestG) war gemäß Art. 1 InstBestG das bereits erwähnte Übereinkommen der OECD zur Bekämpfung der Bestechung ausländischer Amtsträger im Internationalen Geschäftsverkehr. Gemäß Art. 2 § 1 InstBestG wird § 334 StGB, auch in Verbindung mit §§ 335, 336, 338 II StGB, auf eine Bestechung im Zusammenhang mit Richtern, sonstigen Amtsträgern oder Soldaten eines ausländischen Staates ausgeweitet, sofern sie begangen wird, um sich oder einem Dritten einen Auftrag oder einen unbilligen Vorteil im internationalen geschäftlichen Verkehr zu verschaffen oder zu sichern.[360] Insofern ergänzt das IntBestG das EUBestG, da der Anwendungsbereich auf jeden ausländischen Staat und somit nicht nur auf EU- bzw. EG-Staaten ausgeweitet wird.

Neben den Bestechungsdelikten im Zusammenhang mit Amtsträgern erfasst § 299 StGB die aktive und passive private Bestechung im geschäftlichen Verkehr. Dies gilt nach § 299 III StGB auch für Bestechungen im ausländischen Wettbewerb[361] und somit weltweit[362]. Diese Ergänzung des § 299 StGB diente primär der Umsetzung einer Maßnahme der Europäischen Union vom 22.12.1998 zur Bestechung im privaten Sektor,[363] berücksichtigt aber auch Art. 7 und 8 des Korruptionsübereinkommens des Europarates vom 27.1.1999[364].

Zusammenfassend ist festzuhalten, dass auch deutsche Strafnormen exterritoriale Wirkung entfalten und sie damit, zumindest im Rahmen der Verantwortlichkeit natürlicher Personen, den Trend zu einer wachsenden internationalen Anwendbarkeit von Strafnormen bestätigen.

3. Unternehmensverantwortlichkeit

Neben der Individualverantwortlichkeit des deutschen Strafrechts bieten §§ 130, 30 OWiG einen unternehmensbezogenen Sanktionsansatz, der allerdings im Vergleich zu strafrechtlichen Normen schwächer entwickelt ist.[365] Dies veranschaulicht schon

---

359 *Dannecker*, in: Wabnitz/Janovsky, Handbuch Wirtschafts- u. Steuerstrafrecht, Kap. 2 Rn. 56.

360 Ausführlich *Horrer*, Bestechung durch deutsche Unternehmen im Ausland, S. 118ff.; vgl. auch *Zieschang*, NJW 1999, 106f.

361 Ausführlich *Horrer*, Bestechung durch deutsche Unternehmen im Ausland, S. 263ff.

362 BT-Drucks. 14/8998, S. 9.

363 BT-Drucks. 14/8998, S. 9; Amtsbl. EG Nr. L 358 v. 22.12.1998, S. 2ff.

364 BT-Drucks. 14/8998, S. 9; European Treaty Series Nr. 173.

365 *Sieber*, in: FS-Tiedemann, S. 464.

die Rechtsfolgenseite, da gegen Unternehmen keine Strafen, sondern Bußgelder verhängt werden.[366] Mangels einer Strafbarkeit juristischer Personen ist ein unternehmensbezogener Strafverfolgungsansatz (noch) nicht kodifiziert.[367]

Wer als Inhaber eines Betriebes oder Unternehmens vorsätzlich oder fahrlässig die Aufsichtsmaßnahmen unterlässt, die erforderlich sind, um in dem Betrieb oder Unternehmen Zuwiderhandlungen gegen Pflichten zu verhindern, die den Inhaber treffen und deren Verletzung mit Strafe oder Geldbuße bedroht ist, handelt gemäß § 130 OWiG ordnungswidrig, wenn eine solche Zuwiderhandlung begangen wird, die durch gehörige Aufsicht verhindert oder wesentlich erschwert worden wäre. Zu den erforderlichen Aufsichtsmaßnahmen gehören auch die Bestellung, sorgfältige Auswahl und Überwachung von Aufsichtspersonen. Aufgrund des zweiten Zusatzprotokolls des Übereinkommens zum Schutz der finanziellen Interessen der Europäischen Gemeinschaft durch die Mitgliedstaaten der Europäischen Union können Geldbußen gemäß § 30 OWiG auch gegen juristische Personen verhängt werden.[368]

Gemäß § 7 OWiG und § 9 StGB ist eine Handlung an jedem Ort begangen, an dem der Täter tätig geworden ist oder im Falle des Unterlassens hätte tätig werden müssen. Insofern sind §§ 130, 30 OWiG auch in den Fällen der Auslandsbestechung durch Mitarbeiter des Konzerns anwendbar, da der Inhaber des Betriebs als Täter im Inland ansässig ist.[369] Dies eröffnet die Zuständigkeit der deutschen Strafverfolgungsbehörden.

Auch in der Höhe der Bußgelder bzw. jedenfalls hinsichtlich der Gewinnabschöpfung können §§ 130, 30, 17 OWiG an die US-amerikanischen und britischen Vorschriften anknüpfen. Gemäß § 130 III OWiG a.F. konnte eine Pflichtverletzung, die mit Strafe bedroht ist, mit einer Geldbuße von bis zu 1 Mio. Euro gegen den Inhaber geahndet werden. Auch gegen die juristische Person oder die Personenvereinigung konnte gemäß § 30 II OWiG a.F. eine Geldbuße in Höhe von 1 Mio. Euro verhängt werden. Die Bußgelder wurden nunmehr nach einem vorausgegangenen Gesetzentwurf der Bundesregierung,[370] der Beschlussempfehlung und dem Bericht des Ausschusses für Wirtschaft und Technologie erhöht[371].

---

366 *Sieber*, in: FS-Tiedemann, S. 464.

367 Siehe zum Antrag der „SPD-Fraktion" v. 16.4.2013, BT-Drucks. 17/13087; siehe auch *Kutschaty*, DRiZ 2013, 16f.; dagegen *BRAK-Stellungnahme-Nr. 9/2013*, S. 2ff.

368 BT-Drucks. 14/8998, S. 7.

369 *Grützner/Leisch*, DB 2012, 789.

370 Entwurf eines Achten Gesetzes zur Änderung des Gesetzes gegen Wettbewerbsbeschränkungen (8. GWB-ÄndG), BT-Drucks. 17/9852 mit der Stellungnahme des Bundesrates zur Änderung des OWiG in Anlage 3, S. 40.

371 BT-Drucks. 17/11053, S. 8; kritisch *BRAK-Stellungnahme Nr. 46/2012*, S. 2ff.

Die Höchststrafe im Rahmen des § 30 OWiG n.F. ist auf 10 Mio. Euro bei vorsätzlicher Straftat sowie 5 Mio. Euro bei fahrlässiger Straftat festgelegt worden.[372]

Ungeachtet dessen kann die zu leistende Zahlung über die Geldbuße des § 30 OWiG hinausgehen. Gemäß § 17 IV S. 1 OWiG soll die zu verhängende Geldbuße den wirtschaftlichen Vorteil, den der Täter aus der Ordnungswidrigkeit gezogen hat, übersteigen. Reicht das gesetzliche Höchstmaß hierzu nicht aus, so kann gemäß § 17 IV S. 2 OWiG die Geldbuße überschritten werden.[373] Sinn des Ordnungswidrigkeitenrechts ist es dabei sicherzustellen, dass die Geldbuße so hoch bemessen wird, dass dem Betroffenen nicht nur aus der Tat keine wirtschaftlichen Vorteile verbleiben, sondern dass er darüber hinaus noch eine Einbuße hinnehmen muss.[374] Insofern ist die Grundlage der Strafbemessung der erlangte wirtschaftliche Vorteil, wobei absolutes Höchstmaß der Geldbuße die Summe aus dem angedrohten Höchstmaß der Geldbuße und dem gezogenen wirtschaftlichen Vorteil ist.[375] Dies kann im Ergebnis hohe Bußgelder in Höhe von dreistelligen Millionenbeträgen bedeuten.[376]

Eine Haftungserleichterung aufgrund eines Compliance-Management-Systems sieht § 130 OWiG nicht vor, indes kann sich die Kooperation des Unternehmens und die Weitergabe der Erkenntnisse aus den internen Ermittlungen auf die Höhe der Verbandsgeldbuße auswirken.[377] Dies ist jedoch den mit dem jeweiligen Einzelfall befassten Strafverfolgungsbehörden bzw. Gerichten überlassen, „ohne dass es für deren Entscheidungen einheitliche Grundsätze und damit Rechtssicherheit für die Unternehmen gibt"[378]. Da in keinem Fall sichergestellt werden kann, dass sich jeder Mitarbeiter eines Unternehmens rechtmäßig i. S. d. § 130 OWiG verhält, wird gefordert, dass sich die Einrichtung eines effektiven Compliance-Systems – nach US-amerikanischem und britischem Vorbild – haftungsreduzierend auswirkt.[379] Dies wird jedoch bislang im Ordnungswidrigkeitenrecht als nicht erforderlich angesehen.[380]

---

372 BGBl. Nr. 32 v. 26.6.2013, S. 1747f.

373 Vgl. *Samson/Langrock*, DB 2007, 1685.

374 OLG Karlsruhe, NJW 1974, 1883; vgl. *Mitsch*, in: KK-OWiG, § 17 Rn. 140.

375 OLG Karlsruhe, NJW 1974, 1883; vgl. *Mitsch*, in: KK-OWiG, § 17 Rn. 140.

376 Die Siemens AG zahlte ein Bußgeld in Höhe von 395 Mio. Euro, siehe die *Ad-hoc Meldung der Siemens AG v. 15.12.2008*.

377 *Ballo*, NZWiSt 2013, 47 in Fn. 9.

378 *Moosmayer*, NJW 2012, 3017.

379 *Moosmayer*, NJW 2012, 3017; siehe auch *Grützner/Behr*, CCZ 2013, 74; *Greeve*, StraFo 2013, 96.

380 Siehe BT-Drucks. 17/11053, S. 21. Siehe zum StGB den Antrag der „SPD-Fraktion" v. 16.4.2013, BT-Drucks. 17/13087.

Bedingt durch die altruistischen Motive der modernen Wirtschaftskriminalität – die nicht den eigenen Vorteil, sondern den des Unternehmens bezwecken[381] –, ist neben § 30 OWiG auch die Anordnung des Verfalls des Taterlöses gemäß der §§ 73ff. StGB strafrechtlich von Bedeutung.[382] Ist eine rechtswidrige Tat begangen worden und hat der Täter oder Teilnehmer für die Tat oder aus ihr etwas erlangt, so ordnet das Gericht gemäß § 73 I StGB dessen Verfall an. In Anlehnung an §§ 17 IV, 29a und 30 V OWiG ist der Zweck des Verfalls, „die durch eine rechtswidrige Tat erlangten Vermögensvorteile dem illegitimen Empfänger wieder abzunehmen“[383]. Hat der Täter oder Teilnehmer für einen anderen gehandelt und hat dadurch dieser etwas erlangt, so richtet sich die Anordnung des Verfalls gemäß § 73 III StGB nach den Absätzen 1 und 2 gegen ihn. Dritter kann in diesem Zusammenhang sowohl eine natürliche als auch eine juristische Person sein.[384] Gemäß dem Bruttoprinzip[385] erfasst das erlangte Etwas „grundsätzlich alles, was der Täter für die Tat oder aus ihr erlangt hat“[386]. Somit ist allein der unkorrigierte, tatsächlich zugeflossene Vermögenszuwachs zu berücksichtigen.[387] Sofern also der Mitarbeiter eines Unternehmens durch einen Betrug einen Kaufgegenstand im Wert von 500 Mio. Euro erhält und hierfür lediglich 495 Mio. Euro zahlt, ist nicht der betrügerisch erlangte Gewinn von 5 Mio. Euro, sondern der gesamt Wert von 500 Mio. Euro, der dem Unternehmen zugeflossen ist, verfallen[388].

III. Reputationsschäden

Durch rechtswidriges Verhalten deutscher Unternehmer bzw. deren handelnde Personen drohen nicht nur empfindliche Strafzahlungen, sondern auch erhebliche

381 *Samson/Langrock*, DB 2007, 1684; *Rotsch*, in: FS-Samson, S. 142.

382 Siehe *Rau*, Compliance und Unternehmensverantwortlichkeit, S. 159ff.

383 *Joecks*, in: MüKo-StGB, § 73 Rn. 4.

384 BVerfG, StV 2004, 409, 411; StV 2006, 449, 450; BVerfGK 5, 217, 221f.

385 Die Berechnungsgrundlage des Verfalls ist umstritten. Nach einer älteren Ansicht ist das „Nettoprinzip“ entscheidend, siehe RGSt 51, 87, 90; BGHSt 13, 328. Der Gesetzgeber sowie die Rechtsprechung stellen nunmehr auf das „Bruttoprinzip“ ab, siehe BT-Drucks. 12/899, S. 11; 12/1134, S. 12; BGHSt 47, 369, 370ff.; 51, 65, 66ff.; vgl. *Fischer*, StGB, § 73 Rn. 3ff.; dazu kritisch *Saliger*, in: NK-StGB, § 73 Rn. 12ff.

386 BGHSt 47, 369, 370.

387 Vgl. *Saliger*, in: NK-StGB, § 73 Rn. 11. Siehe zur Erforderlichkeit des gewinnabschöpfenden Charakters beim Verfall gegenüber juristischen Personen *Eser*, in: Schönke/Schröder-StGB, § 73 Rn. 37.

388 *Samson/Langrock*, DB 2007, 1685.

Reputationsschäden.[389] Begleiterscheinungen staatlicher Ermittlungen in deutschen Konzernen sind in nahezu allen Fällen umfassende Berichterstattungen der Medien.[390] Die strafrechtlichen, kartellrechtlichen, steuerrechtlichen oder umweltrechtlichen Hintergründe sind für das Interesse der Öffentlichkeit dabei nicht entscheidend, vielmehr geht es allgemein um rechtswidrige oder ethisch verwerfliche Praktiken des Unternehmens. Dies kann Auswirkungen auf verschiedenste Bereiche des Unternehmens haben. Es drohen erhebliche Umsatzeinbußen und eine Einschränkung des Geschäftsbetriebs, da die Ablehnung bzw. Abneigung zu einem Unternehmen bei der Auswahl des Produkts unmittelbar zum Ausdruck kommt. Durch Umsatzeinbußen sinkt der Wert des Unternehmens, was sich in einem weiteren Schritt auf das Rating und die Kreditwürdigkeit des ganzen Konzerns auswirken[391] und auch einen regelrechten Absturz des Aktienkurses verursachen kann[392]. Ein negatives Image kann damit erheblichen Einfluss auf die Handlungsfähigkeit eines ganzen Konzerns nehmen, weshalb auch unter Berücksichtigung dieses Aspekts ein Motiv für Compliance gegeben ist.

IV. Pflicht zur Compliance

Neben den Haftungs- und Reputationsrisiken für Unternehmen könnte auch eine gesetzliche Pflicht zu Compliance-Maßnahmen ein maßgebliches Motiv für die Einrichtung eines Compliance-Managements sein. Neben spezialgesetzlichen Regelungen des Aktien- und Wertpapierhandelsgesetzes kommt – wie gesehen – insbesondere § 130 OWiG als mittelbare Compliance-Pflicht in Betracht.

1. Der Deutsche Corporate Governance Kodex und spezialgesetzliche Regelungen

Gemäß Ziffer 4.1.3 des Deutschen Corporate Governance Kodexes hat der Vorstand für die Einhaltung der gesetzlichen Bestimmungen und der unternehmensinternen Richtlinien zu sorgen und wirkt auf deren Beachtung durch die Konzernunternehmen hin (Compliance). Dies alleine verpflichtet börsennotierte Unternehmen jedoch nicht zur Einrichtung eines Compliance-Management-Systems. Trotz des hohen Akzeptanzgrades des Corporate Governance Kodexes in deutschen Unternehmen

---

389 *Bock*, Criminal Compliance, S. 269; *Sahan*, in: Compliance und Strafrecht, S. 175.
390 Vgl. *Moosmayer*, Compliance, S. 22; *Wehnert*, in: FS-Müller, S. 731.
391 Vgl. *Moosmayer*, Compliance, S. 22; *Bock*, Criminal Compliance, S. 272f.
392 *Wehnert*, in: FS-Müller, S. 731.

ist eine unmittelbare Rechtspflicht zur Einrichtung eines Compliance-Systems abzulehnen,[393] da der Kodex, wie bereits erläutert, eine „unverbindliche Verhaltensempfehlung zur Unternehmensleitung“[394] ist und es sich nicht um einen „Akt staatlicher Rechtssetzung“[395] handelt. Davon unberührt bleibt eine faktische Pflicht.[396]

Gesetzliche Anknüpfungspunkte könnten hierbei die Normen des Aktiengesetzes sein. Gemäß § 91 II AktG hat der Vorstand geeignete Maßnahmen zu treffen, insbesondere ein Überwachungssystem einzurichten, damit etwaige, den Fortbestand der Gesellschaft gefährdende Entwicklungen früh erkannt werden. Dies wird zum Teil als gesetzliche Pflicht zur Einrichtung einer Compliance-Organisation interpretiert.[397] Darüber hinaus wird auch die allgemeine Leitungs- und Organisationsverantwortung des Vorstands aus §§ 76 I, 93 I AktG als Rechtsgrundlage für eine Compliance-Pflicht verstanden.[398]

Kreditinstitute und Wertpapierdienstleistungsunternehmen unterliegen den Vorschriften des Gesetzes über das Kreditwesen (KWG) sowie des Wertpapierhandelsgesetzes (WphG) und damit speziellen gesetzlichen Regelungen, die auch Compliance-Maßstäbe festlegen. Daneben bestimmt auch das Versicherungsaufsichtsgesetz (VAG) für Versicherungsunternehmen besondere Organisationspflichten. Die spezialgesetzlichen Normen des KWG, WpHG und des VAG werden in diesem Zusammenhang als Konkretisierung des § 91 II AktG verstanden.[399]

Gemäß § 25a I 1 KWG muss ein Institut über eine ordnungsgemäße Geschäftsorganisation verfügen, die die Einhaltung der vom Institut zu beachtenden gesetzlichen Bestimmungen und der betriebswirtschaftlichen Notwendigkeiten gewährleistet.[400] Dies wurde bereits zum Teil als Pflicht zur Einrichtung eines „internen Kontrollsystems“ interpretiert, ohne dass der Begriff des Compliance-Management-Systems

---

393 *Kort*, NZG 2008, 84; *Hauschka*, ZIP 2004, 878; *Gößwein/Hohmann*, BB 2011, 964.

394 *Hölters*, in: Hölters, Aktiengesetz, § 161 Rn. 3; vgl. *Gößwein/Hohmann*, BB 2011, 964.

395 *Koch*, WM 2009, 1020.

396 „Die daraus hervorgehende faktische Verbindlichkeit der Bestimmung des Kodex ersetzt im Ergebnis den fehlenden staatlichen Geltungsbefehl“, siehe *Keßler*, Strafrechtliche Aspekte von Corporate Governance, S. 123; zum faktischen Zwang durch Anpassungsdruck *Kreuder*, CCZ 2008, 169; *Bock*, Criminal Compliance, S. 278.

397 *Bottmann*, in: Park, Kapitalmarktstrafrecht, Kap. 2 Rn. 10; ablehnend *Immenga*, in: FS-Schwark, S. 201; *Pahlke*, NJW 2002, 1681ff.; *Rathgeber*, Criminal Compliance, S. 166ff.

398 *Fleischer*, in: Spindler/Stilz, Aktiengesetz, § 91 Rn. 47 m.w.N.; vgl. *Spindler*, in: MüKo-AktG, § 91 Rn. 1ff.; *Immenga*, in: FS-Schwark, S. 202ff.; a.A. *Rathgeber*, Criminal Compliance, S. 156ff.

399 *Kammerer-Galahn*, AnwBl 2009, 78; *Braun/Wolfgarten*, in: Boos/Fischer/Schulte-Mattler, Kreditwesengesetz, § 25a Rn. 4; *Kort*, NZG 2008, 83.

400 Siehe *Rathgeber*, Criminal Compliance, S. 109ff.

oder Ähnliches gebraucht wurde.[401] Dies wird nunmehr durch § 25a I 3 KWG in der Fassung vom 1.1.2014 ergänzt. Demnach muss eine ordnungsgemäße Geschäftsorganisation insbesondere ein angemessenes und wirksames Risikomanagement umfassen, auf dessen Basis ein Institut die Risikotragfähigkeit laufend sicherzustellen hat. Die Anforderungen an das Risikomanagement werden in § 25a I 3 Nr. 1–6 KWG näher präzisiert.

Der Geschäftsleiter hat gemäß § 25c IVa, IVb KWG die ordnungsgemäße Geschäftsorganisation sicherzustellen. Wer nicht dafür Sorge trägt, dass ein Institut oder eine dort genannte Gruppe über eine dort genannte Strategie, einen dort genannten Prozess, ein dort genanntes Verfahren, eine dort genannte Funktion oder ein dort genanntes Konzept verfügt, und hierdurch eine Bestandsgefährdung des Instituts, des übergeordneten Unternehmens oder eines gruppenangehörigen Instituts herbeiführt wird numehr seit dem 2.1.2014 gemäß § 54a I KWG mit Freiheitsstrafe bis zu fünf Jahren oder mit Geldstrafe bestraft. Gemäß § 54a III KWG ist die Tat jedoch nur strafbar, sofern die Bundesanstalt dem Täter durch Anordnung die Beseitigung des Verstoßes aufgegeben hat.

Gemäß § 33 I Nr. 1 WpHG muss ein Wertpapierdienstleistungsunternehmen i. S. d. § 2 IV WpHG die organisatorischen Pflichten nach § 25a I und II des KWG einhalten und darüber hinaus angemessene Grundsätze aufstellen, Mittel vorhalten und Verfahren einrichten, die darauf ausgerichtet sind sicherzustellen, dass das Wertpapierdienstleistungsunternehmen selbst und seine Mitarbeiter den Verpflichtungen dieses Gesetzes nachkommen. Insbesondere ist eine dauerhafte und wirksame Compliance-Funktion einzurichten, die ihre Aufgaben unabhängig wahrnehmen kann.[402] Selbst ohne den Begriff der Compliance müsste nach dem Willen des Gesetzgebers[403] davon ausgegangen werden, dass § 33 I Nr. 1 WpHG eine Pflicht zur Einrichtung einer Compliance-Organisation für Wertpapierdienstleistungsunternehmen festlegt[404]. Dies bekräftigt auch die Bußgeldvorschrift gemäß § 39 II Nr. 17b WpHG. Demnach handelt ordnungswidrig, wer vorsätzlich oder leichtfertig entgegen § 33 I 2 Nr. 1 WpHG, auch in Verbindung mit einer Rechtsverordnung nach § 33 IV WpHG, keine Compliance-Funktion einrichtet.

---

401 *Bottmann*, in: Park, Kapitalmarktstrafrecht, Kap. 2 Rn. 10; *Braun/Wolfgarten*, in: Boos/Fischer/Schulte-Mattler, Kreditwesengesetz, § 25a Rn. 3.

402 Siehe *Rathgeber*, Criminal Compliance, S. 126ff.

403 BT-Drucks. 12/7918, S. 105; siehe zu § 33 WpHG a.F. *Lösler*, Compliance im Wertpapierdienstleistungskonzern, S. 123f.

404 *Lösler*, Compliance im Wertpapierdienstleistungskonzern, S. 123f.; vgl. *Hartwig*, in: Moosmayer/ Hartwig, Interne Untersuchungen, S. 8.

Auch Versicherungsunternehmen unterliegen besonderen Anforderungen hinsichtlich des Risikomanagements.[405] Gemäß § 64a I 1 VAG müssen Unternehmen, die den Betrieb von Versicherungsgeschäften zum Gegenstand haben und nicht Träger der Sozialversicherung sind, über eine ordnungsgemäße Geschäftsorganisation verfügen, welche die Einhaltung der von ihnen zu beachtenden Gesetze und Verordnungen sowie der aufsichtsbehördlichen Anforderungen gewährleistet. Insofern wird § 64a I 1 VAG auch als Konkretisierung der Compliance-Anforderungen an Versicherungsunternehmen begriffen und teilweise als Norm mit verpflichtendem Charakter bewertet.[406]

Die spezialgesetzlichen Normen veranschaulichen die Motivation des Gesetzgebers, das Bewusstsein für Risikomanagements in Unternehmen zu sensibilisieren, wobei allerdings die genaue Ausgestaltung einer Compliance-Organisation mangels gesetzlicher Normierung im Ermessen des Vorstandes liegt.[407] Insbesondere ergeben sich daraus keine für alle Unternehmen geltenden Maßstäbe.

2. § 130 OWiG

Neben der besonderen Verantwortung von Unternehmen des Wertpapierhandels wird auch eine generelle Pflicht zur Compliance aus § 130 OWiG für alle Unternehmen diskutiert,[408] da § 130 OWiG „die speziellste (i. w. S.) strafrechtliche Norm“[409] und der „harte Kern“[410] der Compliance ist.[411] Abgesehen davon, dass der „farblose Begriff der Aufsichtsmaßnahme“[412] bei der Installation von konkreten Compliance-Maßnahmen nicht hilfreich ist, kann die Frage nach einer Pflicht zur Compliance bzw. zu umfassenden Compliance-Maßnahmen aus § 130 OWiG dahinstehen, da das Haftungsrisiko des § 130 OWiG in jedem Fall bestehen

405 Siehe *Kort*, NZG 2008, 83; *Wirth/Paul*, CCZ 2010, 95ff.; siehe *Rathgeber*, Criminal Compliance, S. 140ff.

406 Vgl. *Wirth/Paul*, CCZ 2010, 97; *Kammerer-Galahn*, AnwBl 2009, 78.

407 *Fleischer*, in: Spindler/Stilz, Aktiengesetz, § 91 Rn. 58; *Immenga*, in: FS-Schwark, S. 203; siehe zur Ermessenreduzierung, *Wirth/Paul*, CCZ 2010, 97.

408 Befürwortend *U. Schneider*, ZIP 2003, 648f.; dagegen *Hauschka*, ZIP 2004, 877ff., *ders*., in: Hauschka, Corporate Compliance, § 1 Rn. 23.

409 *Bock*, Criminal Compliance, S. 454.

410 *Moosmayer*, NJW 2012, 3014.

411 Siehe auch *Geismar*, Der Tatbestand der Aufsichtspflichtverletzung bei der Ahndung von Wirtschaftsdelikten, S. 11; *Grützner/Leisch*, DB 2012, 787; siehe zur dogmatischen Konzeption *Rathgeber*, Criminal Compliance, S. 253ff.

412 *Bock*, Criminal Compliance, S. 454f.; vgl. *Rathgeber*, Criminal Compliance, S. 303.

bleibt.[413] Das heißt, selbst wer eine Pflicht zur Compliance zutreffend verneint, schließt eine Haftung nach § 130 OWiG nicht aus. Der Tatbestand des § 130 OWiG setzt, ungeachtet seiner Parallelen zu Compliance-Maßstäben,[414] nicht die unterlassene Compliance oder die verletzte Pflicht zur Compliance im Sinne von US-amerikanischen oder britischen Präventionsmaßnahmen, sondern ein Organisationsverschulden bzw. eine Pflichtverletzung gemäß § 130 OWiG voraus[415]. Insofern ist die Gefahr einer Haftung aus § 130 OWiG Grund genug, geeignete und erforderliche Aufsichtsmaßnahmen in die Organisationsstruktur des Unternehmens aufzunehmen. Dies kann man dann freilich auch wieder Compliance bzw. Compliance-Management-System nennen, weshalb § 130 OWiG auch das Motiv zur Implementierung der Compliance sein kann.[416] Allerdings steht und fällt die Compliance im Zusammenhang mit § 130 OWiG nicht mit einer Pflicht zur Einrichtung eines Compliance-Management-Systems, zumal bislang kein Unternehmen aufgrund einer fehlenden Compliance-Struktur – wohlgemerkt ohne eine Pflichtverletzung – zu Bußgeldern gemäß §§ 130, 30 OWiG verurteilt wurde.

Anders kann der Fall liegen, wenn schon der Verdacht von internen Fehlvergehen vorliegt, da dann eine Untersuchungspflicht als Teil der in § 130 OWiG normierten Aufsichtspflicht angenommen werden kann.[417] In diesem Zusammenhang steht der Unternehmensleitung kein Ermessensspielraum bei der Durchführung von Aufsichtsmaßnahmen zu, da fortwährende und zukünftige Rechtsgutsverletzungen nur durch umfassende Sachverhaltsermittlungen verhindert werden könnten.[418]

3. US-amerikanische Regelungen

Abgesehen von der deutschen Rechtsordnung verpflichten auch der FCPA sowie der UKBA nicht konkret zur Einrichtung von Compliance-Strukturen. Wie bereits erläutert kann sich jedoch ein effektives Compliance-Management-System erheblich

413 Vgl. *Rathgeber*, Criminal Compliance, S. 305.

414 *Liese*, BB-Special 5/2008, 22; vgl. *Hartwig*, in: Moosmayer/Hartwig, Interne Untersuchungen, S. 8.

415 Ähnlich *D. Schneider*, Die arbeitsrechtliche Implementierung von Compliance- und Ethikrichtlinien, S. 54.

416 *D. Schneider*, Die arbeitsrechtliche Implementierung von Compliance- und Ethikrichtlinien, S. 54f.

417 *Hartwig*, in: Moosmayer/Hartwig, Interne Untersuchungen, S. 8; *Moosmayer*, NJW 2012, 3014; vgl. *Sahan*, in: Compliance und Strafrecht, S. 174.

418 *Reichert/Ott*, ZIP 2009, 2176; *Wagner*, CCZ 2009, 13ff.; *Hartwig*, in: Moosmayer/Hartwig, Interne Untersuchungen, S. 8.

auf die Höhe des Bußgeldes auswirken. Insofern kann zwar von keiner Pflicht zur Einrichtung von Compliance gesprochen werden. In praxi dürfte es aber bei international agierenden Großkonzernen mit mehreren hunderttausend Mitarbeitern nur eine Frage der Zeit sein, bis rechtlich relevante Auffälligkeiten auftreten. Für die Berechtigung der Compliance-Maßnahmen genügt es daher schon, das hohe Haftungsrisiko durch Compliance-Maßnahmen zu mindern, und erfordert insbesondere keine rechtliche Pflicht.

Der für US-Börsenunternehmen anwendbare Sarbanes-Oxley Act konkretisiert dagegen die Compliance-Anforderungen an Unternehmen, da gemäß Sec. 404 des SOA ein internes Kontrollsystem zu etablieren ist und gemäß Sec. 406 Ethikrichtlinien zu veröffentlichen sind.[419] Damit legt der SOA, anders als der FCPA, bestimmte Präventionsinstrumente konkret fest und geht nicht von einer bereits begangen Straftat bzw. Pflichtverletzung im Sinne einer Bilanz- oder Korruptionstat aus. Insofern wird der SOA auch als Pflicht für Unternehmen interpretiert, Compliance-Strukturen in die Unternehmensorganisation zu integrieren.[420]

4. Zwischenergebnis

Somit sind, abgesehen von den aufgezeigten spezialgesetzlichen Regelungen des Aktien- und Versicherungsrechts, keine rechtlichen Verpflichtungen für alle Unternehmen zur Einrichtung eines Compliance-Systems vorhanden.[421] Dies ist für die Entwicklung der Compliance aber auch nicht erforderlich, da jede Rechtsnorm, deren Verletzung einen Nachteil für die Mitarbeiter und das Unternehmen verursacht, „de lege lata eine rationale Veranlassung zur Rechtsbefolgung" ist, und dadurch die Legalität durch präventive Compliance-Maßnahmen gefördert wird.[422]

Dies rechtfertigt den erheblichen, insbesondere finanziellen Aufwand der Unternehmen zur Integration von Compliance-Management-Systemen.[423] Die hohen Investitionskosten präventiver und repressiver Compliance-Management-Systeme

---

419 *Immenga*, in: FS-Schwark, S. 206f.

420 *Passarge*, in: Martinek/Semler/Habermeier/Flohr, § 82 Rn. 92; *Immenga*, in: FS-Schwark, S. 205ff.

421 Vgl. *Bock*, in: Compliance und Strafrecht, S. 69; *Maschmann*, in: Compliance und Strafrecht, S. 98f.; *Spindler*, in: MüKo-AktG, § 91 Rn. 36; *Raum*, StraFo 2012, 396; *Krause*, StraFo 2011, 438; *Rathgeber*, Criminal Compliance, S. 345.

422 *Bock*, Criminal Compliance, S. 277; *ders.*, ZIS 2009, 70.

423 Siehe die Studie von PricewaterhouseCoopers und der Martin-Luther-Universität Halle-Wittenberg, *Compliance und Unternehmenskultur 2010*, S. 3, danach haben 44 % der befragten 499 deutschen Unternehmen Compliance-Programme implementiert.

können im Einzelfall deutlich unter den Kostenersparungen einer „Non-Compliance-policy“[424] und dem Aufwand der „Krisenbewältigung“ im Fall von Ermittlungen durch die Staatsanwaltschaft liegen[425], da im Fall einer Verletzung des FCPA, des UKBA oder des § 130 OWiG – wie der Fall Siemens zeigt[426] – empfindliche Strafzahlungen sowie weitere Ermittlungsaufwendungen zu leisten sind, die die Existenz des Unternehmens gefährden können. „Falls du denkst, dass Compliance teuer ist, versuch' es doch einmal ohne!“[427] Allein dieses Risiko veranlasst Unternehmen zur Compliance.

C. Compliance-Organisation

Primäres Ziel einer Compliance-Organisation ist die Gewährleistung der Einhaltung der gesetzlichen Rahmenbedingungen im Unternehmen, unter der Berücksichtigung ethisch-moralischer Werte. Dabei werden zum einen verschiedenste Präventionsmaßnahmen zur Risikoeinschätzung und Gefahrenabwehr ergriffen, zum anderen wird aber auch repressiv die Aufklärung von Fehlverhalten gefördert.

Compliance kann durch externe Kanzleien umgesetzt werden oder im Unternehmen integriert sein.[428] In deutschen Großkonzernen haben sich Compliance-Systeme etabliert, die durch interne Compliance-Managements gestaltet werden.[429] Externe Kanzleien können zwar auch bei Präventionsmaßnahmen beratend tätig werden, sie werden aber insbesondere bei internen Ermittlungen im Zusammenhang mit Verletzungen der US-Gesetze, in Form des FCPA und des SOA, mandatiert.[430]

---

424 *Bock*, Criminal Compliance, S. 270.

425 *Sahan*, in: Compliance und Strafrecht, S. 174f.

426 Im Fall Siemens entstanden in einem Zeitraum von drei Jahren Rechtsberatungskosten von „wenigstens 952 Mio. €“, siehe dazu *Jahn*, ZWH 2012, 480; zusätzlich zahlte Siemens Geldbußen in Höhe von 1 Mrd. Euro, siehe *Ad-hoc Meldung der Siemens AG v. 15.12.2008*.

427 Vgl. *Jahn*, ZWH 2012, 480.

428 Siehe *Compliance und Unternehmenskultur 2010*, S. 21f.

429 *Compliance-Siemens*, siehe http://www.siemens.com/sustainability/en/core-topics/compliance/overview/index.htm; *Compliance-Deutsche Bahn*, siehe http://www.deutschebahn.com/de/konzern/compliance/team_und_aufgaben.html; *Compliance-MAN*, siehe http://www.man.eu/de/unternehmen/compliance/organisation/Organisation.html, Abrufdatum jeweils 29.1.2014.

430 Siehe zum Fall Siemens *Rödiger*, Strafverfolgung von Unternehmen, S. 215ff.; *Dann/Schmidt*, NJW 2009, 1851. Die Kanzleien sind durch die ermittelnden US-Behörde als „vertrauenswürdig“ eingestuft, siehe dazu *Momsen*, ZIS 2011, 510.

I. Präventive Compliance

Bei international aufgestellten Konzernen mit hunderttausenden Mitarbeitern sind die Geschäftsbereiche so unterschiedlich wie das Geschäftsleben an sich, weshalb die Orientierung an konkreten Präventionsmaßnahmen zunächst schwierig erscheint. Im Wege einer Risikoeinschätzung sind die haftungsrechtlichen Herausforderungen der einzelnen Geschäftsfelder zu untersuchen, um geeignete Präventionsmaßnahmen der Sensibilisierung bzw. Kommunikation zu ergreifen. Präventive Maßnahmen eines Unternehmens können sich, wie bereits erläutert, auf die Strafzumessung bei Verstößen gegen den FCPA, den UKBA sowie §§ 130, 30 OWiG auswirken.[431] An dieser Stelle sollen einzelne Präventionsmaßnahmen skizziert werden, um die Umsetzung von Compliance-Maßnahmen und die daraus resultierenden Probleme zu verdeutlichen.

1. Internationale Standards eines Compliance-Management-Systems (CMS)

Bedingt durch die Konjunktur der Compliance-Themen haben sich international anerkannte Mindeststandards durchgesetzt, die als Leitfaden zur Einrichtung eines Compliance-Managements genutzt werden.[432] Neben anderen Organisationen[433] hat das Committee of Sponsoring Organizations of the Threadway Commission (COSO) im Jahr 1992 das „COSO-Modell", einen von der US-amerikanischen Börsenaufsicht Security and Exchange Commission (SEC) anerkannten Standard für internes Risikomanagement veröffentlicht[434] und im Jahr 2004 durch das Enterprise Risk Management (ERM) Framework ergänzt[435].

Das Unternehmensleitbild setzt sich aus den vier Schwerpunkten der Strategie (strategic), des Arbeitsprozesses (operations), der Berichterstattung (reporting) und Regeleinhaltung (compliance) zusammen.[436] Die genaue Ausgestaltung des

---

431 Siehe dazu S. 47ff., 54ff.

432 Vgl. *Pampel/Glage*, in: Hauschka, Corporate Compliance, § 5 Rn. 20.

433 Zum Prüfungsstandart des Instituts der Wirtschaftsprüfer in Deutschland e.V. (IDW) *Görtz*, CCZ 2010, 127ff.

434 Ausführlich *Brünger*, Erfolgreiches Risikomanagement mit COSO ERM, S. 17ff.; vgl. *Obermayr*, in: Hauschka, Corporate Compliance, § 17 Rn. 18; *Powilleit*, GWR 2010, 28ff.

435 *Moosmayer*, NJW 2012, 3017 in Fn. 28; siehe *Unternehmensweites Risikomanagement – Übergreifendes Rahmenwerk*, Committee of Sponsoring Organizations of the Threadway Commission (COSO).

436 Vgl. *Obermayr*, in: Hauschka, Corporate Compliance, § 17 Rn. 19.

Risikomanagements richtet sich nach den folgenden Komponenten. Das interne Umfeld bildet als Grundlage für das Risikomanagement die Kultur eines Unternehmens. Dabei müssen Ziele festgelegt werden, um die unternehmerischen Entscheidungen frühzeitig anzupassen, sowie Ereignisse identifiziert werden, die das Erreichen der Ziele beeinflussen können. Die Beurteilung von Risiken unter Berücksichtigung der Auswirkung und Eintrittswahrscheinlichkeit bietet die Grundlage für die Steuerung der Gefahren, durch die von Führungskräften ausgewählten Methoden, um eine aktive Kommunikation und Informationspolitik auf allen Ebenen der Organisation zur Wahrnehmung der Verantwortlichkeit zu ermöglichen. Zur Kontrolle ist die Überprüfung der durchgeführten Maßnahmen erforderlich, um die Gesamtheit des Risikomanagements zu überwachen und die notwendigen Anpassungen vorzunehmen.

Diese Komponenten sollen die Niederlassungen (entity level), die Geschäftseinheiten (devision) und Geschäftsbereiche (business unit) sowie die Gesamtorganisation (subsidiary) durchdringen.[437] Sie dienen als Leitfaden zur Förderung der Risikoeinschätzung und Risikobewältigung und sind ein in der Praxis weit verbreitetes Konzept.[438]

2. Präventive Elemente eines Compliance-Management-Systems

Ein wirksames Risikomanagement ist die Grundlage für die unternehmensweite Kommunikation von Compliance-Themen. Dies kann zwar unterschiedlichste Elemente beinhalten, allerdings hat sich ein gewisser Standard in Großunternehmen durchgesetzt.

a) Ethikrichtlinien

Ethikrichtlinien haben seit der Einführung des Sarbanes-Oxley Acts[439] immer mehr an Bedeutung gewonnen und werden im internationalen Wirtschaftsleben auch als „code of conduct“ bezeichnet[440]. Ethikrichtlinien setzen bestimmte

---

437 Siehe zu den COSO-Komponenten *Unternehmensweites Risikomanagement – Übergreifendes Rahmenwerk*, Committee of Sponsoring Organizations of the Treadway Commission (COSO).

438 *Pampel/Glage*, in: Hauschka, Corporate Compliance, § 5 Rn. 20.

439 Dazu *Kagan*, Das Mitbestimmungsrecht des Betriebsrates bei der Einführung von Ethikrichtlinien, S. 32f.

440 *Kagan*, Das Mitbestimmungsrecht des Betriebsrates bei der Einführung von Ethikrichtlinien, S. 31.

Werte des Unternehmens fest und fordern die Mitarbeiter zur Einhaltung dieser Standards auf.[441] Dabei bekennen sich Unternehmen unter Bezugnahme auf den Global Compacts der UN allgemein zum Umweltschutz, den Menschenrechten, dem Gesundheits- sowie Arbeitsschutz und integrieren Wertevorstellungen wie Integrität, Respekt und Verantwortungsbewusstsein.[442] Bestimmte Themen, wie etwa Kartellrecht oder Antikorruption, sind dabei der wesentliche Bestandteil einer überwiegenden Zahl von Unternehmen aus unterschiedlichsten Bereichen.[443]

Gemäß Sec. 406 des SOA werden in den USA börsennotierte Unternehmen verpflichtet, die Einführung oder die Gründe für die Nichteinführung von Ethikrichtlinien zu veröffentlichen.[444] Wesentliche Elemente sind die „redliche und verantwortungsbewusste Tätigkeitsausübung“, eine „vollständige, objektive, akkurate und zeitgerechte Berichterstattung in Berichten an die SEC“, die „Beachtung gesetzlicher Normen“, die „Regelung der Verantwortung der Befolgung des Codes“ sowie „interne Mitteilungen von Verstößen gegen den Code“[445].

In diesem Zusammenhang können auch die individuellen Anforderungen des Geschäftsbereichs zum Tragen kommen. Zum Beispiel werden die Regelwerke der Unternehmen der Finanzbranche dem Umgang mit Kundendaten und der Geldwäscheprävention mehr Bedeutung zukommen lassen als Unternehmen der pharmazeutischen Industrie, da Letztere die Einhaltung hoher ethischer Standards bei Forschungsprojekten eher fördern möchten.[446]

b) Risikoanalyse

Die Analyse der individuellen Risiken des Geschäftsbereichs ist maßgeblich, um die erforderlichen Compliance-Maßnahmen zu organisieren.[447] Dies bringt einige Schwierigkeiten mit sich, da insbesondere strafrechtliche Risiken aus „jeder Mitarbeiterbefragung und jeder Strafnorm“[448] resultieren können.

---

441 Vgl. *Moosmayer*, Compliance, S. 50.

442 *Kagan*, Das Mitbestimmungsrecht des Betriebsrates bei der Einführung von Ethikrichtlinien, S. 43.

443 Vgl. *Moosmayer*, Compliance, S. 50.

444 *Immenga*, in: FS-Schwark, S. 207.

445 *Immenga*, in: FS-Schwark, S. 207.

446 Vgl. *Moosmayer*, Compliance, S. 50.

447 *Bock*, Criminal Compliance, S. 588ff.; *Hauschka/Greeve*, BB 2007, 166; *Pampel/Glage*, in: Hauschka, Corporate Compliance, § 5 Rn. 21ff.; *Moosmayer*, Compliance, S. 25ff.

448 *Bock*, Criminal Compliance, S. 588.

Im Rahmen der „Risikoinventur"[449] ist insbesondere die Unternehmensstruktur, die Unternehmensgröße und das Geschäftsvolumen von Bedeutung,[450] da sich je nach Größe und Umfang des Geschäftsbetriebes andere Herausforderungen an das Compliance-Management-System stellen. Dabei liegt es auf der Hand, dass ein Unternehmen mit 100 Mitarbeitern ein anderes Risikopotenzial besitzt als ein Konzern mit 100 000 Mitarbeitern. Insofern sind auch die Kommunikationsmethoden zur Informationsweitergabe von den individuellen Gegebenheiten im Unternehmen abhängig.[451] Von erheblicher Bedeutung ist die Branchentätigkeit des Unternehmens, da die rechtlichen Vorgaben je nach dem individuellen Schwerpunkt des Geschäfts divergieren können.[452]

Gerade im Hinblick auf die Korruptionsprävention sind das Wettbewerbsverhalten und die Beteiligung an öffentlichen Ausschreibungen sowie der Kontakt zu Amtsträgern, insbesondere im Rahmen von Auslandsgeschäften, wegweisend. Dabei können geschäftliche Beziehungen zu ausländischen Geschäftspartnern, bedingt durch die bereits erläuterten gesetzlichen Vorgaben, einen entscheidenden Einfluss auf die Risikolage des Unternehmens haben. Anschließend dürfen nicht nur die gesetzlichen Vorgaben der Heimatländer der geschäftsführenden Unternehmen berücksichtigt werden. Entscheidend ist, dass die Tat in einem beliebigen Land geschehen kann und der Anwendungsbereich des FCPA oder des UKBA eröffnet ist, wenn die Voraussetzungen vorliegen. Das heißt, dass ein an der US-Börse gelistetes deutsches Aktienunternehmen bei einer Lieferung von Somalia[453] nach Italien, neben den somalischen, den italienischen sowie den deutschen Gesetzen auch den Maßstab des FCPA der USA erfüllen muss.[454] Deshalb ist der Blick im Rahmen der Risikoanalyse nicht nur auf die Regionen zu richten, in denen das operative Geschäft stattfindet, sondern es sind sämtliche Länder miteinzubeziehen, in denen das Unternehmen mittelbar geschäftlich tätig ist.

Die Risikoanalyse verdeutlicht die Problematik der Umsetzung präventiver Compliance-Maßnahmen, da die Recherche und die Bewertung sämtlicher Risiken so umfangreich erscheinen, wie die Unberechenbarkeit menschlichen Verhaltens an sich. Deshalb muss sich die Risikobewertung auf einen individuell zu

---

449 Siehe zu diesem Begriff *Bock*, Criminal Compliance, S. 590.

450 *Hauschka/Greeve*, BB 2007, 166; vgl. *Moosmayer*, Compliance, S. 31.

451 *Hauschka/Greeve*, BB 2007, 166.

452 *Hauschka/Greeve*, BB 2007, 166.

453 Somalia ist laut dem *Corruption Perceptions Index 2013* von Transparency International mit Afghanistan und Nordkorea auf Platz 175 von 177 geprüften Nationen.

454 Dies gilt auch für die Anwendung des UKBA, dazu *Jahn*, ZWH 2012, 480f.

bestimmenden Kernbereich fokussieren, der abgrenzbare und gezielte Compliance-Maßnahmen zulässt. Dies ist als Fundament für ein nachhaltiges Risikomanagement erforderlich, um in einem weiteren Schritt effektive Maßnahmen unter Einbeziehung der Mitarbeiter in den Geschäftsprozess – zur Minimierung der festgestellten Gefahrenquellen – integrieren zu können.[455]

c) Besondere Richtlinien

Das Output der Risikoanalyse und der Risikobewertung sind die Anforderungen an interne Richtlinien, die zur internen Kommunikation von Gefahrenquellen dienen. Dabei hängt die Schwerpunktsetzung der Richtlinien von dem Ergebnis der Risikoanalyse ab,[456] da nur diese den Bedarf an Compliance-Maßnahmen ermitteln kann.

Aus der Bewertung der Risikoanalyse ergeben sich in der Regel Schwerpunkte im Bereich der Korruptionsprävention. Dies sind unter anderem besondere Vorschriften zur Vermeidung von Interessenskonflikten, zum Umgang mit jeglicher Form der Zuwendungen an Dritte oder von Dritten, insbesondere im Zusammenhang mit Amtsträgern, politischen Parteien und gemeinnützigen Organisationen, sowie zum Umgang mit Beratern und Dritten bei geschäftlichen Kontakten.[457] Daneben werden unter anderem auch Richtlinien gegen die Verbreitung von Insiderinformationen sowie zur Einhaltung des Datenschutzes in Compliance-Management-Systeme integriert.[458]

d) Weitere Präventionsmaßnahmen

Weitere mögliche Präventionsmaßnahmen bezwecken die Sensibilisierung der Mitarbeiter und die Kommunikation der compliance-relevanten Themen im Innen- und Außenverhältnis des Unternehmens.

aa) Interne Maßnahmen

Die wesentlichen Schwerpunkte der Compliance-Maßnahmen sind in Compliance-Ratgebern bzw. Handbüchern zusammengefasst.[459] Daneben sind interne Schulungen

---

455 *Pampel/Glage*, in: Hauschka, Corporate Compliance, § 5 Rn. 34ff.

456 *Moosmayer*, Compliance, S. 50.

457 *Hugger/Röhrich*, BB 2010, 2646; *Moosmayer*, Compliance, S. 51.

458 *Moosmayer*, Compliance, S. 50; zu Insider-Richtlinien ausführlich *Schulz/Kuhnke*, BB 2012, 143ff.

459 *Lampert*, in: Hauschka, Corporate Compliance, § 9 Rn. 19ff.

ein entscheidender Beitrag zur Kommunikation der Risiken im Unternehmen.[460] Gerade diese Methoden der Prävention sollen helfen, die Mitarbeiter hinsichtlich der Schwerpunkte des Risikomanagements zu sensibilisieren und die Risikoeinschätzung des Compliance-Managements und der Geschäftsführungen zu vermitteln. Dabei sind Mitarbeiter allgemein über die geltenden Rechtsvorschriften, aktuelle Rechtsprechungen sowie über besondere Risiken im Umgang mit Amtsträgern[461] oder Wettbewerbern[462] aufzuklären. Zudem ist – sofern erforderlich – entsprechendes Fachwissen zu kommunizieren.[463]

Neben den Schulungen können sich Mitarbeiter auch an sog. Help-Desk-Hotlines wenden, um gezielte Fragen, beispielsweise zum Umgang mit Einladungen, zu stellen. Mitarbeiter der Siemens AG haben z.B. weltweit die Möglichkeit, per E-Mail Fragen zum Compliance-System oder zur individuellen Anwendung zu stellen (Funktion „Ask Us“).[464] Dies ist eine der meist genutzten Anlaufstellen und ein Schwerpunkt der Compliance-Tätigkeit.[465]

bb) Externe Maßnahmen

Die Überprüfung von Vertragspartnern und Dritten – als „Business Partner Screening“, „Business Partner Due Diligence“ oder „Geschäftspartner-Prüfung“ – ist ein wesentlicher Bestandteil von Compliance-Management-Systemen geworden und dient der Integration von Compliance im operativen Geschäftsprozess.[466]

Bei der Auswahl des Vertragspartners wird im Rahmen der „Third Party Due Diligence“ eine Risikoeinschätzung vorgenommen, um die Redlichkeit des Geschäftspartners zu bewerten.[467] Dies ist gerade bei international agierenden Unternehmen, aufgrund des Kontakts zu Handelspartnern aus korruptionsgefährdeten

460 Vgl. *Moosmayer*, Compliance, S. 53; *Lampert*, in: Hauschka, Corporate Compliance, § 9 Rn. 27ff.

461 Dazu *Hauschka/Greeve*, BB 2007, 168.

462 Dazu *Itzen*, BB-Beilage 2008 Nr. 5, 16.

463 *Hauschka/Greeve*, BB 2007, 168.

464 Siehe zur Siemens AG *Moosmayer*, Compliance, S. 125f.; *Kuhlen*, in: Compliance und Strafrecht, S. 10.

465 In den Jahren 2010–2012 gab es insgesamt 5826 Anfragen zu Compliance Themen, siehe *Siemens Nachhaltigkeitsbericht 2012*, S. 46; vgl. *Moosmayer*, Compliance, S. 126.

466 *Mössner/Kerner*, CCZ 2011, 182f.

467 *Passarge*, in: Martinek/Semler/Habermeier/Flohr, § 82 Rn. 151f.; *Moosmayer*, Compliance, S. 73.

Ländern,[468] erforderlich. Dabei können Recherchemittel wie öffentliche Quellen, insbesondere Pressemitteilungen, genutzt werden, um Auffälligkeiten, wie etwa aktuelle Ermittlungsverfahren, aufzudecken.[469] Zudem sind Auskünfte über Geschäftsführer und Gesellschafter, Auszüge aus dem Handelsregister, Jahresabschlüsse und die Beteiligungsverhältnisse sowie Informationen über alle potentiellen Konflikte zu analysieren, die ein Korruptionsrisiko beinhalten könnten wie etwa Verbindungen zu Parteien, Behörden, Ministerien oder Herrscherfamilien.[470] Daneben werden internationale Wirtschaftsdienste zur Unterstützung der Risikoeinschätzung des Geschäftspartners beauftragt[471] und die Stammdaten des Unternehmens sowie Art und Umfang der Geschäftsbeziehungen in die Risikobewertung einbezogen[472]. Darüber hinaus kann ein Abgleich des Vertragspartners mit den sog. „Terrorlisten der Europäischen Union" erfolgen.[473] Für die Auswahl des Geschäftspartners ist selbstverständlich auch maßgeblich, ob dort ein entsprechendes Compliance-Management-System vorhanden ist.[474]

Kommt ein Unternehmen nach dieser Prüfung als Vertragspartner in Betracht – wobei ein hohes Risiko nicht zwingend zum Ausschluss des Geschäftspartners führen muss[475] –, werden in den Vertragsbedingungen sog. Compliance-Klauseln integriert.[476] Compliance-Klauseln sollen die Nachhaltigkeit der eigenen Maßnahmen zum Schutz vor Reputations- und Haftungsrisiken sichern und die Seriosität sowie das Image des Unternehmens schärfen. Sie verdeutlichen die Ernsthaftigkeit des Unternehmens, Compliance-Maßnahmen nicht nur auf dem Papier anzustreben, sondern diese auch effektiv fördern zu wollen.[477] Darin verpflichten sich die Parteien, Ethikrichtlinien im eigenen Unternehmen umzusetzen oder diese, sofern

468 Siehe *Corruption Perceptions Index 2013.*

469 *Passarge*, in: Martinek/Semler/Habermeier/Flohr, § 82 Rn. 152; *Mössner/Kerner*, CCZ 2011, 183.

470 *Passarge*, in: Martinek/Semler/Habermeier/Flohr, § 82 Rn. 152.

471 *Passarge*, in: Martinek/Semler/Habermeier/Flohr, § 82 Rn. 152; vgl. *Moosmayer*, Compliance, S. 76.

472 *Mössner/Kerner*, CCZ 2011, 183.

473 Siehe *Mössner/Kerner*, CCZ 2011, 184, mit Verweis auf „Consolidated list of persons, groups and entities subject to EU financial sanctions", http://eeas.europa.eu/cfsp/sanctions/consol-list_en.htm.

474 *Passarge*, in: Martinek/Semler/Habermeier/Flohr, § 82 Rn. 152.

475 *Mössner/Kerner*, CCZ 2011, 184.

476 Dazu ausführlich *Gilch/Pelz*, CCZ 2008, 131ff.

477 Vgl. *Moosmayer*, Compliance, S. 78.

keine eigenen vorhanden sind, zumindest im Vertragsverhältnis zu beachten.[478] Dies sind neben dem Schwerpunkt der Korruption auch Themen wie die Achtung der Grundrechte jedes Mitarbeiters, Verbot von Kinderarbeit, Gesundheit und Sicherheit der Mitarbeiter sowie die Beachtung des Umweltschutzes.[479] Der Anwendungsbereich der Ethikrichtlinien wird dabei nicht nur auf das eigene Unternehmen beschränkt, sondern auch z.B. auf die Zulieferer des Vertragspartners ausgedehnt, um sich nicht dem Vorwurf auszusetzen, die Verantwortung durch die Pflichtenübernahme Dritter unterlaufen zu wollen.[480] Dieser grundlegende Maßstab der Ethikrichtlinien wird in der Praxis durch weitere Mittel, wie Auditierungsrechte, Kündigungsrechte und Schadensersatzverpflichtungen, ausgeweitet.[481]

Umfangreiche Präventionsmaßnahmen können Fehleinschätzungen freilich nicht ausschließen, allerdings kann die Dokumentation des Risikomanagements im Zusammenhang mit Geschäftspartnern und deren Partnern nachweisen, dass ein Bewusstsein für Compliance-Themen im Unternehmen besteht.[482] Dies kann sich im Einzelfall „haftungsentlastend" auf ein etwaiges Organisationsverschulden auswirken.[483]

e) Compliance-Beauftragter

Gemäß § 76 I AktG hat der Vorstand die Aktiengesellschaft unter eigener Verantwortung zu leiten. Aus dieser Leitungsaufgabe und der dabei notwendigen Leitungssorgfalt gemäß § 93 I 1 AktG resultiert die Pflicht, ein gesetzeskonformes Verhalten gegenüber Dritten sicherzustellen,[484] wobei es abseits der Aktiengesellschaften, also auch bei anderen Gesellschaftsformen, die Leistungsaufgabe der Geschäftsleitung ist, rechtmäßiges Verhalten zu gewährleisten[485]. Compliance ist somit die originäre Aufgabe der Unternehmensleitung,[486] die jedoch autonom an einen Compliance-Beauftragten delegiert werden

---

478 *Gilch/Pelz*, CCZ 2008, 131.

479 So im *Code of Conduct für Siemens Lieferanten*; vgl. Moosmayer, Compliance, S. 76.

480 Gemäß dem *Code of Conduct für Siemens Lieferanten* erklärt der Lieferant die Einhaltung der Inhalte des Code of Conducts, auch bei seinen Lieferanten, angemessen zu fördern.

481 Zur Zulässigkeit dieser Allgemeinen Geschäftsbedingungen siehe *Gilch/Pelz*, CCZ 2008, 131ff.

482 *Mössner/Kerner*, CCZ 2011, 184.

483 *Mössner/Kerner*, CCZ 2011, 184.

484 *Krieger/Günther*, NZA 2010, 367.

485 *Bürkle*, CCZ 2010, 5; *Lösler*, Compliance im Wertpapierdienstleistungskonzern, S. 137.

486 Vgl. *Raus/Lützeler*, CCZ 2012, 96.

kann[487]. Dies wirkt allerdings nicht haftungsbefreiend, da die endgültige Verantwortung bei der Geschäftsleitung verbleibt.[488] Neben der autonomen Delegation sehen das WphG und das KWG die Einrichtung einer personellen Compliance-Funktion vor[489].

Der Compliance-Beauftragte, auch Compliance-Officer genannt, berät die Unternehmensleitung bei der Risikoanalyse und der Einrichtung eines Compliance-Management-Systems.[490] Die Funktion kann durch einen internen Unternehmensanwalt mit Anwaltszulassung,[491] durch externe Anwaltskanzleien oder durch nicht-juristische Berater erfüllt werden, die besonders für die individuelle Unternehmensorganisation qualifiziert sind[492].

Der Compliance-Beauftragte ist mit der „Implementierung, Dokumentation und Weiterentwicklung"[493] des Compliance-Management-Systems betraut und für Rechtsberatung, Kommunikation, Trainings sowie interne Untersuchungen zuständig[494]. Er ist der Unternehmensleitung direkt unterstellt, um die Kommunikation der Compliance-Fragen zu gewährleisten und die Bedeutung der Corporate Compliance zu unterstreichen.[495]

Seit dem obiter dictum des BGH aus dem Jahr 2009[496] sind Compliance-Beauftragte mit einer persönlichen Haftung aufgrund einer strafrechtlichen Garantenstellung gemäß § 13 StGB durch die Übernahme eines konkreten Pflichtenkreises konfrontiert. Die Aufgabe der Compliance-Beauftragen sei die Verhinderung von Rechtsverstößen, insbesondere auch von Straftaten, die aus dem Unternehmen heraus begangen werden.[497] Eine entsprechende Garantenpflicht solcher Compliance-Officer sei die notwendige Kehrseite ihrer gegenüber der Unternehmensleitung übernommenen Pflicht, Rechtsverstöße zu verhindern.[498]

---

487 *Bürkle*, CCZ 2010, 5; vgl. *Raus/Lützeler*, CCZ 2012, 96.

488 *Bürkle*, CCZ 2010, 5; *Fleischer*, in: Spindler/Stilz, Aktiengesetz, § 91 Rn. 58.

489 Siehe u.a. §§ 33 I 2 Nr. 1, 34d III WpHG i. V. m. § 12 III, IV WpDVerOV, §§ 25a I Nr. 3c, 25c IVa Nr. 3c, 25c IVb Nr. 3e KWG.

490 *Bürkle*, in: Hauschka, Corporate Compliance, § 8 Rn. 23f.

491 Siehe zum Begriff und den Auswirkungen auf Compliance-Ermittlungen *Jahn*, ZWH 2012, 477; *ders.*, ZWH 2013, 1ff.

492 *Fett*, in: Schwark/Zimmer, Kapitalmarktrechts-Kommentar, § 33 WphG Rn. 21.

493 *Bürkle*, in: Hauschka, Corporate Compliance, § 8 Rn. 24.

494 *Moosmayer*, Compliance, S. 39.

495 *Bürkle*, in: Hauschka, Corporate Compliance, § 8 Rn. 31.

496 BGHSt 54, 44, 49f.

497 BGHSt 54, 44, 49f.

498 BGHSt 54, 44, 49f.; dazu *Knauer*, in: FS-Imme Roxin, S. 465ff.; zu recht kritisch *Warnecke*, NStZ 2010, 315; *Rotsch*, in: FS-Imme Roxin, S. 485ff.

f) Überbordende Anforderungen an präventive Compliance-Maßnahmen

Bei der Ausgestaltung eines Risikomanagements zeigt sich die Problematik der Compliance, die schon im Rahmen der Begriffsdefinition angeschnitten wurde. Durch den Maßstab des rechtskonformen Verhaltens offenbart sich zunächst die ganze Bandbreite der nationalen und internationalen rechtlichen Vorgaben, was zu einer anfangs unüberschaubaren Anzahl von Risikoquellen führt. Grund dafür ist der Präventionsgedanke, also Maßnahmen, die rechtswidriges Verhalten verhindern sollen. Die Einrichtung eines Präventionssystems, das einer unbestimmten Anzahl von Haftungsrisiken vorbeugt, ist nicht umsetzbar. Erhebt man den Anspruch, hinsichtlich aller potentiell möglichen Zuwiderhandlungen Präventionsmaßnahmen zu ergreifen, scheint die Compliance eher Fluch als Segen zu sein, da eine Analyse aller Risiken nicht möglich ist. Schon deshalb werden Compliance-Risiken nach drohenden Haftungsschäden kategorisiert und gemäß internationaler Compliance-Standards am Bilanz-, Kartell- und Antikorruptionsrecht orientiert. Erst diese Eingrenzung lässt gezielte Präventionsmaßnahmen im Rahmen des Compliance-Management-Systems zu.

Neben der Unüberschaubarkeit der Gefahren wohnt dem Risikomanagement auch eine weitere Problematik inne. Ein wirksames und nachhaltiges Compliance-Management muss den Maßstab von rechtmäßigem Verhalten vermitteln und dabei gleichzeitig die Durchführung des operativen Geschäfts gewährleisten. Ein wirksames und effektives Compliance-Management zeichnet sich nicht durch Paranoia vor rechtlichen Risiken aus. Insoweit wäre es zu kurz gegriffen, rein abstrakt von bestimmten grenzwertigen Mitteln der Kundenakquise oder von risikoreichen Geschäften aufgrund compliancerechtlicher Bedenken abzuraten, da letztlich auch der Umsatz des Unternehmens generiert werden muss. Denn Compliance-Maßnahmen steigern den Profit nicht unmittelbar, sondern bezwecken ‚nur‘ etwaige Haftungsschäden abzuwenden und rechtmäßiges Verhalten zu fördern. Um diesen unternehmensinternen Verhältnissen gerecht zu werden, darf Compliance den geschäftlichen Betrieb nicht mit einem übersensibilisierten Risikoverständnis erschlagen,[499] sondern muss die Balance zwischen rechtlichen Risiken und der operativen Unternehmensebene finden.

II. Repressive Compliance

Neben Maßnahmen zur Verhinderung von rechtswidrigem Verhalten wird das Compliance-Management auch repressiv zur Aufklärung von internem Fehlverhalten

499 „Die Compliance-Schlingen, die inzwischen in der ganzen deutschen Wirtschaft ausliegen, beunruhigen nicht nur das Tagesgeschäft (…)“, Handelsblatt Wochenendausgabe 22./23./24.6.2012, Nr. 119, S. 53.

tätig, nachdem der Verdacht durch ein organisiertes Hinweisgebersystem an die Compliance-Beauftragten herangetragen wurde.

1. Whistleblowing und Ombudsmänner im Hinweisgebersystem

Mitarbeiter können sich telefonisch oder online an „Whistle-Blowing-Hotlines" wenden, um das Fehlverhalten anderer anzuzeigen.[500] Dieses arbeitsrechtlich brisante Instrument wird in der Praxis häufig genutzt.[501] In den Jahren 2010–2012 gab es im Siemenskonzern über das Whistleblowing-System „Tell-us" 2084 Hinweise auf internes Fehlverhalten,[502] davon wurden 1797 für schlüssig befunden und insgesamt 1020 Disziplinarmaßnahmen ergriffen[503]. Der Sinn und Zweck von Whistleblowing ist internes Fehlverhalten schnellstmöglich aufzudecken, um rechtzeitig Maßnahmen zur Abwendung von Haftungs- und Reputationsschäden zu treffen,[504] sowie die Kontroll- bzw. Beobachtungsfunktion von Compliance durch dieses Hinweissystem zu stärken und einen Abschreckungseffekt zu entfalten[505].

Mitarbeiter können sich auch an Ombudsmänner eines Unternehmens wenden,[506], was hauptsächlich dem Interesse der Hinweisgeber an Anonymität geschuldet ist[507]. Ombudsmänner fungieren als Vertrauenspersonen im Unternehmen und nehmen Hinweise zu Fehlverhalten und Zuwiderhandlungen an.[508] Dabei können die Ombudsmänner in den Compliance-Abteilungen auch als Compliance-Officer fungieren und sind dadurch mit mehreren Aufgaben betraut.[509] Um interne Konflikte aber zu vermeiden, werden als Ombudsmänner vermehrt

---

500 Siehe *„Tell-us"-Helpdesk der Siemens AG*; ausführlich *D. Schneider*, Die Arbeitsrechtliche Implementierung von Compliance- und Ethikrichtlinien, S. 43; *Sänger*, Whistleblowing in der börsennotierten Aktiengesellschaft, S. 23ff.

501 Zur arbeitsrechtlichen Problematik siehe EGMR, NZA 2011, 1269ff.; *Simon/Schilling*, BB 2011, 2421ff.; *D. Schneider*, Die Arbeitsrechtliche Implementierung von Compliance- und Ethikrichtlinien, S. 106ff.

502 *Siemens Nachhaltigkeitsbericht 2012*, S. 46.

503 *Siemens Nachhaltigkeitsbericht 2012*, S. 46.

504 *D. Schneider*, Die Arbeitsrechtliche Implementierung von Compliance- und Ethikrichtlinien, S. 62.

505 Vgl. *D. Schneider*, Die Arbeitsrechtliche Implementierung von Compliance- und Ethikrichtlinien, S. 62f.

506 Ausführlich zur Stellung des Ombudsmanns *Goers*, Der Ombudsmann als Instrument unternehmensinterner Kriminalprävention, S. 5ff.

507 *Goers*, Der Ombudsmann als Instrument unternehmensinterner Kriminalprävention, S. 7.

508 Vgl. *Moosmayer*, Compliance, S. 58.

509 *Goers*, Der Ombudsmann als Instrument unternehmensinterner Kriminalprävention, S. 8.

externe Rechtsanwälte beauftragt, die ausschließlich mit der Informationssammlung betraut sind und keine weitere Bindung zum Unternehmen haben.[510] Dadurch wird die Neutralität gewahrt und das Vertrauen zu Hinweisgebern gestärkt.[511] Der Hinweisgeber entscheidet letztlich auch über die Weitergabe der Informationen und seiner Identität, was auch die Grundlage des Auftragsverhältnisses zwischen externem Ombudsmann und Unternehmensführung ist.[512]

2. Internal Investigations

Der eingegangene Hinweis wird hinsichtlich der Schlüssigkeit sowie der rechtlichen Bedeutung geprüft.[513] Liegt durch die Hinweise ein konzernerheblicher Anfangsverdacht vor, sind „geeignete Untersuchungsschritte einzuleiten"[514], die in Form der internen Ermittlungen (Internal Investigations) umgesetzt werden[515]. Dies wird sowohl durch interne Compliance-Mitarbeiter als auch durch externe Anwaltskanzleien durchgeführt.[516] Unabhängig von internen Hinweisen können Unterlagen, die den Anschein von Bestechungszahlungen erwecken, auch im Rahmen einer Prüfung des Finanzamtes in Erscheinung treten und dementsprechend das Unternehmen zur Durchführung selbstständiger interner Ermittlungen veranlassen.[517]

Wesentlicher Bestandteil der Ermittlungen sind Maßnahmen zur Erörterung des Sachverhalts,[518] aber auch gezielte Ermittlungen im Hinblick auf strafrechtlich relevantes Verhalten. Dabei werden nicht nur der Hauptverdacht verfolgt, sondern auch umfassende Maßnahmen getroffen, um weitere bislang noch nicht entdeckte Verstöße

---

510 Vgl. *Goers*, Der Ombudsmann als Instrument unternehmensinterner Kriminalprävention, S. 8f.

511 *Goers*, Der Ombudsmann als Instrument unternehmensinterner Kriminalprävention, S. 8.

512 *Moosmayer*, Compliance, S. 58.

513 *Moosmayer*, Compliance, S. 59.

514 *Moosmayer*, Compliance, S. 59.

515 Ausführlich *Klengel/Mückenberger*, CCZ 2009, 81ff.; siehe zum Ob und Wie von Internal Investigations und einem Strafbarkeitsrisiko wegen Untreue gemäß § 266 StGB Momsen bei *Timm*, ZIS 2013, 251.

516 Vgl. *Mengel*, Compliance und Arbeitsrecht, Kap. 4, Rn. 3; *Gropp-Stadler/Wolfgram*, in: Moosmayer/Hartwig, Interne Untersuchungen, S. 22f.; im Fall Siemens wurden die Untersuchungen durch die New Yorker Kanzlei Debevoise & Plimpton durchgeführt, siehe *Momsen*, ZIS 2011, 510.

517 *Sahan*, in: Compliance und Strafrecht, S. 173.

518 Vgl. *Mengel*, Compliance und Arbeitsrecht, Kap. 4, Rn. 3.

aufdecken zu können[519] und „kriminogene Unternehmensstrukturen"[520] zu beseitigen. Dies erfordert die Sichtung von Dokumenten, insbesondere Akten und Unterlagen in Papier- und elektronischer Form sowie dienstlicher E-Mails.[521] Dabei ist eine Zusammenarbeit mit den Mitarbeitern der einzelnen Geschäftsfelder erforderlich, um den Sachverhalt zeitnah herausarbeiten zu können, da gerade die Durchsicht von „Sachverhaltsmassen"[522], wie interne Konten und Verträge, das Know-how der beteiligten Mitarbeiter erfordert[523]. Dementsprechend befassen sich vermehrt interne Compliance-Managements mit internen Untersuchungen, da die Compliance-Mitarbeiter des Unternehmens mit den internen Abläufen und Besonderheiten – im Gegensatz zu externen Kanzleien – bereits vertraut sein können.[524]

Ein häufig genutztes Instrument der Sachverhaltsaufnahme und Sachverhaltsaufklärung ist die Befragung der Mitarbeiter.[525] Dabei werden zum einen Fragebögen verteilt,[526] die nach der Beantwortung durch die Compliance-Mitarbeiter ausgewertet werden. Zum anderen werden Einzelgespräche, sog. „Interviews", geführt, um verschiedene Sachverhaltsfragen, die bereits mehrere Jahre zurückliegen können, zu erörtern.[527] Bei der Durchsicht der Dokumente ergeben sich oft Fragen, die nur durch den zuständigen Mitarbeiter – entweder in Person des Verhandlungsführers bei Vertragsgesprächen, des Buchhalters oder des Projektleiters – beantwortet werden können. In diesem Zusammenhang ist auch die Befragung des Mitarbeiters als Zeuge möglich, sofern der Verdacht einer Straftat vorliegt.[528] Daneben können allerdings auch gezielt Vorwürfe an den Befragten Gegenstand des Interviews sein,[529] wobei der Gesprächsverlauf zur Beweissicherung in Protokollen festgehalten wird[530].

---

519 *Wastl/Litzka/Pusch*, NStZ 2009, 69.

520 *Theile*, StV 2011, 381.

521 *Wastl/Litzka/Pusch*, NStZ 2009, 69; *Klengel/Mückenberger*, CCZ 2009, 82f.; *Mengel/Ullrich*, NZA 2006, 241f.

522 *Mengel/Ullrich*, NZA 2006, 241.

523 Vgl. *Mengel/Ullrich*, NZA 2006, 241.

524 *Ballo*, NZWiSt 2013, 46 in Fn. 3.

525 Vgl. *Theile*, StV 2011, 381; zu den datenschutzrechtlichen Voraussetzungen siehe *Tscherwinka*, in: FS-Imme Roxin, S. 529ff.; *Thoma*, in: Moosmayer/Hartwig, Interne Untersuchungen, S. 81ff.

526 Vgl. *Mengel/Ullrich*, NZA 2006, 243.

527 *Rudkowski*, NZA 2011, 612; *Mengel*, Compliance und Arbeitsrecht, Kap. 4, Rn. 17ff.

528 *Rudkowski*, NZA 2011, 613f.

529 *Rudkowski*, NZA 2011, 612f.

530 Die Existenz und Relevanz der Protokolle belegt das Verfahren gegen die Führungskräfte der HSH-Nordbank, siehe LG Hamburg, Beschluss v. 15.10.2010, 608 Qs 18/10; dazu *Fritz*, CCZ 2011, 155ff.; nach *Westpfahl* werden zum Teil keine Protokolle

Diese Einzelbefragungen verfolgen somit einerseits den Zweck, Sachverhaltsfragen zu klären, andererseits, und dies ist für die Diskussion maßgeblich, bezwecken die Interviews durch ihre Struktur und die Art der Gesprächsführung unter anderem die Selbstbelastung des Befragten.[531]

3. Externe Anwaltskanzleien

Internal Investigations werden im Zusammenhang mit Verletzungen US-amerikanischer Vorschriften und der SEC sowie dem DOJ insbesondere durch externe Anwaltssozietäten durchgeführt. Im Fall Siemens leitete die SEC zu Beginn des Jahres 2007 eine Untersuchung ein, nachdem sie von Verfahren vor dem Landgericht München gegen Mitarbeiter der Siemens AG wegen Bestechung im internationalen Wettbewerb erfahren hatte.[532] Da sich die Strafzumessung auch nach der Kooperation des Unternehmens im Hinblick auf die Aufklärung der strafrechtlichen Vorwürfe richtet,[533] beauftragte Siemens eine Anwaltskanzlei, die „das Vertrauen der SEC genießt"[534], mit der Durchführung der Internal Investigations[535]. Siemens ist in diesem Zusammenhang kein Einzelfall, vielmehr ist es die regelmäßige Vorgehensweise der ermittelnden Börsenaufsicht, den Unternehmen die Beauftragung einer externen Kanzlei zu raten[536] und diese gegenüber der SEC von der Schweigepflicht zu entbinden[537].

4. Repressive Compliance als verlängerter Arm der Strafverfolgungsbehörden

Die Organisation von Compliance-Management-Systemen legt die Vermutung nahe, dass strafprozessuale Ermittlungen durch analoge Zielsetzungen und Nutzung

sondern nur „Gedächtnisnotizen" angefertigt, siehe *dies.*, in: Verhandlungen des 67. Deutschen Juristentags, Band II/2, L 130.

531 *Wastl/Litzka/Pusch*, NStZ 2009, 70.

532 *Jahn*, StV 2009, 41.

533 *Walisch*, Organisatorische Prävention gegen strafrechtliche Haftung deutscher Unternehmen und ihrer Leitung nach US-Recht, S. 57; vgl. *Knauer/Buhlmann*, AnwBl 2010, 387.

534 Statement des Vorsitzenden des Prüfungsausschusses auf der *Hauptversammlung der Siemens AG am 25.01.2007*, S. 2.

535 *Jahn*, StV 2009, 41; *ders.*, ZWH 2012, 480; *Knauer/Buhlmann*, AnwBl 2010, 387; *Theile*, StV 2011, 381.

536 Siehe *Wastl/Litzka/Pusch*, NStZ 2009, 68; vgl. die allgemeine Formulierung von *Knauer/Buhlmann*, AnwBl 2010, 387.

537 *Knauer/Buhlmann*, AnwBl 2010, 387.

vergleichbarer Mittel imitiert werden.[538] Der Anfangsverdacht durch das Hinweisgebersystem wird durch das Compliance-Management angenommen und daraufhin in Form der Internal Investigations weiterverfolgt. Dies verdeutlicht insoweit die Parallelität zum strafprozessualen Ermittlungsverfahren, als es durch den Anfangsverdacht gemäß §§ 152, 160 StPO eingeleitet wird. Parallelitäten oder Ähnlichkeiten reichen aber nicht aus, um die genaue Rolle der Compliance im Rahmen der Strafverfolgung zu bestimmen, vielmehr bedarf es dazu einer ausführlichen Diskussion.

a) Der Umgang des Unternehmens mit Ermittlungsergebnissen der Compliance

Eine Zusammenarbeit interner Compliance und staatsanwaltlicher Strafverfolgung ist zunächst nicht zwingend, da grundsätzlich keine gesetzliche Pflicht des Compliance-Beauftragen zur Anzeige von strafrechtlich relevantem Verhalten besteht.[539] Zur strafrechtlichen Verfolgung von Wirtschaftsdelinquenz ist die Staatsanwaltschaft allerdings unabhängig von absoluten[540] und relativen[541] Antragsdelikten[542] sowie Offizialdelikten[543] auf Informationen angewiesen, um Anhaltspunkte für Straftaten zu generieren und ein Strafverfahren einzuleiten. Der Umgang mit den Ermittlungsergebnissen der Internal Investigations bzw. ob die Informationen an die Strafverfolgungsbehörde weitergegeben werden, hängt von den Interessen und Motiven des Unternehmens ab.

aa) Motive der Bad Compliance

Das Kooperationsverhalten mit den Strafverfolgungsbehörden wird durch die Unternehmensführung bestimmt,[544] da zunächst das Unternehmen Herr über die

538 Vgl. *Rudkowski*, NZA 2011, 612.

539 Ausnahmen sind die enumerativ aufgezählten Fälle des § 138 StGB (siehe *Fischer*, StGB, § 138 Rn. 1ff.), die jedoch im Rahmen eines Unternehmens nur eine untergeordnete Rolle spielen; ablehnend auch *Sahan*, in: Compliance und Strafrecht, S. 177; *Gropp-Stadler/Wolfgramm*, in: Moosmayer/Hartwig, Interne Untersuchungen, S. 18. Im Hinblick auf spezielle Informationspflichten zur Finanzdienstleistungsaufsicht BaFin für Verantwortliche im Umweltschutzbereich oder im Gesundheitswesen siehe *Bürkle*, CCZ 2010, 4, 10. Zu den Anforderungen des FCPA und der Anzeige bei der SEC siehe *Wehnert*, in: FS-Müller, S. 731ff.

540 Z.B. §§ 185, 194 I StGB.

541 Z.B. §§ 299, 301 I StGB; vgl. *Dannecker*, in: NK-StGB, § 301 Rn. 1.

542 Siehe *Mitsch* in: MüKo-StGB, Vorb. § 77ff. Rn. 1f.

543 Z.B. §§ 331ff. StGB.

544 *Schürrle/Olbers*, CCZ 2010, 106.

gewonnenen Informationen ist. Die Aufdeckung eines rechtlich relevanten Sachverhalts liegt dabei oft nicht im Unternehmensinteresse,[545] da mit öffentlich werdenden Ermittlungen Reputations- und im Ergebnis auch Haftungsschäden verbunden sein können. Mit einem offiziellen Ermittlungsverfahren einher geht oftmals auch ein großes öffentliches Interesse und eine „reißerische“[546] Medienberichterstattung, die sich zum Nachteil des Unternehmens auswirken kann, selbst wenn kein Organisationsverschulden der Führungskräfte vorliegt. Dies beruht darauf, dass das Verschulden Einzelner auf das Unternehmen abfärbt und das Individualverschulden den jeweiligen Führungsebenen und dem Gesamtunternehmen emotional zugerechnet wird. Um Schäden jeglicher Art zu verhindern, kann von einer Zusammenarbeit mit der Strafverfolgungsbehörde bzw. einer Anzeige oder der Weitergabe von Hinweisen abgesehen werden.[547] In der Praxis „lässt sich häufig feststellen, dass auf Seiten der Unternehmen eine große Zurückhaltung bei der Einschaltung von Strafverfolgungsbehörden besteht, weil deren Reaktion zumeist nicht verlässlich vorausgesagt werden kann“[548]. Nachdem Vorwürfe durch das interne Hinweisgebersystem bekannt werden, ist eine unmittelbare Weiterleitung an die Staatsanwaltschaft eher die Ausnahme.[549] „Üblicherweise wird das Unternehmen versuchen, die Anzeige – wenn auch nur minimal – zu verifizieren und den Sachverhalt zu klären, um zu analysieren, welche Auswirkungen die Eröffnung eines Strafverfahrens aufgrund einer entsprechenden Mitteilung an die Staatsanwaltschaft haben könnte.“[550] Dies kann den „hohen Umsatzerwartungen“ des Unternehmens oder der Einschätzung einer geringen „Entdeckungswahrscheinlichkeit“ geschuldet sein[551]. Gerade große Unternehmen können in diesem Zusammenhang „ein durchaus nachvollziehbares, mitunter sehr vielfältiges Interesse daran haben, bestimmte Unterlagen – insbesondere solche mit Bedeutung für drohende zivilrechtliche Auseinandersetzungen, mit Eignung zur Beeinträchtigung des Rufs bzw. des Images in der Öffentlichkeit, etc. – vor dem Zugriff Dritter und

---

545 *Wehnert*, in: FS-Müller, S. 731.

546 *Wehnert*, in: FS-Müller, S. 731.

547 Vgl. zu den Motiven *Klengel/Mückenberger*, CCZ 2009, 81.

548 *v. Rosen*, Internal Investigations bei Compliance-Verstößen, S. 67. Das LG Mannheim stellte eine „sehr sukzessive“ bzw. eine „offenbar wohldurchdachte Strategie“ bei der Weitergabe von Beweismitteln fest, siehe LG Mannheim, Beschluss v. 3.7.2012, 24 Qs 1,2/12, Rn. 91.

549 *Martín*, in: Compliance und Strafrecht, S. 52; vgl. *Sahan*, in: Compliance und Strafrecht, S. 172.

550 *Martín*, in: Compliance und Strafrecht, S. 52.

551 *Sahan*, in: Compliance und Strafrecht, S. 172.

auch der Strafverfolgungsbehörden sicher verwahrt zu wissen“[552]. Daher dürften Internal Investigations „in erster Linie ein Instrument der Unternehmensleitung zur rechtzeitigen Vermeidung von Aufsehen erregenden und unternehmensschädigenden Situationen“[553] sein. Das Ziel kann demnach die Verhinderung der Einleitung eines Ermittlungsverfahrens sein oder ein unausweichlich kommendes Verfahren zu konturieren und dessen Ablauf zu entschärfen.[554] Dies führt zu Bedenken hinsichtlich der durch den Begriff Compliance eigentlich implizierten Rechtstreue und damit der originären Funktion eines Compliance-Management-Systems. Als eine Art Bad Compliance könnte demnach das Hauptinteresse in der Abschirmung und Vertuschung liegen.[555] Dies hat mehrere Vorteile: Zum einen werden die bereits erwähnten Reputations- und Haftungsrisiken verringert, zum anderen kann das Sanktionsinteresse des Unternehmens auch arbeitsrechtlich durch Schadensersatz, Abmahnung oder Kündigung befriedigt werden.[556] Ob das Strafbarkeitsrisiko der Strafvereitelung gemäß § 258 StGB[557] sowie wegen Untreue gemäß § 266 StGB[558] durch das Nichtweiterleiten der Informationen diese Bedenken als unbegründet erscheinen lässt, darf in diesem Zusammenhang, bedingt durch die erheblichen Reputations- und Haftungsrisiken, in Frage gestellt werden.

Eine derartige Vertuschungsfunktion lässt sich freilich nicht eindeutig belegen. Nichtsdestotrotz liegt die Möglichkeit auf der Hand, dass ein organisiertes Compliance-Management durch eigene Ermittlungen Informationen über internes Fehlverhalten nach außen filtern kann, um die Strafverfolgung und die Öffentlichkeit über strafrechtlich relevantes Verhalten in Unkenntnis zu lassen. Dann ist zu befürchten, dass Konflikte vermehrt intern, also mit arbeitsrechtlichen Maßnahmen, gelöst werden, anstatt die Strafverfolgung zu unterstützen.

bb) Motive der (Good) Compliance

Neben der Möglichkeit, internes Fehlverhalten vor der Außenwelt abzuschirmen, zeichnen sich etablierte Compliance-Management-Systeme deutscher Großkonzerne

---

552 Zur Beschlagnahme der Unterlagen bei den mit Internal Investigations beauftragten Rechtsanwälten siehe LG Mannheim, Beschluss v. 3.7.2012, 24 Qs 1,2/12, Rn. 83.

553 Deutlich *Ruhmannseder*, in: FS-Imme Roxin, S. 501.

554 *Wessing*, in: FS-Mehle, S. 666.

555 Siehe dazu *Sahan*, der diesen Fall aus der Praxis beschreibt, *ders.*, in: Compliance und Strafrecht, S. 172f.

556 Diese werden als wirkungsvolle Instrumente im Hinblick auf die Kriminalprävention beschrieben, siehe *Bussmann/Matschke*, CCZ 2009, 136.

557 *Taschke*, NZWiSt 2012, 92.

558 Momsen bei *Timm*, ZIS 2013, 251f.

durch Transparenz und Kontrolle aus. Transparenz und Aufklärung statt Vertuschung können als Good Compliance bewertet werden, entsprechen aber vielmehr der historischen Entwicklung sowie dem Sinn und Zweck der originären Compliance. Dabei wird strafrechtlich relevantes Fehlverhalten zur Anzeige gebracht, um die selbst gesetzten ethischen Maßstäbe einzuhalten und durch eine Kooperation mit den Strafverfolgungsbehörden auch wirtschaftliche Schäden und Imageverluste in der Öffentlichkeit zu verhindern.[559] Zudem wirken mittelbar auch die gesetzlichen Vorgaben. Vor dem Hintergrund eines Organisationsverschuldens setzt sich die Unternehmensführung nicht dem Vorwurf aus, geeignete Maßnahmen unterlassen zu haben, um rechtswidriges Verhalten zu dulden. Daneben steht freilich auch die durch die Rechtsprechung angenommene Garantenpflicht gemäß § 13 StGB des Compliance-Beauftragten,[560] die eine Verhinderung von Rechtsverstößen im Unternehmen vorsieht. Von diesem Bewusstsein ausgehend bezwecken Unternehmensführungen mit einer Anzeige, dass die Aufklärung eines Tatvorwurfs durch die Strafverfolgungsbehörden gefördert wird, da der Staatsanwaltschaft durch die Zwangsmittel der Strafprozessordnung schlichtweg umfangreichere Methoden zur Verfügung stehen. Erfahrungen aus der Praxis belegen,[561] dass Staatsanwaltschaften und andere Ermittlungsbehörden „zu erheblichen Zugeständnissen im Hinblick auf die etwaige Beantragung von Sanktionen für das Unternehmen selbst sowie dessen Organmitglieder und involvierte Mitarbeiter bereit sind, wenn Unternehmen von sich aus, das heißt insbesondere vor der Einleitung eines entsprechenden Ermittlungsverfahrens, problematische Sachverhalte aufklären“[562].

Im Rahmen der Zusammenarbeit werden die Ermittlungsergebnisse der Compliance-Ermittlungen – die auch die Mitschriften der Interviewprotokolle beinhalten – an die ermittelnde Staatsanwaltschaft weitergegeben.[563] Bei anfänglichen

559 So *Ruhmannseder*, in: FS-Imme Roxin, S. 501.

560 BGHSt 54, 44ff.

561 *Sahan*, in: Compliance und Strafrecht, S. 177.

562 *Sahan*, in: Compliance und Strafrecht, S. 177, in Fn. 25 mit Hinweis auf die gesetzlichen Regelungen für Sanktionsfreiheit im Falle der Aufdeckung von Verstößen gegen das Kartellrecht und Steuerstrafrecht.

563 Dies geschieht „in der Regel informell und unaufgefordert“, siehe *Wastl/Litzka/Pusch*, NStZ 2009, 69; vgl. *Theile*, StV 2011, 382; *Jahn*, StV 2009, 42; *I. Roxin, StV* 2012, 119. Im Siemens-Korruptionsskandal waren die Ermittlungsergebnisse der Anwaltskanzlei „von vornherein zur Weiterleitung an Strafverfolgungsbehörden bestimmt“, siehe *Roxin/Schünemann*, Strafverfahrensrecht, § 25 Rn. 14; *Westpfahl* betont, dass die Sachbeweise „kartonweise bei der Staatsanwaltschaft angeliefert werden“, jedoch Protokolle auch zum Teil nicht angefertigt werden, siehe *dies*, in: Verhandlungen des 67. Deutschen

Ermittlungen der SEC werden die Informationen an die zuständigen Strafverfolgungsbehörden im jeweiligen Inland übergeben, allerdings kann dies auch durch das ermittelnde Unternehmen selbst erfolgen.[564] Die Besonderheit im Hinblick auf Ermittlungen im Zusammenhang mit der Verletzung US-amerikanischer Vorschriften ist auch, dass die Unternehmen durch sog. „Pretrial Agreements" sogar gegenüber dem Department of Justice verpflichtet werden, bei der Strafverfolgung der entsprechenden Mitarbeiter zu kooperieren und die Beweismittel zu übergeben.[565]

Unabhängig von den Motiven einer Bad oder Good Compliance kann ein öffentliches Strafverfahren für das Unternehmen allerdings auch von Vorteil sein, da durch das Personenstrafrecht der Fokus auf die Individualverantwortlichkeit des Mitarbeiters oder der Führungsperson fällt und eine Mitverantwortung des Unternehmens ausgeblendet wird.[566] Dies kann auch dazu führen, dass das Unternehmen in der Öffentlichkeit nicht als Täter, sondern als Opfer wahrgenommen wird.[567] Ungeachtet dessen schlägt die Weitergabe der Ermittlungsergebnisse eine Brücke zwischen privaten und staatlichen Ermittlungen und rückt die Frage nach der Rolle der Compliance im Strafverfahren in den Fokus der Diskussion.

b) Compliance-Mitarbeiter als Gehilfe der Staatsanwaltschaft

Die Ermittlungsergebnisse der Compliance leisten durch die Weitergabe einen wesentlichen Beitrag zum Ermittlungsverfahren, da die Staatsanwaltschaft die aufbereiteten Ermittlungsakten entgegennehmen kann, die auch die entsprechenden Stellungnahmen bzw. Aussagen der beteiligten Personen enthalten können. Dadurch fördert die Compliance objektiv das Ermittlungsverfahren der Strafverfolgungsbehörden, da sich die Staatsanwaltschaft an Informationen bedient, die durch Compliance-Mitarbeiter ermittelt wurden. Diese Art der Informationsgewinnung wird durch Strafverfolgungsbehörden nicht unterbunden, da der eigene Personal- und damit auch finanzielle Aufwand deutlich geringer ist[568] bzw. die

---

Juristentags, Band II/2, L 130; zu der Weitergabe von Informationen an die SEC und das DoJ siehe *Wehnert*, in: FS-Müller, S. 736f.; *Dann/Schmidt*, NJW 2009, 1851.

564 *Dann/Schmidt*, NJW 2009, 1851.

565 *Rödiger*, Strafverfolgung von Unternehmen, S. 301, mit Hinweis auf *McNulty Memorandum*, VII.A.

566 *Theile*, StV 2011, 382.

567 *Theile*, StV 2011, 382.

568 *Pfordte*, in: Strafverteidigung im Rechtsstaat, S. 741; vgl. *Martín*, in: Compliance und Strafrecht, S. 52.

erforderlichen Mittel schlichtweg fehlen[569] und die Staatsanwaltschaften, aufgrund der oftmals fehlenden Kenntnis von internen Ermittlungen, faktisch keine Möglichkeit dazu haben. Zudem sind die Möglichkeiten der Beweisermittlungen durch das Unternehmen, im Hinblick auf die internen Datenerhebungen, deutlich umfangreicher, da entsprechende Ermächtigungen nicht über den Weg der StPO eingeholt werden müssen[570] und die interne Sachverhaltsaufklärung durch interne, eingearbeitete Ermittler zeitlich effektiver aufgearbeitet werden kann. Damit zieht die zuständige Staatsanwaltschaft nur Vorteile aus den Internal Investigations, da sie zunächst selbst keinen Ermittlungsaufwand betreiben muss, juristisch aufbereitete Ermittlungsergebnisse erhält und damit den „Schuldigen gleichsam auf dem Silbertablett präsentiert“[571] bekommt. Dementsprechend ist der Begriff der Gehilfenstellung in diesem Zusammenhang unabhängig davon, ob die Internal Investigations zum Zweck der Weitergabe an die Strafverfolgungsbehörden durchgeführt wurden, angemessen, sofern die Staatsanwaltschaften die Ermittlungsergebnisse der Internal Investigations erhalten.

Für die weitere Diskussion ist jedoch ein weiterer Aspekt zu berücksichtigen: Die Ermittlungen der Unternehmen erfolgen trotz des Gehilfencharakters nicht auf Veranlassung der nationalen Staatsanwaltschaften,[572] vielmehr dürften sich die Internal Investigations in den überwiegenden Fällen sogar gänzlich ihrer Kenntnis entziehen. Insofern ist die Fährte des Staates erst im Zeitpunkt des Ermittlungsverfahrens zu erkennen, was jedoch nicht darüber hinwegtäuschen kann, dass die Compliance objektiv einen Beitrag zur staatsanwaltlichen Informationsgewinnung leistet und damit als ‚helfender verlängerter Arm der Strafverfolgungsbehörde‘ agiert.[573]

III. Zwischenergebnis

Präventive und repressive Compliance-Maßnahmen sind in Unternehmensstrukturen soweit ausgeprägt, dass sie auch zu Gefahren führen können. Zum einen

569 *Wastl/Litzka/Pusch*, NStZ 2009, 73.

570 *Martín*, in: Compliance und Strafrecht, S. 52.

571 *Martín*, in: Compliance und Strafrecht, S. 52.

572 Vgl. *Rödiger*, Strafverfolgung von Unternehmen, S. 248; *Schürrle/Olbers*, CCZ 2010, 106. Im Fall Siemens wurden die internen Ermittlungen durch die SEC veranlasst, siehe *Wastl/Litzka/Pusch*, NStZ 2009, 70f.

573 Siehe *Wastl*, ZRP 2011, 58. Im Hinblick auf die Kooperation mit der SEC und dem DoJ siehe *Rödiger*, Strafverfolgung von Unternehmen, S. 301.

können umfangreiche Compliance-Management-Systeme dazu führen, dass rechtswidriges Verhalten im Unternehmen vertuscht wird, um etwaige Haftungsrisiken zu verringern. Zum anderen nehmen Compliance-Mitarbeiter durch die interne Aufklärung von Straftaten eine Gehilfenstellung ein, da sie den Strafverfolgungsbehörden durch die Internal Investigations zuarbeiten. Letzteres wirft die Frage auf, welche Bedingungen an die Verwertung der – durch die Internal Investigations gewonnenen – Beweismittel zu stellen sind.

Kapitel 3: Die Verwertbarkeit von Ermittlungsergebnissen der repressiven Compliance im Lichte des Nemo-tenetur-Prinzips

Sofern die Strafverfolgungsbehörde zum Empfänger der Ermittlungsergebnisse wird, stellt sich die Frage nach der Einhaltung des rechtlichen bzw. verfassungsrechtlichen Rahmens, genauer einem möglichen Konflikt zwischen Internal Investigations und strafprozessualen Prinzipien. Hinsichtlich der Durchführung, der Organisation und des wachsenden Ausmaßes der Compliance ergeben sich eine Vielzahl von verfassungsrechtlichen Bedenken, die gerade das staatliche Monopol der Strafverfolgung betreffen.[574] Vorliegend soll die Diskussion auf die Befragungen durch den Compliance-Beauftragten – die Interviews – beschränkt werden, da nicht das Ausmaß und die Zulässigkeit privater Beweisermittlung in Frage gestellt, sondern die Verletzung strafprozessualer Beschuldigtenrechte diskutiert werden soll. Die Gefahr der Selbstbelastung im Rahmen der Interviews und die Möglichkeit der Verwertung in einem Strafverfahren lässt einen Konflikt zwischen einer Pflicht zur Auskunft im Rahmen der Internal Investigations und dem verfassungsrechtlich geschützten Nemo-tenetur-Prinzip vermuten. Zu erörtern ist, ob die rechtsstaatliche und verfassungsgemäße Auslegung des Nemo-tenetur-Prinzips einer Verwertung der bei Compliance-Maßnahmen gewonnenen Aussagen entgegensteht, da eine gesetzliche Auflösung des Spannungsverhältnisses bislang nicht vorgesehen ist.[575]

Compliance-Ermittler tragen als Gehilfen einen erheblichen Beitrag zu staatlichen Ermittlungsverfahren bei. Dabei kann sich die Staatsanwaltschaft an Beweismitteln aus erster Hand bedienen, die nicht durch eigene Ermittlungen gewonnen wurden und sich folglich auch der strafprozessualen Kontrolle entziehen.[576] Insofern erscheint das Verhältnis zwischen den Internal Investigations der Compliance und der staatlichen Strafverfolgung „prekär“[577]. Um das noch näher zu konkretisierende Spannungsverhältnis zwischen arbeitsrechtlicher Auskunftspflicht und

574 So auch *Wastl*, ZRP 2011, 57f. Dagegen stellt *Wimmer* fest, „dass eine ergänzende Heranziehung der Untersuchungsergebnisse zu den eigenen Ermittlungen der Staatsanwaltschaft zur Durchsetzung des Legalitätsprinzips beiträgt“, *dies.*, in: FS-Imme Roxin, S. 551.

575 *Wimmer*, in: FS-Imme Roxin, S. 543.

576 Vgl. *Jahn*, in: FS II-Roxin, S. 1358.

577 *Roxin/Schünemann*, Strafverfahrensrecht, § 25 Rn. 14.

strafprozessualer Selbstbelastungsfreiheit vor dem Hintergrund des Nemo-tenetur-Grundsatzes aufzulösen, bedarf es zunächst einer Auseinandersetzung mit der Rechtsnatur der Compliance-Ermittlungen, um den rechtlichen Maßstab festzulegen, der im Zusammenhang mit den Interviews und einer strafprozessualen Verwertung angelegt werden kann. Darüber hinaus ist die Beweistauglichkeit der Interviewprotokolle auch vor dem Hintergrund einer Beschlagnahme durch die Strafverfolgungsbehörden darzustellen.

A. Rechtsnatur der Compliance

Die Bedeutung des Nemo-tenetur-Prinzips in dieser Diskussion orientiert sich zunächst an einer wenig behandelten Frage. Da der Ursprung der Compliance offensichtlich im Privatrecht liegt und der Staat nur mit dem Strafverfahren in Erscheinung tritt, ist es fraglich, welchem rechtlichen Maßstab Internal Investigations unterliegen. Für die Diskussion ist maßgeblich, ob sich die Beweisermittlung bei Internal Investigations nach arbeitsrechtlichen Vorgaben richtet oder strafprozessuale Grundsätze in das Privatrecht transformiert werden müssen. Dafür ist zunächst das Wesen bzw. die Rechtsnatur der Compliance zu beurteilen, um zu erörtern, wann staatliches Handeln beginnt und ob repressive Compliance-Maßnahmen nicht schon einem quasi-staatlichen Handeln im Rahmen des Privatrechts entsprechen. Um den Konflikt zu lösen, ergeben sich drei mögliche Ansätze:

- Compliance-Maßnahmen können als „weiches Vorverfahren“ im Sinne des Strafverfahrens verstanden werden;
- strafprozessualen Prinzipien können auch im Privatrecht Anwendung finden;
- es bleibt bei prinzipieller Trennung von Privatrecht und Strafprozessrecht.

I. Compliance als „weiches Vorverfahren“

Durch die privat handelnden Personen der Arbeitgeber und Arbeitnehmer entsprechen Internal Investigations keinem originären staatlichen Verfahren.[578] Allerdings könnten Compliance-Maßnahmen durch den Rahmen staatlicher Compliance-Vorgaben ein „weiches Vorverfahren“[579] staatlicher Ermittlungstätigkeit sein. Dies würde dazu

578 *Theile*, StV 2011, 383.

579 Dieser Begriff ist im Rahmen eines „Werkstattberichts“ des Verfassers, im „Dienstagsseminar“ der Goethe-Universität Frankfurt am Main am 3.7.2012, durch *Wolfgang Naucke* eingebracht worden.

führen, dass die Normen der Strafprozessordnung unmittelbare Anwendung finden könnten, sofern Compliance-Mitarbeiter für den Staat ermitteln. Damit ist keine Veranlassung der Strafverfolgungsbehörden im Sinne der Zurechnungsdoktrin gemeint, vielmehr könnten die normativen Vorgaben des Gesetzgebers für ein quasi-staatliches Handeln sprechen.

Die rechtlichen und gesetzlichen Entwicklungen in Form der Ausweitung von Korruptionsdelikten in Deutschland (StGB) sowie insbesondere der exterritorial wirkenden Korruptionsgesetze in Großbritannien (UKBA) und in den USA (FCPA) lassen den Schluss zu, dass Unternehmen verleitet werden, Verdachtsmomenten auf interne Rechtsverstöße durch Untersuchungen nachzugehen.[580] Die gesetzlichen Vorgaben verpflichten Unternehmen aus einzelnen Rechtsbereichen zur Durchführung von Compliance-Maßnahmen. Daneben werden alle Unternehmen durch § 130 OWiG zu Präventionsmaßnahmen zwar nicht verpflichtet, zumindest aber verleitet bzw. animiert. Auch die Rechtsprechung leistet einen Beitrag zur Aufwertung und Etablierung der Compliance, indem der BGH eine Garantenpflicht des Compliance-Beauftragten gemäß § 13 StGB – wenn auch ‚nur' in einem obiter dictum – annahm, Rechtsverstöße im Unternehmen bei Kenntnis zu verhindern.[581] Erschwerend werden internationale unternehmensinterne Ermittlungen, wie die der SEC im Siemens-Korruptionsskandal, durch deutsche Finanz- und Strafverfolgungsbehörden geduldet. Deshalb darf angenommen werden, dass der Staat den Weg für die Durchführung von Compliance-Maßnahmen, durch Legislative und Judikative sehenden Auges ebnet. Dies bekräftigt die These, wonach Compliance-Ermittlungen eine quasi-staatliche Maßnahme bzw. ein „weiches Vorverfahren" in Vorbereitung für das Strafverfahren sein könnten.[582] Für den hoheitlichen Charakter der Internal Investigations spricht auch, dass es schwer vertretbar wäre, einerseits zu Compliance-Maßnahmen zu verpflichten und zu verleiten, um die Vorteile gegebenenfalls zu eigenen Zwecken zu nutzen, andererseits aber die Prinzipien und Abwehrmechanismen nicht mehr anzuwenden, da der Staat nicht unmittelbar und in eigener Person ermittelt. Hinzu kommt, dass Praktiker einen zunehmenden „(Teil)Rückzug" der staatlichen Ermittlungsbehörden feststellen, was „überspitzt" dahingehend formuliert wird, dass Staatsanwaltschaften den „Privaten wesentliche Ermittlungstätigkeiten entweder überlassen bzw. auf diese gerne zurückgreifen oder aber Ermittlungen zumindest in Teilbereichen – schon aus Kapazitätsgründen – sogar veranlassen, um sich die Ergebnisses später zu eigen machen zu können"[583].

---

580 Vgl. *Taschke*, NZWiSt 2012, 89.

581 BGHSt 54, 44ff.

582 Untersuchungen mit „nichtstaatlichem Charakter", siehe *Theile*, StV 2011, 381.

583 *Greeve*, StraFo 2013, 89.

Gegen ein „weiches Vorverfahren" der Ermittlungsbehörden spricht allerdings Folgendes: Das Wesen der Strafprozessordnung ist das Über- und Unterordnungsverhältnis zwischen ermittelndem Staat und Individuum, wobei dem Staat die Verfolgung und Überführung von Rechtsbrechern und das Recht zur Verhängung von Strafen obliegt.[584] Die staatliche Strafverfolgung ist zur umfassenden Beweisermittlung und damit auch zur Ausübung von Macht befugt.[585] Durch die Machtausübung und das staatliche Strafverfolgungsrecht sind zugleich „Schranken gegen die Möglichkeit eines staatlichen Machtmissbrauches zu errichten"[586], die – wie bereits erläutert – in Form der Prinzipien des Strafprozesses Ausdruck gefunden haben und dem Schutz des unterlegenen Individuums vor den umfassenden Befugnissen der staatlichen Strafverfolgung dienen. Es ist also das traditionelle Rollenverständnis der Strafverfolgung, das den Anwendungsbereich der Strafprozessordnung im Verhältnis des Individuums zum beauftragten Staat sieht. Allein der gesetzliche Rahmen für Unternehmen, der in Teilbereichen umfassende Compliance-Management-Systeme vorsieht, erfüllt die Voraussetzungen für die Anwendung der Strafprozessordnung nicht, da dies nur einen mittelbaren Einfluss des Staates auf die Ermittlungstätigkeit der Compliance-Managements hat. Zumal beispielsweise § 33 I Nr. 1 WpHG nur verlangt, angemessene Grundsätze aufzustellen, Mittel vorzuhalten und Verfahren einzurichten, die sicherstellen, dass das Wertpapierdienstleistungsunternehmen selbst und seine Mitarbeiter den Verpflichtungen dieses Gesetzes nachkommen. Dies fordert ein Präventionsprogramm sowie die Beauftragung eines Compliance-Beauftragten und will eben (noch) kein Spiegelbild strafprozessualer Ermittlungen projizieren. Auch § 130 OWiG stellt auf ein Organisationsverschulden bei begangener unternehmensbezogener Zuwiderhandlung ab und fordert insofern nur Präventionsmaßnahmen.

Daher ist insgesamt eine gesetzliche Veranlassung zu repressiven Compliance-Ermittlungen nicht zu erkennen. Die Einrichtung eines umfassenden präventiv und repressiv ausgestaltenden Compliance-Management-Systems dürfte eher dem Einfluss der angelsächsischem Rechtsentwicklung und internationalen Compliance-Standards geschuldet sein und orientiert sich nicht an auferlegten Pflichten des deutschen Gesetzgebers. Es entspricht vielmehr einer „Adaption angloamerikanischer Rechtsvorstellungen und Rechtstraditionen"[587].

Auch ein Auftrag der Staatsanwaltschaft, entsprechende Internal Investigations in einem Unternehmen durchzuführen, liegt in der Regel nicht vor. Die Beauftragung

584 *Roxin/Schünemann*, Strafverfahrensrecht, § 1 Rn. 2.
585 *Roxin/Schünemann*, Strafverfahrensrecht, § 1 Rn. 2.
586 *Roxin/Schünemann*, Strafverfahrensrecht, § 1 Rn. 2.
587 *Wastl*, ZRP 2011, 58.

Privater zum Zwecke der Beweisermittlung ist zwar grundsätzlich möglich,[588] jedoch im Rahmen der Compliance nicht belegbar. Vielmehr finden die Ermittlungen, angestoßen durch das Hinweisgebersystem, intern und ohne Kenntnis der Strafverfolgungsbehörde statt. Letztendlich spricht gegen ein „weiches Vorverfahren" auch, dass der ermittelnden Compliance keine strafprozessualen Zwangsmittel, sondern nur arbeitsrechtliche Sanktionen zur Verfügung stehen. Der Ursprung der Compliance liegt somit im Privatrecht und lässt die Spuren unmittelbarer originärer staatlicher Strafverfolgung vermissen, weshalb die These eines „weichen Vorverfahrens" den strengen Voraussetzungen für die Anwendung der Strafprozessordnung nicht standhalten kann.

II. Drittwirkung strafprozessualer Prinzipien

Auch ohne den direkten Einfluss der Strafverfolgungsbehörde auf Internal Investigations wird der Befragte mit strafrechtlichen Vorwürfen konfrontiert. Der Gang der internen Ermittlungen gleicht dabei stark dem staatlichen Ermittlungsverfahren, in dem der Befragte bzw. Beschuldigte mit strafprozessualen Abwehrrechten ausgestattet ist. Durch die Weitergabe der Ermittlungsergebnisse der privaten Compliance und die Schutzwürdigkeit des Befragten könnte eine Drittwirkung strafprozessualer Prinzipien erforderlich sein. Infolgedessen wären zivilrechtliche Mittel, die den Maßstäben des Strafrechts zuwider laufen, nicht durchsetzbar, und Internal Investigations könnten aufgrund der spiegelbildlichen Vernehmung im Ermittlungsverfahren nur im Einklang mit den fair-trial-Prinzipien durchgeführt werden.

Nach herrschender Meinung entfalten die Grundrechte im Privatrecht mittelbare Drittwirkung und müssen für „alle Bereiche des Rechts gelten"[589]. Die Grundrechte betreffen primär das Verhältnis zwischen Bürger und Staat, sekundär sind sie als Wertgrundlage bei der Auslegung des Privatrechts zu berücksichtigen.[590] Grundrechte sind jedoch nicht uneingeschränkt und regelmäßig auf Konflikte des Privatrechts anzuwenden,[591] da der Grundsatz der Privatautonomie durch eine zu enge Auslegung am Grundgesetz verloren gehen könnte[592]. Strafrechtsprinzipien bezwecken den Schutz des Individuums vor der willkürlichen Macht des strafverfolgenden

588 Vgl. *Roxin/Schünemann*, Strafverfahrensrecht, § 25 Rn. 65.

589 BVerfGE 7, 198, 205; vgl. *Coing/Honsell*, in: Staudinger-BGB, Einleitung Rn. 193 m.w.N. in Fn. 278.

590 Vgl. *Coing/Honsell*, in: Staudinger-BGB, Einleitung Rn. 193.

591 Vgl. *Coing/Honsell*, in: Staudinger-BGB, Einleitung Rn. 193.

592 Vgl. *Coing/Honsell*, in: Staudinger-BGB, Einleitung Rn. 195.

Staates. Privatautonomie als Fundament des Zivilrechts sichert dagegen das Recht, die persönlichen Rechtsverhältnisse nach dem eigenen Willen auszugestalten, und ist ein elementarer Teil zur freien Entfaltung der eigenen Persönlichkeit gemäß Art. 2 I i. V. m. Art. 1 I GG.[593] Diese gegensätzlichen Prinzipien der Rechtsgebiete sind auf die zugrunde liegende Diskussion zu übertragen.

Zunächst ist schon die intradisziplinäre Übertragung der Prinzipien fraglich, da die Aussagen im Rahmen von Internal Investigations und von strafprozessualen Vernehmungen nicht dasselbe Ziel verfolgen. Eine Vernehmung im Strafprozess erfolgt aufgrund eines bestimmten Verdachts, eine Straftat begangen zu haben. Dies ist Teil eines Strafverfahrens, um das öffentliche Verlangen an der Strafverfolgung zu befriedigen und die Strafgerechtigkeit herzustellen. Ein Interview im Rahmen von Internal Investigations des Privatrechts orientiert sich dagegen zunächst an den Interessen des Arbeitgebers, einen drohenden Schaden zu verhindern oder zumindest eine gewisse Schadenskompensation vornehmen zu können. Das öffentliche Interesse der Strafverfolgung spielt zu diesem Zeitpunkt keine Rolle. Sofern die Prinzipien des Strafrechts im Rahmen des Privatrechts Drittwirkung entfalten würden, entspräche dies daher einer Zweckentfremdung derselben, da sich die Aussage im Privatrecht nicht an den Staat, sondern an den Vertragspartner in Gestalt des Arbeitgebers richtet.

Die Drittwirkung von strafprozessualen Prinzipien würde auch in einem anderen Zusammenhang zu unvertretbaren Ergebnissen führen, da dann auch andere Prinzipien, wie z.B. die Unschuldsvermutung, rechtsgebietsübergreifend anwendbar sein müssten. Doch gerade im Arbeitsrecht würde dies zu systemwidrigen Ergebnissen führen, da bis „zu einer strafrechtlichen Verurteilung überhaupt keine Kündigungsmöglichkeit“[594] bliebe. „Der Arbeitgeber könnte auf den begründeten Verdacht einer strafbaren Handlung nur mit einer sicherlich zulässigen Suspendierung des Arbeitnehmers reagieren, was dem Arbeitnehmer im Ergebnis eine bezahlte Freistellung bis zum Abschluss des Strafverfahrens verschaffen würde.“[595] Im Gegensatz zur Unschuldsvermutung im Arbeitsrecht ist der Diskussion um die Interviews der Internal Investigations allerdings an dieser Stelle zuzugestehen, dass sie ganz gezielt auf die Ermittlung eines strafrechtlichen Vorwurfs abzielen, weshalb die grundsätzliche Schutzwürdigkeit außer Frage steht. Allerdings führt eine Drittwirkung strafprozessualer Prinzipien im Rahmen des Privatrechts insgesamt zu systemwidrigen Ergebnissen.

---

593 *Di Fabio*, in: Maunz/Dürig-GG, Art. 2 Rn. 101.

594 BAG, NZA 1995, 1110, 1111.

595 BAG, NZA 1995, 1110, 1111.

III. Trennung von Privatrecht und Strafprozess als Status quo

Die Erweiterung des staatlichen Strafverfahrens auf die privatrechtliche Compliance widerspricht dem traditionellen Verständnis der staatlichen Strafverfolgung. Die Übertragung der Strafrechtsprinzipien auf das Privatrecht würde den Anwendungsbereich sowie den Sinn und Zweck derselben deutlich überschreiten. Die Frage nach einer Verschmelzung der Prinzipien des Privat- und Strafrechts fördert somit die Diskussion zur Berücksichtigung strafprozessualer Prinzipien bei einer Selbstbelastung im Rahmen von Internal Investigations nicht. Daraus folgt, dass der Konflikt gemäß dem Status quo, also der Trennung beider Rechtsgebiete, entweder im Privatrecht oder im Strafprozess mit ihren jeweils eigenen Wertungsmaßstäben und Prinzipien isoliert gelöst werden muss, um einen verfassungskonformen Schutz des Befragten bzw. Beschuldigten zu erreichen.

B. Beweisgewinnung im Strafprozess

Um die Verwertbarkeit der Interviews im Rahmen des Strafprozesses näher zu hinterfragen, muss die Beweistauglichkeit zunächst grundsätzlich gegeben sein. Anknüpfungspunkte für eine strafprozessuale Verwertung sind die Protokolle der Interviews[596] als Urkundenbeweis sowie die Zeugenaussage des vernehmenden Compliance-Beauftragten[597]. Sofern sie als Beweismittel in den Strafprozess münden können, ist der Weg aufzuzeigen, über den die Beweismittel für das Strafverfahren gewonnen werden können. Neben der bereits erwähnten freiwilligen Weitergabe durch die Unternehmen kann auch die Beschlagnahme der schriftlich festgehaltenen Ermittlungsergebnisse veranlasst werden, deren Zulässigkeit im Folgenden hinterfragt werden soll.

I. Interviewprotokolle als Urkundenbeweis

Ein Verwertungsverbot hinsichtlich der Interviewprotokolle wird zwar vermehrt untersucht,[598] allerdings werden die konkreten Anforderungen an eine Beweiserhebung im Rahmen der Hauptverhandlung nicht näher erläutert.

---

596 *Wimmer*, in: FS-Imme Roxin, S. 542.
597 *Tscherwinka*, in: FS-Imme Roxin, S. 521; *I. Roxin, StV* 2012, 120.
598 Siehe zu den Nachweisen Fn. 1297.

Urkunden i. S. d. §§ 249ff. StPO sind Schriftstücke jeder Art, die verlesbar und durch ihren Gedankeninhalt geeignet sind, einen Beweis zu erbringen.[599] Insofern erfüllen auch die Interviewprotokolle grundsätzlich die Urkundseigenschaft und können gemäß § 249 StPO in der Hauptverhandlung eingebracht werden. Der Urkundenbeweis ist zulässig, solange es das Gesetz nicht ausdrücklich untersagt.[600]

1. Verstoß gegen den Unmittelbarkeitsgrundsatz des § 250 StPO

Gemäß § 250 StPO ist die Person in der Hauptverhandlung zu vernehmen, sofern der Beweis einer Tatsache auf der Wahrnehmung einer Person beruht. Der Unmittelbarkeitsgrundsatz[601] des § 250 S. 1 StPO bestimmt somit, dass grundsätzlich die Person in der Hauptverhandlung zu vernehmen ist, um deren Wahrnehmungen es geht. Gemäß § 250 S. 2 StPO darf die Vernehmung nicht durch Verlesung des über eine frühere Vernehmung aufgenommenen Protokolls oder einer schriftlichen Erklärung ersetzt werden. Die Reichweite des Vorrangs des Zeugenbeweises richtet sich insofern nach den Begriffen der „Vernehmung“, des „Protokolls“ sowie der „schriftlichen Erklärung“.

Protokolle i. S. d. Vorschrift sind nur amtliche Niederschriften, die gerade zu Beweiszwecken festgehalten wurden.[602] Dafür spricht auch der systematische Zusammenhang zwischen den Begriffen der Vernehmung und den daraus entstandenen Protokollen. Die Interviewprotokolle sind daher keine amtlichen Protokolle i. S. d. § 250 S. 2 Alt. 1 StPO, die in einer Vernehmung angefertigt wurden.

Die Anforderungen an schriftliche Erklärungen i. S. d. § 250 S. 2 StPO werden unterschiedlich bewertet. Eine vereinzelt vertretene Ansicht nimmt an, dass alle – auch nicht amtliche – Schriftstücke vom Anwendungsbereich umfasst sind, die lediglich Beobachtungen derjenigen Person enthalten, auf die die Aufzeichnungen zurückzuführen sind.[603]

Die überwiegende Ansicht nimmt dagegen an, dass nur Schriftstücke, die von vornherein zu Beweiszwecken in einem Strafverfahren verfasst wurden, vom

599 BGHSt 27, 135, 136; *Meyer-Goßner*, StPO, § 249 Rn. 3.

600 BGHSt 20, 160, 162; 27, 135, 136.

601 *Meyer-Goßner*, StPO, § 250 Rn. 1; *Beulke*, Strafprozessrecht, Rn. 24, 410; *Krause*, Zum Urkundenbeweis im Strafprozess, S. 129; *Schroth*, ZStW 87 (1975), 109.

602 BGHSt 20, 160, 161; *Meyer-Goßner*, StPO, § 250 Rn. 7.

603 RGSt 26, 138, 141; 71, 10, 10ff.; *Krause*, Zum Urkundenbeweis im Strafprozess, S. 154ff.; *Löhr*, Der Grundsatz der Unmittelbarkeit im deutschen Strafprozessrecht, S. 121ff.

Anwendungsbereich erfasst sind,[604] da § 250 S. 2 StPO nicht bezwecke, aus dem Urkundenbeweis alles auszuscheiden, was Gegenstand des Zeugenbeweises sein kann[605]. Eine durch den BGH früher vertretene Ansicht setzt darüber hinaus voraus, dass die Schriftstücke nur für das anhängige Strafverfahren angefertigt wurden.[606] Davon ausgehend sind nur Urkunden von dem Unmittelbarkeitsgrundsatz erfasst, die im Rahmen eines staatlichen Verfahrens angefertigt wurden. Eigene Willenserklärungen, wie etwa Briefe und Tagebücher, die gerade nicht zu Beweiszwecken erstellt wurden, sind daher nicht vom Anwendungsbereich des § 250 S. 2 StPO erfasst.[607]

Auch die Interviewprotokolle sind „private" Aufzeichnungen, dementsprechend keine strafprozessualen Aufzeichnungen und daher nicht vom Vorrang des Zeugenbeweises erfasst. Somit würde § 250 StPO einer Verwertung der Interviewprotokolle nicht entgegenstehen. Dies ist allerdings im Hinblick auf die Interviews der Compliance-Beauftragten kritisch zu hinterfragen.[608]

Der Wortlaut der schriftlichen Erklärung grenzt sich zunächst deutlich von dem „offiziellen" und „amtlichen" Begriff des Protokolls ab. Eine schriftliche Erklärung könnte demnach nicht an den Vernehmungsbegriff des § 250 StPO anknüpfen, sondern Schriftstücke meinen, denen ein amtlicher Einfluss gerade fremd ist. Auch der Sinn und Zweck der Vorschrift könnte dafür sprechen, schriftliche Erklärungen, die nicht zu Beweiszwecken hergestellt wurden, zu erfassen. § 250 S. 2 StPO konkretisiert § 250 S. 1 StPO dahingehend, dass der Vorrang der Zeugenvernehmung auch in den Fällen zur Anwendung kommt, in denen Protokolle und schriftliche Erklärungen vorliegen. Der Vorrang des Zeugenbeweises bezweckt, die Gefahr differenzierender Wahrnehmungen – die insbesondere in einem Protokoll zum Ausdruck kommen – mit einer Zeugenaussage zu beseitigen, sofern der ursprünglich Vernehmende befragt werden kann. Der Inhalt einer protokollierten Aussage hängt dementsprechend nicht nur vom Verhalten des Aussagenden ab, sondern entsteht durch das „psychologische Zusammenspiel"[609] des Vernehmenden mit dem Vernommenen.

---

604 BGHSt 6, 141, 143; 20, 160, 161; *Meyer-Goßner*, StPO, § 250 Rn. 8; *Velten*, in: SK-StPO, § 250 Rn. 24; *Sander/Cirener*, in: LR-StPO, § 250 Rn. 8; *Diemer*, in: KK-StPO, § 250 Rn. 8.

605 *Meyer-Goßner*, StPO, § 250 Rn. 8.

606 BGH, Urt. v. 25.9.1962-5 StR 306/62, Urt. v. 7.1.1964-5 StR 549/63, zitiert und abgelehnt in BGHSt 20, 160, 161.

607 *Meyer-Goßner*, StPO, § 250 Rn. 8; *Velten*, in: SK-StPO, § 250 Rn. 24; *Sander/Cirener*, in: LR-StPO, § 250 Rn. 9; *Diemer*, in: KK-StPO, § 250 Rn. 8.

608 Vgl. *Knierim*, StV 2009, 330.

609 *Döhring*, Die Erforschung des Sachverhalts im Prozess, 23ff., 174ff., 185ff.; *Graßberger*, Psychologie des Strafverfahrens, S. 174; *Schroth*, ZStW 87 (1975), 115.

Unter diesem Gesichtspunkt sind die von der herrschenden Meinung ausgenommenen „eigenen Willenserklärungen" nicht mit den Interviewprotokollen vergleichbar, da Tagebücher und Briefe auf der eigenen Wahrnehmung der Person beruhen. Zweifel über eventuelle Wahrnehmungsdifferenzen werden insofern durch eigene Niederschriften beseitigt, weshalb eigene Aufzeichnungen von § 250 S. 2 StPO nicht erfasst werden und damit, jedenfalls unter diesem Gesichtspunkt, verwertbar sind.

Die von dem befragten Mitarbeiter lediglich unterschriebenen Interviewprotokolle beruhen dagegen auf der Wahrnehmung des Compliance-Beauftragten oder des ermittelnden Rechtsanwalts. Mithin müssen nach dem Sinn und Zweck der Vorschrift auch die Interviewprotokolle als schriftliche Erklärungen vom Anwendungsbereich des § 250 S. 2 StPO erfasst sein, da die Protokollierung der Interviews vergleichbare Wahrnehmungsdifferenzen schaffen kann, die eben auch durch amtliche Protokolle auftreten können. Die Beschränkung auf rein strafprozessuale Erklärungen wird dem Anspruch und der Bedeutung des Vorrangs des Zeugenbeweises nicht gerecht.

2. Umgehung des Richterprivilegs gemäß § 254 StPO

Sofern man sich den hier aufgeführten Bedenken verschließt und mit der herrschenden Meinung private schriftliche Erklärungen als nicht vom Anwendungsbereich des § 250 StPO erfasst ansieht, ist § 254 I StPO heranzuziehen. Nur Erklärungen des Angeklagten, die in einem richterlichen Protokoll enthalten sind, können zum Zweck der Beweisaufnahme über ein Geständnis verlesen werden. Im Umkehrschluss sind Vernehmungsprotokolle des Angeklagten durch Polizei, Staatsanwaltschaft oder durch eine sonstige Behörde nicht verlesbar.[610] Niederschriften, die eine Privatperson über die Äußerungen des Angeklagten gefertigt hat, sollen dagegen nicht von § 254 I StPO umfasst sein und könnten insofern als Urkundenbeweis eingebracht werden.[611]

Die Intention des Gesetzgebers ist deutlich erkennbar: Geständnisse, die außerhalb der Hauptverhandlung dokumentiert wurden, sind nur verwertbar, wenn sie durch einen Richter aufgenommen wurden. Dem Betroffenen soll die Möglichkeit gegeben werden, „die endgültige Entscheidung über die Ausübung seines Rechts, sich nicht zur Sache einzulassen, erst bei seiner ersten richterlichen Vernehmung zu

610 *Schroth*, ZStW 87 (1975), 115.

611 *Sander/Cirener*, in: LR-StPO, § 254 Rn. 8.

treffen“[612]. Diese Wertung wird durch die Verwertung der Interviewprotokolle im Rahmen der Hauptverhandlung unterlaufen und begründet insofern eine planwidrige Regelungslücke.

Sofern schon Vernehmungsprotokolle der Ermittlungsbehörden nicht in die Hauptverhandlung eingeführt werden dürfen, ist nicht ersichtlich, weshalb dies nicht auch für die Quasi-Vernehmungen der Internal Investigations gelten sollte und eine analoge Anwendung rechtfertigen könnte. Im Gegensatz zu Tagebuchaufzeichnungen oder privaten Mitteilungen resultiert das in den Interviewprotokollen festgehaltene Geständnis aus einer Befragungssituation, in der, im Gegensatz zu sonstigen privaten Äußerungen, eben nicht aus eigenen Motiven gehandelt wird. Die Möglichkeit, die endgültige Entscheidung über die Ausübung des Rechts, sich nicht zur Sache einzulassen, erst bei der ersten richterlichen Vernehmung zu treffen, muss sowohl dem befragten Beschuldigten als auch dem befragten Arbeitnehmer zustehen und begründet dementsprechend eine vergleichbare Interessenlage.

Ohne das Zwangsmerkmal der arbeitsrechtlichen Auskunftspflicht aus §§ 666, 675 BGB einzubeziehen, spricht daher schon das Richterprivileg für eine analoge Anwendung des § 254 StPO und gegen eine Verwertung der Interviewprotokolle. Nur durch Richter aufgenommene Geständnisse können als Urkunden in die Hauptverhandlung einfließen.

3. Zwischenergebnis

Aufgrund der erläuterten Bedenken können die Interviewprotokolle über den Weg des Urkundenbeweises nicht in die Hauptverhandlung eingebracht werden. Aufgrund der überwiegenden Ansicht, die bislang den Urkundenbeweis zulässt, sind darüber hinaus die Editionspflicht sowie die Beschlagnahme der Interviewprotokolle zu erörtern, um den Weg aufzuzeigen, über den die Beweismittel für das Strafverfahren gewonnen werden können.

II. Die Editionspflicht des § 95 StPO

Noch vor der Beschlagnahme werden die ermittelnden Rechtsanwälte durch Gerichtsbeschluss aufgefordert, die verkörperten Ermittlungsergebnisse der Internal Investigations zum Zwecke der Beweiserhebung auszuhändigen.[613] Dies führt

612 *Velten*, in: SK-StPO, § 254 Rn. 2.
613 *Jahn*, in: FS II-Roxin, S. 1358f.

zur steigenden Bedeutung der Editionspflicht des § 95 I StPO im Rahmen des Wirtschaftsstrafrechts.[614]

Gemäß § 94 I StPO sind Gegenstände, die als Beweismittel für die Untersuchung von Bedeutung sein können, in Verwahrung zu nehmen oder in anderer Weise sicherzustellen. Wer einen Gegenstand der vorbezeichneten Art in seinem Gewahrsam hat, ist gemäß § 95 StPO verpflichtet, ihn auf Erfordern vorzulegen und auszuliefern. Der Verdachtsgrad des § 95 StPO muss in diesem Zusammenhang, bedingt durch den Eingriff in die Sphäre eines Dritten, qualifizierten Anforderungen gerecht werden und erfordert insofern konkrete Anhaltspunkte, die die Beweisbedeutung des Gegenstands verdeutlichen.[615]

Im Falle einer Weigerung können gemäß § 95 II 1 StPO die in § 70 StPO bestimmten Ordnungs- und Zwangsmittel festgesetzt werden. Das gilt gemäß Satz 2 nicht bei Personen, die zur Verweigerung des Zeugnisses berechtigt sind. Das Verhältnis zwischen dem Zeugnisverweigerungsrecht der §§ 52 bis 53a StPO und der Editionspflicht des § 95 StPO wird zum Teil, anhand der Auslegung des § 95 II 2 StPO, als schlichtes Zwangsmittelverbot interpretiert.[616] Sofern allerdings die zwangsweise Durchsetzung des Herausgabeverlangens gemäß § 95 II 2 StPO unzulässig ist, muss konsequenterweise bereits die Entstehung der Herausgabepflicht abgelehnt werden, da eine Konfliktlage des Berufsgeheimnisträgers zwischen Geheimnisverrat und Herausgabepflicht gerade verhindert werden soll.[617]

Der Umfang der Editionspflicht gemäß § 95 I StPO konkretisiert sich durch das Beschlagnahmeverbot des § 97 I StPO. Gemäß § 94 II StPO sind Gegenstände, die sich im Gewahrsam einer Person befinden und nicht freiwillig herausgegeben werden, zu beschlagnahmen. Daraus ergibt sich im Umkehrschluss, dass auf das Beschlagnahmeverbot verzichtet werden kann, indem beispielsweise der Mandant den Berufsgeheimnisträger von seiner Verschwiegenheitspflicht entbindet und dieser die Gegenstände freiwillig herausgibt.[618] Dementsprechend ist die Editionspflicht eine „Vorfeldmaßnahme“, die eine Beschlagnahme abwenden kann.[619] Insofern verlangt die Herausgabe und die Beschlagnahme dieselbe

614 *Jahn*, in: FS II-Roxin, S. 1358f.

615 *Jahn*, in: FS II-Roxin, S. 1360.

616 *Eisenberg*, StPO, Rn. 2326; *Jahn*, in: FS II-Roxin, S. 1361 m.w.N. in Fn. 13.

617 *Jahn*, in: FS II-Roxin, S. 1362; *Lemcke*, Die Sicherstellung gemäß § 94 StPO und deren Förderung durch die Inpflichtnahme Dritter als Mittel des Zugriffs auf elektronisch gespeicherte Daten, S. 263; *v. Hippel*, ZStW 47 (1927), 527.

618 *Schäfer*, in: LR-StPO (25. Auflage), § 97 Rn. 46; BGHSt 18, 227, 230; *Jahn*, in: FS II-Roxin, S. 1365.

619 *Jahn*, in: FS II-Roxin, S. 1365.

Situation[620] und systematisiert sie zu „Parallelerscheinungen“[621]. Der Beschlagnahme des § 97 I StPO wird damit auch nicht die Berechtigung abgesprochen, da die Editionspflicht gemäß § 95 StPO in den in § 97 II 2, V 1 StPO geregelten Situationen umfassender ist, also der Beschlagnahmeschutz in diesen Fällen eine stärkere Wirkung entfaltet.[622] Zudem verlangt § 95 I StPO dem Betroffenen ein aktives Tun ab, das vor dem Hintergrund des verfassungsrechtlichen Nemo-tenetur-Grundsatzes einen höheren Schutz als den einer bloßen Duldung im Sinne des § 97 I StPO erfordert.[623] „Systematisch ungereimt“ wäre es daher, „den im Einzelfall über § 95 hinausweisenden Schutz des § 97 I StPO gerade dann zu versagen, wenn der Betroffene diesen in ganz besonderem Maß bedarf“[624].

Insofern richtet sich der Umfang der Editionspflicht gemäß § 95 StPO auch nach dem Beschlagnahmeverbot des § 97 I StPO.

III. Die Beschlagnahme der Interviewprotokolle

Die Beschlagnahmefähigkeit der Interviewprotokolle ist seit dem Beschluss des Landgerichts Hamburg[625] in den Fokus der Diskussion um die strafprozessualen Folgen bzw. Auswirkungen der Internal Investigations geraten, der nicht zuletzt durch die Beschlüsse der Landgerichte Mannheim[626], Bonn[627], Gießen[628] und Saarbrücken[629] erhalten blieb. Die landgerichtliche Jurisdiktion bzw. die vermisste höchstrichterliche Rechtsprechung ist § 310 II StPO geschuldet, wonach keine weitere Anfechtung der auf eine Beschwerde beim Landgericht ergangenen Entscheidungen stattfindet.[630]

---

620 *Jahn*, in: FS II-Roxin, S. 1365.
621 *v. Hippel*, ZStW 47 (1927), 527.
622 *Jahn*, in: FS II-Roxin, S. 1365f.
623 *Jahn*, in: FS II-Roxin, S. 1366.
624 *Jahn*, in: FS II-Roxin, S. 1366.
625 LG Hamburg, StV 2011, 148ff.; siehe auch LG Hamburg, Beschl. v. 15.10.2010, 608 Qs 18/10.
626 LG Mannheim, NStZ 2012, 713ff.; siehe auch LG Mannheim, Beschl. v. 3.7.2012, 24 Qs 1/12.
627 LG Bonn, NZWiSt 2013, 21ff.
628 LG Gießen, wistra 2012, 409f.
629 LG Saarbrücken, NZWiSt 2013, 153ff.
630 So *Matthias Jahn* im Rahmen der 12. NStZ-Jahrestagung am 21.6.2013 im Rahmen des Vortrags „Der Beschlagnahmeschutz für das Unternehmen und seinen Verteidiger bei Complianceaktivitäten“.

Wesentlicher Bestandteil der fortdauernden Diskussion um die Reichweite des Beschlagnahmeschutzes der Interviewprotokolle im Gewahrsam des Rechtsanwalts sowie des Mandanten ist die Auslegung der den Beschlüssen zugrunde liegenden Normen der §§ 53, 95, 97, 148, 160a StPO.

1. Die Beschlagnahme der Interviewprotokolle im Gewahrsam der Sozietät

Sofern eine externe Sozietät mit der Durchführung von internen Ermittlungen betraut wurde, befinden sich die entsprechenden Interviewprotokolle und andere taugliche Beweismittel auch im Gewahrsam der Sozietät. Befinden sich Gegenstände i. S. d. § 94 StPO in dem Gewahrsam einer Person und werden sie nicht freiwillig herausgegeben, so bedarf es gemäß § 94 II StPO der Beschlagnahme, die durch die Beschlagnahmeverbote des § 97 StPO eingeschränkt werden kann. Der Schutzbereich des § 97 I StPO und die immanente Problematik des Zeugnisverweigerungsrechts des § 53 StPO, im Hinblick auf ermittelnde Rechtsanwälte, sowie das Spezialitätsverhältnis zu dem am 1.2.2011 neu gefassten § 160a StPO[631] sind die wesentlichen Bestandteile der Debatte um die Beschlagnahme der Interviewprotokolle, die sich im Gewahrsam eines Rechtsanwalts befinden.

Der viel beachtete und die Diskussion wohl anstoßende Beschluss des Landgerichts Hamburg[632] war – soweit ersichtlich – die erste Entscheidung einer landgerichtlichen Beschwerdekammer, die sich mit der Problematik von internen Ermittlungen auseinandersetzte[633]. Daneben trug auch der Beschluss des Landgerichts Mannheim[634] einen wesentlichen Beitrag zu der Interpretation des neu gefassten § 160a StPO und zur Diskussion seines Konkurrenzverhältnisses zu § 97 StPO bei.

a) Die Beschlagnahme gemäß § 97 StPO

aa) Der Beschlagnahmeschutz des § 97 I Nr. 3 StPO (LG Hamburg, Beschluss vom 15.10.2010)

Gegenstand des Beschlusses war die Durchsuchung der Betriebsräume einer Rechtsanwaltssozietät zu dem Zweck, sämtliche Unterlagen aufzufinden und sicherzustellen, die der Sozietät von Arbeitnehmern und ehemaligen Arbeitnehmern

631 Gesetz zur Stärkung des Schutzes von Vertrauensverhältnissen zu Rechtsanwälten im Strafprozessrecht v. 22.12.2010, BGBl. I Nr. 67, S. 2261.

632 LG Hamburg, StV 2011, 148ff.

633 Vgl. *Jahn/Kirsch*, StV 2011, 151.

634 LG Mannheim, NStZ 2012, 713ff.

der HSH Nordbank AG für die Durchführung der internen Ermittlungen zur Verfügung gestellt wurden. Darunter befanden sich Dateien, Vernehmungsprotokolle und weitere in diesem Zusammenhang erstellte Aufzeichnungen.[635]

Das LG Hamburg lehnte ein Beschlagnahmeverbot gemäß § 97 I Nr. 3 i. V. m. § 53 I 1 Nr. 3 StPO ab. § 97 I Nr. 3 StPO sei dahingehend einschränkend auszulegen, „dass allein das Vertrauensverhältnis des Beschuldigten im Strafverfahren zu einem von ihm in Anspruch genommenen Zeugnisverweigerungsberechtigten durch ein Beschlagnahmeverbot geschützt sein soll"[636]. Dementsprechend komme § 97 I Nr. 3 StPO „der Sinn zu, den Anwendungsbereich des Beschlagnahmeverbots auf andere Gegenstände als die in Absatz 1 Nr. 1 und Nr. 2 genannten zu erweitern, nicht dagegen der Zweck, das Beschlagnahmeverbot nunmehr umfassend und unter Einschluss am Strafverfahren nicht direkt beteiligter Dritter zu erweitern, wodurch die Ausdifferenzierung des für den Beschuldigten geltenden Beschlagnahmeschutzes aus Absatz 1 Nr. 1 und 2 teilweise unterlaufen würde"[637]. Sofern die Befragten selbst bereits Beschuldigte gewesen sein sollten, komme ihnen der Schutz des §§ 97 I Nr. 3, 53 I 1 Nr. 3 StPO auch nicht zu, da ein entsprechendes Vertrauensverhältnis nur zwischen dem Auftraggeber der HSH Nordbank und den ermittelnden Rechtsanwälten zustande gekommen sei. Auch ein „mandatsähnliches Vertrauensverhältnis" liege aufgrund der Zielrichtung des Mandats fern, da der Zweck des Mandats in der internen Aufklärung lag[638]. Deshalb befanden sich die Befragten nach „der Natur des Mandats" nicht in einer dem Auftraggeber vergleichbaren, „ratsuchenden" Stellung[639]. „Vielmehr waren sie selbst im Hinblick auf mögliches Fehlverhalten Gegenstand der Untersuchung."[640]

Der Beschluss des Landgerichts Hamburg wurde zum Teil kritisch aufgenommen.[641] Dies ist im Wesentlichen der Auslegung der zugrunde liegenden Norm des § 97 I Nr. 3 StPO als „Dreh und Angelpunkt" des Beschlusses geschuldet.[642]

---

635 LG Hamburg, StV 2011, 148, 149ff.; siehe auch LG Hamburg, Beschl. v. 15.10.2010, 608 Qs 18/10, S. 2ff.

636 LG Hamburg, StV 2011, 148, 149.

637 LG Hamburg, StV 2011, 148, 149f.

638 LG Hamburg, StV 2011, 148, 150.

639 LG Hamburg, StV 2011, 148, 150.

640 LG Hamburg, StV 2011, 148, 150.

641 *Jahn/Kirsch*, StV 2011, 152ff.; *Fritz*, CCZ 2011, 156ff.; *Bock/Gerhold*, in: Knierim/Rübenstahl/Tsambikakis, Internal Investigations, Kap. 5 Rn. 38ff.; anders *Raum*, StraFo 2012, 399; *Bauer*, StraFo 2012, 488ff.; *Wimmer*, WiJ 2013, 103f.; *Bauer*, StV 2012, 277ff.

642 *Jahn/Kirsch*, StV 2011, 153; siehe zur verfassungsrechtlichen Auslegung *Jahn*, ZIS 2011, 457ff.

Gemäß § 97 I Nr. 3 StPO unterliegen der Beschlagnahme andere Gegenstände einschließlich der ärztlichen Untersuchungsbefunde nicht, auf die sich das Zeugnisverweigerungsrecht der in § 53 I 1 Nr. 1 bis 3b Genannten erstreckt.

Die Frage, ob sich § 97 I Nr. 3 auch auf den Beschuldigten bezieht, wird – worauf *Jahn* und *Kirsch* hinweisen – seit der Neufassung des Gesetzes im Jahr 1953 diskutiert.[643] Zunächst spricht schon der Umkehrschluss des § 97 I Nr. 3 StPO, wonach im Gegensatz zu Nr. 1 und 2 der Beschuldigte ausdrücklich nicht erwähnt wird, für eine Anwendung auf den Nichtbeschuldigten.[644] Die These eines möglichen Redaktionsversehens kann durch die Bewertung der Gesetzesmaterialien abgeschwächt werden, die vermuten lassen, dass die Intention des Gesetzgebers darin liegt, das Zeugnisverweigerungsrecht des Rechtsanwalts gemäß § 53 I Nr. 3 StPO nicht „länger" durch eine Beschlagnahme der Unterlagen zu umgehen.[645] Zudem wird in den Gesetzesmaterialen zu § 97 I StPO ausdrücklich die Übergabe von Unterlagen an den „Anwalt" und nicht an den „Verteidiger" benannt.[646] Sofern man diese Auslegung nicht teilt ist – mit den Worten *Jahns* – letztlich nicht entscheidend, „was der Gesetzgeber will, sondern was er tut"[647] und dies ist der Verzicht auf das Wort des Beschuldigten im Rahmen des § 97 I Nr. 3 StPO.

Dies belegt auch die Systematik zwischen den §§ 97 I Nr. 3, 53 I Nr. 3 StPO, da das Zeugnisverweigerungsrecht des § 53 I Nr. 3 StPO den Schutz der Informationen sichert, die sowohl von einem Beschuldigten als auch von einem Nichtbeschuldigten erlangt wurden. Dementsprechend ist eine parallele Auslegung des § 97 I Nr. 3 StPO erforderlich, um eine Umgehung des Zeugnisverweigerungsrechts zu verhindern.[648] „Denn was der Mund nicht zu offenbaren braucht, darf auch der Hand nicht entrissen werden."[649]

Diese Annahme wird auch durch die Wertung des Art. 47 GG gestützt. Die Abgeordneten sind gemäß Art. 47 S. 1 GG berechtigt, über Personen, die ihnen in ihrer Eigenschaft als Abgeordnete oder denen sie in dieser Eigenschaft Tatsachen anvertraut haben, sowie über diese Tatsachen selbst das Zeugnis zu

---

643 *Jahn/Kirsch*, StV 2011, 153; vgl. *Jahn*, ZIS 2011, 454 m.w.N. in Fn. 10.

644 *Jahn/Kirsch*, NStZ 2012, 720; *dies.*, StV 2011, 153; *Jahn*, ZIS 2011, 455; a.A. *Bauer*, StV 2012, 278; *Winterhoff*, AnwBl. 2011, 791f.

645 BT-Drucks. I/3713, S. 49; siehe *Jahn/Kirsch*, StV 2011, 153; *Jahn*, ZIS 2011, 456.

646 BT-Drucks. I/3713, S. 49; siehe zu der „subjektiv-historischen" Auslegung *Jahn*, ZIS 2011, 456.

647 *Jahn*, ZIS 2011, 456.

648 *Jahn*, ZIS 2011, 456.

649 *Dünnebier*, Das Problem einer Sonderstellung der Presse im Strafverfahren, S. 44.

verweigern. Soweit dieses Zeugnisverweigerungsrecht reicht, ist die Beschlagnahme von Schriftstücken gemäß Art. 47 S. 2 unzulässig. Dementsprechend ist der Sinn und Zweck des Art. 47 S. 2 GG, das Zeugnisverweigerungsrecht abzusichern, um eine Umgehung des Art. 47 S. 1 GG zu verhindern.[650]

Die Annahme, dass § 97 I Nr. 3 StPO nur den Beschuldigten umfasst, würde auch zu einer „merkwürdigen Schieflage" führen. Der Rechtsanwalt wäre zwar zur Geheimhaltung aller Mandate verpflichtet (§ 203 I Nr. 3 StGB), allerdings könnten Gegenstände, die aus der Vertrauensbeziehung mit einem Nichtbeschuldigten herrühren, beschlagnahmt werden, da sie nicht vom Beschlagnahmeverbot des § 97 I Nr. 3 StPO erfasst wären.[651]

Gegen die hier vertretene Auffassung spricht letztlich auch nicht, dass die Auslegung des § 97 I Nr. 3 StPO die Ziffern 1 und 2 aushöhlen und damit überflüssig machen würde.[652] § 97 I Nr. 1 StPO erfasst im Gegensatz zu den Ziffern 2 und 3 allerdings auch die Zeugnisverweigerungsrechte der §§ 52, 53 I 1 Nr. 1 bis 3b StPO, was für einen selbstständigen Regelungsgehalt spricht.[653] Insofern sind auch die Interviewprotokolle der Internal Investigations „andere Gegenstände" i. S. d. § 97 I Nr. 3 StPO.

Entgegen der Ansicht des LG Hamburg ist auch das erforderliche Vertrauensverhältnis des § 53 I Nr. 3 StPO, das „das Recht auf informationelle Selbstbestimmung der mit dem Berufsgeheimnisträger in Kontakt tretenden Personen und den gesellschaftlich hohen Wert der Tätigkeit der Beratungsberufe schützen"[654] soll, bei den Interviews der ermittelnden Rechtsanwälte gegeben, da die Befragten ihre Kenntnisse gerade den Rechtsanwälten „in deren Eigenschaft" anvertrauen und ihnen dementsprechend auch Vertrauen entgegenbringen[655].

Dementsprechend sind die beschlagnahmten Interviewprotokolle der Internal Investigations vom Beschlagnahmeverbot des § 97 I Nr. 3 StPO erfasst. Dennoch beschlagnahmte Unterlagen unterliegen einem Beweisverwertungsverbot.[656] Dies gilt nicht für den Fall, in dem die Internal Investigations durch interne

---

650 *Klein*, in: Maunz/Dürig-GG, Art. 47 Rn. 27; vgl. *Jahn*, ZIS 2011, 456.

651 *Jahn/Kirsch*, StV 2011, 153; *Jahn*, ZIS 2011, 457.

652 So aber *Bauer*, StV 2012, 278; *Schäfer*, in: LR-StPO (25. Auflage), § 97 Rn. 21; *Moosburger*, wistra 1989, 253.

653 *Jahn*, ZIS 2011, 457; *Jahn/Kirsch*, StV 2011, 153f.

654 *Fritz*, CCZ 2011, 157.

655 *Fritz*, CCZ 2011, 157; *Sahan*, in: Criminal Compliance vor den Aufgaben der Zukunft, S. 138; vgl. zusammenfassend Sahan bei *Timm*, ZIS 2013, 254; a.A. *Wimmer*, WiJ 2013, 103f.; *Bauer*, StV 2012, 278.

656 Vgl. *Nack*, in: KK-StPO, § 97 Rn. 9 m.w.N.

Compliance-Mitarbeiter durchgeführt wurden, die keine Berufsgeheimnisträger im Sinne des § 53 I StPO sind.

bb) Der Gewahrsam des Berufsgeheimnisträgers gemäß § 97 II StPO

Der Beschlagnahmeschutz des § 97 I StPO findet nur Anwendung, sofern sich die Gegenstände gemäß § 97 II StPO im Gewahrsam der zur Verweigerung des Zeugnisses Berechtigten befinden. Im Rahmen von Internal Investigations ermitteln jedoch die mandatierten Rechtsanwälte, der Natur der Sache nach, im Unternehmen und lagern dementsprechend beweiserhebliche Unterlagen auch in den Räumen des Mandanten. Um den Schutz des § 97 I StPO auch auf im Unternehmen hinterlegte Unterlagen zu erstrecken, wird angeregt, dass die mandatierten Rechtsanwälte Räume des Unternehmens mieten sollten, um den Alleingewahrsam der Gegenstände begründen zu können.[657] Dafür könnte sprechen, dass sich die Unterlagen in der vom natürlichen Herrschaftswillen getragenen, tatsächlichen Sachherrschaft der Rechtsanwälte i. S. d. § 242 StGB befinden.[658] Dann wären jedoch sämtliche Gegenstände, die sich in dieser Sphäre befinden, vom Beschlagnahmeverbot des § 97 I StPO erfasst. Dies könnte insbesondere bei beweisunerheblichen Gegenständen zu unvertretbaren Ergebnissen führen. Insofern sind nur Gegenstände im Gewahrsam der Zeugnisverweigerungsberechtigten vom Beschlagnahmeverbot erfasst, die noch Gegenstand des Mandats sind und auch noch zu diesen Zwecken genutzt werden.[659] Daher ist ein Gegenstand in Gewahrsam zu nehmen, um ihn – in Anlehnung an § 133 StGB[660] – für bestimmte, über das bloße Funktionsinteresse hinausgehende Zwecke um ihrer selbst willen möglichst unversehrt zu erhalten und vor unbefugtem Zugriff zu bewahren.[661] Das schlichte Erfordernis des „Gewahrsams" im Rahmen des § 97 II StPO entspricht einem überholten Verständnis von verkörperten Verteidigungsunterlagen, da der Umfang der Mandatsunterlagen, bedingt durch die Vervielfältigung und Digitalisierung, seit dem Inkrafttreten der StPO im Jahr 1879 deutlich gestiegen ist. Die potenzielle Verwendungsmöglichkeit als Verteidigungsunterlagen muss demnach ergänzend zum Gewahrsam hinzutreten, um nur Unterlagen aus dem Mandatsverhältnis vom Beschlagnahmeverbot des § 97 II StPO zu erfassen.

---

657 *Wessing*, in: FS-Mehle, S. 685; *v. Hehn/Hartung*, DB 2009, 1914 in Fn. 43.

658 Siehe zum Begriff des Gewahrsams *Schmitz*, in: MüKo-StGB, § 242 Rn. 49ff.

659 LG Saarbrücken, NZWiSt 2013, 153; zustimmend *Kirsch*, NZWiSt 2013, 155.

660 So *Matthias Jahn* im Rahmen der 12. NStZ-Jahrestagung am 21.6.2013 im Rahmen des Vortrags „Der Beschlagnahmeschutz für das Unternehmen und seinen Verteidiger bei Complianceaktivitäten".

661 Siehe zum Begriff der Verwahrung *Hohmann*, in: MüKo-StGB, § 133 Rn. 6.

b) *Der Beschlagnahmeschutz des § 160a StPO und das Verhältnis zu § 97 I Nr. 3 StPO (LG Mannheim, Beschluss vom 3.7.2012)*

Der Beschluss des LG Mannheim [662] befasste sich mit dem Beschlagnahmebeschluss des Amtsgerichts Mannheim hinsichtlich der Berichte einer mit Internal Investigations beauftragten Anwaltskanzlei, welche sich sowohl im Gewahrsam der Anwaltskanzlei als auch den Räumen des beauftragenden Unternehmens befanden.[663] Soweit ersichtlich, ist dies die zweite landgerichtliche Entscheidung zu der Problematik der Beschlagnahmefähigkeit von Interviewprotokollen, allerdings die erste, die die Neufassung des § 160a StPO zu berücksichtigen hatte.[664] § 160a a.F. begrenzte den Schutzbereich noch auf Verteidiger, Geistliche und Abgeordnete.[665] Zum Schutz der Berufsgeheimnisträger wurde § 160a StPO erweitert,[666] um ein „Zwei-Klassen-Recht" zwischen Verteidigern und Rechtsanwälten zu vermeiden[667]. Dementsprechend sieht § 160a n.F. vor, dass eine Ermittlungsmaßnahme unzulässig ist, die sich gegen eine in § 53 I 1 Nr. 1, 2 oder Nr. 4 genannte Person, einen Rechtsanwalt, eine nach § 206 der Bundesrechtsanwaltsordnung in eine Rechtsanwaltskammer aufgenommene Person oder einen Kammerrechtsbeistand richtet und voraussichtlich Erkenntnisse erbringen würde, über die diese das Zeugnis verweigern dürfte. Die Erweiterung des § 160a StPO auf mandatierte Rechtsanwälte tangiert auch die Diskussion über die Beschlagnahme von Interviewprotokollen und das Konkurrenzverhältnis zu § 97 StPO.

Nach der Auffassung des LG Mannheim entfaltet sowohl § 97 I Nr. 3 StPO als auch § 160a StPO n.F. einen Beschlagnahmeschutz für die Unterlagen der mandatierten Rechtsanwälte, soweit sich die Unterlagen im Gewahrsam der Rechtsanwaltskanzlei befinden. Dabei sei § 97 I Nr. 3 StPO jedoch lex specialis zu § 160a StPO.[668] „Ein solcher Bericht unterfällt danach, soweit ersich im Gewahrsamsbereich dieser Rechtsanwälte befindet, der – grundsätzlich als spezieller zu

662 LG Mannheim, NStZ 2012, 713ff.; siehe auch LG Mannheim, Beschl. v. 3.7.2012, 24 Qs 1/12.

663 LG Mannheim, NStZ 2012, 713.

664 *Jahn/Kirsch*, NStZ 2012, 718.

665 Beschlussempfehlung und Bericht des Rechtsausschusses, BT-Drucks. 17/3693, S. 4.

666 Intention des Gesetzgebers im Gesetzentwurf der Bundesregierung, BT-Drucks. 17/2637, S. 6f.

667 Beschlussempfehlung und Bericht des Rechtsausschusses, BT-Drucks. 17/3693, S. 4.

668 LG Mannheim, NStZ 2012, 713, 717; zustimmend *Jahn/Kirsch*, NStZ 2012, 720; a.A. *Wimmer*, WiJ 2013, 103f., mit Hinweis auf eine „Interessenskollision".

wertenden – Regelung des § 97 I S. 1 Nr. 3 StPO, aber auch – soweit man diese für einschlägig hielte – der Regelung des § 160a I StPO n.F."[669]

Für eine Spezialität des § 97 StPO spricht demnach schon der Wortlaut, der ausschließlich auf die „Beschlagnahme" und nicht auf „eine Ermittlungsmaßnahme" i. S. d. § 160a StPO abstellt, sowie § 160a V StPO, wonach die §§ 97 und 110c VI „unberührt" bleiben.[670] Im Gegensatz zu dem Beschluss des LG Hamburg ist nach der Ansicht des LG Mannheim § 97 I Nr. 3 StPO seinem Wortlaut nach auch auf den Nichtbeschuldigten anzuwenden.[671] Dementsprechend erfasste das LG Mannheim die Interviewprotokolle vom Beschlagnahmeverbot des § 97 I Nr. 3 StPO.

Umstritten ist das Konkurrenzverhältnis, sofern der Tatbestand des § 160a StPO gegenüber § 97 StPO einen höheren Schutz für den Berufsgeheimnisträger bietet.[672] Vertreten wird, dass § 160a StPO auf interne Ermittlungen anzuwenden sei, da schon das Erfordernis eines Beschuldigten im Rahmen von § 97 I Nr. 3 StPO für die Anwendung des ‚weiteren' und für diese Konstellation vorgesehenen § 160a StPO spreche.[673] Gegen das Verständnis des § 160a StPO als – von *Jahn* und *Kirsch* zu recht kritisierte – „Meistbegünstigungsklausel"[674] sprechen allerdings systematische Bedenken, die auch durch die Intention des Gesetzgebers gestützt werden.

Gemäß § 160a V StPO bleiben die §§ 97 und 100 VI StPO unberührt. Dies belegt, dass in einem Fall des § 160a StPO auch § 97 StPO einschlägig sein kann. Eine vorrangige Anwendbarkeit des § 160a StPO bei der Beschlagnahme von Interviewprotokollen ist – unter systematischen Aspekten – deshalb eher fernliegend, da § 97 StPO immer unberührt bliebe, sofern stets die Rechtsfolge des § 160a StPO eingreifen würde.[675] § 97 StPO bliebe dann nicht nur unberührt, sondern wäre obsolet.

Für eine Spezialität des § 97 StPO in den Fällen der Internal Investigations spricht außerdem, dass § 160a StPO von „einer Ermittlungsmaßnahme", also

---

669 LG Mannheim, Beschl. v. 3.7.2012, 24 Qs 1/12 Rn. 114, insoweit in NStZ 2012, 713, 716 nicht abgedruckt.

670 LG Mannheim, NStZ 2012, 713, 717; vgl. *Jahn/Kirsch*, NStZ 2012, 718f.; *dies.*, StV 2011, 153; *Jahn*, ZIS 2011, 460; *Milde*, CCZ 2013, 79; a.A. *v. Galen*, NJW 2011, 945.

671 LG Mannheim, NStZ 2012, 713, 717.

672 *Jahn/Kirsch*, NStZ 2012, 719.

673 *Knierim*, FD-StrafR 2011, 314177; *Mark*, ZWH 2012, 313; *Fritz*, CCZ 2011, 158f.; *Szesny*, GWR 2011, 169; *Winterhoff*, AnwBl. 2011, 792; *Ballo*, NZWiSt 2013, 48ff.; vgl. *Milde*, CCZ 2013, 80.

674 *Jahn/Kirsch*, NStZ 2012, 719.

675 *Jahn/Kirsch*, NStZ 2012, 719; a.A. *Ballo*, NZWiSt 2013, 49.

„allen anderen Ermittlungsmaßnahmen“ neben der Beschlagnahme spricht[676] und dementsprechend die spezielle Ermittlungsmaßnahme der Beschlagnahme auch bei Internal Investigations vorgeht.

Auch die Gesetzesbegründung lässt diesen Schluss zu. Demnach stellt § 160a V StPO klar, „dass die spezielleren Regelungen des § 97 StPO und des § 100c VI StPO der Neuregelung in § 53b StPO-E[677] vorgehen. Lediglich soweit diese speziellen Vorschriften keine Regelung treffen – wie etwa § 97 StPO hinsichtlich der (Nicht-)Verwertbarkeit von beschlagnahmefreien Gegenständen – ist § 53b StPO-E ergänzend anzuwenden“[678]. *Jahn* und *Kirsch* gehen in diesem Zusammenhang zu Recht davon aus, dass § 97 StPO uneingeschränkt bestehen bleiben soll und für die Beschlagnahme Anwendung findet.[679]

Einer anderen Auffassung nach sprechen die Gesetzesmaterialien allerdings eher dafür, dass § 97 StPO den umfassenden Schutz des § 160a StPO nicht einschränken, sondern „ergänzen“ soll.[680] Dies ist schon deshalb nicht überzeugend, da § 97 StPO gerade eine Regelung für diesen Fall trifft und damit die vom Gesetzgeber ausdrücklich normierte spezielle Regelung ist.[681] Vielmehr ist die These der vorrangigen Anwendbarkeit des § 160a StPO bei Internal Investigations aus der Not der vermeintlichen Regelungslücke geboren, die einer „zu engen Auslegung“ des § 97 I Nr. 3 StPO geschuldet ist[682] und auf die bereits erläuterten grammatikalischen, systematischen sowie historischen Bedenken stößt[683]. § 97 I Nr. 3 StPO erfasst auch den Fall der Internal Investigations in Zusammenhang mit einem Nichtbeschuldigten, weshalb keine Notwendigkeit besteht, § 160a StPO ergänzend anzuwenden.

Ungeachtet dessen kann § 160a StPO für die Auslegung des § 97 I Nr. 3 StPO fruchtbar gemacht werden. § 160a schweigt bezüglich des konkreten Beweismittels, das durch die Ermittlungsmaßnahme gewonnen werden soll, sowie zu der Beschuldigteneigenschaft des Mandanten. Durch § 160a V StPO wird in diesem Zusammenhang deutlich, dass § 97 StPO in einem Fall des § 160a StPO

---

676 BT-Drucks. 17/2637, S. 6.

677 Sachlich entsprechende Regelung zum späteren § 160a StPO.

678 Entwurf eines Gesetzes zur Neuregelung der Telekommunikationsüberwachung und anderer verdeckter Ermittlungsmaßnahmen sowie zur Umsetzung der Richtlinie 2006/24/EG, BT-Drucks. 16/5846, S. 38.

679 *Jahn/Kirsch*, NStZ 2012, 719; *Jahn*, ZIS 2011, 460.

680 *v. Galen*, NJW 2011, 945; *Winterhoff*, AnwBl. 2011, 792; *Ballo*, NZWiSt 2013, 49.

681 *Jahn*, ZIS 2011, 460.

682 *Jahn/Kirsch*, NStZ 2012, 719.

683 Siehe S. 100ff.

Anwendung finden könnte. Dies kann allerdings nur für den Fall des „Nichtbeschuldigten" gelten, da andernfalls § 160a StPO ohnehin nicht einschlägig wäre. Dementsprechend bestärkt § 160a V die Auslegung des § 97 I Nr. 3 StPO, wonach der Beschlagnahmeschutz auch auf den Nichtbeschuldigten angewendet wird. Damit gewähren §§ 97 I Nr. 3, 53 I Nr. 3 StPO den notwendigen Schutz für die Unterlagen des mit Internal Investigations beauftragten Rechtsanwalts. Eine „ergänzende" Anwendung des § 160a StPO ist somit nicht erforderlich.

2. Die Beschlagnahme der Interviewprotokolle im Gewahrsam des Mandanten

a) Der Beschlagnahmeschutz des § 148 StPO

Neben den Unterlagen im Gewahrsam der mandatierten Rechtsanwälte werden auch Unterlagen im Gewahrsam des Auftraggebers der Internal Investigations – den Unternehmen – beschlagnahmt. In diesem Zusammenhang ist § 97 StPO wegen seines Absatzes 2 nicht anwendbar, da die Beschlagnahmebeschränkungen des Absatzes 1 nur gelten, wenn die Gegenstände im Gewahrsam der zur Verweigerung des Zeugnisses Berechtigten sind.[684] Daran hat sich auch durch § 160a I 1 StPO nichts geändert,[685] da sich die Ermittlungsmaßnahme nicht gegen einen Berufsgeheimnisträger richtet.

Die Norm des § 148 StPO, die dem Beschuldigten, auch wenn er sich nicht auf freiem Fuß befindet, schriftlichen und mündlichen Verkehr mit dem Verteidiger gestattet, ist Gegenstand der landgerichtlichen Jurisdiktion[686] und wurde zur Lösung der Gewahrsamsproblematik eingebracht. Kernfrage ist in diesem Zusammenhang, ob § 148 StPO ein formelles oder materielles Vereidigungsverhältnis erfordert und ob der formelle Beschuldigtenstatus zugrunde zu legen ist.

aa) LG Bonn (Beschluss vom 21.06.2012) vs. LG Gießen (Beschluss vom 25.6.2012)

Das LG Bonn ging in seinem Beschluss vom 21.6.2012 grundsätzlich davon aus, dass Unterlagen im Gewahrsam des Beschuldigten über den Wortlaut des § 97 II 1 StPO hinaus gemäß Art. 2 I GG i. V. m. Art. 20 III GG sowie Art. 6 III EMRK

---

684 LG Mannheim, NStZ 2012, 713, 717; LG Bonn, NZWiSt 2013, 21, 24.

685 LG Mannheim, NStZ 2012, 713, 717.

686 Befürwortend LG Gießen, wistra 2012, 409f.; ablehnend LG Bonn, NZWiSt 2013, 21, 24f., nicht berücksichtigt durch LG Mannheim, NStZ 2012, 713ff.

auch dann beschlagnahmefrei sind, sofern es sich bei den Unterlagen um Verteidigungsunterlagen im Sinne des § 148 I StPO handelt.[687] Allerdings wurde eine Anwendung des § 148 StPO auf die Beschlagnahme der Interviewprotokolle, die sich im Gewahrsam des Mandanten befanden, abgelehnt, da die Beschlagnahmefreiheit der Verteidigungsunterlagen erst dann angenommen werden könne, wenn gegen den Beschuldigten ein Ermittlungsverfahren eingeleitet sei und ein Vereidigungsverhältnis besteht, das den freien Verkehr zwischen Verteidiger und Mandanten gewährleisten könnte.[688] Ein Verteidigungsverhältnis besteht demnach „grundsätzlich erst nach Erteilung und Annahme des Mandats, nicht schon im Zeitpunkt der Anbahnung“[689]. Dies sei bei Internal Investigations bzw. Schriftverkehr im Rahmen eines Zivilverfahrens nicht einschlägig, da weder ein Ermittlungsverfahren zum Zeitpunkt der Erstellung der Unterlagen bestand noch ein Verteidigungsverhältnis vorlag.[690]

Auch das LG Gießen stellte in seinem Beschluss vom 25.6.2012 fest, dass Unterlagen trotz des fehlenden Gewahrsams des Rechtsanwalts vom Beschlagnahmeverbot des §§ 97 I, 148 StPO erfasst sein können, da aus dem rechtsstaatlichen Gebot der geordneten und effektiven Verteidigung i. S. d. Art. 6 III EMRK, Art. 2 I, Art. 20 III GG folgt, dass auch Unterlagen, die sich im Gewahrsam des Beschuldigten befinden und die „erkennbar“ der Verteidigung unterfallen, über den Wortlaut des § 97 II StPO hinaus weder beschlagnahmt noch gegen seinen Widerspruch verwertet werden dürfen.[691]

Darüber hinaus beschloss das LG Gießen, dass es nicht darauf ankommt, „ob zu dem Zeitpunkt, zu dem die Unterlagen und Aufzeichnungen gefertigt wurden, bereits ein Ermittlungsverfahren gegen den Beschuldigten eingeleitet war, d.h. ob er seitens der Staatsanwaltschaft als Beschuldigter geführt wurde. Verteidigung kann auch schon stattfinden, wenn gegen den Betroffenen noch nicht förmlich ermittelt wird, wenn nur der Rechtsanwalt aus gutem Grund seine Tätigkeit materiell als Verteidigung ansehen darf.“[692]

Die Besonderheit, die dem Beschluss des LG Gießen zugrunde liegt, ist das Verteidigungsverhältnis, das zwischen dem Beschuldigten und seinem Verteidiger

687 LG Bonn, NZWiSt 2013, 21, 24, m.w.N.

688 LG Bonn, NZWiSt 2013, 21, 24f.

689 LG Bonn, NZWiSt 2013, 21, 25; vgl. *Laufhütte*, in: KK-StPO, § 148 Rn. 5; *Meyer-Goßner*, StPO, § 148 Rn. 4.

690 LG Bonn, NZWiSt 2013, 21, 25.

691 LG Gießen, wistra 2012, 409, m.w.N.

692 LG Gießen, wistra 2012, 409, 410.

durch eine entsprechende schriftliche Vollmacht bereits zustande gekommen war. Dementsprechend konnte das LG Gießen dem Verständnis eines materiellen Verteidigungsverhältnisses eine formelle Vereinbarung zugrunde legen,[693] deren strafprozessuale Wirkung nicht von einem formellen Ermittlungsverfahren abhängen darf. Insofern widerspricht das LG Gießen dem LG Bonn nicht, wonach ein Verteidigungsverhältnis grundsätzlich erst nach Erteilung und Annahme des Mandats, nicht schon im Zeitpunkt der Anbahnung entsteht.[694] Vielmehr widerspricht das LG Gießen dem LG Bonn in der Annahme, dass dafür ein strafrechtliches Ermittlungsverfahren notwendig ist.[695]

bb) Der effektive Schutz des Vertrauensverhältnisses im Lichte des § 148 StPO

Sinn und Zweck des § 148 StPO ist der effektive Schutz des Vertrauensverhältnisses zwischen dem Verteidiger und seinem Mandanten. Diesem Anspruch kann eine formalistische Betrachtungsweise, also die Voraussetzung eines Ermittlungsverfahrens sowie eines vertraglich vereinbarten Verteidigungsverhältnisses, nicht gerecht werden.[696]

Jahn und *Kirsch* gehen daher zu Recht davon aus, dass der durch die Legislative und Judikative entstehende Druck zu internen Ermittlungen Verteidigungsmaßnahmen erfordert, die unabhängig von einem formellen Strafverfahren Bestand haben müssen.[697] Die Überschneidung interner Ermittlungen mit einem Ermittlungsverfahren „dürfte hier die Regel und nicht die Ausnahme sein“, weshalb die Bundesrechtsanwaltskammer in These 1 zum Unternehmensanwalt den Tätigkeitsbereich im „Vorfeld eines Strafverfahrens“[698] sieht[699].

Der Betroffene, der sich frühzeitig auf seine Verteidigung in einem möglichen Verfahren vorbereitet, würde schlechter stehen „als derjenige Betroffene, der die Eröffnung bzw. Bekanntgabe eines Ermittlungsverfahrens gegen sich abwartet, bevor er mit der Verteidigung beginnt“[700]. Ein derartiger Wertungsunterschied ist in der StPO nicht angelegt und verhindert zugleich eine effektive Verteidigung, da ein effektiver Rechtsschutz sowie das verfassungsrechtlich

693 Vgl. *Jahn/Kirsch*, NZWiSt 2013, 30.
694 LG Bonn, NZWiSt 2013, 21, 25.
695 LG Bonn, NZWiSt 2013, 21, 25; dagegen LG Gießen, wistra 2012, 409, 410.
696 A.A. *Sahan*, in: Criminal Compliance vor den Aufgaben der Zukunft, S. 140.
697 *Jahn/Kirsch*, NZWiSt 2013, 30.
698 *BRAK-Stellungnahme-Nr. 35/2010*, S. 5.
699 So *Jahn/Kirsch*, NZWiSt 2013, 30.
700 *Polley/Kuhn/Wegmann*, KSZW 2012, 211.

garantierte Verteidigungsrecht unterlaufen werden würde.[701] Eine solche schützenswerte Vertrauensbeziehung zu dem beauftragten Rechtsanwalt besteht somit auch dann, wenn der Betroffene lediglich befürchten muss, dass zukünftig ein Strafverfahren gegen ihn geführt wird und er sich in diesem Zusammenhang strafrechtlich beraten lässt.[702] Zudem kann es nicht den Strafverfolgungsbehörden überlassen werden, ein Beschlagnahmeverbot durch Eintragen oder Nichteintragen des Betroffenen als Beschuldigten in ein Verfahrensregister zu beeinflussen.[703]

Für die Anwendbarkeit des § 148 StPO auf die Fälle von Internal Investigations muss festgehalten werden, dass eine formelle Verteidigungsvereinbarung die Ausnahme sein dürfte, da die Rechtsanwälte primär zur Aufklärung des Sachverhalts und nicht zur Verteidigung des befragten Mitarbeiters ermitteln. Dieses formelle Hindernis könnte natürlich durch eine entsprechende Vereinbarung im Rahmen der Internal Investigations überwunden werden. Ergänzend ist davon auszugehen, dass auch die Anbahnung eines Verteidigungsmandats vom Schutzbereich des § 148 StPO erfasst ist, da die Gespräche im Vorfeld gerade ein Verteidigungsverhältnis bezwecken.[704] Dies gilt unabhängig von einem Anfangsverdacht bzw. der Einleitung eines Ermittlungsverfahrens.[705]

Sofern die Internal Investigations also auch eine Verbandsgeldbuße im Sinne des § 30 OWiG verhindern sollen, wird man auch von Verteidigungsunterlagen i. S. d. § 148 StPO ausgehen müssen, die einem Beschlagnahmeschutz unterliegen.[706] Schwieriger wird dies bei Individualstraftaten im Sinne des StGB, sofern nicht der Compliance-Rechtsanwalt, sondern ein externer Strafverteidiger mit der Verteidigung mandatiert wird, der nicht in die Internal Investigations eingebunden war. Dann kann auch nicht mehr von der Anbahnung eines Verteidigungsverhältnisses im Rahmen der Interviews gesprochen werden. Denn „Schutz verdient nur das, was Ausübung von Verteidigung ist“[707].

701 *Polley/Kuhn/Wegmann*, KSZW 2012, 211; vgl. *Michalke*, WiJ 2013, 107; *v. Saucken*, WiJ 2013, 32.

702 *Michalke*, WiJ 2013, 107; a.A. *Thum*, HRRS 2012, 537f.

703 *Michalke*, WiJ 2013, 107.

704 *Lüderssen/Jahn*, in: LR-StPO, § 148 Rn. 7; *Jahn/Kirsch*, NZWiSt 2013, 30; kritisch *Thum*, HRRS 2012, 537.

705 *Jahn/Kirsch*, NZWiSt 2013, 30; a.A. *Sahan*, in: Criminal Compliance vor den Aufgaben der Zukunft, S. 140.

706 *Jahn/Kirsch*, NZWiSt 2013, 30.

707 *Jahn/Kirsch*, NZWiSt 2013, 30.

b) Auslegung des § 160a I S. 5 StPO

Sahan bringt zur Lösung der Gewahrsamsproblematik den Gedanken des § 160 I S. 5 StPO ein.[708] Demnach gelten die Sätze 2 bis 4 entsprechend, wenn durch eine Ermittlungsmaßnahme, die sich nicht gegen eine in Satz 1 in Bezug genommene Person richtet, von dieser Person Erkenntnisse erlangt werden, über die sie das Zeugnis verweigern dürfte. Sofern sich die Ermittlungsmaßnahme demnach nicht gegen einen mit Internal Investigations beauftragten Rechtsanwalt, sondern gegen den Mandanten richtet, und die Erkenntnisse der Internal Investigations, über die der Rechtsanwalt wie bereits erläutert das Zeugnis verweigern könnte, gilt demnach das Beweisverbot des § 160 I S. 2 StPO. Hieraus folgert *Sahan* a maiore ad minus, dass bei Geltung des Beweisverwertungsverbots erst recht ein Erhebungsverbot greifen muss, da Gegenstände, die zum Beweis nicht verwendet werden dürften, von Anfang an aufgrund der fehlenden Beweistauglichkeit keiner Beschlagnahme nach § 94 StPO unterliegen würden.[709]

Allerdings spricht schon der Wortlaut des § 160a StPO gegen einen Beschlagnahme-schutz der Norm, da nur „eine Ermittlungsmaßnahme" erfasst ist, die im Einklang mit § 160a V StPO keine Beschlagnahme gemäß § 97 StPO oder kein Großer Lauschangriff gemäß § 100c StPO ist. Diese Auslegung wird auch durch die Intention des Gesetzgebers gestützt. Demnach kommt ein Fall des § 160a I S. 5 StPO „etwa in Betracht, wenn im Rahmen einer gegen einen Mandanten gerichteten Telekommunikationsüberwachung Gespräche zwischen Mandant und Rechtsanwalt erfasst werden"[710]. Insofern bleibt § 97 StPO die spezielle Norm für die Beschlagnahme von Gegenständen.

IV. Die Befragung des Compliance-Beauftragten als Zeuge

Der Compliance-Beauftragte könnte durch das Gericht auch als Zeuge im Strafprozess vernommen werden.[711] In diesem Zusammenhang wird ein Zeugenverweigerungsrecht gemäß § 53 I 1 Nr. 3 StPO diskutiert.

---

708 *Sahan*, in: Criminal Compliance vor den Aufgaben der Zukunft, S. 142, vgl. zusammenfassend Sahan bei *Timm*, ZIS 2013, 254f.

709 *Sahan*, in: Criminal Compliance vor den Aufgaben der Zukunft, S. 142; vgl. Sahan bei *Timm*, ZIS 2013, 254f.

710 BT-Drucks. 17/2637, S. 7.

711 *Tscherwinka*, in: FS-Imme Roxin, S. 521; *I. Roxin, StV* 2012, 120; *Westpfahl*, in: Verhandlungen des 67. Deutschen Juristentags, Band II/2, L 130.

Das LG Hamburg ging in dem bereits erwähnten Beschluss davon aus, dass ein entsprechendes Vertrauensverhältnis nur zwischen dem Auftraggeber der HSH Nordbank und den externen Rechtsanwälten zustande gekommen ist.[712] Auch ein „mandatsähnliches Vertrauensverhältnis" liege aufgrund der Zielrichtung des Mandats fern, da der Zweck des Mandats in der internen Aufklärung lag, weshalb sich die Befragten nach „der Natur des Mandats" nicht in einer dem Auftraggeber vergleichbaren, „ratsuchenden" Stellung befanden[713]. „Vielmehr waren sie selbst im Hinblick auf mögliches Fehlverhalten Gegenstand der Untersuchung."[714]

Die formale Ablehnung eines mandatsähnlichen Vertrauensverhältnisses vermag in diesem Zusammenhang nicht zu überzeugen.[715] Das erforderliche Vertrauensverhältnis des § 53 I Nr. 3 StPO, das „das Recht auf informationelle Selbstbestimmung der mit dem Berufsgeheimnisträger in Kontakt tretenden Personen und den gesellschaftlich hohen Wert der Tätigkeit der Beratungsberufe schützen" soll, ist auch bei den Interviews der ermittelnden Rechtsanwälte gegeben, da die Befragten ihre Kenntnisse gerade den Rechtsanwälten „in deren Eigenschaft" anvertrauen und ihnen dementsprechend auch Vertrauen entgegenbringen.[716]

Zudem hat der Gesetzgeber in den Materialien zu § 160a StPO deutlich zum Ausdruck gebracht, dass die Differenzierung zwischen dem Vertrauensverhältnis zu einem Verteidiger und einem sonstigen Rechtsanwalt als „problematisch" angesehen werden kann.[717] Durch die Neuregelung des § 160a StPO kann demnach angenommen werden, dass die Intention des Gesetzgebers eine Stärkung des Vertrauensverhältnisses zwischen Mandaten und sonstigen Rechtsanwälten bezweckt.[718] Demnach muss auch ein Vertrauensverhältnis zwischen den im Rahmen von Internal Investigations befragten Mitarbeitern und den ermittelnden Rechtsanwälten angenommen werden, da die Information einem potentiellen Berufsgeheimnisträger anvertraut wird und das „Bewahren" des Geheimnisses nicht vom formellen Mandatsverhältnis abhängen kann.

---

712 LG Hamburg, StV 2011, 148, 150.

713 LG Hamburg, StV 2011, 148, 150.

714 LG Hamburg, StV 2011, 148, 150.

715 So auch *Fritz*, CCZ 2011, 157; vgl. *Kirsch*, in: Unternehmensstrafrecht, S. 364f.; *Sahan*, in: Criminal Compliance vor den Aufgaben der Zukunft, S. 138; a.A. *Wimmer*, WiJ 2013, 103f.; *Greeve/Tsambikakis*, in: Knierim/Rübenstahl/Tsambikakis, Internal Investigations, Kap. 17 Rn. 31.

716 Siehe Fn. 655.

717 BT-Drucks. 17/2637, S. 6; siehe auch *Sahan*, in: Criminal Compliance vor den Aufgaben der Zukunft, S. 138.

718 *Sahan*, Die Beschlagnahmefreiheit von Rechtsanwaltskorrespondenz, in: Criminal Compliance vor den Aufgaben der Zukunft, S. 138.

Insofern steht auch den in einem Unternehmen ermittelnden externen Rechtsanwälten das Zeugnisverweigerungsrecht des § 53 I Nr. 3 StPO zu. Dies gilt im Einzelfall auch für im Unternehmen angestellte Anwälte, da auch sie eine schutzwürdige Vertrauensbeziehung zu dem Befragten haben.[719] Vom Schutzbereich des § 53 StPO ausgenommen sind lediglich Compliance-Ermittler, die keine Rechtsanwälte i. S. d. Bundesrechtsanwaltsordnung sind.

V. Zwischenergebnis

Trotz der erläuterten Bedenken hinsichtlich der grundsätzlichen Beweistauglichkeit der Interviewprotokolle und der Einwände hinsichtlich der Beschlagnahmefähigkeit derselben kann von einem angemessenen Schutz dieser Unterlagen nicht ausgegangen werden.[720] Demensprechend ist bei einem Transfer in den Strafprozess die Bedeutung des Nemo-tenetur-Prinzips darzustellen, um, unabhängig von strafprozessualen Ermittlungsmaßnahmen zur Beweisgewinnung, einen wirksamen Schutz von Verfahrensrechten zu gewährleisten.

C. Rechtswidriger Aussagezwang und Beweisverbote im Strafprozess

Das Nemo-tenetur-Prinzip wird im Strafprozess angewendet, um als Abwehrrecht die verfassungsmäßigen Ansprüche des Beschuldigten auf ein faires und rechtsstaatliches Strafverfahren zu sichern. Es ist der Kern des in Art. 6 I EMRK garantierten Rechts auf ein faires Verfahren[721] und eines der „heiligsten“[722] Rechte des Angeklagten im Strafprozess. Ein Geständnis ist oberstes Ziel einer jeden Befragung und der „Königsweg“[723] zur Abkürzung eines Verfahrens. Der Aussage kommt aus der Sicht der Ermittlungsbehörde – im Vergleich zum Sachbeweis – somit ein höherer Beweiswert zu.[724] Daher besteht auch eine „große Versuchung für die staatlichen Strafverfolgungsorgane sich die Mühe der Beweissammlung

719 Siehe *Bock/Gerhold*, in: Knierim/Rübenstahl/Tsambikakis, Internal Investigations, Kap. 5 Rn. 9ff.

720 Vgl. *Kirsch*, in: Unternehmensstrafrecht, S. 366.

721 BGH, NStZ 2011, 596, 597.

722 *Paeffgen*, in: SK-StPO, Art. 6 EMRK Rn. 80.

723 *Weigend*, ZStW 113 (2001), 294.

724 So *Schmitz*, Tatgeschehen, Zeugen und Polizei, S. 139.

dadurch zu ersparen, indem der Beschuldigte unter Druck gesetzt wird, um ihn somit zu einem Geständnis zu veranlassen“[725]. Das Nemo-tenetur-Prinzip dient in erster Linie dem Schutz des Willens einer beschuldigten Person, schweigen zu wollen,[726] und verbietet Zwangsmaß-nahmen, die jemanden dazu veranlassen würden, zu seiner eigenen Strafverfolgung beizutragen[727]. Der Beschuldigte muss selbst und frei darüber entscheiden dürfen, wann er sich zum Beweismittel gegen sich selbst machen will und wann nicht, weshalb das Nemo-tenetur-Prinzip mit dem Begriff der Selbstbelastungsfreiheit kollidiert[728] und von einem Recht auf Passivität im Strafverfahren gesprochen wird[729]. Der Grundsatz der Selbstbelastungsfreiheit enthält mehrere Komponenten, die es im Folgenden zu erläutern gilt. Eine These zieht sich dabei jedoch wie ein roter Faden durch alle Komponenten: Die Persönlichkeit und die Würde des Beschuldigten dürfen von dem auch wichtigen öffentlichen Anliegen der Straftatenaufklärung und Verbrechensaufklärung nicht negiert werden.[730]

1. Beeinflussung des freien Willens durch Zwang

Der Schutz vor Zwang zur Aussage ist der wesentliche Bestandteil des Nemo-tenetur-Prinzips.[731] Zwang kann den Beschuldigten veranlassen, Aussagen zu treffen oder Handlungen vorzunehmen, die er ohne die Zwangsanwendung nicht vorgenommen hätte. Als Schutzschild soll der Nemo-tenetur-Grundsatz vor erzwungenen Selbstbezichtigungen schützen und die Selbstüberführung durch instrumentalisierende Mittel verhindern.[732] Insofern ist die Selbstbelastungsfreiheit ein Verbot des Selbstbelastungszwangs,[733] da Zwang die Freiheit des Willens, über die eigene Aussage zu entscheiden, unmittelbar beeinflusst.

---

725 *Weigend*, ZStW 113 (2001), 294.

726 EGMR, JR 2005, 423, 424.

727 BVerfGE 56, 37, 49; vgl. *C. Roxin*, NStZ 1997, 18; *Rogall*, in: SK-StPO, Vor § 133 Rn. 139.

728 Vgl. *Rogall*, in: SK-StPO, Vor § 133 Rn. 136ff.

729 Vgl. *Rogall*, Der Beschuldigte als Beweismittel gegen sich selbst, S. 158.

730 Vgl. BGHSt 5, 332, 334.

731 Umstritten ist, ob das Nemo-tenetur-Prinzip auch ein Täuschungsverbot umfasst, siehe „Hörfallen-Entscheidung“ BGHSt 42, 139ff.; kritisch *C. Roxin*, NStZ 1997, 18ff.; vgl. auch BGHSt 52, 11ff.; EGMR, StV 2003, 257ff.; NJW 2010, 213ff.; *Rogall*, in: SK-StPO, Vor § 133ff. Rn. 141.

732 Vgl. BVerfGE 56, 37, 42ff.; *Rogall*, in: SK-StPO, Vor § 133ff. Rn. 139.

733 *Rogall*, in: SK-StPO, Vor § 133ff. Rn. 139.

Fraglich ist in diesem Zusammenhang allerdings, was unter Zwang zu verstehen ist bzw. welche Arten von Zwang der Schutzbereich des Nemo-tenetur-Prinzips umfasst. Grundsätzlich kann jedes nötigende Verhalten der Beeinträchtigung des freien Willens dienen.[734]

Zwang ist in Form von Gewalt umsetzbar. Dabei sind beide Formen der Gewaltanwendung, vis absoluta als unmittelbare und damit unwiderstehliche Gewalt und vis compulsiva als eine den Willen beugende Gewalt, denkbar.[735] Für die Frage, welche Vernehmungsmethode den Schutzbereich des Nemo-tenetur-Grundsatzes tangiert, ist entscheidend, ob der freie Entscheidungswille des Beschuldigten beeinträchtigt wurde.[736] Dabei können beide Gewaltformen den Willen des Beschuldigten überwinden. Die unmittelbare Kraftentfaltung auf den Körper des Beschuldigten kann durch Misshandlung oder andere körperliche Eingriffe als deutlichste Form der Gewaltanwendung verwirklicht werden.[737] Dadurch ist es in offensichtlicher und unbestreitbarer Weise möglich, den Willen zu beeinträchtigen, um den in einer Zwangslage befindlichen Beschuldigten zu einem Beweisakt zu nötigen. Freilich vermag die unmittelbare Kraftentfaltung den Willen des Beschuldigten zu beugen und gewiss richtet sie sich somit auch gegen die Selbstbelastungsfreiheit und damit gegen das Recht auf ein faires und rechtsstaatliches Verfahren[738], allerdings kollidiert eine Gewaltanwendung auch mit anderen verfassungsrechtlichen Prinzipien und Rechten: Durch die Beeinträchtigung des körperlichen Wohlbefindens stellt die Misshandlung des Beschuldigten sowohl einen Eingriff in das Recht auf körperliche Unversehrtheit gemäß Art. 2 II GG als auch in das Allgemeine Persönlichkeitsrecht gemäß Art. 2 I i. V. m. Art. 1 I GG dar und richtet sich direkt gegen das Folterverbot des Art. 3 EMRK.[739]

Des Weiteren ist ein mittelbar wirkender Zwang in Form der Drohung möglich. Eine Drohung ist das In-Aussicht-Stellen eines Nachteils, auf dessen Eintritt der Drohende Einfluss zu haben scheint.[740] Als ‚klassisches' Nötigungsmittel ist auch die Drohung grundsätzlich geeignet, den Beschuldigten zu einer Aussage zu bewegen, da die Aussage dann nicht mehr auf dem freien Entschluss basiert, sondern

---

734 Vgl. BVerfGE 56, 37, 42ff.

735 Siehe zu den Gewaltbegriffen *Wessels/Beulke*, Strafrecht AT, Rn. 97.

736 Vgl. *Paeffgen*, in: SK-StPO, Art. 6 EMRK Rn. 81; vgl. auch BGHSt 39, 335, 347.

737 Siehe zu den einzelnen Beispielen *Gleß*, in: LR-StPO, § 136a Rn. 19ff.; vgl. auch *Kühne*, Strafprozessrecht, Rn. 893; *Schroeder/Verrel*: Strafprozessrecht, Rn. 123.

738 Vgl. *Weigend*, ZStW 113 (2001), 294.

739 Vgl. dazu *Rogall*, Der Beschuldigte als Beweismittel gegen sich selbst, S. 209; *Rogall*, in: SK-StPO, § 136a Rn. 3.

740 Vgl. *Rogall*, in: SK-StPO, § 136a Rn. 72.

veranlasst ist, um das drohende Übel durch die Aussage abzuwenden. Unter Berücksichtigung der Willensfreiheit kann es daher keinen Unterschied machen, ob der Zwang vollzogen oder dies ‚bloß' in Aussicht gestellt wird, da der Befragte in beiden Fällen nicht aufgrund autonomer Motive entscheidet, sondern aussagt, um Zwangsmaßnahmen gegen sich zu verhindern.

2. Aussagefreiheit und Duldungspflicht

Das Nemo-tenetur-Prinzip wird zum Teil mit der Aussagefreiheit in Verbindung gebracht, allerdings sind diese Begriffe nicht identisch.

Die Aussagefreiheit weist sowohl eine positive als auch eine negative Komponente auf.[741] Die positive Funktion der Aussagefreiheit ist die Möglichkeit, sich selbst zu verteidigen und zu entlasten.[742] Damit soll die Vernehmung nicht nur der weiteren Aufklärung dienen, sondern dem Beschuldigten die Gelegenheit geben, zu den Vorwürfen Stellung zu nehmen. Die negative Funktion – und dort überschneidet sich die Aussagefreiheit mit dem Nemo-tenetur-Prinzip – ist das Recht des Beschuldigten, zu schweigen.[743] Das Schweigerecht als Kern des Nemo-tenetur-Prinzips[744] gewährleistet dem Beschuldigten, sich selbst zu entscheiden, ob er an der Sachverhaltsklärung aktiv mitwirkt oder nicht. Daher entspricht nur die negative Aussagefreiheit, nichts sagen zu müssen – also das Recht zu schweigen –, dem Nemo-tenetur-Prinzip.[745]

In diesem Zusammenhang stellt sich die Frage, ob das Nemo-tenetur-Prinzip nur auf das Schweigerecht zu reduzieren ist, da die verbale Selbstbelastung nicht die einzige Möglichkeit ist, sich selbst zu belasten. Die Aussage bzw. das Verhör stellen freilich nicht die einzigen Instrumente der Strafverfolgung dar, auch Nonverbales wird von den Ermittlungsbehörden abverlangt. Eingriffsregelungen wie die Blutentnahme gemäß § 81a StPO und die Durchsuchung der Wohnung sowie anderer Räume gemäß § 102 StPO entbinden den Beschuldigten gleichermaßen von

---

741 Siehe ausführlich *Schneider*, Grund und Grenzen des strafrechtlichen Selbstbegünstigungsprinzips, S. 29f.

742 *Eser*, ZStW 79 (1967), 571.

743 *Eser*, ZStW 79 (1967), 571; vgl. *Schneider*, Grund und Grenzen des strafrechtlichen Selbstbegünstigungsprinzips, S. 29.

744 Vgl. dazu *Prasch*, Die List in der Vernehmung und Befragung des Beschuldigten, S. 67; *Schneider*, Grund und Grenzen des strafrechtlichen Selbstbegünstigungsprinzips, S. 29; *Paeffgen*, in: SK-StPO, Art. 6 EMRK Rn. 82.

745 *Schneider*, Grund und Grenzen des strafrechtlichen Selbstbegünstigungsprinzips, S. 29.

der aktiven Mitwirkung am Verfahren,[746] da dies auch gegen den Willen und ohne die Mitwirkung des Beschuldigten vollstreckt werden kann. Beachtlich ist, dass dem Beschuldigten durch diese Normen eine Pflicht zur Duldung der Zwangsmaßnahme auferlegt wird, weshalb die Verfassungsmäßigkeit bzw. die Vereinbarkeit dieser Normen mit dem Nemo-tenetur-Prinzip auch umstritten ist.[747]

Die herrschende Meinung geht davon aus, dass der Beschuldigte zur aktiven Mitwirkung nicht verpflichtet ist, ihm allerdings passive Duldungspflichten auferlegt werden können.[748] Damit verläuft die Grenze zwischen erzwingbarer und nicht erzwingbarer Mitwirkung an der Linie zwischen Aktivität und Passivität. Die elementaren Bedürfnisse der Strafverfolgung erfordern nach überwiegender Auffassung, dass die besondere Stellung des Beschuldigten verhältnismäßige Eingriffe in seine Rechte erlaubt.[749] Trotz des Zwangscharakters der Eingriffsnormen

746 *Schneider*, Grund und Grenzen des strafrechtlichen Selbstbegünstigungsprinzips, S. 29; vgl. *Prasch*, Die List in der Vernehmung und Befragung des Beschuldigten, S. 68.

747 *Sautter*, AcP 1962 (161), 215ff., lehnt die Verfassungsmäßigkeit des § 81a StPO mit Hinweis auf einen Verstoß gegen das Nemo-tenetur-Prinzip ab. Dies wird unter anderem damit begründet, dass das Nemo-tenetur-Prinzip nicht nur eine Aussagepflicht, sondern auch eine Duldungspflicht ablehne. „Unter dem Gesichtspunkt des Selbstschutzes steht es gleich, ob der Beschuldigte als handelndes oder duldendes Werkzeug zur Selbstüberführung verpflichtet wird. In beiden Fällen muss der Beschuldigte mit seiner Person zur Beweisführung gegen sich selbst beitragen" (*ders.*, AcP 1962 (161), 250). Zudem entziehe man dem Beschuldigten, sofern man ihm die Möglichkeit nimmt, über die Mitwirkung seiner Person selbst zu entscheiden, die rechtliche Zuständigkeit zur Wahrung seiner Ehre und der Ehre selbst (*ders.*, AcP 1962 (161), 255). Somit würde er dem Zweck der Verbrechensaufklärung geopfert, wodurch der Grundsatz des Art. 1 GG zur Bedeutungslosigkeit verurteilt wäre (*ders.*, AcP 1962 (161), 256). Siehe auch *Eisenhardt*, Das nemo tenetur-Prinzip: Grenze körperlicher Untersuchungen beim Beschuldigten, S. 172ff. Zur Problematik des „Brechmitteleinsatzes" ausführlich *Eidam*, Die strafprozessuale Selbstbelastungsfreiheit am Beginn des 21. Jahrhunderts, S. 135ff.; vgl. *Bosch*, Aspekte des nemo-tenetur-Prinzips aus verfassungsrechtlicher und strafprozessualer Sicht, S. 285ff.; *Dietrich*, § 142 StGB und das Verbot zwangsweiser Selbstbelastung, S. 50ff.

748 BVerfGE 56, 37, 42; BGHSt 34, 39, 45; *Schneider*, Grund und Grenzen des strafrechtlichen Selbstbegünstigungsprinzips, S. 29; *Dingeldey*, JA 1984, 412; *Rogall*, in: SK-StPO, Vor § 133 Rn. 73; *Eisenberg*, StPO, Rn. 1627; *Beulke*, Strafprozessrecht, Rn. 241; *Roxin/Schünemann*, Strafverfahrensrecht, § 33 Rn. 7; *Meyer-Goßner*, StPO, § 81a Rn. 10f.

749 Das Bundesverfassungsgericht stellte dies im Zusammenhang mit der Verfassungsmäßigkeit des § 81 a StPO fest. Dies erfolgte zwar vor dem Hintergrund der Unschuldsvermutung, rechtfertigt aber offensichtlich Zwangsmaßnahmen beim staatlichen Interesse auf Strafverfolgung, siehe BVerfGE 16, 194, 200; *E. Schmidt* nennt

muss der Beschuldigte nicht aktiv am Verfahren teilnehmen, wodurch das Wesen des Nemo-tenetur-Prinzips, die Passivität des Beschuldigten zu ermöglichen, unberührt bleibt.[750]

3. Herausgabe von Beweismaterial

Im Rahmen eines Strafverfahrens sind nicht nur verbale Verhaltensweisen des Beschuldigten, sondern auch Schriftdokumente und elektronische Daten von erheblicher praktischer Relevanz. Diese können durch die Strafverfolgungsbehörde selbstständig gewonnen bzw. beschlagnahmt oder von dem Beschuldigten herausverlangt werden. Sofern die Ermittlung und Sichtung der Unterlagen unabhängig von der Mitwirkung des Beschuldigten, etwa durch Beschlagnahme erfolgt, ist die Passivität desselben gewahrt und der Nemo-tenetur-Grundsatz nicht tangiert.[751] Sofern allerdings die Beweisermittlung die Mitwirkung des Beschuldigten erfordert, kann es im Hinblick auf das Nemo-tenetur-Prinzip keinen Unterschied machen, ob die Überführung „aufgrund von erzwungenen Aussagen oder aufgrund einer erzwungenen Vorlage von Urkunden oder Augenscheinsobjekten ermöglicht wird“[752]. Insofern verletzt auch der Zwang zur Herausgabe von Beweismaterial das Recht auf Passivität.

4. Der Schutz des Nemo-tenetur-Prinzips

Das Prinzip der Selbstbelastungsfreiheit wird gemäß seiner verfassungsrechtlichen Bedeutung im Rahmen der Strafprozessordnung mehrfach hervorgehoben. Die Belehrungsvorschriften der §§ 136 I 2, 163 a III 2, IV 2, 243 V, 55, 128 I 2, 115 III 1 StPO und das Zwangsmittelverbot des § 136a StPO flankieren das Nemo-tenetur-Prinzip im Rahmen der einfachen Gesetzgebung und konkretisieren die Anforderungen sowie die Verantwortung der exekutiven und judikativen Gewalt.

---

dies eine „schwächliche Begründung“, *ders.*, MDR 1970, 461; vgl. auch *Krause*, in: LR-StPO, § 81a Rn. 3.

750 Vgl. *Schneider*, Grund und Grenzen des strafrechtlichen Selbstbegünstigungsprinzips, S. 30f.

751 *Rogall*, in: SK-StPO, Vor § 133 Rn. 150.

752 *Rogall*, in: SK-StPO, Vor § 133 Rn. 146; vgl. *ders.*, Der Beschuldigte als Beweismittel gegen sich selbst, S. 157; *Dingeldey*, NStZ 1984, 530; *Schäfer*, in: LR-StPO (25. Auflage), § 95 Rn. 2, 37; *Meyer-Goßner*, StPO, § 95 Rn. 5; *Müller*, in: KMR-StPO, § 95 Rn. 3; *Reiß*, Besteuerungsverfahren und Strafverfahren, S. 178f.; *Kölbel*, Selbstbelastungsfreiheiten, S. 74f.; *Jahn*, in: FS II-Roxin, S. 1366; dagegen *Böse*, Wirtschaftsaufsicht und Strafverfolgung, S. 438ff.

a) Belehrungspflichten – Die Kehrseite der Selbstbelastungsfreiheit

Das Nemo-tenetur-Prinzip als Recht auf Passivität im Strafverfahren unterscheidet sich grundlegend von anderen Prinzipien des Strafverfahrens. Es ist ein besonderes strafprozessuales Recht, das es der freien Entscheidung des Beschuldigten überlässt, zum Strafverfahren aktiv beizutragen oder nicht. Andere Aspekte des fair-trial-Grundsatzes, wie beispielsweise die Unschuldsvermutung oder die Waffengleichheit, sind Grundsätze des Strafverfahrens, die freilich einen Anspruch an den Strafprozess begründen. Dieser ist, die Unschuld des Beschuldigten bis zur Verurteilung anzunehmen[753] und sowohl Verteidigung als auch Staatsanwaltschaft die gleichen Rechte einzuräumen[754]. Dennoch unterscheiden sich der Schutzbereich des Nemo-tenetur-Prinzips gegenüber den weiteren fair-trial-Grundsätzen signifikant. Das Nemo-tenetur-Prinzip ermöglicht, das Verhalten des Beschuldigten konkret zu beeinflussen, da der Beschuldigte aktiv von seinem Abwehrrecht Gebrauch machen kann. Die Unschuldsvermutung ist dagegen ein Prinzip des Strafverfahrens, das sich auf einer anderen Ebene, nämlich bei Maßnahmen gegen den Beschuldigten, auswirkt und sich damit zwangsläufig dem Einflussbereich des Beschuldigten entzieht. Auch die Waffengleichheit erfordert eine Mitwirkung der Gerichte und Strafverfolgungsbehörden. Die Verteidigung kann zwar die fehlende Waffengleichheit rügen, aktiv jedoch keinen unmittelbaren Einfluss darauf nehmen. Damit wird deutlich, dass die Besonderheit der Selbstbelastungsfreiheit in der Möglichkeit zur eigenen Ausübung dieser Freiheit liegt. Sofern dem Beschuldigten die Disponibilität hinsichtlich seiner Selbstbelastungs-möglichkeit zugestanden wird, ist folgender Schluss zwingend: Der Schutz vor Selbstbelastung wäre bedeutungslos, wenn dem Strafprozess die Pflicht zur Informierung des Beschuldigten hinsichtlich seiner Rechte nicht zugrunde gelegt werden würde.[755] Auch der Gesetzgeber setzt – zu Recht – die Kenntnis der Aussagefreiheit beim Beschuldigten nicht voraus,[756] da der Beschuldigte oft sogar irrtümlich davon ausgeht, zur aktiven Mitwirkung verpflichtet zu sein[757]. Dies ist das Ergebnis der Konfrontation des Bürgers mit „der fast allmächtigen Strafgewalt des Staates“[758]. Um diese Ungleichheit zu ebnen, bedarf es des Hinweises auf das Recht zur Selbstbelastungsfreiheit, um

753 Im Einzelnen *Kühne*, in: LR-StPO, Einl. Abschn. J Rn. 74ff.

754 Im Einzelnen *Kühne*, in: LR-StPO, Einl. Abschn. I Rn. 117ff.

755 Vgl. *Bosch*, Aspekte des nemo-tenetur-Prinzips aus verfassungsrechtlicher und strafprozessualer Sicht, S. 128.

756 So *Gleß*, in: LR-StPO, § 136 Rn. 28; vgl. BGHSt 38, 214, 221.

757 *Arzt*, JZ 1969, 439; *Rogall*, Der Beschuldigte als Beweismittel gegen sich selbst, S. 186.

758 *Rogall*, Der Beschuldigte als Beweismittel gegen sich selbst, S. 186.

die sachgerechte Wahrnehmung der Verteidigung zu ermöglichen und die verfassungsmäßigen Rechte zu sichern.[759]

Die Belehrungspflicht weist dabei mehrere Funktionen auf. Dem Betroffenen sollen die Verteidigungsmöglichkeiten, beruhend auf dem Recht auf ein faires Verfahren, besser verdeutlicht werden,[760] um den Beschuldigten vor Handlungen zu schützen, die ihn dazu veranlassen könnten, ungeeignete und damit nachteilige Verteidigungs-maßnahmen zu ergreifen. Der Hinweis auf das verfassungsmäßige Recht zum Schweigen weist demnach einen Vorsorglichkeits- und Fürsorgecharakter auf.[761]

Dies ergibt sich auch aus dem bisher Erläuterten. Als eine Art Gestaltungsrecht hängt die Ausübung der Selbstbelastungsfreiheit von der Mitwirkung des Beschuldigten ab. Denn abgesehen von Zwangseinwirkungen entscheidet der Beschuldigte, ob er Teil der Beweisgewinnung sein möchte (oder nicht). Um die Selbstbelastungsfreiheit als Schutz vor staatlichen Eingriffen nicht wirkungslos erscheinen zu lassen, muss ihr daher der nötige Flankenschutz in Form der Belehrungspflicht gewährt werden, weshalb der Schutzgedanke grundlegender Bestandteil der Belehrungspflicht ist.

Weiterer Bestandteil des Fürsorgecharakters der Belehrungspflicht ist die effektive Gewährleistung der prozessualen Rechte.[762] Daher geht die Fürsorgepflicht über die Schutzfunktion hinaus. Der weite Gedanke der Fürsorgepflicht erfordert vielmehr ein aktives Handeln der Ermittlungsbehörde, auf die Einhaltung strafprozessualer Prinzipien hinzuwirken. Dies wird in Form von Belehrungen, Hinweisen, Rückfragen und Warnungen umgesetzt.[763]

Gemäß § 136 StPO ist bei Beginn der ersten Vernehmung dem Beschuldigten zu eröffnen, welche Tat ihm zu Last gelegt wird und welche Strafvorschriften in Betracht kommen. Er ist darauf hinzuweisen, dass es ihm nach dem Gesetz freistehe, sich zu der Beschuldigung zu äußern oder nicht zur Sache auszusagen und jederzeit, auch schon vor seiner Vernehmung, einen von ihm zu wählenden Verteidiger zu befragen. Er ist ferner darüber zu belehren, dass er zu seiner Entlastung einzelne Beweiserhebungen beantragen kann. In geeigneten Fällen soll der Beschuldigte auch auf die Möglichkeit der schriftlichen Äußerung sowie auf den Täter-Opfer-Ausgleich hingewiesen werden. Im Rahmen

759 *Rogall*, in: SK-StPO, Vor § 133 Rn. 110.
760 BGHSt 25, 325, 329f.; BT-Drucks. IV/178, S. 32.
761 BGHSt 25, 325, 330; *Petry*, Beweisverbote im Strafprozessrecht, S. 113.
762 *Rogall*, in: SK-StPO, Vor § 133 Rn. 114.
763 *Rogall*, in: SK-StPO, Vor § 133 Rn. 116.

der Hauptverhandlung muss der Richter gemäß § 243 V StPO den Angeklagten darauf hinweisen, dass es ihm freisteht, sich zu der Anklage zu äußern oder zur Sache auszusagen.

Eine unterlassene Belehrung kann unter Umständen zu „weitreichenden Konsequenzen“[764] im Rahmen des weiteren Verfahrens führen[765]. Trotz einer fehlenden ausdrücklichen Normierung in § 136 StPO darf von einem Verwertungsverbot bei unterlassener Belehrung ausgegangen werden, da der Strafprozessordnung abschließende gesetzliche Regelungen der Verwertungsverbote – wie etwa bei einer Verletzung der §§ 243 V, 168c V, 100a, 100b StPO – fremd sind.[766] Notwendige Voraussetzung für ein Verwertungsverbot ist nach der Rechtsprechung des BGH allerdings ein Widerspruch des verteidigten Angeklagten bis zum in § 257 StPO genannten Zeitpunkt im Rahmen der Hauptverhandlung.[767] Damit hängt die Verwertung der Aussage von der Rüge des Angeklagten bzw. seines Verteidigers ab und wirkt somit nicht absolut im Sinne des § 136a III StPO.

Das Verwertungsverbot gilt sowohl für die durch einen Richter als auch die durch die Strafverfolgungsbehörde unterlassene Belehrung.[768] Dies wird damit begründet, dass sich der Angeklagte im Rahmen der Hauptverhandlung auf sein Aussageverhalten „in Ruhe vorbereiten“, Rechtsrat einholen und seine Aussage „zurechtrücken“ kann, wohingegen die erste Vernehmung durch die Polizei den Beschuldigten oft unvorbereitet trifft und sich häufig der weiteren Einwirkungsmöglichkeit des Verteidigers entzieht.[769] Daher ist der Beschuldigte bei der ersten Vernehmung durch die Polizei sogar schutzwürdiger als im Rahmen der Hauptverhandlung, da er in einem „größeren Maße“[770] der Gefahr einer Selbstbelastung ausgesetzt ist.

Eine Verwertung ist dagegen rechtmäßig, wenn der Beschuldigte sein Recht zu schweigen auch ohne die Belehrung kannte[771] oder der Beschuldigte der Aussage aktiv zugestimmt hat[772].

---

764 *Haller/Conzen*, Das Strafverfahren, Rn. 139.

765 BGHSt 38, 214, 220ff.

766 BGHSt 38, 214, 223.

767 BGHSt 38, 214, 225f.; 42, 15, 22; vgl. *Meyer-Goßner*, StPO, § 136 Rn. 20; *Gleß*, in: LR-StPO, § 136 Rn. 77ff.

768 BGHSt 38, 214, 221.

769 BGHSt 38, 214, 222.

770 BGHSt 38, 214, 221.

771 BGHSt 38, 214, 224.

772 *Meyer-Goßner*, StPO, § 136 Rn. 20.

b) Der Schutz von Verfahrensprinzipien durch Beweisverwertungsverbote

Für die Auflösung des aufgezeigten Spannungsverhältnisses zwischen arbeitsrechtlicher Auskunftspflicht und drohender strafprozessualer Verwertung ist eine grundlegende Auseinandersetzung mit den Verwertungsvoraussetzungen im Rahmen eines Strafprozesses erforderlich. Das Nemo-tenetur-Prinzip muss durch eine eingeschränkte Beweisverwertung im Strafprozess geschützt werden, die die verfassungsrechtlichen Schutzgarantien gewährleistet. Dies ist anhand der Lehre zu den Beweisverwertungsverboten näher zu erläutern.

aa) Die Berechtigung eines Beweisverwertungsverbots

Bereits *Beling* prognostizierte im Jahr 1903: „Allseitig einverstanden wird man darüber sein, dass auch der Strafprozess die Menschenwürde achten muss, und dass daher ein unlöslicher Konflikt zwischen Menschenwürde und Strafprozessinteresse zu einem Beweisverbot führen muss.“[773] Die Frage nach einem strafrechtlichen Beweisverwertungsverbot ist daher eng mit der rechtswidrigen Beweisermittlung verknüpft, da eine Verletzung strafprozessualer Prinzipien und damit elementarer Grundrechte die strafprozessualen Folgen für den Beschuldigten noch nicht konkretisiert.[774] Dies kann nur durch eine eingeschränkte Verwertung von rechtswidrigen Beweismethoden geleistet werden, um den effektiven Schutz der verfassungsrechtlichen Prinzipien zu gewährleisten. Primär sollen Verwertungsverbote verhindern, dass der Angeklagte mit den durch verbotene Methoden erwirkten Beweisen belastet werden kann, weshalb auch von „Belastungsverboten“[775] gesprochen wird.

Das Gericht hat zur Erforschung der Wahrheit die Beweisaufnahme von Amts wegen auf alle Tatsachen und Beweismittel zu erstrecken, die für die Entscheidung von Bedeutung sind und entscheidet über das Ergebnis der Beweisaufnahme nach seiner freien, aus dem Inbegriff der Verhandlung geschöpften Überzeugung. Dazu gehören grundsätzlich alle vorliegenden und einholbaren Beweismittel unabhängig von ihrer Rechtswidrigkeit.[776] Trotz des notwendigen Schutzes der strafprozessualen Rechte des Beschuldigten grenzen Beweisverwertungsverbote die Strafrechtspflege zwangsläufig ein, da die freie Verwertbarkeit der Beweismittel verkürzt wird. Dies beschränkt insofern auch das

---

773 *Beling*, Die Beweisverbote als Grenzen der Wahrheitserforschung im Strafprozess, S. 37.

774 Vgl. *Rogall*, Der Beschuldigte als Beweismittel gegen sich selbst, S. 196.

775 *Beulke*, Strafprozessrecht, Rn. 457.

776 Vgl. *Beulke*, Strafprozessrecht, Rn. 454.

Rechtsstaatsprinzip, das die Berücksichtigung der Belange einer funktionstüchtigen Strafrechtspflege verlangt, „ohne die der Gerechtigkeit nicht zum Durchbruch verholfen werden kann“[777]. Diesem Anspruch des Rechtsstaates kann nur entsprochen werden, sofern Straftäter verfolgt, abgeurteilt und einer gerechten Strafe zugeführt werden.[778] Gegenteiliges kann angenommen werden, sofern übergeordnete Gründe vorliegen,[779] die eine besondere Verletzung der Beschuldigtenrechte begründen und ein Verwertungsverbot erfordern,[780] da auch die Berücksichtigung der individuellen Interessen und Rechte des Beschuldigten wesentlicher Bestandteil des Rechtsstaatsprinzips ist. Demnach ist ein absolutes Verwertungsverbot jedenfalls erforderlich, sofern der absolute Kernbereich privater Lebensgestaltung berührt ist.[781] Der Anspruch auf effektive Strafverfolgung muss dahinter zurücktreten.

bb) Selbstständige und unselbstständige Beweisverwertungsverbote

Beweisverwertungsverbote sind durch selbstständige und unselbstständige zu unterscheiden und nach der Rechtmäßigkeit der Beweiserhebung zu differenzieren.[782] Der Beweisverwertung geht die Beweiserhebung voran, die Beweisthema-, Beweismittel- oder Beweismethodenverbote beinhalten kann.[783] Ein Beweisverwertungsverbot kann auf einer rechtswidrigen Beweiserhebung und damit auf einem Beweiserhebungsverbot beruhen. Durch die Abhängigkeit von einem vorhergehenden Verbotsverstoß werden diese als unselbstständige Beweisverwertungsverbote bezeichnet.[784] Davon abzugrenzen sind Beweisverwertungsverbote, die auf einer rechtmäßigen Beweiserhebung gründen, jedoch trotzdem zu einer Beweissperre im Rahmen der gerichtlichen Entscheidung führen. Sie bestehen unabhängig von einem vorangehenden

777 BVerfGE 33, 367, 383; 46, 214, 222; 122, 248, 272; vgl. *Haller/Conzen*, Das Strafverfahren, Rn. 601.

778 BVerfGE 33, 367, 383; 46, 214, 222; 122, 248, 272f.; BVerfG, JZ 2011, 249, 250.

779 BGHSt 44, 243, 249; 51, 285, 290; BVerfG, JZ 2011, 249, 250.

780 BVerfG, JZ 2011, 249, 250; *Haller/Conzen*, Das Strafverfahren, Rn. 601.

781 BVerfGE 34, 238, 245ff.; 80, 367, 374f.

782 *Dencker*, Verwertungsverbote im Strafprozess, S. 10f., 101ff.; vgl. *ders.*, in: FS-Meyer-Goßner, S. 244ff.; *Rogall*, ZStW 91 (1979), 3ff.; vgl. *ders.*, in: FS-Kohlmann, S. 481f.; *Beulke*, Strafprozessrecht, Rn. 457; *Meyer-Goßner*, StPO, Einl. Rn. 50; *Dallmeyer*, Beweisführung im Strengbeweisverfahren, S. 30; *Jahn*, Gutachten für den 67. DJT, C 32.

783 Siehe dazu *Beulke*, Strafprozessrecht, Rn. 455; *Meyer-Goßner*, StPO, Einl. Rn. 51ff.

784 *Rogall*, ZStW 91 (1979), 3; vgl. *Beulke*, Strafprozessrecht, Rn. 457.

Beweiserhebungsverbot und werden mithin als selbstständige – fehlerunabhängige[785] – Beweiserhebungsverbote bezeichnet.[786]

cc) Gesetzliche und nicht normierte Beweisverwertungsverbote

Grundsätzlich besteht keine allgemeingültige Doktrin, die eine rechtsfehlerhafte Beweisgewinnung zu einem Beweisverwertungsverbot führen lässt.[787] Dies bedeutet jedoch keinesfalls eine „Wahrheitsermittlung um jeden Preis“[788], da die Verletzung verfassungsmäßiger Rechte in das konkrete strafprozessuale Verfahren Berücksichtigung finden muss, um den Schutz der Beschuldigtenrechte zu gewährleisten und die strafprozessuale Prinzipien hinreichend zu flankieren.

Beweisverwertungsverbote können sich aus dem Gesetz ergeben. Solche sind unter anderem für verbotene Vernehmungsmethoden § 136a III 2 StPO, für Intimaufzeichnungen beim Lauschangriff §§ 100a IV 2, 100c V 3 StPO und für die Verwertung eines Geständnisses im Rahmen einer Verständigung § 257c IV 3 StPO kodifiziert.[789] Neben der Strafprozessordnung finden sich gesetzliche Beweisverwertungsverbote bzw. Beweisverwendungsverbote auch in §§ 393 II AO, 97 I 3 InsO, 51 I BZRG.[790]

Beweisverwertungsverbote müssen allerdings nicht ausdrücklich normiert werden,[791] vielmehr bedarf es einer nach ihren Kriterien im Rahmen der unselbstständigen Verwertungsverbote umstrittenen Einzelfallentscheidung, ob eine rechtswidrige Beweiserhebung auch zu einem Beweisverwertungsverbot führt[792].

1. Die Rechtskreistheorie überprüft die Revisibilität der verletzten Beweiserhebungs-vorschrift daraufhin, ob der Rechtskreis des Betroffenen wesentlich berührt wurde „oder ob sie für ihn nur von untergeordneter oder von keiner Bedeutung ist“[793]. Insofern kann der Angeklagte einen Verfahrensfehler nicht auf eine Verletzung von

---

785 *Rogall*, in: FS-Kohlmann, S. 481f.

786 *Rogall*, ZStW 91 (1979), 3; vgl. *ders.*, in: FS-Kohlmann, S. 481f.; vgl. *Dencker*, Verwertungsverbote im Strafprozess, S. 101ff.; *Beulke*, Strafprozessrecht, Rn. 457.

787 BVerfGK 9, 174, 196; BVerfG, NJW 2009, 3225; JZ 2011, 249, 250; BGHSt 38, 214, 219f.; 44, 243, 249; 51, 285, 289f.; vgl. *Beulke*, Strafprozessrecht, Rn. 457; *Pfordte*, in: Strafverteidigung im Rechtsstaat, S. 754.

788 BVerfG, JZ 2011, 249, 250; vgl. dazu st. Rspr. BGHSt 14, 358, 365; 38, 214, 220; 51, 285, 290; 52, 11, 17.

789 Vgl. *Beulke*, Strafprozessrecht, Rn. 456.

790 Vgl. *Beulke*, Strafprozessrecht, Rn. 456.

791 *Beulke*, Strafprozessrecht, Rn. 457; BGHSt 19, 325, 329; 38, 214, 219.

792 Siehe zur Übersicht umfassend *Jahn*, Gutachten für den 67. DJT, C 38ff.

793 BGHSt (GrS) 11, 213, 214ff.

Normen stützen, die gerade nicht den Angeklagten, sondern wie § 55 II StPO den Zeugen schützen sollen[794] oder wie § 96 StPO den Staat betrifft[795].

Dem wird kritisch entgegengehalten, dass der Gesetzgeber in §§ 69 III i. V. m. § 136a StPO deutlich zum Ausdruck gebracht habe, dass auch eine Verletzung des Zwangsmittelverbots gegenüber dem Zeugen ein Verwertungsverbot nach sich zieht, obwohl dies nicht unmittelbar den Rechtskreis des Angeklagten schützt.[796] Zudem habe der Angeklagte ein Recht auf ein rechtsstaatliches Verfahren, in dem auch zwingende Verfahrensvorschriften eingehalten werden müssen, die nicht ausschließlich dem Schutz des Angeklagten dienen.[797] Darüber hinaus wird angemerkt, dass Normverletzungen in diesem Bereich immer auch den „Rechts- und Interessenkreis" des Angeklagten berühren würden.[798]

2. Die in den Einzelheiten differenzierenden Schutzzwecklehren greifen auf die verletzte Beweiserhebungsvorschrift zurück und ermitteln den Schutzbereich der Norm.

Ein Ansatz der Schutzzwecklehre knüpft ausdrücklich an die Rechtskreistheorie an und lehnt eine Verwertbarkeit eines Verfahrensverstoßes ab, sofern er den Rechtskreis des Angeklagten berührt.[799] Gleichwohl wird angemerkt, dass man bei der Erörterung der Verwertbarkeitsproblematik noch das Entscheidungskriterium der „ratio der verletzten Vorschrift" berücksichtigen muss.[800] Demnach ist es sachgerecht, die Disziplinierung der Strafverfolgungsbehörden bei der Frage der Beweisverwertung zu berücksichtigen, da der Sinn der Beweisverwertungsverbote auch darin bestehe, den Anreiz zur rechtswidrigen Gewinnung von Beweismitteln zu nehmen.[801]

Daran anknüpfend erforscht eine differenzierende Ansicht den Willen des Gesetzgebers, solche Verfahrensverstöße im Rahmen des Strafprozesses zu berücksichtigen.[802] Dabei diene z.B. § 81d StPO nicht der Verhinderung einer Verwertung und nicht dem Schutz des Angeklagten, sondern dem Schutz des Schamgefühls der zu untersuchenden Person.[803]

---

794 BGHSt (GrS) 11, 213, 218.

795 KG, StV 1995, 348, 349.

796 *Rudolphi*, MDR 1970, 95; vgl. *Grünwald*, JZ 1966, 490.

797 *Rudolphi*, MDR 1970, 96.

798 *Geppert*, Jura 1988, 313.

799 *Grünwald*, JZ 1966, 490.

800 *Grünwald*, JZ 1966, 492.

801 *Grünwald*, JZ 1966, 499.

802 *Rudolphi*, MDR 1970, 97f.; vgl. *Frisch*, in: Zur Theorie und Systematik des Strafprozessrechts, S. 182ff.

803 *Rudolphi*, MDR 1970, 97.

Die weiteren Ansätze der Schutzzwecklehre erkennen das Erfordernis des Sinns und Zwecks der Beweisverwertungsverbote an, bewerten diese jedoch unterschiedlich.

Dabei wird zum einen auf präventive Aspekte der Beweisverwertungsverbote abgestellt. Ihre Funktion liegt demnach – im Sinne einer positiven Generalprävention – in der Stärkung des Rechtsbewusstseins der Allgemeinheit, da die „sittliche Autorität" und Glaubwürdigkeit des Gerichts von seinem eigenen rechtmäßigen Verhalten abhinge[804]. Daneben wird auch der spezialpräventive Zweck der Beweisverwertungsverbote betont, da die Resozialisierung des Täters in der Gerichtsverhandlung beginnen würde und der Täter das Urteil bewusst annehmen soll.[805] Umstände, die diesen spezialpräventiven und pädagogischen Bemühungen entgegenstehen, sind demnach nicht verwertbar.[806]

Einem weiteren Ansatz nach geht die bewusste normative Beschränkung auf eine Abwägung des Gesetzgebers zwischen Aufklärungsinteressen und Individualrechtschutz nach dem Verhältnismäßigkeitsgrundsatz zurück und beruht damit auf einer „bewussten Selbstbeschränkung des Staates"[807]. Demnach richtet sich ein Beweisverwertungsverbot danach, ob die Funktion der Beweiserhebungsnorm die Selbstbeschränkung des Staates zum Ausdruck bringt.[808] Dies ist bei Eingriffsverboten bzw. Handlungsanweisungen an die Strafverfolgungsorgane der Fall, die nach dieser Ansicht darüber hinaus den Norminhalt haben, dass die unter Missachtung der Norm zustande gekommenen Beweismittel nicht zur Verfügung stehen dürfen.[809]

3. Die Lehre von Informationsbeherrschungsrechten wird den Schutzzwecklehren im weiteren Sinne zugeordnet[810] und sieht die Grundlage für die Beweisverwertungsverbote im subjektiven Informationsbeherrschungsrecht des Betroffenen, das es dem Inhaber dieser Rechte erlaubt, persönliche Informationen zurückzuhalten[811]. Eine unberechtigte Speicherung und Verwertung einer rechtswidrig

---

804 *Dencker*, Verwertungsverbote im Strafprozess, S. 59ff.; dagegen *Rogall*, ZStW 91 (1979), 12ff.

805 *Otto*, GA 1970, 297.

806 Zum „Grundsatz des guten Gesprächs" und des „Täuschungsverbots" siehe *Otto*, GA 1970, 298f.

807 *Fezer*, Grundfragen der Beweisverwertungsverbote, S. 20ff.; dagegen *Amelung*, Prinzipien strafprozessualer Beweisverwertungsverbote, S. 115f., 149, 151ff.

808 *Fezer*, Grundfragen der Beweisverwertungsverbote, S. 28.

809 *Fezer*, Grundfragen der Beweisverwertungsverbote, S. 27, zu den Gegenbeispielen S. 28.

810 So *Dallmeyer*, Beweisführung im Strengbeweisverfahren, S. 209.

811 *Amelung*, Informationsbeherrschungsrechte im Strafprozess, S. 24ff.; vgl. *Störmer*, Dogmatische Grundlagen der Verwertungsverbote, S. 207ff.

erlangten Information führt demnach zu einem Anspruch auf informationelle Folgenbeseitigung[812] bzw. zu einem Unterlassungsanspruch[813]. Dieser Anspruch sei jedoch nur bei einem „informationellen Erfolgsunrecht" gegeben, also solange die Strafverfolgungsorgane Informationen speichern und verwerten, auf deren Beherrschung die Behörden allerdings keinen Anspruch haben, da die Information einem anderen zusteht.[814] Im Umkehrschluss kann bloßes „Handlungsunrecht", also ein Verfahrensmangel, dessen Beweisergebnis nicht verwertet wurde und demnach keinen Einfluss auf das Entscheidungsergebnis hatte, zu keinem Verwertungsverbot führen, es sei denn, das staatlich zu verantwortende Handlungsunrecht führt zu einem „Verlust der Straflegitimation", wie etwa bei der Verletzung der Menschenwürde oder strafbaren Strafverfolgungsmaßnahmen.[815]

Dem wird entgegengehalten, dass der datenschutzrechtliche Begriff der Information als „Operationsbasis einer strafprozessualen Lehre von Beweisverwertungsverboten ungeeignet"[816] ist. Information bedeutet Kenntnis über einen Sachverhalt, weshalb im Strengbeweisverfahren[817] der verwertete Beweis oder Beweisträger keine Information sei, „auch wenn er zu einer solchen führen kann"[818]. Zudem sei zwar das Recht auf informationelle Selbstbestimmung ein für das Strafverfahren „wichtiges Recht, aber doch nur ein Recht unter mehreren"[819]. Das „Strengbeweisrecht" erfordere die Gewährung „materiell richtiger Urteile", also auch die „objektive Einhaltung der gesetzlich normierten Wege der Wahrheitserforschung" und nicht nur die der subjektiven Rechte[820]. Dies sei vielmehr eine „extreme Subjektivierung"[821].

4. Die Beweisbefugnislehre[822] sieht die gesetzliche Grundlage zur Beweisführung in § 244 II StPO. Bei der Anwendung dieser Norm sind allerdings auch die

---

812 *Amelung*, Informationsbeherrschungsrechte im Strafprozess, S. 26, 38ff.
813 *Störmer*, Dogmatische Grundlagen der Verwertungsverbote, S. 215ff.
814 *Amelung*, Informationsbeherrschungsrechte im Strafprozess, S. 41.
815 *Amelung*, Informationsbeherrschungsrechte im Strafprozess, S. 41.
816 *Jahn*, Gutachten für den 67. DJT, C 66.
817 Siehe zum Begriff und den Anforderungen *Dallmeyer*, Beweisführung im Strengbeweisverfahren, S. 39, 43ff.
818 *Jahn*, Gutachten für den 67. DJT, C 66.
819 *Dallmeyer*, Beweisführung im Strengbeweisverfahren, S. 210; vgl. *Weßlau*, StV 1995, 279; *Jahn*, Gutachten für den 67. DJT, C 65f.
820 *Dallmeyer*, Beweisführung im Strengbeweisverfahren, S. 210.
821 *Fezer*, Grundfragen der Beweisverwertungsverbote, S. 36; *Rogall*, in: Zur Theorie und Systematik des Strafprozessrechts, S. 115.
822 Siehe zum folgenden Absatz *Jahn*, Gutachten für den 67. DJT, C 66ff.

Geeignetheit, die Erforderlichkeit sowie die Angemessenheit zu berücksichtigen. Die Geeignetheit wird demnach nur bei „offensichtlich fehlsamen Verwertungsakten“[823], die z.B. nur die Bloßstellung des Verfahrensbeteiligten bezwecken, abzulehnen sein. Die Erforderlichkeit bestimmt, ob die „Erreichung des Beweisziels auf andere Weise aussichtslos oder wesentlich erschwert wäre“. Demnach wäre beispielsweise eine Verwertung „kontaminierter Beweisträger“ unzulässig, sofern der Informationsgehalt auch über ein anderes Beweismittel eingebracht werden könnte, das im Wege einer „einwandfreien Beweiserhebung zur Verfügung steht“. Die Angemessenheitsprüfung erfolgt anhand der Wechselwirkungslehre, wodurch die grundrechtsbeschränkende Norm des § 244 II StPO „im Lichte der Bedeutung der im Einzelfall betroffenen Grundrechte“[824] auszulegen ist.

5. Nach der vorwiegend von der Rechtsprechung[825] und einem Teil der Literatur[826] vertretenen Abwägungslehre sind die Individualrechte mit dem Interesse an einer effektiven Strafverfolgung abzuwägen. Die Wurzeln der Abwägungslehre werden in dem „Medizinalassistenten-Fall“[827] aus dem Jahr 1971 gesehen.[828] Danach sind die Beeinträchtigung des Beweiswertes eines Beweisergebnisses, die Frage nach einer rechtmäßigen Erlangung des Beweismittels sowie die Schutzbedürftigkeit des Betroffenen und die Schwere des Rechtsverstoßes zu berücksichtigen.[829] Bei Verletzung des unantastbaren Kernbereichs eines Grundrechts ist dagegen eine Abwägung ausgeschlossen.[830]

Dem wird primär entgegengehalten, dass dieser Maßstab die Rechtsunsicherheit fördert, da man dessen Folgen nicht abschätzen kann und „je nach Lage der Dinge einzelne Kriterien ein- und andere ausgeblendet“ werden, was zu einem Vorrang der Einzelfallgerechtigkeit gegenüber der Rechtssicherheit führt[831]. Darin

---

823 Siehe zu den folgenden Zitaten *Jahn*, Gutachten für den 67. DJT, C 71.

824 Siehe zu den Zitaten *Jahn*, Gutachten für den 67. DJT, C 71.

825 BVerfGE 34, 238, 248f.; BVerfG, JZ 2011, 249, 250; BGHSt 24, 125, 130f.; 38, 214, 219f.; 44, 243, 249; 51, 285, 290; 52, 110, 116.

826 *Meyer-Goßner*, StPO, Einl. Rn. 55a; *Eschelbach*, in: KMR-StPO, Einl. Rn. 22f.; *Rogall*, ZStW 91 (1979), 31ff.; *ders.*, in: Zur Theorie und Systematik des Strafprozessrechts, S. 155ff.; nun „normative Fehlerfolgenlehre“, *ders.*, in: FS-Grünwald, 546f.; *ders.*, in: FS-Hanack, S. 304ff.

827 BGHSt 24, 125ff.

828 So *Jahn*, Gutachten für den 67. DJT, C 45f. m.w.N.

829 BGHSt 24, 125, 130f.

830 BVerfGE 34, 238, 245; 80, 367, 373ff.; vgl. BVerfGE 109, 279, 324; BGHSt 31, 296, 299f.; 44, 138, 143.

831 *Jahn*, Gutachten für den 67. DJT, C 48; vgl. *Dallmeyer*, Beweisführung im Strengbeweisverfahren, S. 213ff.

begründe sich zwar das Erfolgskonzept dieses „Vielfaktorenansatzes“[832], allerdings führe die Rechtsunsicherheit zu einer Verletzung des Rechtsstaatsprinzips aus Art. 20 III GG[833].

6. Daran anknüpfend wird auch eine Kombination der Abwägungs- und der Schutzzwecklehre vertreten.[834] Demnach ist auf eine Abwägung zu verzichten, sofern gegen Bestimmungen des Strafverfahrensrechts verstoßen wurde, da die Abwägung bereits der Gesetzgeber übernommen hat und der Gesetzesanwender an diese Entscheidung gebunden ist.[835] Insofern ist bei unselbstständigen Beweisverwertungsverboten der Schutzzweck der gesetzlich fixierten Wertung zu ermitteln. Da eine solche Wertung bei selbstständigen Beweisverwertungsverboten aufgrund eines fehlenden Beweiserhebungsverbotes nicht ersichtlich ist und vielmehr eine verfassungskonforme Ableitung erfordert, muss auf die allgemeine Abwägungsmaßstäbe zurückgegriffen werden.[836]

dd) Die Begründung selbstständiger Beweisverwertungsverbote

Dieser „unbefriedigende Meinungsstand“[837] im Rahmen der unselbstständigen Beweisverwertungsverbote lässt die Voraussetzungen eines selbstständigen Beweisverwertungsverbots weitgehend unberührt. Ein selbstständiges Beweisverwertungsverbot ist nach Rechtsprechung[838] und Literatur[839] nur durch eine Abwägung der gegenüberstehenden Interessen zu ermitteln. Gegenteiliges ist mit den hier dargestellten Argumenten im Rahmen der unselbstständigen Beweisverwertungsverbote nicht zu leisten, da mangels eines Beweiserhebungsverbots bei den selbstständigen Beweisverwertungsverboten schon nicht der Sinn und Zweck einer Verfahrensvorschrift und folglich auch nicht der Wille des Gesetzgebers

---

832 *Jahn*, Gutachten für den 67. DJT, C 48.

833 So *Jahn*, Gutachten für den 67. DJT, C 49 m.w.N. in Fn. 187.

834 *Beulke*, ZStW 103 (1991), 663f.; *ders.*, Strafprozessrecht, Rn. 458; *Eisenberg*, StPO, Rn. 370.

835 *Beulke*, ZStW 103 (1991), 663f.; *ders.*, Strafprozessrecht, Rn. 458; *Eisenberg*, StPO, Rn. 370.

836 *Beulke*, ZStW 103 (1991), 663f.; *ders.*, Strafprozessrecht, Rn. 458; *Eisenberg*, StPO, Rn. 370.

837 *Jahn*, Gutachten für den 67. DJT, C 78; *Rogall* bezeichnet die Frage als „hoffnungslos umstritten“, *ders.*, ZStW 91(1979), 23.

838 BVerfGE 34, 238, 246ff.; 80, 367, 373; BGHSt 34, 397, 401; 44, 46, 48.

839 *Beulke*, Strafprozessrecht, Rn. 458; *Küpper*, JZ 1990, 419; *Fezer*, Grundfragen der Beweisverwertungsverbote, S. 4ff.; *Eisenberg*, StPO, Rn. 370; i.E. auch *Jahn*, Gutachten für den 67. DJT, C 78ff.

nach dem Gedanken der Schutzzwecktheorien erforscht werden könnte. Dies ist vielmehr im Rahmen einer verfassungskonformen Abwägung unter Berücksichtigung verfassungsmäßiger Prinzipien zu ermitteln.[840]

Das Bundesverfassungsgericht stellte beispielsweise die Bedeutung des Nemo-tenetur-Grundsatzes bei der Begründung eines selbstständigen Beweisverwertungsverbots im „Gemeinschuldner-Beschluss" fest[841]. Daneben können auch Verstöße gegen das Prinzip des fairen Verfahrens[842] und das Allgemeine Persönlichkeitsrecht im Sinne der „Sphärentheorie"[843] ein selbstständiges Beweisverwertungsverbot begründen[844].

ee) Die Fernwirkung von Beweisverwertungsverboten

Die Frage einer Fernwirkung der Beweisverwertungsverbote ist „eine der streitigsten Sachfragen des deutschen Strafprozessrechts"[845] und soll hier kurz skizziert werden. Der Kern der Diskussion ist, ob nur das unmittelbar rechtswidrig erlangte Beweismittel von einem Beweisverwertungsverbot erfasst ist oder auch die daraus gewonnenen weiteren Erkenntnisse und Spuren umfasst sind.[846] Die ständige Rechtsprechung[847] und ein Teil der Literatur[848] lehnen eine Fernwirkung ab. Dabei wird das äußerst kritisch[849] beurteilte kriminalpolitische Argument vorgebracht, dass nicht jeder Verfahrensfehler, der ein Verwertungsverbot eines Beweismittels herbeiführt, ohne Weiteres dazu führen darf, dass das gesamte Strafverfahren „lahm gelegt wird"[850]. Für eine „wirksame Verbrechensbekämpfung" sei die Ablehnung der Fernwirkung erforderlich[851].

---

840 *Fezer*, Grundfragen der Beweisverwertungsverbote, S. 6.

841 BVerfGE 56, 37, 50ff.

842 Siehe *Jahn*, Gutachten für den 67. DJT, C 80f. m.w.N.; vgl. BGHSt 24, 125, 131f.; 42, 191, 193; *Roxin/Schünemann*, Strafverfahrensrecht, § 11 Rn. 8; *Rogall*, ZStW 91 (1979), 22f.

843 Siehe „Tagebuch-Beschluss", BVerfGE 34, 238, 245f.; vgl. auch BVerfGE 80, 367, 373f.; *Gössel*, in: LR-StPO, Einl. Abschn. L, Rn. 83ff.; kritisch dazu *Jahn*, Gutachten für den 67. DJT, C 83.

844 Vgl. *Eisenberg*, StPO, Rn. 385ff.

845 *Jahn*, Gutachten für den 67. DJT, C 91.

846 *Rogall*, in: SK-StPO, § 136a Rn. 108.

847 BGHSt 27, 355, 358; 34, 362, 364; 51, 1, 8.

848 *Gössel*, in: LR-StPO, Einl. Abschn. L, Rn. 106ff.

849 *Jahn*, Gutachten für den 67. DJT, C 92f. m.w.N.; vgl. *Dencker*, Verwertungsverbote im Strafprozess, S. 79f.; *Rogall*, in: SK-StPO, § 136a Rn. 115.

850 BGHSt 27, 355, 358; 32, 68, 71; 34, 362, 364; 51, 1, 8.

851 BGHSt 34, 362, 364.

Dem wird jedoch zu Recht entgegengehalten, dass die Verwertung eines konkreten Beweismittels und nicht die Verhinderung eines Strafprozesses zu beurteilen ist, mag das Beweismittel auch fallentscheidend sein.[852] Insbesondere wird die Beweissituation bei Annahme der Fernwirkung wiederhergestellt, die bei rechtmäßigem Verhalten der Strafverfolgungsbehörden bestanden hätte.[853] Die Strafverfolgungsbehörden haben es daher selbst in der Hand, „durch saubere Ermittlungstätigkeit die Lahmlegung der Strafverfolgung zu verhindern“[854]. Zudem könne man auf die Dogmatik der Beweisverwertungsverbote auch ganz verzichten, wolle man die Reichweite derselben nach dem jeweiligen Maß des Beweismittelverlustes bestimmen.[855] Ohnehin ist aufgrund der geringen Anzahl an relevanten Fälle anzunehmen, dass nur wenige Verfahren von einer Fernwirkung der Beweisverwertungsverbote beeinflusst wären und deshalb kaum von der Gefahr einer Ineffizienz der Strafverfolgung gesprochen werden kann.[856]

Die Gegenposition[857] zur Rechtsprechung sieht daher, nach dem Vorbild der US-amerikanischen „fruit of the poisonous tree doctrine“[858], auch eine Fernwirkung der Beweisverwertungsverbote auf mittelbare Beweismittel vor. Wolle man die Effizienz von Beweisverwertungsverboten nicht „unterhöhlen“, müsse man generell die Fernwirkung bejahen, da ein Verwertungsverbot hinsichtlich der unmittelbaren rechtswidrigen Maßnahme bei gleichzeitiger Verwertung des mittelbar gewonnenen Beweismittels „widersinnig“ wäre[859]. Dies wird vor der Berücksichtigung der hypothetischen Kausalverläufe angenommen, wonach zu erörtern ist, ob das mittelbare Beweismittel auch auf einem anderen Weg hätte erlangt werden können.[860]

Eine vermittelnde Ansicht[861] trifft keine abstrakte Aussage zu der Fernwirkung der Beweisverwertungsverbote. Konkretes müsse anhand des Einzelfalls

---

852 *Jahn*, Gutachten für den 67. DJT, C 93; vgl. *Grünwald*, StV 1987, 472.

853 *Grünwald*, StV 1987, 472.

854 *Reichert-Hammer*, JuS 1989, 449.

855 Deutlich *Jahn*, Gutachten für den 67. DJT, C 93.

856 *Dencker*, Verwertungsverbote im Strafprozess, S. 79f.; *Reichert-Hammer*, JuS 1989, 449.

857 *Reinecke*, Die Fernwirkung von Beweisverwertungsverboten, S. 215f.; *Kühne*, Strafprozessrecht, Rn. 912f.; *Dencker*, Verwertungsverbote im Strafprozess, S. 76ff.; *Grünwald*, StV 1987, 472f.; *Otto*, GA 1970, 294; *Haffke*, GA 1973, 80.

858 Nicht immer mit diesem konkreten Bezug.

859 *Kühne*, Strafprozessrecht, Rn. 912.1.

860 *Reinecke*, Die Fernwirkung von Beweisverwertungsverboten, S. 215; dazu S. 133.

861 *Beulke*, ZStW 103 (1991), 679; differenzierend auch *Rogall*, in: SK-StPO, § 136a Rn. 109ff.; *Eisenberg*, StPO, Rn. 408; *Gleß*, in: LR-StPO, § 136a Rn. 76; *Jahn*, Gutachten für den 67. DJT, C 94f.; vgl. *Pauchstadt-Maihold*, in: KMR-StPO, § 136a Rn. 30.

entschieden werden, wobei zwischen dem Strafverfolgungsinteresse und dem zu schützenden Individualinteresse abzuwägen sei.[862] Dazu wäre unter anderem die Schwere und die verfassungsrechtliche Bedeutung des Verstoßes zu berücksichtigen.[863] Ein weiterer Ansatz dieser vermittelnden Ansicht möchte nach der Wirkung des Verstoßes auf der Ebene der Angemessenheit differenzieren.[864] Einigkeit herrscht jedenfalls im Rahmen dieser Ansicht, dass im Falle eines Eingriffs in den Kernbereich der Menschenwürdegarantie des Art. 1 I 1 GG eine Fernwirkung der Beweisverwertungsverbote gegeben ist.[865] Unter Berücksichtigung der Grundrechtserheblichkeit erfordert deshalb die Verletzung des Nemo-tenetur-Prinzips die uneingeschränkte Fernwirkung des Beweisverwertungsverbots.[866]

ff) Die Beachtlichkeit hypothetisch rechtmäßiger Beweisgewinnung

Im Rahmen der Fernwirkung von Beweisverwertungsverboten wird diskutiert, ob das mittelbar gewonnene Beweismittel trotz einer rechtswidrigen Beweisermittlungs-methode dadurch „legitimiert" werden kann, dass die Strafverfolgungsbehörden es auch auf einem anderen rechtmäßigen Weg hätten erlangen können.[867] Bei der Prüfung hypothetischer Beweisermittlungen ist zu fragen, ob das Beweismittel trotz der Verletzung der Beschuldigtenrechte auf einem sauberen Weg[868] gefunden worden wäre. Die Berücksichtigung hypothetischer Kausalverläufe im Rahmen der Feststellung der Beweisverwertungsverbote würde die Wirkung von Beweisverwertungsverboten erheblich einschränken, da im Fall einer potenziellen rechtmäßigen Beweisgewinnung ein Beweisverwertungsverbot ausscheiden würde.

Im Rahmen der unselbstständigen Beweisverwertungsverbote ist ein solcher hypothetischer Weg nach der Rechtsprechung[869] sowie der herrschenden

---

862 *Beulke*, ZStW 103 (1991), 679.

863 *Eisenberg*, StPO, Rn. 408.

864 *Jahn*, Gutachten für den 67. DJT, C 94f.

865 *Jahn*, Gutachten für den 67. DJT, C 94f.; *Eisenberg*, StPO, Rn. 408; vgl. zum „Spurenansatz" BVerfGE 109, 279, 331.

866 *Rogall* bejaht eine Fernwirkung bei Verstößen gegen § 136a I, II StPO unter Berücksichtigung eines „tatsächlich vorhandenen alternativen Beweisverlaufs", siehe *ders.*, in: SK-StPO, § 136a Rn. 113, 126; vgl. auch *Eisenberg*, StPO, Rn. 409f.; *Beulke*, Strafprozessrecht, Rn. 482.

867 *Beulke*, Strafprozessrecht, Rn. 483.

868 Im US-amerikanischen Recht gibt es die sog. „independent source exception" nach der „hypothetical clean path doctrine", siehe dazu *Rogall*, in: SK-StPO, § 136a Rn. 116.

869 BGHSt 24, 125, 130ff.; 44, 243, 248ff.; 48, 240, 249.

Literatur[870] zu berücksichtigen. Die hypothetische Beweisgewinnung muss danach die konkrete und tatsächlich mögliche Beweiserlangung berücksichtigen und darf nicht nur die generellen, die abstrakten sowie die legalen Möglichkeiten der Strafprozessordnung in Betracht ziehen, die dieselben Beweismittel hervorgebracht hätten.[871] Dabei muss auf die Gewinnung eines konkreten Beweismittels und nicht auf die generelle Möglichkeit der Überführung des Angeklagten eingegangen werden.[872] Weitergehend wird die hypothetische Beweisgewinnung eingeschränkt, indem der Ermittlungsweg der Strafverfolgungsbehörden, der zu dem Beweismittel geführt hätte, zum Zeitpunkt der rechtswidrigen Beweisgewinnung schon beschritten gewesen sein muss.[873] Dies dämmt insofern den weiten Spekulationsspielraum jedes möglichen Kausalverlaufs ein.[874] Eine „abstrakte und spekulative Möglichkeit“[875] reicht für die Hypothese nicht aus, eher muss auch tatsächlich die Möglichkeit bestanden haben und damit die rechtmäßige Beweiserlangung in „hohem Maße wahrscheinlich“[876] gewesen sein.

Die hypothetische Prüfung einer alternativen rechtmäßigen Beweiserlangung steht durch die subjektiven Kriterien der Wahrscheinlichkeiten und Ungewissheiten offensichtlich auf wackligen Beinen und spiegelt durch die „unklaren Voraus-setzungen“[877] nur die Hilflosigkeit bei der Herleitung von Beweisverwertungsverboten wider. Daher liegt die Vermutung nahe, dass nachträgliche, im

870 *Beulke*, ZStW 103 (1991), 657ff.; *ders.*, Strafprozessrecht, Rn. 483; *Rogall*, NStZ 1988, 385ff.; *ders.*, in: SK-StPO, § 136a Rn. 120ff.; *Eisenberg*, StPO, Rn. 409; *Meyer-Goßner*, StPO, Einl. Rn. 57c; *Schröder*, Beweisverwertungsverbote und die Hypothese rechtmäßiger Beweiserlangung im Strafprozess, S. 72ff.; *Grünwald*, JZ 1966, 495; *Rödiger*, Strafverfolgung von Unternehmen, S. 313.; kritisch *Jahn*, Gutachten für den 67. DJT, C 77f.; *Dallmeyer*, Beweisführung im Strengbeweisverfahren, S. 202ff.; *Kühne*, Strafprozessrecht, Rn. 909.1.

871 *Meyer-Goßner*, StPO, Einl. Rn. 57c; *Beulke*, ZStW 103 (1991), 674; *Kelnhofer*, Hypothetische Ermittlungsverläufe im System der Beweisverbote, S. 276ff.; *Rogall*, NStZ 1988, 392.

872 *Rogall*, in: SK-StPO, § 136a Rn. 121.

873 *Rogall*, NStZ 1988, 392; *ders.*, in: SK-StPO, § 136a Rn. 121; *Schröder*, Beweisverwertungsverbote und die Hypothese rechtmäßiger Beweiserlangung im Strafprozess, S. 114; *Rogall*, NStZ 1988, 392; *ders.*, in: SK-StPO, § 136a Rn. 121; *Reichert-Hammer*, JuS 1989, 450; *Rödiger*, Strafverfolgung von Unternehmen, S. 313.

874 *Reichert-Hammer*, JuS 1989, 450.

875 *Eisenberg*, StPO, Rn. 410.

876 *Schröder*, Beweisverwertungsverbote und die Hypothese rechtmäßiger Beweiserlangung im Strafprozess, S. 121; vgl. *Rogall*, NStZ 1988, 392; *Beulke*, ZStW 103 (1991), 670f.

877 Siehe *Jahn*, Gutachten für den 67. DJT, C 75ff.

Einzelnen ungewisse Hypothesen die essentiellen Verfahrensrechte des Beschuldigten aushöhlen und Beweisverwertungsverbote entwerten könnten.[878]

Zunächst lassen sich der Strafprozessordnung keine Normen entnehmen, die eine Heilung eines Verfahrensfehlers durch hypothetische Kausalverläufe zulassen oder dies erfordern würden.[879] Die Strafprozessordnung legt durch „Rechtssicherheit und -klarhe it" besonderen Wert auf die „strikte" Einhaltu ng der Formvorschriften, dies sollte nicht durch Ungewissheiten und Spekulationen „aus den Angeln gehoben werden"[880]. Zudem wirft die Berücksichtigung der Hypothese im Rahmen des Strafprozesses grundsätzliche Bedenken auf. Hypothetische Kausalverläufe führen im materiellen Strafrecht, etwa bei der Frage des rechtmäßigen Alternativverhaltens im Rahmen der Fahrlässigkeitsstrafbarkeit, zu einem Zurechnungsausschluss und damit zur Straf-losigkeit des Beschuldigten, wohingegen die hier versuchte Ablehnung des Beweisverwertungsverbots über die hypothetische Prüfung gerade den Beschuldigten belastet und damit auf eine unzulässige Analogie zu seinen Lasten hinausläuft.[881] Insofern sind hypothetische Kausalverläufe „mangels formell-parlamentarischer Grundlage"[882] und aufgrund der – einer Hypothese immanenten – Problematik der Ungewissheit sowie Unvorhersehbarkeit abzulehnen. Auch der Zweck einer effektiven Strafverfolgung kann das Mittel der hypothetischen Kausalverläufe nicht heilen.[883]

gg) Das Zwangsmittel- und Beweisverwertungsverbot zum Schutz des Nemo-tenetur-Prinzips

Die Kernvorschrift zum Schutz der Selbstbelastungsfreiheit ist § 136a StPO,[884]wobei das strafprozessuale Zwangsmittelverbot gemäß § 136a I StPO durch das absolute strafprozessuale Verwertungsverbot gemäß § 136a III S. 2 StPO flankiert wird.

---

878 *Dallmeyer*, Beweisführung im Strengbeweisverfahren, S. 203; vgl. *Fezer*, StV 1989, 294; *Haffke*, GA 1973, 82; *Kelnhofer*, Hypothetische Ermittlungsverläufe im System der Beweisverbote, S. 200ff.

879 *Jahn*, Gutachten für den 67. DJT, C 77; *Dallmeyer*, Beweisführung im Strengbeweisverfahren, S. 202; *Haffke*, GA 1973, 82.

880 *Haffke*, GA 1973, 82.

881 *Jahn*, Gutachten für den 67. DJT, C 77; *Dallmeyer*, Beweisführung im Strengbeweisverfahren, S. 202.

882 *Jahn*, Gutachten für den 67. DJT, C 78.

883 *Dallmeyer* spricht von „Zaubertricks" die zum gewünschten Ergebnis führen, siehe *ders.*, Beweisführung im Strengbeweisverfahren, S. 204.

884 *Rogall*, Der Beschuldigte als Beweismittel gegen sich selbst, S. 50; *Rogall*, in: SK-StPO, § 136a Rn. 4.

Die Freiheit der Willensentschließung und der Willensbetätigung des Beschuldigten darf gemäß § 136a I StPO weder durch Misshandlung, Ermüdung, körperlichen Eingriff, Verabreichung von Mitteln, Quälerei, Täuschung oder Hypnose beeinträchtigt werden. Zwang darf nur angewendet werden, soweit das Strafverfahrensrecht dies zulässt. Die Drohung mit einer nach den Vorschriften der StPO unzulässigen Maßnahme und das Versprechen eines gesetzlich nicht vorgesehenen Vorteils sind verboten.

Damit ist der staatliche Zwang zur Aussagegewinnung im Rahmen des gesamten Verfahrens rechtswidrig, da die freie Willenssteuerung des Befragten unmittelbar angegriffen werden würde. Das Zwangsmittelverbot konkretisiert den verfassungsrechtlichen Anspruch des Beschuldigten, unbeeinflusst über die Umstände seiner Aussage zu entscheiden, und normiert, dass es „keine Wahrheitsfindung um jeden Preis" geben kann und die Wahrheitsfindung durch die Rechte des Beschuldigten eingeschränkt wird[885]. Eine Anwendung dieser Mittel würde einer verfassungsgemäßen Strafrechtspflege widersprechen und „damit eine Selbstdarstellung als Rechtsstaat unmöglich"[886] machen. „Dass verbotene Vernehmungsmethoden nach § 136a StPO zu einem Verwertungsverbot führen, versteht sich angesichts der besonderen Schwere des Verstoßes und seiner Bedeutung für elementare Rechte des Betroffenen von selbst."[887] Trotz der Bedeutung des § 136a StPO im Zusammenhang mit der Selbstbelastungsfreiheit definiert dessen Tatbestand nicht den Schutzbereich des fair-trial-Prinzips. Einzelne Merkmale des Zwangs können zwar korrespondieren, allerdings ist auch eine Verletzung des Nemo-tenetur-Prinzips unterhalb der „hohen Schwelle"[888] dieser Norm möglich. § 136a StPO erfasst nur die „gröbsten Fälle" eine Verstoßes gegen Nemo-tenetur und trifft keine Aussagen hinsichtlich der Passivität des Beschuldigten im Strafverfahren.[889]

Gemäß § 136a III S. 2 StPO dürfen Aussagen nicht verwertet werden, sofern sie unter Verletzung des Zwangsmittelverbots zustande gekommen sind. Dies gilt auch im Fall der Zustimmung des Befragten. Das absolute Verwertungsverbot untersagt jede unmittelbare und mittelbare Verwertung der Aussagen, die durch verbotene Vernehmungsmethoden erlangt wurden,[890] wobei ein Widerspruch in der Hauptverhandlung – im Gegensatz zu § 136 StPO – nicht erforderlich ist.

---

885 St. Rspr. BGHSt 14, 358, 365; 38, 214, 220; 51, 285, 290; 52, 11, 17.
886 *Rogall*, in: SK-StPO, § 136a Rn. 4.
887 BGHSt 38, 214, 222.
888 *Eidam*, Die strafprozessuale Selbstbelastungsfreiheit am Beginn des 21. Jahrhunderts, S. 368.
889 *Rogall*, Der Beschuldigte als Beweismittel gegen sich selbst, S. 106.
890 *Gleß*, in: LR-StPO, § 136a Rn. 73.

c) Schweigen zum Nachteil des Angeklagten?

Der Begründung eines staatlichen Zwangsmittelverbots zum Ziel der aktiven Mittwirkung folgt die Frage nach den Folgen eines Schweigens im Strafprozess.[891] Denn was nützt dem Betroffenen die Selbstbelastungsfreiheit, wenn er einen Nachteil zu befürchten hätte. Dabei kann zwischen folgenden Aussageverhalten differenziert werden: Der Beschuldigte trifft während des gesamten Verfahrens keine Aussage, er schweigt in bestimmten Verfahrensabschnitten oder zu einer von mehreren Taten. Darüber hinaus ist zu unterscheiden, ob der Beschuldigte zu gewissen Teilpunkten Aussagen trifft oder nach einzelnen Fragen die Antwort verweigert bzw. diesen ausweicht.[892] Die Folgen eines Schweigens des Betroffenen im Strafverfahren werden unterschiedlich bewertet.

aa) Schweigen während des gesamten Verfahrens

Sofern der Beschuldigte von dem Recht gebraucht macht, während des gesamten Verfahrens zu schweigen, darf dies – und das „versteht sich von selbst"[893] – nicht als Schuldindiz und damit nicht zu seinem Nachteil ausgelegt werden.[894]

Es könnte die Vermutung naheliegen, dass die Aussage aufgrund der Selbstbelastung verweigert wird. Allerdings ist dieser Schluss nichts mehr als eine Mutmaßung, da das Schweigen keinen verlässlichen Erkenntniswert liefert.[895] Die Gründe für ein Schweigen können „mannigfaltiger Art"[896] sein, wobei der Beschuldigte für sein Schweigen durchaus anerkennenswerte Gründe haben kann[897].

---

891 *Rogall*, Der Beschuldigte als Beweismittel gegen sich selbst, S. 247.

892 *Eisenberg*, StPO, Rn. 906.

893 BT-Drucks. IV/178, S. 32.

894 Ausführlich dazu *Kühl*, JuS 1986, 119; siehe auch *Schneider*, Grund und Grenzen des strafrechtlichen Selbstbegünstigungsprinzips, S. 29; *Rogall*, Der Beschuldigte als Beweismittel gegen sich selbst, S. 248; *Prasch*, Die List in der Vernehmung und Befragung des Beschuldigten, S. 67; vgl. *Dingeldey*, JA 1984, 413; *Stree*, JZ 1966, 594f.; *Wessels*, JuS 1966, 171f.; *Gleß*, in: LR-StPO, § 136 Rn. 36; BGHSt 32, 140, 144; 38, 302, 305; 45, 367, 368; anders *Ostermeyer*, NJW 1967, 916f.; *Kohlhaas*, NJW 1965, 2283f. Der EGMR lässt in diesem Zusammenhang die Verwertung des Schweigens im Rahmen der Beweiswürdigung in weitergehendem Umfang zu, siehe JR 2005, 423, 424; vgl. *Rogall*, in: SK-StPO, Vor § 133 Rn. 131; *Paeffgen*, in: SK-StPO, Art. 6 EMRK Rn. 83f.

895 *Stree*, JZ 1966, 598; vgl. *Rogall*, Der Beschuldigte als Beweismittel gegen sich selbst, S. 247f.

896 *Stree*, JZ 1966, 598.

897 BGHSt 5, 332, 334.

Die Bewertung zum Nachteil des Beschuldigten wäre „nicht tragbar"[898], da es das Nemo-tenetur-Prinzip schlichtweg aushöhlen würde[899]. Das Wesen des Prinzips ist der Schutz des Beschuldigten im Strafverfahren. Sofern die Ingebrauchnahme des Rechts zu seinem Nachteil ausgelegt werden würde, könnte das Prinzip den Anspruch eines Abwehrrechts nicht mehr erfüllen. Der Beschuldigte ginge dann davon aus, eine Aussage treffen zu müssen, weshalb er gegen seinen Willen aussagen würde. Daher ist auch das Fragen nach den Gründen des Schweigens unzulässig, da die das Schweigen begründenden Tatsachen eine Wertung zuließen, die gerade durch das Schweigerecht vermieden werden soll.[900]

bb) Schweigen in einzelnen Verfahrensabschnitten

Ein zeitweises Schweigen liegt beispielsweise vor, wenn der Beschuldigte im Ermittlungsverfahren aussagt, hingegen in der Hauptverhandlung schweigt. Sofern der Beschuldigte in den einzelnen Verfahrensabschnitten ein unterschiedliches Aussageverhalten zeigt, dürfen daraus ebenfalls keine nachteiligen Schlüsse gezogen werden.[901] Denn zum einen kann es der Beschuldigte aus verschiedenen Gründen für richtig erachten, nicht vor der Polizei, sondern erst vor dem Gericht auszusagen,[902] zum anderen würde sich der Beschuldigte gezwungen sehen, sofort bei seiner ersten polizeilichen Vernehmung auszusagen, wenn er der Gefahr vorbeugen will, dass aus seinem späteren Verhalten im Hauptverfahren nachteilige Schlüsse gezogen werden.[903] Damit wäre er in seinem freien Willen beeinträchtigt.[904] Des Weiteren zeigen die Normen der §§ 249ff. und § 254 StPO den eigenständigen Charakter der Hauptverhandlung, die insofern keine bloße Weiterführung des Ermittlungsverfahrens ist.[905] Das Schweigen kann daher nicht auf die Hauptverhandlung durchschlagen, weshalb das teilweise passive Verhalten der völligen Passivität gleichsteht.[906]

---

898 BGHSt 20, 281, 283.

899 *Schneider* spricht von einer „faktischen Entwertung", siehe *ders.*, Grund und Grenzen des strafrechtlichen Selbstbegünstigungsprinzips, S. 29; vgl. auch *Dingeldey*, JA 1984, 413.

900 Vgl. dazu *Kühl*, JuS 1986, 119; *Wessels*, JuS 1966, 172; a.A. *Ostermeyer*, NJW 1967, 916.

901 BGHSt 20, 281, 282; 38, 302, 305; OLG Braunschweig, JZ 1966, 618; OLG Oldenburg, NJW 1969, 806f.; *Wessels*, JuS 1966, 172; *Stree*, JZ 1966, 596ff.; *Eisenberg*, StPO, Rn. 902ff.

902 BGHSt 20, 281, 283.

903 BGHSt 20, 281, 283; 38, 302, 305; dem zustimmend *Stree*, JZ 1966, 597.

904 BGHSt 38, 302, 305.

905 *Wessels*, JuS 1966, 172.

906 So *Stree*, JZ 1966, 598.

cc) Schweigen zu einer von mehreren Taten

Sofern dem Beschuldigten mehrere Delikte zur Last gelegt werden, er aber nur bezüglich eines Tatvorwurfs aussagen möchte, hat er sich bezüglich des anderen Tatvorwurfs nicht als ein Beweismittel zur Verfügung gestellt, sondern von seinem Recht Gebrauch gemacht, zur Sachaufklärung nichts beizutragen.[907] Damit kommt dem Verhalten des Beschuldigten auch keine Indizwirkung zu.[908]

dd) Schweigen auf einzelne Fragen

Die Folgen eines teilweisen Schweigens werden unterschiedlich bewertet. Rechtsprechung[909] und Teile der Literatur[910] gehen davon aus, dass ein Schweigen auf bestimmte Fragen in der Beweiswürdigung verwertet bzw. berücksichtigt werden kann.

Ein Teil der Literatur lässt grundsätzlich, aufgrund des Einlassungszeitpunkts des Aussagenden sowie der damit verbundenen Umstände, Schlüsse auf den Wahrheitsgehalt der Aussage zu.[911] Eine Aussage verliere an Wert, wenn sie besonders spät im Verfahren getätigt werden würde, da der Beschuldigte mehr Zeit hätte, sich „Ausreden zurechtzulegen"[912]. Jemand, der zu Unrecht belastet wird, würde sofort und „ohne Winkelzüge"[913] reden. Müsste man die erst später im Verfahren vorgebrachte Einlassung wie eine anfängliche bewerten, wiche der Richter vom Pfade der Wahrheit ab und beträte das Reich der Fiktion, was ihm noch nie zugemutet worden wäre.[914] Die Fairness gebiete es, den Beschuldigten darauf hinzuweisen, dass dem nur dem Gesetz unterworfenen Richter nicht verwehrt werden kann, aus dem Schweigen Rückschlüsse zu ziehen.[915] Damit würde dem Betroffenen die Entscheidungsfreiheit, zu reden oder zu schweigen, nicht abgesprochen, sondern ihm lediglich der Einblick in die Folgen ermöglicht.[916]

907 BGHSt 32, 140, 145; 40, 367, 369.

908 BGHSt 32, 140, 145.

909 BGHSt 20, 298ff.; 32, 140, 145; 38, 302, 307; 45, 367, 369; vgl. OLG Oldenburg, NJW 1969, 806f.; OLG Braunschweig, JZ 1966, 618.

910 *Wessels*, JuS 1966, 172; *Ostermeyer*, NJW 1967, 916f., a.A. *Rogall*, Der Beschuldigte als Beweismittel gegen sich selbst, S. 250ff.; *Eisenberg*, StPO, Rn. 909.

911 *Ostermeyer*, NJW 1967, 916f.

912 *Ostermeyer*, NJW 1967, 916.

913 *Ostermeyer*, NJW 1967, 916

914 *Ostermeyer*, NJW 1967, 916.

915 *Ostermeyer*, NJW 1967, 916.

916 *Ostermeyer*, NJW 1967, 916f.

Darüber hinaus wird vertreten, dass Teilaussage und Teilschweigen eine sogenannte „Gesamteinlassung“[917] darstelle. Das teilweise Schweigen bilde demnach einen negativen Bestandteil der Aussage des Beschuldigten, die in ihrer Gesamtheit der freien richterlichen Beweiswürdigung gemäß § 261 StPO unterliege.[918] Im Fall des teilweisen Schweigens ließe sich die neue Aussage mit Blick auf das Ganze, also auch auf das vorherige Schweigen, berücksichtigen.[919] Die Weigerung, zu bestimmten Fragen zu schweigen, färbe auf die Aussage ab und hafte ihr gleichsam als ausdrucksvolles Anhängsel an.[920] Gleichwohl müsse das Gericht sich der Grenzen seiner Erkenntnismöglichkeit bewusst bleiben und aus der Verweigerung einer Erklärung keine sicheren und abschließenden Schlüsse ziehen, solange das Motiv nicht eindeutig feststehe.[921] Im Zweifel sei wegen des Grundsatzes „in dubio pro reo“ für den Angeklagten zu entscheiden.[922]

Die frühere Rechtsprechung ging in diesem Zusammenhang davon aus, dass sich der Beschuldigte – in freiem Entschluss – selbst zu einem Beweismittel gemacht hat und sich damit der freien Beweiswürdigung unterstellt habe.[923] Somit komme dem Schweigen eine indizielle Bedeutung zu,[924] da es dem Tatrichter nicht verwehrt sein könne, daraus Schlüsse zu ziehen, dass ein Angeklagter bestimmte Einzelfragen unbeantwortet lässt.[925] Dadurch dürften auch für den Angeklagten nachteilhafte Schlüsse zugelassen werden.[926] Dies sei dem Richter nicht nur gestattet, dazu sei er auch verpflichtet.[927] Die neuere Rechtsprechung versucht diese weite Öffnung zu schließen und „ist der Auffassung, dass nachteilige Schlüsse aus der Wahrnehmung prozessualer Rechte durch einen Angeklagten jedenfalls dann

---

917 *Wessels*, JuS 1966, 172.

918 *Wessels*, JuS 1966, 172.

919 *Wessels*, JuS 1966, 172.

920 So *Stree*, JZ 1966, 598.

921 Nach *Wessels* rechtfertigt das Schweigen auf eine Alibifrage noch nicht den Schluss, dass der Angeklagte sich zur Tatzeit am Tatort aufgehalten hat. Der Grund könne zum Beispiel in der Rücksichtnahme auf die Ehe oder private Beziehungen liegen, siehe *ders.*, JuS 1966, 172. *Gleß* geht dagegen davon aus, dass ein Teilschweigen auf eine Alibifrage – nach Lage des Einzelfalls – einem „Geständnis geradezu gleichstehen“ kann, *ders.*, LR-StPO, § 136 Rn. 38.

922 Nur *Wessels*, JuS 1966, 172.

923 BGHSt 20, 298, 300; OLG Oldenburg, 1969, 806; vgl. auch OLG Braunschweig, JZ 1966, 618.

924 BGHSt 32, 140, 145; 45, 367, 369.

925 BGHSt 20, 298, 300.

926 OLG Braunschweig, JZ 1966, 618.

927 BGHSt 20, 298, 299.

nicht gezogen werden dürfen, wenn dieses Prozessverhalten nicht in einem engen und einem einer isolierten Bewertung unzugänglichen Sachzusammenhang mit dem Inhalt seiner Einlassung steht"[928].

Gegen das Argument der Gesamteinlassung spricht, dass sich aktives und passives Verhalten, in Form von Aussage und Schweigen, nicht zusammenfassen lassen.[929] Schweigen als „negativer Bestandteil" der Aussage, würde eine Wertung aufgrund eines Bildes nach außen und nicht aufgrund rechtlicher Überlegungen zulassen[930]. „Es stünde dann gar nicht mehr das Prinzip der Aussagefreiheit zur Debatte, sondern der Wertgehalt möglicher Beweisanzeichen."[931] Die Idee der Gesamteinlassung beruht lediglich auf dem Gedanken, das an sich unverwertbare Schweigen verwertbar machen zu wollen.[932]

Beachtlich und doch verwunderlich ist, dass in diesem Zusammenhang der Grundsatz „in dubio pro reo" vorgebracht wird,[933] um im Zweifel für den Angeklagten zu entscheiden und damit sein Schweigen nicht in die Beweiswürdigung einfließen zu lassen. Dabei wird verkannt, dass der Zweifel schon das Schweigen an sich ist. Ein Schweigen kann verwerfliche oder nachvollziehbare Gründe haben. Dabei entziehen sich die Motive sowie die psychische Verfassung des Beschuldigten dem Beweis und sind damit reine Mutmaßungen.[934] Die Benennung von Beispielen, bei denen Zweifel bestehen,[935] entzieht der Argumentation faktisch den Boden. Vorrangig das Schweigen als Mutmaßung der Beweiswürdigung des Richters unterstellen zu wollen, dann aber im Zweifel für den Angeklagten zu entscheiden, widerspricht sich offensichtlich. Dies gilt ebenso für die Argumentation, die Glaubwürdigkeit des Beschuldigten hänge vom Einlassungszeitpunkt ab, und dass ein zu Unrecht Belasteter sofort reden würde.[936] Nicht abgestritten werden soll, dass ein persönlicher Eindruck vom Beschuldigten gewertet werden darf, allerdings ist die Freiheit der Aussage von diesem Eindruck zu differenzieren, da es zu einer „unerträglichen"[937] Einschränkung des verfassungsmäßigen Rechts zu schweigen führen würde. Denn „das Verhalten" bei einem teilweisen

---

928 BGHSt 45, 367, 370.
929 *Rogall*, Der Beschuldigte als Beweismittel gegen sich selbst, S. 253.
930 *Eisenberg*, StPO, Rn. 908.
931 *Stree*, JZ 1966, 599.
932 *Rogall*, Der Beschuldigte als Beweismittel gegen sich selbst, S. 253.
933 So *Wessels*, JuS 1966, 172.
934 *Stree*, JZ 1966, 598.
935 So *Wessels*, JuS 1966, 172.
936 *Ostermeyer*, NJW 1967, 916.
937 *Rogall*, Der Beschuldigte als Beweismittel gegen sich selbst, S. 251.

Schweigen ist eben ein passives, welches wie bereits erläutert gerade nicht berücksichtigt werden soll. Der Angeklagte unterstellt nur die Teilaussage der richterlichen Beweiswürdigung. Ein Teilschweigen bezweckt gerade, nicht an der Sachverhaltsaufklärung mitzuwirken, und entspricht einem Schweigen i. S. d. Nemo-tenetur-Grundsatzes. Daher vermag auch der Aspekt der Rechtsprechung, der Beschuldigte habe sich durch sein Verhalten der Beweiswürdigung unterstellt und damit quasi „vogelfrei“[938] gemacht, nicht zu überzeugen. Als Abwehrrecht muss es dem Beschuldigten im Rahmen des gesamten Verfahrens zur Seite stehen und darf nicht durch eine anfängliche Einlassung – auch innerhalb einer Befragung – in der Bedeutungslosigkeit verschwinden. Obwohl die neuere Rechtsprechung dies einzugrenzen versucht und einen „engen“ sowie „isolierten“ Sachzusammenhang fordert, ändert dies nichts an der Verwertung von Schweigen im Strafverfahren. Der Beschuldigte entscheidet, ob und wie er sich zum Gegenstand und damit zum Beweismittel machen möchte.[939] Dieser Grundsatz gilt für jedes Schweigeverhalten im Strafverfahren, in einzelnen Verfahrensabschnitten sowie im Hinblick auf einzelne Taten. Dabei ist auch eine Übertragung auf das Schweigen hinsichtlich einzelner Fragen erforderlich.

D. Spannungsverhältnis zwischen arbeitsrechtlicher Pflicht und strafprozessualer Selbstbelastungsfreiheit

Chronologisch betrachtet beginnt die Problematik der Interviewprotokolle im Arbeitsrecht und kann durch den Transfer zu den Strafverfolgungsbehörden einen bedeutsamen Einfluss auf die Beweislage im Strafprozess nehmen. Die arbeitsrechtlichen Grundlagen für interne Ermittlungen und Interviews müssen als dogmatischer Anknüpfungspunkt gesehen werden, um die Bedeutung des Nemo-tenetur-Grundsatzes in diesem Zusammenhang einordnen zu können. Zunächst ist fraglich, ob eine verfassungskonforme Pflicht zur Auskunft im Arbeitsrecht bestehen kann, da dies schon die Sphäre des Nemo-tenetur-Grundsatzes tangieren könnte. Entscheidend dafür ist, ob der Selbstbelastungsfreiheit eine Fernwirkung außerhalb des Strafverfahrens zukommen kann bzw. muss und sie ein Auskunftsverweigerungsrecht rechtfertigt oder ob vielmehr ein strafprozessuales

938 So *Rogall*, Der Beschuldigte als Beweismittel gegen sich selbst, S. 251.
939 BGHSt 35, 140, 145; 45, 367, 369.

Verwertungsverbot hinsichtlich der durch Internal Investigations gewonnenen ,Beweismittel' erforderlich ist.

I. Mitwirkungspflichten des Arbeitnehmers im unmittelbaren Zusammenhang mit der Arbeitsleistung

1. Die Auskunft als vertragliche Hauptpflicht des Arbeitnehmers §§ 611, 241 I BGB

Je nach Ausgestaltung des konkreten Arbeitsverhältnisses kann eine Hauptpflicht zur Teilnahme an internen Befragungen und der damit verbundenen Aussage gemäß §§ 611, 241 I BGB in Betracht kommen. Dies dürfte jedoch nur vereinzelt, insbesondere bei Führungskräften oder bei Personen, die in sensiblen Bereichen tätig oder hauptsächlich für das Risikomanagement zuständig sind, vereinbart werden. In der Regel werden solche konkreten vertraglichen Vereinbarungen allerdings fehlen.[940]

2. Nebenpflichten im Rahmen des Arbeitsverhältnisses

a) Allgemeine vertragliche Nebenpflichten

Das Arbeitsverhältnis setzt sich aus gegenseitigen Schutz- und Rücksichtnahmepflichten zwischen dem Arbeitgeber und dem Arbeitnehmer zur Förderung des Vertragszweckes zusammen.[941] Dies umfasst die Rücksichtnahme auf die gegenseitigen Rechtsgüter gemäß § 241 II BGB.[942] Den Arbeitgeber trifft eine Fürsorgepflicht aus § 242 BGB, „den Arbeitsvertrag nach Treu und Glauben mit Rücksicht auf die Verkehrssitte gehörig"[943] zu erfüllen. Dem Arbeitnehmer kommt eine Treuepflicht zu, „seine Verpflichtungen aus dem Arbeitsverhältnis so zu erfüllen, seine Rechte so auszuüben und die im Zusammenhang mit dem Arbeitsverhältnis stehenden Interessen des Arbeitgebers so zu wahren, wie dies von ihm unter Berücksichtigung seiner Stellung im Betrieb, seiner eigenen Interessen und der

---

940 *Wastl/Litzka/Pusch*, NStZ 2009, 70.

941 BAG, NZA 2005, 158, 160; *Reichold*, in: Münchener Handbuch zum Arbeitsrecht, § 83 Rn. 1; *Tscherwinka*, in: FS-Imme Roxin, S. 522ff.; *Fritz/Nolden*, CCZ 2010, 171f.

942 *Grüneberg* in: Palandt-BGB, § 241 Rn. 6; *Müller-Glöge*, in: MüKo-BGB, § 611 Rn. 986, 1074; *Fritz/Nolden*, CCZ 2010, 171f.

943 *Müller-Glöge*, in: MüKo-BGB, § 611 Rn. 986; *Fritz/Nolden*, CCZ 2010, 171f.

Interessen der anderen Arbeitnehmer des Betriebs nach Treu und Glauben billigerweise verlangt werden kann"[944]. Insbesondere hat der Arbeitnehmer drohende Gefahren abzuwenden und die Interessen seines Arbeitgebers zu wahren sowie alle Handlungen zu unterlassen, die diesen schädigen könnten.[945] Dazu gehören unter anderem das Verbot einer Konkurrenztätigkeit oder die Pflicht zur Wahrung von Betriebsgeheimnissen.[946]

b) Auskunftspflicht als besondere vertragliche Nebenpflicht

Aufgrund der Treuepflicht wird grundsätzlich auch eine Auskunftspflicht des Arbeitnehmers gemäß §§ 611, 241 II, 242 BGB angenommen.[947] Dabei ist die Stellung des Arbeitnehmers im Betrieb, die Art der Tätigkeit oder auch die Dauer seiner Betriebszugehörigkeit für die Bestimmung des genauen Umfangs der Nebenpflichten ausschlaggebend.[948] Mitarbeiter in Führungspositionen unterliegen durch ihre Leitungsfunktion und Überwachungspflichten dabei deutlich weitreichenderen Auskunftspflichten gegenüber dem Arbeitgeber.[949]

Nach der Rechtsprechung des Bundesarbeitsgerichts[950] ist dafür allerdings ein „berechtigtes, billigenswertes und schutzwürdiges Interesse des Arbeitgebers an der Beantwortung der Frage"[951] erforderlich, das gerade im Zusammenhang mit dem bestehenden Arbeitsverhältnis vorliegen muss. Der Anspruch ist ausgeschlossen, sofern sich der Arbeitgeber die Information auf zumutbare Weise anderweitig verschaffen kann.[952] Eine Verpflichtung zur Auskunft darf in diesem Zusammenhang keine übermäßige Belastung für den Arbeitnehmer darstellen und muss daher der Bedeutung des Auskunftsinteresses entsprechen.[953] Das Bundesarbeitsgericht betonte, dass die Darlegungs- und Beweissituation nicht durch „die Gewährung materiellrechtlicher Auskunftsansprüche unzulässig verändert"[954] werden darf. Dabei kann der Auskunftsanspruch „nach Treu und Glauben nur

944 *Müller-Glöge*, in: MüKo-BGB, § 611 Rn. 1074.
945 BGH, BB 1989, 649, 650.
946 Siehe dazu *Looschelders/Olzen*, in: Staudinger-BGB, § 242 Rn. 787.
947 BAG, NZA 1996, 637, 638; vgl. *Diller*, DB 2004, 314; *Rödiger*, Strafverfolgung von Unternehmen, S. 281ff.; *Fritz/Nolden*, CCZ 2010, 171f.
948 *Mengel*, Compliance und Arbeitsrecht, Kap. 4 Rn. 19; *Rudkowski*, NZA 2011, 613.
949 *Ruhmannseder*, in: FS-Imme Roxin, S. 501.
950 BAG, NZA 1996, 637, 638.
951 BAG, NZA 1996, 637, 638.
952 BAG, NZA 1996, 637, 638.
953 BAG, NZA 1996, 637, 638.
954 BAG, NZA 1996, 637, 638.

da ergänzend eingreifen, wo auch die grundsätzliche Verteilung der Darlegungs- und Beweislast einer entsprechenden Korrektur bedarf"[955]. Insofern steht § 1 II 4 KSchG, wonach der Arbeitgeber die Tatsachen zu beweisen hat, die die Kündigung bedingen, im Widerspruch zu einer „vorprozessualen Auskunftspflicht des Arbeitnehmers"[956].

Eine Auskunftspflicht gemäß §§ 611, 241 II BGB bei drohender Selbstbelastung wäre in diesem Zusammenhang für den Arbeitnehmer unzumutbar, da er die Gründe für eine fristlose Kündigung sowie für ein Strafverfahren gegen ihn selbst liefern müsste und die Offenbarung selbstbelastender Tatsachen einen Eingriff in das Allgemeine Persönlichkeitsrecht des Arbeitnehmers darstellen würde.[957] Dementsprechend muss die Gefahr der Selbstbelastung letztlich gegenüber dem schlichten Aufklärungsinteresse des Arbeitgebers – jedenfalls im Zusammenhang mit §§ 611, 241 II BGB – deutlich überwiegen.[958] Der „schwerwiegende Eingriff" in das Allgemeine Persönlichkeitsrecht durch Selbstbezichtigung kann daher nicht aus einer ungeschriebenen und nicht kodifizierten vertraglichen Nebenpflicht konstruiert werden.[959]

3. Auskunftspflicht nach Weisungsrecht gemäß §§ 666, 675 BGB

Gemäß § 106 GewO, § 315 BGB steht dem Arbeitgeber ein Weisungsrecht zu, welches unter seinem billigen Ermessen ausgeübt wird.[960] Das Weisungsrecht umfasst neben Anweisungen im Rahmen der unmittelbaren Arbeitsaufgabe auch die Aufforderung, Auskünfte an den Arbeitgeber zu erteilen. Sofern diese nicht vertraglich festgelegt worden sind, können sie gemäß §§ 666, 675 BGB durch den Arbeitgeber erhoben werden.[961] Jeder Arbeitnehmer, „der seine vertraglich geschuldete Arbeitsleistung erbringt, besorgt damit ein fremdes Geschäft im Sinne

---

955 BAG, NZA 1996, 637, 638.

956 BAG, NZA 1996, 637, 638; vgl. auch *Rudkowski*, NZA 2011, 613; *Böhm*, WM 2009, 1925; *Rödiger*, Strafverfolgung von Unternehmen, S. 281ff.

957 *Rudkowski*, NZA 2011, 613; *Rödiger*, Strafverfolgung von Unternehmen, S. 286ff.

958 *Rudkowski*, NZA 2011, 613; *Rödiger*, Strafverfolgung von Unternehmen, S. 286ff.; *Göpfert/Merten/Siegrist*, NJW 2008, 1705; *Wewerka*, Internal Investigations, S. 232ff.; *Fritz/Nolden*, CCZ 2010, 172.

959 *Rödiger*, Strafverfolgung von Unternehmen, S. 288.

960 *Tscherwinka*, in: FS-Imme Roxin, S. 522ff.; vgl. *Klasen/Schaefer*, BB 2012, 645.

961 *Böhm*, WM 2009, 1925; *Jahn*, StV 2009, 43; BAG, NZA 1996, 637, 638; *Diller*, DB 2004, 313f.; vgl. BGHZ 41, 318, 320ff.; BGH, BB 1989, 649, 650; *Rödiger*, Strafverfolgung von Unternehmen, S. 294.

von §§ 662, 675 BGB“[962]. Gemäß § 666 BGB hat der Beauftragte dem Auftraggeber die erforderlichen Informationen zu übermitteln, auf Verlangen über den Stand des Geschäfts Auskunft zu erteilen und nach der Ausführung des Auftrags Rechenschaft bezüglich der Informationen abzulegen, die unmittelbar durch die entgeltliche Geschäftsbesorgung erlangt wurden.[963]

Mittelbar im Zusammenhang mit der Arbeitsleistung stehende Auskünfte können sich daher nicht aus §§ 666, 675 BGB ergeben, da sich durch die Übernahme eines bestimmten Geschäftes die Auskunft auch nur auf solche Informationen beziehen kann, die unmittelbarer Bestandteil dieses wahrgenommenen fremden Geschäfts geworden sind.[964] Mittelbar mit der Arbeitsleistung verbundene Auskünfte oder Pflichten können sich aus dem Arbeitsvertrag in Verbindung mit Treu und Glauben gemäß § 242 BGB ergeben.[965] Dazu muss dem Arbeitgeber ein überwiegendes Interesse an der Erlangung der Informationen zukommen, die Auskunftserteilung darf keine übermäßige Belastung darstellen und der mit der Erfüllung der Auskunftsverpflichtung verbundene Eingriff in das Persönlichkeitsrecht des Arbeitnehmers muss einer Abwägung der beiderseitigen Interessen nach dem Grundsatz der Verhältnismäßigkeit standhalten.[966]

Der Auskunftsanspruch des Arbeitgebers gemäß §§ 666, 675 BGB besteht nach überwiegender Meinung auch bei drohender Selbstbelastung.[967] Dieser wirkt freilich nur mittelbar, da sich der befragte Arbeitgeber nicht gegenüber der

---

962 *Diller*, DB 2004, 313.

963 BGHZ 41, 318, 321; vgl. *Böhm*, WM 2009, 1925; *Rödiger*, Strafverfolgung von Unternehmen, S. 294.

964 *Diller*, DB 2004, 313.

965 BAG, NZA 1996, 637, 638; NZA 1997, 41, 42; BGHZ 81, 21, 24; vgl. *Göpfert/Merten/Siegrist*, NJW 2008, 1705; *Jahn*, StV 2009, 44.

966 BAG, NZA 1996, 637, 638; NZA 1997, 41, 43.

967 *Diller*, DB 2004, 313f.; *Böhm*, WM 2009, 1924; *Göpfert/Merten/Siegrist*, NJW 2008, 1705; *Mengel/Ullrich*, NZA 2006, 243; *Knauer/Buhlmann*, AnwBl 2010, 389; *Rödiger*, Strafverfolgung von Unternehmen, S. 294ff.; *Wewerka*, Internal Investigations, S. 233; *Greeve*, StraFo 2013, 94f.; *Greeve/Tsambikakis*, in: Knierim/Rübenstahl/Tsambikakis, Internal Investigations, Kap. 17 Rn. 16ff.; vgl. *Bittmann/Molkenbur*, wistra 2009, 376; *Vogt*, NJOZ 2009, 4212; *Kirsch*, in: Unternehmensstrafrecht, S. 364; *Lützeler/Müller-Sartori*, CCZ 2011, 19f.; *Fritz*, CCZ 2011, 157; *Fritz/Nolden*, CCZ 2010, 171f.; BGHZ 41, 318, 322; LAG Hamm CCZ 2010, 237, 238; a.A. *Jahn*, StV 2009, 44; *Rudkowski*, NZA 2011, 613; *Bauer*, StraFo 2012, 489f.; *Raum*, StraFo 2012, 397; *Maschmann* differenziert zwischen präventiven und repressiven Zwecken der Befragung, siehe *ders.*, in: Compliance und Strafrecht, S. 93ff.; *Taschke* differenziert zwischen dem Informationsbedürfnis sowie dem Strafverfolgungsrisiko des Mitarbeiter, siehe *ders.*, NZWiSt 2012, 93.

Strafverfolgungsbehörde, sondern gegenüber einer Person des Privatrechts äußert. Das Auskunftsrecht des Auftraggebers gemäß § 666 BGB ist gerade dann besonders wichtig, wenn der Beauftragte gegen die ihm obliegenden Pflichten verstoßen hat, da der Auftraggeber auf die Informationen des Beauftragten angewiesen ist.[968] Würde man Auskünfte vermeidlich strafbarer Handlungen ausnehmen, könnte die Norm die zugewiesene Aufgabe nicht mehr erfüllen.[969] Dies gilt auch unter Berücksichtigung des § 1 II 4 KSchG, da das Vertrauensverhältnis im Rahmen einer Geschäftsbesorgung im Gegensatz zur vertraglichen Nebenpflicht der §§ 611, 241 II BGB stärker ausgeprägt ist und eine Rechenschaftspflicht im Hinblick auf den übernommenen Pflichtenkreis die logische Konsequenz sein muss.[970] Sofern ein Geschäftsführer beispielsweise mit dem Ein- und Ausgang von Waren betraut ist und ein Fehlbestand vorliegt, erscheint es realitätsfern, dass der Geschäftsführer dem Geschäftsherren keine Rechenschaft darüber ablegen müsste, sofern eine Selbstbelastung droht.[971] Insoweit wird die Schutzwürdigkeit des Auftraggebers als maßgebliche Begründung gesehen.

4. Delegation des Auskunftsanspruchs an externe Ermittler

Die Auskunftspflicht besteht grundsätzlich gegenüber dem Arbeitgeber, kann jedoch auch in Vertretung der Vorstände, Geschäftsleitung oder der internen Compliance-Beauftragten bei internen Ermittlungen beansprucht werden.[972]

Bei Verstößen gegen US-amerikanische Vorschriften und durch die Beteiligung der SEC und des DOJ werden Internal Investigations und Interviews, wie bereits erläutert, durch externe Kanzleien bzw. Rechtsanwälte durchgeführt. Dies gilt auch im Zusammenhang mit nationalen Vorgaben und für die Beteiligung deutscher Behörden. Von besonderer Relevanz ist allerdings die Beteiligung US-amerikanischer Behörden, da sie eine besondere Nähe zu den ermittelnden Kanzleien aufweisen. In diesem Zusammenhang ergibt sich die Frage, inwiefern der Auskunftsanspruch des Arbeitgebers an die ermittelnden Compliance-Anwälte delegiert werden könnte.

Jahn nimmt an, dass die Regelungen der Stellvertretung gemäß der §§ 164ff. BGB nicht anzuwenden seien, da nicht nur ein fremdes Recht in eigenem Namen

---

968 BGHZ 41, 318, 322f.; siehe zur Übertragbarkeit der „Architekten-Entscheidung" *Rödiger*, Strafverfolgung von Unternehmen, S. 296ff.

969 BGHZ 41, 318, 322f.

970 *Böhm*, WM 2009, 1924; dem zustimmend *Rödiger*, Strafverfolgung von Unternehmen, S. 297.

971 Vgl. *Böhm*, WM 2009, 1923.

972 *Göpfert/Merten/Siegrist*, NJW 2008, 1706.

geltend gemacht wird, sondern das Recht selbst übertragen werde.[973] Eine vollständige Abtretung dieses Rechts gemäß der §§ 398 ff. BGB sei allerdings auch nicht möglich, da sich der Auskunftsanspruch aus dem „persönlichen Vertrauensverhältnis“ zwischen dem Arbeitgeber und dem Arbeitnehmer ergebe[974]. Zudem könnten externe Ermittler nicht übersehen, ob ein Auskunftsgegenstand dem unmittelbaren oder mittelbaren Arbeitsbereich des Betroffenen zuzuordnen sei.[975] Darüber hinaus wird von anderen angemerkt, dass die Strafverfolgungsgefahr durch eine Delegation des Auskunftsanspruchs steige, da gerade im Fall Siemens die Ermittlungsergebnisse der ermittelnden US-amerikanischen Kanzlei unmittelbar in die Hände der US-Strafverfolgungsbehörden fallen würden.[976]

Grundsätzlich ist der Auskunftsanspruch gemäß §§ 666, 675 BGB nicht isoliert ohne den Hauptanspruch aus der Geschäftsbesorgung abtretbar.[977] Eine Abtretung an einen Dritten ist jedoch möglich, sofern der Auftraggeber aus einem anderen Rechtsgrund einem Dritten gegenüber auskunftspflichtig ist und diese Pflicht nur durch die Auskunftserteilung des Beauftragten erfüllen kann.[978] Der „andere Rechtsgrund“ könnte in diesem Zusammenhang die Aufklärungspflicht des Unternehmens sein, die von den US-Behörden gerügten Auffälligkeiten zu untersuchen, was insofern für eine getrennte Abtretung sprechen könnte.

Dagegen spricht nicht die mittelbare Beteiligung der US-Strafverfolgungsbehörden. Die Kanzleien ermitteln zwar oftmals in Kenntnis der US-Behörden, werden allerdings durch das Unternehmen beauftragt und sind auch primär in deren Interessenkreis tätig.[979] Davon abgesehen steigt das Strafverfolgungsrisiko durch externe Ermittler nicht,[980] da auch bei internen Ermittlern die Gefahr der Weitergabe an Strafverfolgungsbehörden besteht[981]. Dies spricht im Wesentlichen auch gegen den Einwand der Fürsorgepflicht, da in jedem Fall die Gefahr einer Strafverfolgung vorliegt.

Der Überblick über den unmittelbaren oder mittelbaren Leistungsbereich ist gleichfalls nicht durch interne Ermittlungen in einem Großkonzern absolut

---

973 *Jahn*, StV 2009, 44.

974 *Jahn*, StV 2009, 44.

975 *Jahn*, StV 2009, 45.

976 *Göpfert/Merten/Siegrist*, NJW 2008, 1706, die gleichwohl eine Delegation abhängig von der Gefahrenlage zulassen; vgl. *Wastl/Litzka/Pusch*, NStZ 2009, 70.

977 BGHZ 107, 104, 110; *Sprau*, in: Palandt-BGB, § 666 Rn. 1; *Berger*, in: Erman-BGB, § 666 Rn. 2; *Martinek*, in: Staudinger-BGB, § 666 Rn. 2.

978 BGHZ 107, 104, 110; *Martinek*, in: Staudinger-BGB, § 666 Rn. 2.

979 *Rödiger*, Strafverfolgung von Unternehmen, S. 292.

980 *Rödiger*, Strafverfolgung von Unternehmen, S. 292.

981 *Wewerka*, Internal Investigations, S. 236.

sicherzustellen.[982] Letztlich bestehen daher keine Bedenken, die eine Delegation der Auskunftsansprüche des Arbeitgebers an externe Ermittler ausschließen würden.[983]

5. Weitere Mitwirkungspflichten des Arbeitnehmers

Für eine umfangreiche Aufklärung im Rahmen der Internal Investigations sind neben den Aussagen der Mitarbeiter auch die Herausgabe der internen Unterlagen von erheblicher Bedeutung. Dabei haben interne Compliance-Ermittler im Rahmen eines Unternehmens in der Regel unmittelbaren Zugriff auf die Akten und Geschäftsunterlagen, da sie den Arbeitsplatz des Mitarbeiters einsehen können. Externe Compliance-Ermittler dürften dagegen auf die Mitwirkung des Arbeitnehmers angewiesen sein. Vor diesem Hintergrund ist festzustellen, dass neben der Auskunftspflicht des befragten Arbeitnehmers gemäß §§ 666, 675 BGB auch eine Mitwirkungspflicht zur Herausgabe der relevanten Unterlagen besteht. Der Arbeitnehmer ist im Rahmen des Arbeitsverhältnisses hinsichtlich der betrieblichen Unterlagen Besitzdiener im Sinne des § 855 BGB.[984] Durch das bereits festgestellte Geschäftsbesorgungsverhältnis hat damit der Beauftragte gemäß §§ 667, 675 BGB die Pflicht, dem Auftraggeber alles, was er zur Ausführung des Auftrags erhält und was er aus der Geschäftsbesorgung erlangt, herauszugeben.[985] Dies umfasst sowohl die betrieblichen Akten als auch elektronische Daten, private Unterlagen jeglicher Form sind dagegen nicht vom Herausgabeanspruch umfasst.[986]

6. Arbeitsrechtliche Konsequenzen

Sofern der befragte Arbeitnehmer seiner Mitwirkungspflicht nicht nachkommt, drohen mehrere arbeitsrechtliche Konsequenzen. Durch die Verweigerung einer

---

982 Siehe *Wewerka*, Internal Investigations, S. 236.

983 I.E. *Rödiger*, Strafverfolgung von Unternehmen, S. 292; *Wewerka*, Internal Investigations, S. 235f.; *Bittmann/Molkenbur*, wistra 2009, 376f.; wohl auch *Theile*, StV 2011, 383; abhängig von der Gefahrenlage *Göpfert/Merten/Siegrist*, NJW 2008, 1706.

984 *Göpfert/Merten/Siegrist*, NJW 2008, 1705; vgl. *Wewerka*, Internal Investigations, S. 232.

985 *Göpfert/Merten/Siegrist*, NJW 2008, 1705; vgl. *Wewerka*, Internal Investigations, S. 232; *Mengel*, in: Hauschka, Corporate Compliance, § 12 Rn. 79; *Mengel/Ullrich*, NZA 2006, 241; *Fritz/Nolden*, CCZ 2010, 170f.; zur Herausgabe von „Schmiergeldern", LAG München, CCZ 2013, 39.

986 *Göpfert/Merten/Siegrist*, NJW 2008, 1705; vgl. *Wewerka*, Internal Investigations, S. 232; *Mengel*, in: Hauschka, Corporate Compliance, § 12 Rn. 79; *Mengel/Ullrich*, NZA 2006, 241.

vertraglichen Nebenleistungspflicht nach Weisung des Arbeitgebers kann der vereinbarte Arbeitslohn gemäß § 273 I BGB gekürzt werden.[987] Die Höhe der Kürzung richtet sich nach dem Umfang des drohenden Schadens für das Unternehmen und hängt von dem damit verbundenen Wert der Auskunft für das Unternehmen ab,[988] wobei in jedem Fall die Pfändungsgrenzen gemäß § 850c ZPO zu beachten sind[989]. Daneben besteht die Möglichkeit, den Arbeitnehmer abzumahnen, um dann in einem nächsten Schritt – als ultima ratio – eine ordentliche oder außerordentliche Kündigung in Betracht zu ziehen.[990] Die Pflicht zur Auskunftserteilung bleibt allerdings auch noch nach Ausspruch der Kündigung und nach Beendigung des Arbeitsverhältnisses bestehen.[991]

Sofern der Arbeitnehmer die Auskunft weiterhin verweigert, können auch Vollstreckungsmaßnahmen ergriffen werden. Kann eine Handlung durch einen Dritten nicht vorgenommen werden, ist gemäß § 888 I ZPO, sofern die Handlung ausschließlich von dem Willen des Schuldners abhängt, auf Antrag durch das Prozessgericht des ersten Rechtszuges zu erkennen, dass der Schuldner zur Vornahme der Handlung durch Zwangsgeld und für den Fall, dass dieses nicht beigetrieben werden kann, durch Zwangshaft anzuhalten ist.

Einer Ansicht nach ist die Verpflichtung zur Auskunft des Arbeitnehmers aufgrund des „höchstpersönlichen Charakters der arbeitsrechtlichen Zeugenpflicht“[992] nicht gemäß § 888 III ZPO vollstreckbar. Allerdings findet der Ausschlussgrund des § 888 III ZPO nur bei Hauptleistungspflichten Anwendung, was im Rahmen des Arbeitsverhältnisses bzw. der Geschäftsbesorgung die Arbeitsleistung als solche wäre.[993] Die Auskunftspflicht gemäß §§ 666, 675 BGB ist dagegen eine Nebenleistungspflicht.[994] Damit kann nach wohl herrschender Meinung der Anspruch auf Auskunftserteilung bei Nichterfüllung gemäß § 888 ZPO vollstreckt werden.[995]

---

987 *Lützeler/Müller-Sartori*, CCZ 2011, 24; *Göpfert/Merten/Siegrist*, NJW 2008, 1706f.; *Dann/Schmidt*, NJW 2009, 1854.

988 *Göpfert/Merten/Siegrist*, NJW 2008, 1706.

989 *Göpfert/Merten/Siegrist*, NJW 2008, 1706.

990 *Göpfert/Merten/Siegrist*, NJW 2008, 1707; *Dann/Schmidt*, NJW 2009, 1854.

991 *Göpfert/Merten/Siegrist*, NJW 2008, 1707.

992 So *Wewerka*, Internal Investigations, S. 240; vgl. auch *Rieble*, ZIP 2003, 1280; *Raum*, StraFo 2012, 397.

993 *Knauer/Buhlmann*, AnwBl 2010, 389; vgl. *Böhm*, WM 2009, 1925.

994 *Böhm*, WM 2009, 1925.

995 Vgl. *Momsen*, ZIS 2011, 513; *Bittmann/Molkenbur*, wistra 2009, 375; *Böhm*, WM 2009, 1925; *Knauer/Buhlmann*, AnwBl 2010, 389; *Kölbel*, Selbstbelastungsfreiheit,

Die drohende Selbstbelastung steht der Vollstreckung des zivilrechtlichen Auskunftsanspruchs nach der Rechtsprechung des Bundesverfassungsgerichts – unter ausdrücklicher Berücksichtigung des „Gemeinschuldner-Beschlusses" – nicht entgegen.[996] Das Bundesverfassungsgericht betonte gut dreiundzwanzig Jahre nach dem „Gemeinschuldner-Beschluss" nochmals, dass das Verfassungsrecht keinen lückenlosen Schutz gegen staatlichen Zwang zur Selbstbezichtigung ohne Rücksicht auf schutzwürdige Belange Dritter vorsehe.[997] Hintergrund des § 888 ZPO sei der schuldrechtliche Auskunftsanspruch und nicht das staatliche oder öffentliche Informationsbedürfnis.[998]

Die Rechtmäßigkeit der Vollstreckung eines arbeitsrechtlichen Auskunftsanspruchs folgt demnach der Rechtmäßigkeit des Auskunftsanspruchs gemäß §§ 666, 675 BGB. Die Zwangsmaßnahme der Beugehaft wird zwar durch den Staat angeordnet und vollstreckt, was insoweit staatlich veranlassten Zwang darstellt und auch zu einer Selbstbelastung führen könnte, allerdings entspricht dies keinem staatlich veranlassten Zwang zur Selbstbelastung. Die Intention des Staates in diesem Konflikt ist der Schutz des Gläubigers und seiner rechtmäßigen Ansprüche und nicht die Strafverfolgung. Deshalb ist auch eine geforderte verfassungskonforme Reduktion des § 888 I ZPO nicht erforderlich.[999] Insofern wird die Rechtmäßigkeit der zwangsweisen Durchsetzung des Auskunftsanspruchs durch die Präsenz des Staates nicht beeinflusst, da er in diesem Zusammenhang nicht die Rolle der Strafverfolgung übernimmt. Somit ist auch der Schutzbereich des Nemo-tenetur-Prinzips (noch) nicht tangiert.

7. Das Spannungsverhältnis zwischen arbeitsrechtlichen Pflichten und strafprozessualen Rechten

Die Selbstbelastung im außerstrafrechtlichen Verfahren ist keine Besonderheit des Arbeitsrechts. Jede Partei eines Zivilprozesses kann sich unter Umständen dazu veranlasst sehen, im Rahmen eines Sachvortrags selbstbelastende Tatsachen

---

S. 70; *Rödiger*, Strafverfolgung von Unternehmen, S. 276; *Klasen/Schaefer*, BB 2012, 646; *Lützeler/Müller-Sartori*, CCZ 2011, 24; *Dingeldey*, NStZ 1984, 532; BVerfG, wistra 2004, 383; a.A. *Wewerka*, Internal Investigations, S. 240; *Rieble*, ZIP 2003, 1280.

996 BVerfG, wistra 2004, 383; zu § 807 ZPO siehe BGHZ 41, 318, 326; BGHSt 37, 340, 342f.

997 BVerfG, wistra 2004, 383.

998 BVerfG, wistra 2004, 383.

999 So aber *Gerst*, CCZ 2012, 3; dem zustimmend *Raum*, StraFo 2012, 397.

zu offenbaren, um die Durchsetzung der Ansprüche zu ermöglichen.[1000] Um die Kriterien einer strafprozessual erheblichen Selbstbelastung im Zivilprozess zu präzisieren, ist zwischen erzwingbaren Pflichten und bloßen prozessualen Lasten bzw. Obliegenheiten zu unterscheiden.[1001] Zivilrechtliche Pflichten sind bindend und können bei Nichterfüllung zwangsweise vollstreckt werden.[1002] Die Erfüllung prozessualer Lasten und Obliegenheiten liegt dagegen in der Disposition des Schuldners, da keine Vollstreckung, sondern nur die Rechtsnachteile zu dulden sind.[1003] Durch fehlende Sanktionen bei der Verletzung der Wahrheitspflicht muss die Partei des Zivilprozesses somit keine Aussagen offenbaren, die sie selbst belasten könnte. Die unmittelbare Folge des Schweigens sind nicht etwa Zwangsmittel oder andere erhebliche Nachteile, vielmehr droht nur der mittelbare Nachteil des verlorenen Prozesses, der allerdings nicht auf dem Schweigen der Prozesspartei, sondern auf dem materiell-rechtlichen Anspruch beruht. Insofern kann auch nicht von einem allgemeinen Spannungsverhältnis zwischen Zivil- und Strafprozess gesprochen werden, weshalb auch Aussagen aus dem Zivilverfahren im Ermittlungs- und Strafverfahren verwertet werden dürfen.[1004]

Davon unterscheidet sich die besondere arbeitsrechtliche Pflicht zur Auskunft, da die Nichterfüllung – wie bereits erläutert – Schadensersatzforderungen, Kündigung und/oder Vollstreckung gemäß § 888 ZPO zur Folge haben kann. Insofern ist von einer Pflicht des Arbeitnehmers auszugehen, weshalb die Maßstäbe der Obliegenheit und prozessualen Lasten des Zivilrechts keine Anwendung finden.[1005]

Eine Pflicht zur Auskunft und privatrechtlichen Selbstbelastung[1006] offenbart zumindest in diesem Punkt die Diskrepanz zwischen Privat- und Strafprozessrecht und verdeutlicht den Konflikt zwischen den Rechten der vernehmenden Compliance-Mitarbeiter oder Rechtsanwälte und denen der Strafverfolgungsbehörde. In diesem Zusammenhang hat das LG Hamburg festgestellt, „dass die Konfliktlage nicht von einer im Widerspruch zum Nemo-tenetur-Grundsatz stehenden gesetzlichen Auskunftspflicht, sondern von einer vom Betroffenen freiwillig eingegangenen vertraglichen Verpflichtung zur möglichen Selbstbelastung ausgeht“[1007]. Zu Recht

---

1000 *Wimmer*, in: FS-Imme Roxin, S. 547.

1001 *Bittmann/Molkenbur*, wistra 2009, 377; *Rauscher*, in: MüKo-ZPO, Einl. Rn. 32f.

1002 *Bittmann/Molkenbur*, wistra 2009, 377.

1003 *Bittmann/Molkenbur*, wistra 2009, 377; *Wimmer*, in: FS-Imme Roxin, S. 547.

1004 *Bittmann/Molkenbur*, wistra 2009, 377; *Wimmer*, in: FS-Imme Roxin, S. 547.

1005 A.A. *Wimmer*, in: FS-Imme Roxin, S. 547.

1006 *Rogall* spricht von einer „privatnützigen Selbstbelastungspflicht“, in: SK-StPO, Vor § 133 Rn. 140.

1007 LG Hamburg, StV 2011, 148, 151.

wird darauf hingewiesen, dass in der Freiwilligkeit des Arbeitsverhältnisses wohl kaum ein freiwilliger Verzicht auf rechtsstaatliche Grundsätze, namentlich das Nemo-tenetur-Prinzip, gesehen werden kann.[1008] Greift im Strafverfahren noch die Freiheit, über eine Selbstbelastung frei entscheiden zu können, so soll im Arbeitsrecht eine – zumindest mittelbare – Pflicht dazu bestehen. Dies entspricht zwar keiner strafprozessualen Selbstbelastungspflicht, da der Adressat der Auskunft nicht die Strafverfolgungsbehörde ist. Allerdings entsteht durch die Möglichkeit der Informationsweitergabe und strafprozessualen Verwertung ein besonderes Spannungsverhältnis zwischen arbeitsrechtlicher Pflicht zur Auskunft und strafprozessualer Selbstbelastungsfreiheit. Dies gilt es im Folgenden aufzulösen.

II. Das arbeitsrechtliche Auskunftsverweigerungsrecht vor dem Hintergrund weiterer Spannungsverhältnisse

Auch anderen Rechtsgebieten sind Spannungsverhältnisse zwischen Auskunftspflichten und strafprozessualer Selbstbelastungsfreiheit nicht fremd. Im Besteuerungsverfahren sowie Konkurs- bzw. Insolvenzverfahren sind ähnliche Konflikte zu erkennen, die für die Auflösung des arbeitsrechtlichen Spannungsverhältnisses fruchtbar gemacht werden könnten.

1. Der „Gemeinschuldner-Beschluss" des Bundesverfassungsgerichts

a) Die Vollstreckbarkeit eines Auskunftsanspruchs im Konkursverfahren im Lichte eines Auskunftsverweigerungsrechts

Der „Gemeinschuldner-Beschluss" des Bundesverfassungsgerichts setzt sich mit der Vollstreckung eines Auskunftsanspruchs des Konkursverwalters gegen den Gemeinschuldner im Rahmen des Konkursverfahrens und einem Auskunftsverweigerungsrecht auseinander.[1009]

Auf Antrag des Konkursverwalters sollte der Beschwerdeführer zu Einzelheiten der Vermögensübereignung befragt werden. Gemäß § 100 KO a.F. war der Gemeinschuldner verpflichtet, dem Verwalter, dem Gläubigerausschuss und auf Anordnung des Gerichts der Gläubigerversammlung über alle das Verfahren betreffende Verhältnisse Auskunft zu geben. Bei der Befragung verweigerte der Beschwerdeführer mit dem Hinweis auf eine strafrechtliche Selbstbezichtigung die

1008 *I. Roxin*, StV 2012, 121; *Sidhu/v. Saucken/Ruhmannseder*, NJW 2011, 883.
1009 Siehe zum „Gemeinschuldner-Beschluss" BVerfGE 56, 37ff.

Aussage, woraufhin das Konkursgericht, wegen der nach der Konkursordnung unberechtigten Auskunftsverweigerung gemäß §§ 75, 101 KO a.F., Beugehaft anordnete. Gemäß § 75 KO a.F. konnte das Konkursgericht zur Aufklärung aller das Verfahren betreffenden Verhältnisse die erforderlichen Ermittlungen, insbesondere die Vernehmung von Zeugen und Sachverständigen, anordnen. Die sofortige Beschwerde hatte das Landgericht Oldenburg zurückgewiesen und festgestellt, dass der Gemeinschuldner eine uneingeschränkte Auskunftspflicht hat.[1010]

Das Bundesverfassungsgericht erkannte die Konfliktlage, „sich entweder selbst einer strafbaren Handlung zu bezichtigen oder durch eine Falschaussage gegebenenfalls ein neues Delikt zu begehen oder aber wegen des Schweigens Zwangsmitteln ausgesetzt zu werden"[1011]. Eine erzwingbare Auskunftspflicht sei grundsätzlich ein Eingriff in die Handlungsfreiheit sowie eine Beeinträchtigung des Persönlichkeitsrechts im Sinne des Art. 2 I GG.[1012] Ein Zwang zur Selbstbezichtigung, um die Aussage als Mittel gegen sich selbst zu verwenden, berühre zugleich die Würde des Menschen.[1013]

Das Bundesverfassungsgericht stellte fest, dass das Schweigerecht zu den Grundsätzen des Strafprozesses gehört und auf dem „Leitgedanken der Achtung vor der Menschenwürde"[1014] beruht. Für den Gemeinschuldner könne allerdings nicht das gleiche gelten wie für Beteiligte des Strafverfahrens, da der Befragte nicht wie ein Beschuldigter zu seiner Verurteilung beitragen solle. Der Gemeinschuldner stehe in einem besonderen Pflichtenverhältnis zu den Gläubigern, denen er durch eine Aussageverweigerung schaden würde, da die Gläubiger und die Verfahrensorgane zur ordnungsgemäßen Abwicklung auf die Informationen des Schuldners angewiesen seien.[1015]

Das Bundesverfassungsgericht stellte fest, dass das beeinträchtigte Grundrecht der allgemeinen Handlungsfreiheit seine Grenzen in den Rechten anderer findet, weshalb das Grundrecht keinen „lückenlosen Schutz" vor Selbstbezichtigung ohne Rücksicht auf die schutzwürdigen Belange Dritter gebietet[1016]. Im Konkursverfahren stehen, anders als bei verwaltungsrechtlichen Auskunftspflichten, nicht allein staatliche oder öffentliche Informationsbedürfnisse, sondern zugleich Interessen

---

1010 Siehe zum Sachverhalt BVerfGE 56, 39f.
1011 BVerfGE 56, 37, 41.
1012 BVerfGE 56, 37, 41f.
1013 BVerfGE 56, 37, 42.
1014 BVerfGE 56, 37, 43.
1015 Siehe zu diesem Absatz BVerfGE 56, 37, 48; vgl. auch BVerfGK 18, 144, 150.
1016 BVerfGE 56, 37, 49; vgl. BVerfGK 18, 144, 150.

geschädigter Dritter hinter den Befragungen.[1017] „Die Zubilligung eines Aussageverweigerungsrechts würde gerade denjenigen ungerechtfertigt bevorzugen, der zum Nachteil der Gläubiger besonders verwerflich gehandelt hat. Zwingt der Gesetzgeber den Gemeinschuldner dazu, für seine Verbindlichkeiten gegenüber seinen Gläubigern einzustehen und durch seine Auskunft zu deren bestmöglicher Befriedigung beizutragen, dann verletzt das noch nicht seine Menschenwürde."[1018]

b) Strafrechtliches Beweisverwertungsverbot

Obwohl die Gläubigerinteressen überwiegen und nach Ansicht des Bundesverfassungsgerichts kein Aussageverweigerungsrecht geltend gemacht werden kann, liegt ein Zwang zur Selbstbelastung und ein Eingriff in das Persönlichkeitsrecht gemäß Art. 2 I GG vor.[1019] Das strafprozessuale „Schweigerecht wäre illusorisch, wenn eine außerhalb des Strafverfahrens erzwungene Selbstbezichtigung gegen seinen Willen strafrechtlich gegen ihn verwendet werden dürfte"[1020]. Insofern waren die konkursrechtlichen Vorschriften durch ein strafrechtliches Beweisverwertungsverbot zu flankieren. „Der bloße Umstand, dass dem Gemeinschuldner im Interesse seiner Gläubiger eine uneingeschränkte Auskunftspflicht zuzumuten ist, rechtfertigt es nicht, dass er zugleich zu seiner Verurteilung beitragen muss und dass die staatlichen Strafverfolgungsbehörden weitergehende Möglichkeiten erlangen als in anderen Fällen der Strafverfolgung."[1021]

Die Entscheidung des Bundesverfassungsgerichts wurde durch ein strafrechtliches Beweisverwendungsverbot im Rahmen der Insolvenzordnung kodifiziert.[1022] Gemäß § 97 I InsO ist der Schuldner verpflichtet, dem Insolvenzgericht, dem Insolvenzverwalter, dem Gläubigerausschuss und auf Anordnung des Gerichts der Gläubigerversammlung über alle das Verfahren betreffenden Verhältnisse Auskunft zu geben. Er hat auch Tatsachen zu offenbaren, die geeignet sind, eine Verfolgung wegen einer Straftat oder einer Ordnungswidrigkeit herbeizuführen. Allerdings darf eine Auskunft, die der Schuldner gemäß seiner Verpflichtung nach Satz 1 erteilt, in einem Strafverfahren oder in einem Verfahren nach dem Gesetz über Ordnungswidrigkeiten gegen den Schuldner oder einen in § 52 I der

---

1017 BVerfGE 56, 37, 49f.
1018 BVerfGE 56, 37, 50.
1019 BVerfGE 56, 37, 50.
1020 BVerfGE 56, 37, 51.
1021 BVerfGE 56, 37, 51.
1022 BT-Drucks. 12/2443, S. 142.

Strafprozessordnung bezeichneten Angehörigen des Schuldners nur mit Zustimmung des Schuldners verwendet werden.

2. Die Selbstbelastungsfreiheit im Besteuerungsverfahren

Gemäß dem Untersuchungsgrundsatz aus § 88 AO ermittelt die Finanzbehörde den Sachverhalt von Amts wegen.[1023] Gemäß § 90 I AO sind die Beteiligten zur Mitwirkung bei der Ermittlung des Sachverhalts verpflichtet. Sie kommen der Mitwirkungspflicht insbesondere dadurch nach, dass sie die für die Besteuerung erheblichen Tatsachen vollständig und wahrheitsgemäß offen legen und die ihnen bekannten Beweismittel angeben. §§ 101, 103 AO gewähren ein Auskunftsverweigerungsrecht ausschließlich für Personen, die nicht Beteiligte am Besteuerungsverfahren sind. E contrario kann daher der Schluss gezogen werden, dass ein solches Recht den Beteiligten des Verfahrens, insbesondere dem Beschuldigten, nicht zusteht.[1024] Werden die Pflichten zur Mitwirkung bzw. Auskunft nicht erfüllt, kann die Finanzbehörde gemäß der §§ 328ff. AO Zwangsmittel erlassen. Im Besteuerungsverfahren sind jedoch Zwangsmittel gegen den Steuerpflichtigen gemäß § 393 I 2 AO unzulässig, sofern er dadurch gezwungen würde, sich selbst wegen einer von ihm begangenen Steuerstraftat oder Steuerordnungswidrigkeit zu belasten.[1025] In Anlehnung an den „Gemeinschuldner-Beschluss" ist die Begründung dafür in dem öffentlichen Interesse am Besteuerungsverfahren zu sehen, das hier anders als im Konkurs- bzw. Insolvenzverfahren deutlich dominanter ist und keine privaten Gläubigerinteressen verfolgt.[1026] Dementsprechend wird das rein staatliche Ermittlungsinteresse im Besteuerungsverfahren deutlich, weshalb die Parallelität zum Strafverfahren eine unmittelbare Berücksichtigung des Zwangsmittelverbots erfordert.

Abgesehen von Steuerstraftaten sieht die Abgabenordnung bei Selbstbelastung hinsichtlich anderer Straftaten ein strafrechtliches Verwendungsverbot vor, da der Eingriff in das Persönlichkeitsrecht des Befragten nur dann tragbar ist.[1027] Gemäß

1023 Siehe dazu ausführlich *Eidam*, Die strafprozessuale Selbstbelastungsfreiheit am Beginn des 21. Jahrhunderts, S. 166ff.

1024 *Eidam*, Die strafprozessuale Selbstbelastungsfreiheit am Beginn des 21. Jahrhunderts, S. 169.

1025 Relativierend *Sahan*, Keine Steuererklärungspflicht bei Gefahr strafrechtlicher Selbstbelastung, S. 64.

1026 Vgl. *Sahan*, Keine Steuererklärungspflicht bei Gefahr strafrechtlicher Selbstbelastung, S. 55.

1027 *Rogall*, Der Beschuldigte als Beweismittel gegen sich selbst, S. 172.

§ 393 II 1 AO dürfen, soweit der Staatsanwaltschaft oder dem Gericht in einem Strafverfahren aus den Steuerakten Tatsachen oder Beweismittel bekannt werden, die der Steuerpflichtige der Finanzbehörde vor Einleitung des Strafverfahrens oder in Unkenntnis der Einleitung des Strafverfahrens in Erfüllung steuerrechtlicher Pflichten offenbart hat, die Kenntnisse gegen den Steuerpflichtigen nicht für die Verfolgung einer Tat verwendet werden, die keine Steuerstraftat ist. Gemessen am „Gemeinschuldner-Beschluss" des Bundesverfassungsgerichts steht § 393 II 1 AO im Einklang mit dem Nemo-tenetur-Prinzip, da das Spannungsverhältnis zwischen steuerrechtlicher Auskunftspflicht und strafrechtlicher Selbstbelastung mit einem Verwendungsverbot aufgelöst wird.[1028]

Befremdlich erscheint dagegen § 393 II 2 AO, wonach Absatz 1 Satz 1 nicht für Straftaten gilt, an deren Verfolgung ein zwingendes öffentliches Interesse im Sinne des § 30 IV Nr. 5 AO besteht. Das Nemo-tenetur-Prinzip soll gerade Passivität in jedem Verfahrensabschnitt und bei jedem Tatvorwurf gewährleisten, weshalb eine Interessensabwägung unter Berücksichtigung des zwingenden öffentlichen Interesses verfassungswidrig ist.[1029] „Einen Bruch des Menschenrechts darf es in keinem Falle geben."[1030]

3. Parallelität zur Vollstreckung arbeitsrechtlicher Auskunftspflichten

a) Besonderheiten des Besteuerungs- und Konkursverfahrens

Sowohl im Besteuerungs- als auch im Konkursverfahren ist das Spannungsverhältnis zwischen Auskunftspflichten und einer strafrechtlich relevanten Selbstbelastung deutlich geworden. Die Auflösung des Spannungsverhältnisses erfordert einen besonders sensiblen Umgang mit den Besonderheiten der einzelnen Rechtsgebiete, da die unterschiedlichen Auskunftspflichten durch divergierende Motive geprägt sind.

1028 Vgl. *Eidam*, Die strafprozessuale Selbstbelastungsfreiheit am Beginn des 21. Jahrhunderts, S. 178.

1029 Vgl. *Franzen/Gast/Joecks*, in: Steuerstrafrecht, § 393 Rn. 72; *Rogall*, Der Beschuldigte als Beweismittel gegen sich selbst, S. 173; *Sahan*, Keine Steuererklärungspflicht bei Gefahr strafrechtlicher Selbstbelastung, S. 65f. Das durch das LG Göttingen angeregte konkrete Normenkontrollverfahren gemäß Art. 100 GG (siehe LG Göttingen Beschluss v. 11.12.2007, 8 KLs 1/07, wistra 2008, 231ff.) wurde vom Bundesverfassungsgericht für unzulässig befunden (siehe BVerfG, Entsch. v. 27.4.2010, 2 BvL 13/07, BeckRS 2010, 50089).

1030 *Rogall*, Der Beschuldigte als Beweismittel gegen sich selbst, S. 173.

Im Besteuerungsverfahren ist die Finanzbehörde Herrin des im Zusammenhang mit der Steuerermittlung stehenden Verfahrens, da sie als staatliches Institut das staatliche Interesse an Steuerermittlungen verfolgt. Private Interessen spielen dabei keine Rolle, da der Staat als Gläubiger der Forderung auftritt. Dieser Umstand spiegelt sich auch bei der Vollstreckung der Auskunftspflichten im Rahmen des Besteuerungsverfahrens und der Bedeutung der Selbstbelastungsfreiheit im Hinblick auf ein Auskunftsverweigerungsrecht wider. Als Abwehrrecht gegenüber staatlich erzwungener Selbstbelastung muss das Nemo-tenetur-Prinzip auch im Besteuerungsverfahren greifen, da das Motiv staatlicher Steuerermittlungen auch dem öffentlichen Interesse entspricht und damit kongruent zum staatlichen Interesse an einer Strafverfolgung ist und dadurch den Hauptanwendungsbereich des Nemo-tenetur-Prinzips tangiert. Insofern sind im Besteuerungsverfahren gemäß § 393 I 2 AO Zwangsmittel gegen den Steuerpflichtigen unzulässig, wenn er dadurch gezwungen würde, sich selbst wegen einer von ihm begangenen Steuerstraftat oder Steuerordnungswidrigkeit zu belasten. Der Verwertung wurde durch das kodifizierte Verwendungsverbot des § 393 II AO entgegengewirkt.

Auch das Konkursverfahren verursacht durch die Auskunftspflicht des Gemeinschuldners ein Spannungsverhältnis zur strafrechtlichen Selbstbelastung. Allerdings unterscheidet sich die Ermittlungstätigkeit des Konkursverwalters von dem der Finanzbehörde und den dahinterstehenden Interessen deutlich. Anders als im Besteuerungsverfahren ist im Konkursverfahren nicht der Staat Gläubiger der Forderung, sondern die privaten Gläubiger des Gemeinschuldners. Somit stehen hinter der Auskunftspflicht private Interessen und Pflichten und keine staatlichen Interessen oder öffentlich-rechtliche Pflichten, was der Auskunftspflicht und einer eventuellen Selbstbelastung einen neuen Charakter verleiht und die Bedeutung des Nemo-tenetur-Prinzips in diesem Kontext schwinden lässt.

Diese prägende Eigenschaft des Konkursverfahrens schlägt sich freilich auch bei der Begründung eines Auskunftsverweigerungsrechts nieder, Auskünfte, die den Rechtskreis Dritter berühren, bei Gefahr einer Selbstbelastung zu verweigern. Das Argument, dass der Gemeinschuldner als „wichtigster Informationsträger“[1031] anzusehen ist, „auf dessen Auskünfte die Gläubiger und die Verfahrensorgane zur ordnungsgemäßen Abwicklung des Konkurses angewiesen sind“[1032], überzeugt jedoch für sich genommen noch nicht, da auch der Beschuldigte im Strafverfahren als „wichtigster Informationsträger“ angesehen werden und ein „berechtigtes“ Informationsbedürfnis begründen könnte. Die hier wesentliche und entscheidende

1031 BVerfGE 56, 37, 48.
1032 BVerfGE 56, 37, 48.

Überlegung ist, dass das berechtigte Informationsbedürfnis auf einem freiwillig eingegangenen, besonderen Pflichtenverhältnis beruht, das Gegenstand des Konkursverfahrens ist. Daraus folgen letztlich auch Auskunftspflichten, hinter denen nicht allein staatliche oder öffentliche Informationsbedürfnisse, sondern Interessen geschädigter Dritter stehen.[1033] Insofern wird der Gemeinschuldner aus der Rücksichtnahmepflicht in Anspruch genommen, die er durch das Pflichtenverhältnis freiwillig eingegangen ist. Dabei trägt er auch nicht zu seiner Verurteilung, sondern zur Durchsetzung berechtigter Ansprüche bei, denen er sich selbst verpflichtet hat. Dies führt dazu, dass ein Aussageverweigerungsrecht zum Zeitpunkt des Konkursverfahrens aufgrund von Interessen Dritter nicht eingreifen kann und somit ein der Vollstreckung entgegenstehender Grund nicht vorliegt.

Trotz einer rechtmäßigen Pflicht zur Auskunft bei drohender Selbstbelastung im Konkursverfahren liegt ein Eingriff in Art. 2 I GG vor.[1034] Dies führt zu der Annahme, das Nemo-tenetur-Prinzip nicht nur isoliert bei der strafverfahrensrechtlichen Beweisgewinnung anzuwenden, sondern ihm auch eine Fernwirkung zukommen zu lassen, da die konkursrechtlichen Vorschriften dem Gemeinschuldner gewisse Mitwirkungspflichten auferlegen, die sich auf ein strafrechtliches Verfahren auswirken können.[1035] Eine Fernwirkung bezweckt, dass das Nemo-tenetur-Prinzip nicht nur im Strafrecht bei erzwungenen Aussagen anzuwenden ist. Vielmehr soll die Beweisgewinnung auch außerhalb des Strafverfahrens bei verpflichtenden Mitwirkungspflichten durch ein Beweisverwertungsverbot gesichert werden.[1036] Dem wurde durch das strafrechtliche Beweisverwendungsgebot gemäß § 97 I InsO hinreichend Rechnung getragen.

Diese durch das Bundesverfassungsgericht geforderte und durch den Gesetzgeber kodifizierte Lösung wird insbesondere den individuellen Anforderungen der einzelnen Verfahren sowie ihren Fachsäulen gerecht und schränkt den Geltungsanspruch des Nemo-tenetur-Prinzips auch nicht ein.[1037] Der „Gemeinschuldner-Beschluss" erkennt die verfassungsrechtliche Bedeutung und die Tragweite des Nemo-tenetur-Grundsatzes, überträgt diese jedoch nicht auf das Privatrecht. Dies

---

1033 BVerfGE 56, 37, 50.

1034 BVerfGE 56, 37, 50.

1035 Vgl. *Eidam*, Die strafprozessuale Selbstbelastungsfreiheit am Beginn des 21. Jahrhunderts, S. 163.

1036 Vgl. *Eidam*, Die strafprozessuale Selbstbelastungsfreiheit am Beginn des 21. Jahrhunderts, S. 164.

1037 So aber *Eidam*, Die strafprozessuale Selbstbelastungsfreiheit am Beginn des 21. Jahrhunderts, S. 181.

entspricht keiner Reduzierung der Selbstbelastungsfreiheit,[1038] da sich der Befragte zu diesem Zeitpunkt nicht gegenüber einer Strafverfolgungsbehörde selbst belastet, sondern dem rechtmäßigen Auskunftsanspruch der Gläubiger nachkommt. Erst wenn eine strafrechtliche Verwertung erzwungener Aussagen droht und das öffentliche Interesse an der erzwungenen Aussage überwiegt, ist eine Fernwirkung der Selbstbelastungsfreiheit erforderlich.

b) Der Transfer auf das arbeitsrechtliche Spannungsverhältnis

Gemessen an den Besonderheiten des Besteuerungs- und Konkursverfahrens ist nun eine Übertragbarkeit auf den arbeitsrechtlichen Konflikt zu prüfen.[1039] In diesem Zusammenhang ist offensichtlich, dass das staatliche Verfolgungsinteresse des Besteuerungsverfahrens bei arbeitsrechtlichen Ermittlungsmaßnahmen bzw. Auskünften aufgrund des fehlenden öffentlich-rechtlichen Charakters nicht vorliegt. Dennoch können die Spannungsverhältnisse des Konkurs- und des Besteuerungsverfahrens genutzt werden, um Gemeinsamkeiten mit arbeitsrechtlichen Auskunftspflichten festzustellen oder diese hiervon deutlich abzugrenzen.

Der Arbeitnehmer hat durch die Aufnahme des Arbeitsverhältnisses eine Geschäftsbesorgung übernommen, woraus besondere Pflichten, wie beispielsweise der Auskunftsanspruch gemäß §§ 666, 675 BGB, erwachsen. Damit steht hinter dem Auskunftsanspruch das Interesse des Arbeitgebers an der Auskunft hinsichtlich der durch die Geschäftsbesorgung erlangten Informationen. Ein öffentliches Interesse könnte in diesem Zusammenhang, wenn überhaupt, nur in der Strafverfolgung gesehen werden. Dies ist allerdings vor dem Hintergrund des fehlenden Strafverfolgungsmandats der Compliance als Vertreter des Arbeitgebers und dem bereits erläuterten divergierenden Interesse der ermittelnden Compliance abzulehnen.[1040] Dementsprechend stehen nur private Interessen des Auftraggebers hinter dem Auskunftsanspruch.

Gemessen an dem „Gemeinschuldner-Beschluss" des Bundesverfassungsgerichts muss dieses private Interesse des Arbeitgebers im Verhältnis zu der drohenden Selbstbelastung überwiegen, um ein denkbares Auskunftsverweigerungsrecht ablehnen zu können. Dies wäre etwa der Fall, wenn dem Arbeitgeber

---

1038 So *Eidam*, Die strafprozessuale Selbstbelastungsfreiheit am Beginn des 21. Jahrhunderts, S. 181.

1039 Allgemein zur Übertragbarkeit des „Gemeinschuldner-Beschlusses" auf die arbeitsrechtliche Problematik siehe *Böhm*, WM 2009, 1927f.

1040 Anders bei Veranlassung durch die SEC, siehe dazu *Wastl/Litzka/Pusch*, NStZ 2009, 70f.

massive wirtschaftliche Schäden, z.B. durch von der SEC verhängte Bußgeldern, drohen, die im Einzelfall existenzbedrohende Höhen erreichen können.[1041] Dabei kommt dem Arbeitgeber ein erhebliches Schutzbedürfnis zu, da ein Schaden innerhalb seines Rechtskreises droht, dessen Schutz sich der Arbeitnehmer durch die Geschäftsübernahme verpflichtet hat.

Ausgehend von dem durch den Arbeitnehmer freiwillig eingegangen Pflichtenverhältnis und der Schutzbedürftigkeit des Auftrag- bzw. Arbeitgebers ist die Parallelität zum „Gemeinschuldner-Beschluss“ evident, da in beiden Fällen zivilrechtliche und damit private Interessen im Vordergrund stehen.[1042] Eine vollständige Übertragung des „Gemeinschuldner-Beschlusses“ im Hinblick auf die strafprozessuale Beweisverwertung ist noch zu thematisieren.[1043]

4. Zivilrechtliche Ansätze zur Lösung des Spannungsverhältnisses

Neben den Parallelen zum „Gemeinschuldner-Beschluss“ werden auch Lösungsansätze auf zivilrechtlicher Ebene vertreten. In diesem Zusammenhang werden die Fürsorgepflichten des Arbeitgebers, ein Verzicht auf unternehmensinterne Untersuchungen sowie ein Zurückbehaltungsrecht des Arbeitnehmers in Betracht gezogen.

a) Belehrungs- und Hinweispflichten aufgrund arbeitsrechtlicher Fürsorgepflicht

Im Hinblick auf die Vollstreckbarkeit des arbeitsrechtlichen Auskunftsanspruchs könnte die Fürsorgepflicht des Arbeitgebers für eine Belehrungspflicht sprechen, den Arbeitnehmer auf die Möglichkeit der strafprozessualen Verwertung in einem möglichen Strafprozess hinzuweisen.

In den „Thesen der Bundesrechtsanwaltskammer zum Unternehmensanwalt im Strafrecht“[1044] wird der Versuch unternommen, Standards für Mitarbeitsbefragungen festzulegen: „Der Mitarbeiter ist darüber zu belehren, dass Aufzeichnungen der Befragung gegebenenfalls an Behörden weitergegeben werden und dort zu seinem Nachteil verwertet werden können. (...) Der Unternehmensanwalt darf dem Mitarbeiter zu keinem Zeitpunkt vor, während oder nach einer Befragung

1041 Vgl. *Böhm*, WM 2009, 1928.
1042 Vgl. *I. Roxin, StV* 2012, 120.
1043 Siehe S. 201ff.
1044 *BRAK-Stellungnahme-Nr. 35/2010*, S. 1ff.

mit arbeitsrechtlichen Konsequenzen drohen, um eine Aussage zu erzwingen. Die Freiheit der Willensentschließung darf in keinem Fall beeinträchtigt werden."[1045]

In der Literatur werden die Thesen im Wesentlichen mit der arbeitsrechtlichen Fürsorgepflicht des Arbeitgebers begründet, die Persönlichkeitsrechte des Arbeitgebers zu schützen.[1046] Diese erfordere auch, den Arbeitnehmer im Vorfeld sowohl über die Verpflichtung zur arbeitsrechtlichen Aussage als auch über arbeits- und zivilrechtliche Konsequenzen einer etwaigen Auskunftsverweigerung zu belehren.[1047] Nur durch die vollständige Aufklärung über alle rechtlichen Konsequenzen einer verweigerten Kooperation mit dem Unternehmen sei dem betroffenen Mitarbeiter die Möglichkeit für eine informierte und selbstverantwortliche Entscheidung gegeben.[1048]

Die Thesen der Bundesrechtsanwaltskammer zum Unternehmensanwalt im Strafrecht möchten einem ausgeglichen Rechtsgüterschutz entsprechen. Der Einwand, die Fürsorgepflicht des Arbeitgebers sei zu berücksichtigen, erscheint dabei zunächst nachvollziehbar, da dem Arbeitnehmer durch eine selbstbelastende Aussage empfindliche Nachteile drohen.[1049] Auch ein über alle Konsequenzen aufgeklärter Befragter erscheint unter Berücksichtigung der gegenseitigen Rechtsgüter erstrebenswert, stößt jedoch auf praktische Bedenken. Denn was gewinnt der Arbeitnehmer effektiv damit?[1050] Macht er von seinem belehrten Recht Gebrauch, drohen ihm letztlich arbeitsrechtliche Konsequenzen. Sagt er hingegen aus, um gerade diese Konsequenzen zu verhindern, kann er zwar in einem Strafverfahren die Aussage verweigern, allerdings bleibt die Aussage gegenüber dem Compliance-Beauftragten, also auch die Interviewprotokolle, erhalten.[1051] Somit bleibt dem aufgeklärten Befragten die Wahl zwischen zwei empfindlichen Übeln, die auch durch den Beistand eines Rechtsanwalts nicht verhindert werden können.[1052]

Trotzdem scheint es geboten, der Fürsorgepflicht des Arbeitgebers einen Einfluss auf die Beurteilung der Problematik einzuräumen und die Thesen der

---

1045 *BRAK-Stellungnahme-Nr. 35/2010*, S. 11.

1046 *Sidhu/v. Saucken/Ruhmannseder*, NJW 2011, 883; *I. Roxin, StV* 2012, 120; vgl. *Knauer/Gaul*, NStZ 2013, 193f.

1047 *Sidhu/v. Saucken/Ruhmannseder*, NJW 2011, 883; a.A. *Knauer/Gaul*, NStZ 2013, 193f., die eine Belehrung hinsichtlich eines Aussageverweigerungsrechts empfehlen.

1048 *Sidhu/v. Saucken/Ruhmannseder*, NJW 2011, 883.

1049 Vgl. *I. Roxin, StV* 2012, 120.

1050 So *I. Roxin, StV* 2012, 120.

1051 *I. Roxin, StV* 2012, 120.

1052 Gefordert durch *BRAK-Stellungnahme-Nr. 35/2010*, S. 10; zu Recht kritisiert durch *I. Roxin, StV* 2012, 120.

Bundesrechtsanwaltskammer für die Diskussion fruchtbar zu machen. Aufgrund der erläuterten Bedenken ist zwar ein Auskunftsverweigerungsrecht und folglich auch eine Belehrungspflicht abzulehnen,[1053] allerdings gebietet die Fürsorgepflicht, den oft ahnungslosen Befragten zumindest vor die Wahl zwischen arbeitsrechtlichen Maßnahmen und einer Einlassung zu stellen. Dies ist zwar die Wahl zwischen Pest und Cholera, klärt ihn aber zumindest auf, weshalb insofern von einer Hinweispflicht zwingend auszugehen ist. Dies ist im Ergebnis auch interessensgerecht, da der Befragte aus dem von ihm gewählten Pflichtenverhältnis in Anspruch genommen wird.

b) Die Verhältnismäßigkeit der Interviews im Lichte des Zurückbehaltungsrechts

Auch der Maßstab der Verhältnismäßigkeit wird angewendet und die damit verbundene Frage der Entbehrlichkeit von Internal Investigations diskutiert.[1054] Das Weisungsrecht hinsichtlich der Auskunftserteilung steht gemäß § 315 I BGB im billigen Ermessen des Arbeitgebers, das durch die Grundrechte mitbestimmt wird.[1055] „Dabei sind die kollidierenden Grundrechte in ihrer Wechselwirkung zu sehen und so zu begrenzen, dass die geschützten Rechtspositionen für alle Beteiligten möglichst weitgehend wirksam werden."[1056] Konkret sind dies die Unternehmensfreiheit gemäß Art. 12 GG und das verfassungsrechtlich geschützte Recht der Selbstbelastungsfreiheit.[1057] Dabei sei insbesondere die Verhältnismäßigkeit der gewählten Maßnahme zu berücksichtigten[1058] und schon die Notwendigkeit der Befragung zu verneinen, da „die Interviews mit den Betroffenen nur einer zusätzlichen Absicherung der schon durch die objektiven Unterlagen oder Zeugen geschaffenen Verdachtslage"[1059] entsprechen würden.

Eine etwaige Unverhältnismäßigkeit der Untersuchungsmaßnahmen würde somit wiederrum eine Verletzung vertraglicher Schutzpflichten darstellen. Davon ausgehend wird auch ein Zurückbehaltungsrecht des Arbeitnehmers vertreten,

1053 Vgl. a.A. *Knauer/Gaul*, NStZ 2013, 193f.; *Rudkowski*, NZA 2011, 613; *Wastl/Litzka/Pusch*, NStZ 2009, 73; *I. Roxin, StV* 2012, 120f.

1054 *I. Roxin, StV* 2012, 120f.

1055 BAG, NJW 2003, 1685, 1686.

1056 BAG, NJW 2003, 1685, 1687.

1057 *I. Roxin, StV* 2012, 121.

1058 So *I. Roxin, StV* 2012, 121; vgl. *Dann/Schmidt*, NJW 2009, 1853.

1059 *I. Roxin, StV* 2012, 121; andere Möglichkeiten sieht auch *Rudkowski*, NZA 2011, 613.

die geschuldete Auskunftsleistung gemäß § 273 I BGB zu verweigern,[1060] sofern die Verletzung des Persönlichkeitsrechts vorliegt[1061]. Eine drohende Verletzung könnte der Arbeitnehmer demnach analog § 1004 I 2 BGB mit einem selbstständig einklagbaren Unterlassungsanspruch abwehren.[1062]

Der Entbehrlichkeit von Internal Investigations ist aber entgegenzuhalten, dass die Befragung des Mitarbeiters der „Königsweg" zur Abkürzung eines Verfahrens ist[1063] und auch der erstrebenswerte Weg der Compliance bleibt[1064]. Dies hat mehrere Gründe: Viele Gespräche erfolgen zunächst zur Erörterung eines Sachverhalts, wobei kein spezieller Tatvorwurf im Raum steht, sondern z.B. nur Auffälligkeiten bei Buchungskonten, die zu den Ermittlungsmaßnahmen geführt haben. Dabei ist die Rolle des Befragten zu Beginn oft unklar. Sollten sich bei derartigen Befragungen Tatvorwürfe ergeben, erscheint es für den Arbeitgeber unzumutbar, die Befragung aufgrund von Verhältnismäßigkeitserwägungen abzubrechen, da sich die notwendigen Beweismittel eben nicht aus „objektiven Unterlagen" oder „Zeugen" ergeben. Sofern in diesen Fällen eine Haftungsgefahr für das Unternehmen besteht, muss der Arbeitnehmer die ihm bekannten Tatsachen offenbaren, da der Befragte in diesen Fällen der einzige Schlüssel zur Aufklärung eines Sachverhalts sein kann. Auch bei direkten und gezielten Fragen zu einem Tatvorwurf ist der Verhältnismäßigkeitsgrundsatz nicht das geeignete Kriterium zur Annahme eines Auskunftsverweigerungsrechts, da ein milderes und gleich wirksames Mittel zur Aufklärung des Sachverhalts und zur Schadensabwendung auch in diesem Fall nicht ersichtlich ist. Es ist kaum vorstellbar, dass die objektive Beweislage ausreichend wäre, die compliance-relevanten Fälle aufzuklären. Insgesamt erscheint es auch systemwidrig, eine zivilrechtlich unbedenkliche Maßnahme aufgrund von strafrechtlichen Bedenken einschränken zu wollen.

Letztlich sprechen die „erheblichen praktischen Bedürfnisse" der Internal Investigations vor dem Hintergrund erheblicher Strafzahlungen dagegen, dieses „freiwillige Instrument der Krisenbewältigung" für unzulässig zu erklären.[1065] Dementsprechend wird der Ansatz, das Spannungsverhältnis im Rahmen der Verhältnismäßigkeit aufzulösen, den verschiedenen Interessen nicht gleichermaßen gerecht. Im Ergebnis liegen also keine Unverhältnismäßigkeit und damit keine

---

1060 *Tscherwinka*, in: FS-Imme Roxin, S. 528f.

1061 *Schmidt*, in: EK-ArbR, Art. 2 Rn. 73.

1062 *Schmidt*, in: EK-ArbR, Art. 2 Rn. 73.

1063 Im Fall des Strafverfahrens *Weigend*, ZStW 113 (2001), 294.

1064 Vgl. *Wewerka*, Internal Investigations, S. 240.

1065 *Wewerka*, Internal Investigations, S. 29ff., 320.

Verletzung von Schutzpflichten vor. Dies entzieht folglich auch der Argumentation eines Zurückbehaltungsrechts gemäß § 273 I BGB und eines Unterlassungsanspruchs § 1004 BGB analog den Boden.

c) Die Unzumutbarkeit der Auskunftserteilung gemäß § 275 III BGB

Rödiger diskutiert, ob das Zumutbarkeitskriterium im Rahmen der weisungsbedingten Auskunftspflicht gemäß §§ 666, 675 BGB Anwendung finden soll und die Mitwirkungspflicht bei Selbstbelastungsgefahr gemäß § 275 III BGB ausschließen könnte.[1066]

Dies wird jedenfalls bei gezielten Ermittlungen mit dem Zweck der Weitergabe an die SEC und das DoJ angenommen und mit der Schutzlosigkeit des Befragten begründet, da die Beweismittel in einem US-amerikanischen Strafprozess oder SEC-Verfahren unmittelbar verwendet werden können und der Befragte damit gezwungen werden würde, als Beweismittel gegen sich selbst zu fungieren.[1067] Durch die Unzumutbarkeit der Auskunftspflicht gemäß § 275 III BGB fehle es dann auch an einer für die analoge Anwendung des Auskunftsverweigerungsrechts gemäß § 384 Nr. 2 ZPO[1068] erforderlichen Regelungslücke[1069].

Im Fall der Weitergabe an deutsche Strafverfolgungsbehörden bewertet *Rödiger* dagegen die Auskunftspflicht für den Arbeitnehmer als zumutbar, da der Arbeitnehmer „insoweit durch ein strafrechtliches Beweisverwertungsverbot geschützt"[1070] wird. Allerdings wird man in diesem Zusammenhang lediglich davon ausgehen müssen, dass ein nationaler Strafprozess mit seinen normativen Rahmenbedingungen ein Beweisverwertungsverbot eher sichern könnte.[1071]

Im Hinblick auf die Verwertung in einem US-amerikanischen Verfahren wird der Lösungsweg über ein Auskunftsverweigerungsrecht aufgrund von Unzumutbarkeitskriterien begründet, da scheinbar die faktischen Möglichkeiten für deutsche Arbeitnehmer zur Sicherung der Selbstbelastungsfreiheit im US-amerikanischen

---

1066 *Rödiger*, Strafverfolgung von Unternehmen, S. 301ff.; im Ansatz auch *Fritz*, CCZ 2011, 157; vgl. *Fritz/Nolden*, CCZ 2010, 172.

1067 Dies ist nach *Rödiger* „gängige Praxis", siehe *dies.*, Strafverfolgung von Unternehmen, S. 302 in Fn. 1884 m.w.N.; vgl. *Wastl/Litzka/Pusch*, NStZ 2009, 70f.

1068 Siehe dazu *Jahn*, StV 2009, 44.

1069 *Rödiger*, Strafverfolgung von Unternehmen, S. 301 in Fn. 1875; vgl. *Böhm*, WM 2009, 1926f.

1070 *Rödiger*, Strafverfolgung von Unternehmen, S. 303ff.

1071 Es bleibt eine Hypothese, da sich eine entsprechende Tendenz aus der Rechtsprechung (noch) nicht ergibt.

Prozessrecht fehlen. Das heißt, dass die Rechte des Befragten im Hinblick auf ein SEC-Verfahren besser geschützt werden können, sofern schon die Auskunftspflicht als unzumutbar bewertet wird, da die Berücksichtigung der Selbstbelastungsfreiheit in einem US-Verfahren – und dies wird nur indirekt angesprochen – wenig vielversprechend erscheint.[1072] Dabei geht *Rödiger* davon aus, dass dem Befragten nicht das Risiko auferlegt werden kann, ob die Aussage in einen US-amerikanischen Strafprozess Einzug findet oder nicht.[1073] Um letztlich zu verhindern, dass die Auskunftspflicht gemäß §§ 666, 675 BGB zur Verwertung in einem US-amerikanischen Strafprozess führt, muss nach *Rödiger* eine selbstbelastende Auskunftspflicht als unzumutbar bewertet werden, da sie nicht über ein strafprozessuales Verwertungsverbot kompensiert werden kann. Dies bleibt jedoch nur ein Appell, da ein US-amerikanisches Verwertungsverbot nicht untersucht wird.

5. Zwischenergebnis

Das strafprozessuale Nemo-tenetur-Prinzip ist ein individuelles Abwehrrecht bei Ermittlungen des Staates, selbst über die Umstände einer Aussage entscheiden zu können. Gründe dafür sind unter anderem die weitreichenden staatlichen Zwangsmittel. Grundsätzlich bereitet schon der Transfer dieses Prinzips in den arbeitsrechtlichen Rechtskreis Schwierigkeiten, da der originäre Anwendungsbereich des Nemo-tenetur-Prinzips nicht im Privatrecht liegt. Obwohl es durchaus nachvollziehbar ist, einen Zwang oder eine mittelbare Pflicht zur Selbstbelastung auch unter Privaten ablehnen zu wollen, so ist dies im Ergebnis nicht mit dem Wesen des Privatrechts vereinbar.

Der Schutzzweck des Nemo-tenetur-Prinzips vor staatlichem Aussagezwang rechtfertigt sowohl im insolvenzrechtlichen also auch im arbeitsrechtlichen Auskunftsverhältnis kein Auskunftsverweigerungsrecht, da der Arbeitnehmer dem rechtmäßigen Auskunftsanspruch des Arbeitgebers nachkommt und eben nicht unmittelbar zu einer Verurteilung gegen sich selbst beitragen soll. Insofern kann die strafprozessuale Selbstbelastungsfreiheit die Prinzipien der privatrechtlichen freiwilligen Pflichtenübernahme nicht durchbrechen. Der Konflikt ist vielmehr in der Sphäre des Nemo-tenetur-Prinzips, also dem Strafverfahren, zu lösen.

1072 Davon scheint auch *Rödiger* auszugehen, die darauf hinweist, dass in den sog. „Pretrial Agreements" die Unternehmen ausdrücklich dazu verpflichtet werden, Beweise für das rechtswidrige Verhalten zu liefern und demnach als „verlängerter Arm der Strafverfolgungsbehörden" agieren, siehe *dies.*, Strafverfolgung von Unternehmen, S. 301.

1073 *Rödiger*, Strafverfolgung von Unternehmen, S. 302.

E. Zur Unzulässigkeit strafrechtlicher Verwendung von Internal Investigations der Compliance

Die Selbstbelastungsfreiheit dient dem Schutz elementarer Freiheitsrechte des Beschuldigten im Strafverfahren und wird durch ein strafprozessuales Beweisverwertungsverbot flankiert. Das Zwangsmittelverbot fordert, dass Strafverfolgungsbehörden bestimmte Ermittlungsmethoden einhalten, um eine Wahrheitsermittlung um jeden Preis zu verhindern. Abseits eigenhändiger staatlicher Strafverfolgung nutzen Ermittlungsbehörden allerdings auch Beweismittel, deren Herkunft unter Umständen den Wertungen der Strafprozessordnung und dem Prinzip eines fairen Verfahrens – insbesondere dem Nemo-tenetur-Prinzip – zuwiderlaufen könnten. Die Beweismittel werden durch Dritte gewonnen, die durch ihre fehlende hoheitliche Strafverfolgungskompetenz nicht der Strafprozessordnung und deren Kontrolle unterworfen sind.

Compliance-Managements ermitteln in erster Linie im Interesse des Unternehmens, um die eigene Sorgfaltspflicht hinsichtlich nationaler und internationaler Vorschriften zu erfüllen und Schäden für das Unternehmen durch Präventionsmaßnahmen vorzubeugen. Desweiteren erfordert die Aufklärung eines konzernweiten Korruptionsvorfalls allerdings oft, Strafverfolgungsbehörden hinsichtlich der einzelnen internen Verdachtsfälle zu informieren. Die Ermittlungsergebnisse der Compliance-Managements werden dann, wie bereits erläutert, in vielen Fällen an die zuständigen Ermittlungsbehörden weitergegeben.[1074] Diese beinhalten in der Regel die Interviewprotokolle der Internal Investigations, die belegen können, dass die befragten Mitarbeiter oftmals strafrechtlich relevantes Verhalten offenbart haben. Dies wirft die Frage auf, inwieweit sich Strafverfolgungsbehörden Informationen bedienen dürfen, die außerhalb des Ermittlungsverfahrens und abseits des Wirkungsbereichs der Strafprozessordnung durch Private gewonnen wurden.

Die bisherige Diskussion hat gezeigt, dass die Selbstbelastungsfreiheit im privatrechtlichen Bereich aufgrund der individuellen Besonderheiten und schützenswerten Interessen nicht berücksichtigt werden kann. Dazu besteht auch keine Notwendigkeit, da sich der befragte Arbeitnehmer zu diesem Zeitpunkt noch nicht gegenüber einer hoheitlichen Institution bezichtigt und somit schon der entscheidende Anwendungsbereich eines staatlichen Zwangsmittelverbots nicht eröffnet sein kann. Auch der durch eine etwaige Vollstreckung gemäß § 888 ZPO drohende staatliche Einfluss lässt die Rechtmäßigkeit der Zwangsmaßnahme unberührt, da

1074 Siehe Fn. 563.

die Intention des Staates im Schutz der Gläubigerinteressen und nicht in der strafrechtlichen Verfolgung des Schuldners liegt.

Abseits des Privatrechts ist zu erörtern, ob der privatrechtliche Auskunftsanspruch einen Einfluss auf das Strafverfahren haben darf und ob dem nicht durch die offensichtliche Zweckentfremdung der Auskunft ein Verwertungsverbot entgegensteht. Im Fokus der Problemstellung liegt die Reichweite des Schutzbereichs des Nemo-tenetur-Prinzips, da der Staat erstens nicht in eigener Person ermittelt und zweitens den Beweisermittlungen bei Internal Investigations offensichtlich physischer Zwang fremd ist. Daher sind die Rollen der handelnden Akteure im Hinblick auf die Anwendung des Nemo-tenetur-Prinzips sowie die genauen Umstände einer Zwangslage des Befragten kritisch zu hinterfragen. In diesem Zusammenhang ist auch zu diskutieren, ob sich ein rechtmäßiger zivilrechtlicher Auskunftsanspruch unter Berücksichtigung des Prinzips der Einheit der Rechtsordnung zu einer strafprozessual rechtswidrigen Selbstbelastung transformieren kann und durch ein Verwertungsverbot kompensiert werden darf.

I. Die Beteiligung der Compliance am staatlichen Ermittlungsverfahren

1. Die Zulässigkeit privater Ermittlungen

Das Offizialprinzip erfordert, dass Straftaten allein durch den Staat, von Amts wegen (ex officio), verfolgt werden,[1075] wobei den staatlichen Strafverfolgungsbehörden die Einleitung und Durchführung von Strafverfahren obliegt[1076]. In diesem Zusammenhang ist fraglich, inwiefern die Involvierung Privater in die staatliche Strafverfolgung zulässig sein kann.[1077]

Das Bundesverfassungsgericht stellte bereits im sogenannten „Rechtsbeistands-Beschluss“[1078] fest, dass das Recht auf ein faires Verfahren zu den wesentlichen Grundsätzen eines rechtsstaatlichen Verfahrens gehört und sich nicht in der Selbstbeschränkung staatlicher Mittel und dem korrekten und fairen Verhalten staatlicher Organe erschöpft.[1079] Dazu zählt auch, prozessuale Rechte selbstständig

1075 *Kühne*, Strafprozessrecht, Rn. 297.

1076 *Bockemühl*, Private Ermittlungen im Strafprozess, S. 33.

1077 Grundsätzlich kritisch *Mende*, Grenzen privater Ermittlungen durch den Verletzten einer Straftat, S. 77ff.

1078 BVerfGE 38, 105ff.

1079 BVerfGE 38, 105, 111; siehe auch BVerfGE 26, 66, 71.

wahrzunehmen.[1080] Dies ist ein „unverzichtbares Element der Rechtsstaatlichkeit“[1081]. Daher besteht ein Recht des Bürgers auf „aktive Teilnahme (…) an dem ihm zukommenden Rechtsschutz“[1082] aus dem Allgemeinen Persönlichkeitsrecht gemäß Art. 2 I GG i. V. m. Art. 1 I GG und dem Verbot der Verobjektivierung des Bürgers im Strafverfahren[1083]. Dabei fungiert das Allgemeine Persönlichkeitsrecht nicht nur als Abwehrrecht,[1084] sondern begründet auch einen Anspruch gegen die staatliche Strafverfolgung,[1085] sofern keine ausreichende Einflussnahme auf das laufende Verfahren gewährleistet ist[1086]. Somit sind auch private Beiträge zur Aufklärung von Straftaten im Rahmen des Strafverfahrens vom Schutzbereich des Allgemeinen Persönlichkeitsrechts erfasst.[1087]

Diese Annahme wird auch durch Wertungen der Strafprozessordnung gestützt. Gemäß dem in § 152 I StPO normierten Offizialprinzip ist die Staatsanwaltschaft zur Erhebung der öffentlichen Klage berufen. Das Anklagemonopol des Staates und die Durchführung des materiellen Strafanspruchs schließt folglich den einzelnen Bürger als Strafverfolgungsberechtigten aus.[1088] Insofern könnte sich ein Konflikt zwischen dem Anspruch des Bürgers auf einen privaten Beitrag zur Aufklärung von Straftaten und der Offizialmaxime der Strafprozessordnung ergeben. Dies wird jedoch im Rahmen der Strafprozessordnung mehrfach relativiert.

Im Wege der Privatklage gemäß der §§ 374ff. StPO können Straftaten vom Verletzten verfolgt werden, ohne dass es einer vorgängigen Anrufung der Staatsanwaltschaft bedarf, diese eröffnet damit ein staatliches Strafverfahren, das anstelle der Staatsanwaltschaft von dem Verletzten als Kläger eingeleitet und betrieben wird.[1089] Obwohl Privatklagen nur für die abschließend aufgezählten Privatdelikte zulässig sind[1090] und praktisch an Bedeutung

---

1080 BVerfGE 38, 105, 111.
1081 BVerfGE 38, 105, 111.
1082 BVerfGE 38, 105, 114.
1083 *Bockemühl*, Private Ermittlungen im Strafprozess, S. 32.
1084 *Di Fabio*, in: Maunz/Dürig-GG, Art. 2 Rn. 48ff.
1085 *Di Fabio*, in: Maunz/Dürig-GG, Art. 2 Rn. 72ff.
1086 *Di Fabio*, in: Maunz/Dürig-GG, Art. 2 Rn. 74; vgl. *Bockemühl*, Private Ermittlungen im Strafprozess, S. 32f.
1087 *Bockemühl*, Private Ermittlungen im Strafprozess, S. 33; *Krey*, Zur Problematik privater Ermittlungen des durch eine Straftat Verletzten, S. 25.
1088 Vgl. *Beulke*, Strafprozessrecht, Rn. 478.
1089 *Hilger*, in: LR-StPO, Vor § 374 Rn. 5.
1090 *Hilger*, in: LR-StPO, Vor § 374 Rn. 7.

verloren haben[1091], durchbricht es dennoch den Grundsatz des staatlichen Anklagemonopols[1092].

Dies wird auch durch die Antragsdelikte bestärkt.[1093] Obwohl nach § 127 III 1 StPO in jedem Fall Ermittlungen angestellt werden können, ist das Strafverfahren bei fehlendem Strafantrag aufgrund einer fehlenden Prozessvoraussetzung bei absoluten Antragsdelikten einzustellen.[1094] Insofern obliegt es in diesem Fall nicht mehr der staatlichen Strafverfolgungsbehörde, die Tat anzuklagen. Bei relativen Antragsdelikten dagegen kann im Einzelfall auch ohne einen Antrag aufgrund eines öffentlichen Interesses die Tat zur Anklage gebracht werden.

Letztlich steht das Offizialprinzip privaten Ermittlungen nicht entgegen, da das Anklagemonopol des Staates unberührt bleibt. Insbesondere begründet das Anklagemonopol „kein grundsätzliches strafprozessuales Ermittlungsmonopol nach Art des staatlichen Gewaltmonopols“[1095]. Zudem wird die Ermittlungskompetenz der Strafverfolgungsbehörde nicht angegriffen, da das Ermittlungsverfahren auch bei der Beteiligung Privater durch die Staatsanwaltschaft geleitet wird. Insofern wird auch die Stellung der Staatsanwaltschaft als „Herrin des Ermittlungsverfahrens“[1096] nicht tangiert.

Private Ermittlungen sind sowohl bei bestehendem oder fehlendem offiziellen staatlichen Verfahren zur Vorbereitung oder als Unterstützung sowie im Fall einer Einstellung oder Ablehnung des Strafverfahrens und dementsprechend in jedem Stadium staatlicher Durchführung möglich. Ein Konflikt zwischen staatlichem Strafverfolgungsauftrag könnte sich in diesem Zusammenhang nur bei parallel verlaufenden Ermittlungen ergeben, wobei Privaten lediglich das milde Festnahmerecht des § 127 I StPO zusteht und strafprozessuale Grundrechtseingriffe ausschließlich durch die Strafverfolgungsbehörden angeordnet und vollzogen

---

1091 *Meyer-Goßner*, StPO, Vor § 374 Rn. 1.

1092 *Bockemühl*, Private Ermittlungen im Strafprozess, S. 33f.; *Beulke*, Strafprozessrecht, Rn. 16; *Krey*, Zur Problematik privater Ermittlungen des durch eine Straftat Verletzten, S. 30; dagegen *Mende*, Grenzen privater Ermittlungen durch den Verletzten einer Straftat, S. 128f.

1093 Dagegen *Mende*, der dies nur als „Ausnahme“ wertet, siehe *ders.*, Grenzen privater Ermittlungen durch den Verletzten einer Straftat, S. 129f.

1094 Vgl. *Beulke*, Strafprozessrecht, Rn. 16.

1095 *Krey*, Zur Problematik privater Ermittlungen des durch eine Straftat Verletzten, S. 31.

1096 *Krey*, Zur Problematik privater Ermittlungen des durch eine Straftat Verletzten, S. 32.

werden.[1097] Auch durch die Möglichkeit einer Festnahme der Störer von Amtsausübungen im Sinne des § 164 StPO folgt e contrario, dass „nicht störende" private Ermittlungstätigkeit geduldet werden kann.[1098] Somit ist festzuhalten, dass private Ermittlungen grundsätzlich zulässig sind.

2. Grenzen privater Ermittlung

Ausgehend von der Zulässigkeit privater Ermittlungen gibt es gleichwohl Grenzen privater Ermittlungen. Die Strafprozessordnung verpflichtet vorrangig staatliche Organe zur Einhaltung der Verfahrensprinzipien, insbesondere zu zwanglosen Ermittlungsmethoden,[1099] und deklariert die Strafverfolgungsbehörden als Adressaten der StPO[1100]. Da Privatpersonen keine vergleichbare Pflichtenstellung innehaben, unterliegen die von privaten Ermittlern durch Mittel des § 136a StPO gewonnenen Angaben auch grundsätzlich keinem Verwertungsverbot.[1101] Dies führt jedoch nicht dazu, dass die private Ermittlungstätigkeit schrankenlos gewährleistet wird. Private Ermittler sind unmittelbar an die materiell-rechtlichen Vorschriften des Strafgesetzbuchs[1102] und an das Allgemeine Persönlichkeitsrecht gemäß Art. 2 i. V. m. Art. 1 GG gebunden[1103]. Im Einzelfall kann auch eine Anwendung strafprozessualer Normen geboten sein, sofern die Beweismittel durch gravierende Menschenrechtsverstöße zustande gekommen sind und es den Strafverfolgungsbehörden durch ihre verfassungsrechtliche Verantwortung verwehrt sein muss, auf derartige Mittel zurückzugreifen.[1104]

Private können neben der selbstverantwortlichen Ermittlungstätigkeit allerdings auch durch Auftrag der Strafverfolgungsbehörde tätig werden. Dies erfolgt durch

---

1097 *Bockemühl*, Private Ermittlungen im Strafprozess, S. 35.

1098 *Bockemühl*, Private Ermittlungen im Strafprozess, S. 35.

1099 *Rogall*, in: SK-StPO, § 136a Rn. 7; *Gleß*, in: LR-StPO, § 136a Rn. 6; *Beulke*, Strafprozessrecht, Rn. 478; vgl. *Bockemühl*, Private Ermittlungen im Strafprozess, S. 17; *Krey*, Zur Problematik privater Ermittlungen des durch eine Straftat Verletzten, S. 34.

1100 *Knauer/Buhlmann*, AnwBl 2010, 391.

1101 BGHSt 27, 355, 357; 34, 129, 134.

1102 *Krey*, Zur Problematik privater Ermittlungen des durch eine Straftat Verletzten, S. 35ff.; *Bockemühl*, Private Ermittlungen im Strafprozess, S. 50.

1103 *Bockemühl*, Private Ermittlungen im Strafprozess, S. 49.

1104 Vgl. *Kleinknecht*, NJW 1966, 1543; *Rogall*, Der Beschuldigte als Beweismittel gegen sich selbst, S. 210; *Krey*, Zur Problematik privater Ermittlungen des durch eine Straftat Verletzten, S. 100; vgl. OLG Celle, NJW 1985, 640, 641.

veranlasste verdeckte staatliche Ermittlungen, in denen die Ermittlungsbehörde nicht offen, sondern durch private „V-Männer" in Erscheinung tritt, um unbemerkt Informationen sammeln zu können.[1105] Durch den Einsatz dieser Vertrauenspersonen liegt keine private Ermittlung im ursprünglichen Sinne mehr vor, da das öffentliche Interesse der Strafverfolgung durch die staatliche Strafverfolgungsbehörde gezielt durch einen Privaten verfolgt wird.

Sofern sich der Staat im Rahmen „seiner" Ermittlungen gezielt bei Privaten bedient, müssen sämtliche Schranken der Strafprozessordnung anwendbar sein, um letztlich eine Exkulpation bzw. Umgehung des Staates zu verhindern.[1106] Das Umgehungsverbot verlangt im Einzelfall, dass das Verhalten der unmittelbar privat Ermittelnden der Strafverfolgungsbehörde zugerechnet wird[1107] und zur direkten Anwendung von Strafprozessnormen führt, sofern diese Kenntnis von den Ermittlungen hatte[1108]. Anderes würde den Angeklagten, wenn auch indirekt, zum Beweismittel gegen sich selbst instrumentalisieren.[1109]

3. Zulässigkeit der Internal Investigations

Die Einleitung unternehmensinterner Untersuchungen obliegt der Geschäftsleitung[1110] und ist grundsätzlich privatrechtlicher Natur[1111], daher sind die soeben erläuterten Grundsätze zur Zulässigkeit privater Ermittlungen anwendbar. Dies könnte allerdings hinfällig sein, sofern der Umfang der konzernweiten Organisation und Durchführung der Internal Investigations den staatlichen Strafverfolgungsauftrag gefährdet.[1112]

1105 Siehe *Senge*, in: KK-StPO, Vorb. §§ 48–71 Rn. 54ff.

1106 *Bockemühl*, Private Ermittlungen im Strafprozess, S. 80; auch *Rogall*, Der Beschuldigte als Beweismittel gegen sich selbst, S. 210f.

1107 Siehe S. 179ff.

1108 *Rogall*, in: SK-StPO, § 136a Rn. 7; vgl. BGHSt 44, 129, 134.

1109 Vgl. *Rogall*, Der Beschuldigte als Beweismittel gegen sich selbst, S. 211.

1110 Momsen bei *Timm*, ZIS 2013, 251. Siehe zum reduzierten Ermessen bei konkretem Verdacht im Rahmen des § 130 OWiG *Hartwig*, in: Moosmayer/Hartwig, Interne Untersuchungen, S. 8; *Moosmayer*, NJW 2012, 3014; vgl. auch *Sahan*, in: Compliance und Strafrecht, S. 174.

1111 *Jahn*, StV 2009, 42f.; *Theile*, StV 2011, 383; *Bittmann/Molkenbur*, wistra 2009, 374; *Rödiger*, Strafverfolgung von Unternehmen, S. 235; *Beulke*, Strafprozessrecht, Rn. 481; *Momsen*, ZIS 2011, 508ff.

1112 Vgl. *Hassemer/Matussek*, Das Opfer als Verfolger, S. 82f.; *Mende*, Grenzen privater Ermittlungen durch den Verletzten einer Straftat, S. 199f.; *Jahn*, StV 2009, 43; *ders*. Gutachten für den 67. DJT, C 103.

Repressive Compliance-Ermittlungen weisen durch ihre Organisationsstruktur eine nicht von der Hand zu weisende Parallelität zur staatlichen Strafverfolgung auf und haben zu einer fortschreitenden Etablierung aufwendiger Compliance-Managements mit hunderten Mitarbeitern in deutschen Großkonzernen geführt.[1113] Die Vorgehensweise der Internal Investigations erinnert dabei zunehmend an staatliche Ermittlungsverfahren der Strafverfolgungsbehörden, da eine gezielte Informationsrecherche unter Bezugnahme auf Akten angestrebt wird und im Rahmen der Interviews umfangreiche Aussagen aufgenommen werden. Dabei überwiegt folglich auch der Informationsvorteil der Compliance gegenüber der Staatsanwaltschaft, bedingt durch die Internal Investigations, deutlich, weshalb Compliance-Mitarbeiter einen erheblichen Wissensvorsprung haben, solange sie die Informationen nicht an die Strafverfolgungsbehörden weiterleiten. Die Befürchtung liegt nahe, dass dadurch die Durchsetzung des Legalitätsprinzips im Ermessen der Compliance liegen könnte, den internen Anfangsverdacht an die Strafverfolgungsbehörden weiterzuleiten oder nicht, was zu einer Beeinträchtigung des staatlichen Strafverfolgungsauftrags führen würde.[1114]

II. Die Zwangsqualität der Interviews

Im Hinblick auf das Spannungsverhältnis zwischen arbeitsrechtlicher Auskunftspflicht und strafprozessualer Selbstbelastungsfreiheit ist vorab zu prüfen, ob durch die Interviews nach den Maßstäben der Strafprozessordnung überhaupt eine erhebliche Zwangsqualität gegeben ist, um in einem weiteren Schritt eine etwaige Zurechnung und Fernwirkung des Nemo-tenetur-Prinzips zu diskutieren und eine fachsäulenübergreifende Fernwirkung des Zwangsmittelverbots zu erwägen. Dabei ist entscheidend, dass die Zwangsqualität nicht anhand des traditionellen Schutzbereichs des Nemo-tenetur-Grundsatzes festzustellen ist. Das heißt, dass ein Zwang zur Aussage zunächst nicht von einem staatlichen Einfluss abhängen soll, sondern die Beeinflussung der freien Willensbildung des Befragten maßgeblich ist. Damit folgt

---

1113 Die Siemens AG beschäftigt 600 Compliance-Mitarbeiter, siehe *Moosmayer*, Compliance, S. 120.

1114 Vgl. *Jahn*, der allerdings davon ausgeht, dass trotz der ausgeprägten Organisation der Compliance-Strukturen die privatrechtlichen Ermittlungen das Legalitätsprinzip (noch) nicht ernsthaft herausfordern können, siehe *ders.*, StV 2009, 43; dem zustimmend *Rödiger*, Strafverfolgung von Unternehmen, S. 245ff.; nach *Hassemer/Matussek* erst durch „irreparable Kontaminierung der gesamten Tatsachenbasis des Strafverfahrens“, siehe *dies.*, Das Opfer als Verfolger, S. 79.

die Zwangsqualität einer Maßnahme nicht der Selbstbelastungsfreiheit, vielmehr folgt die Selbstbelastungsfreiheit der Erheblichkeit der Zwangsqualität. Dementsprechend ist eine Verletzung des Nemo-tenetur-Prinzips nicht im Vorhinein aufgrund eines fehlenden staatlichen Zwangs abzulehnen, dies ist vielmehr in weiteren Schritten zu erörtern. Letztlich muss die weitere Analyse der Besonderheit gerecht werden, eine Zwangseinwirkung im Privatrecht zu bewerten, die bei analoger Lage im Strafprozess einem Verstoß des Zwangsmittelverbots entsprechen würde.

Zum Zeitpunkt der Interviews im Rahmen von Internal Investigations durch Compliance-Beauftragte besteht grundsätzlich nach herrschender zutreffender Ansicht eine Pflicht zur Auskunft gemäß §§ 666, 675 BGB gegenüber dem Auftraggeber bzw. Arbeitgeber, Informationen aus dem Kernbereich des Auftrags- bzw. Arbeitsverhältnisses mitzuteilen. Gründe für eine Auskunft bzw. Kooperation des Arbeitnehmers können an dieser Stelle mannigfaltig sein.

Denkbar ist, dass der Befragte mit oder ohne Kenntnis der bestehenden Auskunftspflicht oder erst nach Hinweis auf die bestehende Auskunftspflicht mitwirkt. Desweiteren ist vorstellbar, dass der Betroffene erst nach dem In-Aussicht-Stellen einer möglichen Vollstreckung gemäß § 888 ZPO oder erst nach Vollstreckung und somit nach Anwendung körperlich wirkenden Zwangs gegenüber dem ermittelnden Compliance-Beauftragten aussagt.

Wie bereits erläutert kann Zwang auf verschiedene Art und Weise auftreten. Durch die offensichtlich fehlende unmittelbare Zwangs- bzw. Gewalteinwirkung auf den aussagenden Arbeitnehmer ist in diesem Zusammenhang eine Zwangsanwendung in Form einer Gewaltanwendung im Sinne von vis absoluta nicht anzunehmen.[1115] Allerdings könnte die Pflicht zur Auskunft eine andere Form der Zwangseinwirkung auf den Befragten darstellen, nicht frei und unbeeinflusst über die Umstände seiner Aussage zu entscheiden. Zwang kann bereits durch Mittel und Methoden gegeben sein, die eine Person zu einem Verhalten verleiten, das sich bei freier Willensbildung nicht auf diese Weise gezeigt hätte.

1. Freiwillige Angaben des Befragten

Im Rahmen von Interviews durch Compliance-Beauftragte ist eine freiwillige Aussagebereitschaft des Befragten ohne Kenntnis der Auskunftspflicht gemäß §§ 666, 675 BGB möglich. Im Hinblick auf die Zwangsqualität der Befragung ist die Unkenntnis einer Pflicht zur Auskunftserteilung entscheidend, da der wesentliche Inhalt des

---

1115 Zur Unanwendbarkeit bei Compliance-Ermittlungen deutlich *Jahn*, in: Verhandlungen des 67. DJT, Band II/2, L 142.

Zwangsmittelverbots darin liegt, dass der Befragte durch willensbeeinflussende Umstände in seiner Entscheidungsfreiheit beeinflusst wird. Eine zweifelsfrei freiwillige Auskunft liegt also nur vor, wenn der Arbeitnehmer keine Kenntnis von einer Auskunftspflicht hatte. Nur dann werden keine willensbeeinträchtigenden Mittel ergriffen, wodurch schon das Hauptmerkmal des Aussagezwangs nicht tangiert ist.[1116]

Parallel sind auch im Rahmen der Insolvenzordnung nur solche Auskünfte von dem Beweisverwendungsverbot gemäß § 97 I 3 InsO erfasst, die im Bewusstsein der Auskunftspflicht und somit nicht freiwillig getroffen wurden,[1117] da bei einer freien Entscheidung zur Aussage auch keine Notwendigkeit besteht, eine unzulässige Einwirkung auf die Willensfreiheit des Befragten anzunehmen.

2. Mitwirkung im Bewusstsein der Auskunftspflicht

Neben der unbewussten freiwilligen Kooperation ist eine Beteiligung an internen Ermittlungen in bewusster Kenntnis einer bestehenden Auskunftspflicht möglich. Diesen rechtlichen Sachverstand kann der Arbeitnehmer auch bereits vor dem Gespräch besitzen. Von erheblicher praktischer Relevanz ist allerdings, dass der Befragte in vielen Fällen erst durch Aufklärung des Compliance-Beauftragten von einer arbeitsrechtlichen Auskunftspflicht in Kenntnis gesetzt wird.[1118]

a) Die Zwangsqualität der Auskunftspflicht

Hinsichtlich der Zwangskomponente ist entscheidend, inwiefern der Befragte durch den Hinweis auf eine rechtmäßige Auskunftspflicht in seiner Entscheidungsfreiheit beeinflusst wird. Der Kern der Selbstbelastungsfreiheit bleibt unberührt, sofern dem Befragten die Entscheidung über das „Ob“ seiner Aussage überlassen wird und er dadurch auch die Freiheit über das „Wie“ seiner Aussage behält.[1119] Auf das „Ob“ einer Aussage kann durch verschiedenste Mittel eingewirkt werden, welche zunächst freilich körperliche Zwangsmittel umfassen. Allerdings kann der Wille hinsichtlich eines bestimmten Verhaltens auch durch Druckmittel beeinflusst werden, die fernab der unmittelbaren Gewaltanwendung liegen.

1116 Vgl. *Wimmer*, in: FS-Imme Roxin, S. 542; *Momsen*, ZIS 2011, 513; *Bittmann/Molkenbur*, wistra 2009, 377; *Rödiger*, Strafverfolgung von Unternehmen, S. 307.

1117 *Böhm*, WM 2009, 1927; *Passauer/Stephan*, in: MüKo-InsO, § 97 Rn. 17.

1118 Vgl. *I. Roxin, StV* 2012, 116.

1119 *Castringius*, Schweigen und Leugnen des Beschuldigten im Strafprozess, S. 21; *Rogall*, Der Beschuldigte als Beweismittel gegen sich selbst, S. 45 m.w.N. in Fn. 27; vgl. BGHSt 5, 332, 334.

Ohne die Kenntnis einer Pflicht zur Mitwirkung bei internen Ermittlungen der Compliance entscheidet der Befragte frei über die Art und Weise seiner Beteiligung. Sofern er allerdings von seiner Auskunftspflicht erfährt, treten verschiedene Komponenten hinzu, die an der Freiheit seiner Entscheidung erheblich zweifeln lassen können.

Der Befragte steht durch seine privatrechtliche Verantwortung gegenüber seinem Vertragspartner und Arbeitgeber aus seiner Sicht in einer Art Bringschuld, die Informationen zu offenbaren. Dabei ist es nicht selten, dass das Arbeitsverhältnis schon seit mehreren Jahren besteht und das eigene Verantwortungsbewusstsein gegenüber der Firma – der man eigentlich nicht schaden, sondern die man eher begünstigen wollte[1120] – beträchtlich ist. Insofern besteht die Möglichkeit, dass sich der Befragte in der Treuepflicht und Verantwortung sieht, diesem Auskunftsanspruch nachzukommen.

Dies wird selbstverständlich begleitet von einer finanziellen Abhängigkeit zum Arbeitgeber, die mitunter existenzielle Ausmaße haben kann.[1121] Mit dem Hinweis auf eine Auskunftspflicht kann die Drohung einer Abmahnung oder der Kündigung einhergehen, die unabhängig von der Rechtmäßigkeit oder Rechtswidrigkeit ein empfindliches Übel für den Befragten darstellen. Dabei bedenkt der Befragte nicht die mittelbaren Folgen einer Selbstbelastung oder eines Strafprozesses, sondern die unmittelbaren Risiken der arbeitsrechtlichen Maßnahmen, denen er durch seine Aussage vorbeugen kann. Davon ausgehend ist die Erfüllung des Auskunftsanspruchs nicht von Freiwilligkeit und Unabhängigkeit, sondern durch den Druck finanzieller sowie persönlicher Einbußen und damit durch Abhängigkeit geprägt. Die Bestimmung zum Zwangsmittel steht und fällt dabei nicht mit der zivilrechtlichen Rechtmäßigkeit der Maßnahmen, da sie in jedem Fall geeignet ist, den freien Willen des Befragten zu beeinflussen. Das Mitwirkungsmotiv des Befragten liegt in der Minimierung des persönlichen Schadens und gründet nicht in der freien, unabhängigen Willensbildung.[1122] Insofern befindet sich der Arbeitnehmer in einer „erheblich ausgeprägten Zwangslage“[1123], welche ihm faktisch eine freie Abwägung seiner Interessen „drastisch erschwert“[1124].

1120 Siehe zu den altruistischen Motiven *Samson/Langrock*, DB 2007, 1684; *Rotsch*, in: FS-Samson, S. 142.

1121 *Böhm*, WM 2009, 1928; vgl. *Wastl/Litzka/Pusch*, NStZ 2009, 71.

1122 Vgl. *Wastl/Litzka/Pusch*, NStZ 2009, 71.

1123 *Momsen*, ZIS 2011, 514.

1124 *Momsen*, ZIS 2011, 514. *Knauer* spricht von einer Chance „gegen null“, dass der Einzelne frei entscheiden kann, siehe *ders.*, in: Verhandlungen des 67. DJT, Band II/2, L 160.

Dabei wird durch die befragenden Compliance-Beauftragten „massiver Druck“ ausgeübt, um die Arbeitnehmer zu einer „umfassenden Kooperation zu drängen“[1125]. Zu diesem Zeitpunkt können sich die Befragten einer „entsprechenden Kooperation“ kaum entziehen und werden „de facto häufig zu einer umfassenden Aussage gezwungen“[1126]. Damit kann der unkörperliche faktische Zwang dieselbe Intensität besitzen wie der unmittelbare Zwang eines staatlich geordneten Verfahrens.[1127]

Dies wird im Fall der Androhung einer Vollstreckung gemäß § 888 ZPO noch bestärkt. Das Zwangselement der Vollstreckung rückt die Diskussion näher an das Zwangsmittelverbot und fokussiert den Anwendungsbereich des Nemo-tenetur-Prinzips deutlicher, da dem Befragten körperlich wirkende Maßnahmen prognostiziert werden, die folglich unmittelbaren Einfluss auf seine Willensfreiheit nehmen können. In diesem Fall wird dem Auskunftsanspruch nicht nur nachgekommen, um dem finanziellen Druck aufgrund einer wirtschaftlichen Abhängigkeit zu entkommen, vielmehr sagt der Befragte aus, um den körperlich wirkenden Zwang abzuwenden. Dies ist ein deutliches Indiz für die Annahme einer Zwangseinwirkung auf den Arbeitnehmer.[1128]

Sofern der Arbeitnehmer auch bei Androhung der Vollstreckung keine Auskunft erteilt, bleibt dem Arbeitgeber die Möglichkeit, die Vollstreckung durch Zwangsgeld oder Zwangshaft gemäß § 888 ZPO beim zuständigen Zivilgericht zu beantragen. In dem Fall der unmittelbaren Vollstreckung ist folglich auch zweifelsfrei eine Zwangsmittelanwendung gegeben.

b) Die Berücksichtigung faktischen Zwangs

Die Berücksichtigung faktischen Zwangs im Zusammenhang mit einem strafprozessualen Verwertungsverbot wird vereinzelt kritisch bewertet.[1129] Der 67. Deutsche Juristentag setzte sich mit der Zwangsqualität von Ermittlungen im

---

1125 *Momsen*, ZIS 2011, 512; vgl. *Westpfahl*, in: Verhandlungen des 67. DJT, Band II/2, L 129; *Pfordte*, in: Strafverteidigung im Rechtsstaat, S. 754.

1126 *Momsen*, ZIS 2011, 512; vgl. *Wastl/Litzka/Pusch*, NStZ 2009, 71.

1127 *Böhm*, WM 2009, 1928; vgl. *Martín*, in: Compliance und Strafrecht, S. 52; a.A. *Raum*, StraFo 2012, 398, danach liegt keine „vergleichbare Bedrängnissituation“ vor; vgl. *Schuster* NZWiSt 2012, 30.

1128 Nach *Wolff* liegt Zwang zumindest dann vor, „wenn die konkrete Mitwirkung als vollstreckbare Pflicht angelegt ist“, siehe *ders.*, Selbstbelastung und Verfahrenstrennung, S. 131.

1129 Beschluss des 67. DJT, Band II/2, L 180; dem zustimmend *Wimmer*, in: FS-Imme Roxin, S. 549; differenzierend *Jahn*, der gleichwohl den „Wertungswiderspruch“

arbeitsrechtlichen Verhältnis auseinander und beschloss, dass der wirtschaftliche Druck strafprozessual unerheblich sei.[1130] In Anlehnung daran wird ausgeführt, dass die Verweigerung der Auskunft zwar Schadensersatzansprüche und eine Kündigung zur Folge haben kann und eine Zwangslage im Vergleich zu anderen Parteien eines zivilrechtlichen Konflikts drängender erscheint.[1131] Allerdings könne, abhängig vom Umfang und Streitwert, jeder Konflikt des Zivilprozesses bei negativem Ausgang für den Pflichtigen „existenzielle Bedeutung“[1132] haben.

An dieser Stelle wird jedoch verkannt, dass nicht die mittelbare Rechtsfolge des Urteils, also die Durchsetzbarkeit des zugrunde liegenden Anspruchs und den damit verbundenen existenziellen Folgen entscheidend sein können, sondern vielmehr die unmittelbare Folge für den Arbeitnehmer maßgeblich sein muss, sofern er seiner Auskunftspflicht nicht nachkommt. Dies sind im Fall einer verweigerten Mitwirkung darauf unmittelbar beruhende Schadenersatzansprüche und Kündigungsgründe. Erst dadurch entsteht eine Zwangslage der Befragten, nämlich entweder dem Auskunftsanspruch nachzukommen oder erhebliche Nachteile zu erfahren.

Des Weiteren wird vorgebracht, dass eine faktische Zwangslage den Mangel eines fehlenden rechtlichen Zwangs nicht heilen könne.[1133] Zunächst ist unverständlich, weshalb ein rechtlicher Zwang vorliegen muss. Es kann keinen Unterschied machen, ob der Befragte dem Zwang eines staatlich geordneten Verfahrens oder einem faktischen Zwang unterworfen wird,[1134] da sowohl faktischer als auch rechtlicher Zwang die freie Willensentschließung beeinträchtigen. Ohnehin ist durch die Vollstreckbarkeit der Auskunftspflicht gemäß § 888 ZPO auch ein rechtlicher Zwang gegeben.

Abgesehen von der Bedeutung faktischen Zwangs ist es unmöglich, die Zwangslagen des Befragten zwischen wirtschaftlichem faktischen Druck und drohender Vollstreckung gemäß § 888 ZPO zu differenzieren. Die Frage nach dem wirtschaftlichen Druck bzw. der faktischen Zwangslage ist vielmehr unerheblich, wenn neben den Schadenersatzforderungen und den Kündigungsgründen die

---

erkennt, siehe *ders.*, StV 2009, 44; vgl. auch *Theile*, StV 2011, 385; *Wewerka*, Internal Investigations, S. 240ff.

1130 20:31:8 Stimmen, Verhandlungen des 67. DJT, Band II/2, L 180.; dem zustimmend *Wimmer*, in: FS-Imme Roxin, S. 549.

1131 *Wimmer*, in: FS-Imme Roxin, S. 549.

1132 *Wimmer*, in: FS-Imme Roxin, S. 549.

1133 *Jahn*, StV 2009, 44; *Wewerka*, Internal Investigations, S. 242.

1134 Überzeugend *Böhm*, WM 2009, 1928; dagegen *Wimmer*, in: FS-Imme Roxin, S. 549.

Vollstreckung durch Zwangsmittel in Aussicht gestellt wird. Dabei ist auch nicht die vollendete Vollstreckung, sondern die generelle Vollstreckbarkeit der Auskunftspflicht entscheidend, um eine mit dem Nemo-tenetur-Prinzip vergleichbare Zwangslage hervorzurufen.

c) Zwischenergebnis

Es ist festzuhalten, dass eine Mitwirkung in Kenntnis der arbeitsrechtlichen Pflicht zur Auskunft Zwangsqualität besitzt. Auch die Androhung und gegebenenfalls die Durchführung der Vollstreckung stellen eine Zwangsmittelanwendung dar. Dies lässt die Rechtmäßigkeit der Auskunftspflicht gemäß §§ 666, 675 BGB und der Vollstreckung gemäß § 888 ZPO freilich unberührt, da es sich um die Anwendung von Zwang zu einer zivilrechtlichen Auskunft handelt und diese keinem Zwang zur strafprozessualen Selbstbelastung entspricht. Bislang konnte jedoch nur festgestellt werden, dass auch privatrechtliche Auskunftspflichten Zwangsqualität aufweisen. Der Nachweis einer Transformation von rechtmäßiger Pflicht zu unzulässigem strafprozessualen Zwang und einem möglichen Beweisverwertungsverbot ist folglich noch zu leisten.

III. Zurechnung durch Veranlassung der Strafverfolgungsbehörde

Die Berücksichtigung einer außerstrafprozessualen Zwangsanwendung im Strafprozess ist an die hohen Hürden der strafprozessualen Zurechnungsdoktrin oder des evidenten Menschenrechtsverstoßes geknüpft.[1135] Ermittlungsmethoden wie etwa Folter oder andere körperlich wirkende Gewalteinwirkungen liegen jedoch offensichtlich bei repressiven Compliance-Maßnahmen nicht vor, weshalb ein krasser Verstoß gegen die Menschenwürde und eine darauf gründende Anwendung der Normen bzw. Prinzipien des Strafprozesses von vornherein ausscheidet.[1136] Allerdings könnten die Voraussetzungen der Zurechnungslehre erfüllt sein, deren Sinn und Zweck die Aufrechterhaltung der Grundrechtsbindung des Staates

---

1135 Vgl. zur Anwendung eines Beweisverwertungsverbots bei Menschenrechtsverstößen, *Meyer-Goßner*, StPO, § 136a Rn. 3; *Rogall*, in: SK-StPO, § 136a Rn. 11; zu Vernehmungsmethoden ausländischer Staaten siehe OLG Hamburg, NJW 2005, 2326, 2329.

1136 Zur Unanwendbarkeit bei Compliance-Ermittlungen deutlich *Jahn*, in: Verhandlungen des 67. DJT, Band II/2, L 142.

ist, um dadurch eine „Flucht ins Privatrecht“[1137] zu verhindern. Der staatliche Veranlasser der konkreten Ermittlungsmaßnahme muss auch diese verantworten, um eine mögliche Umgehung verfahrensrechtlicher Prinzipien zu verhindern.[1138] Nach herrschender Meinung sind davon die Fälle umfasst, in denen private Ermittlungen ausdrücklich veranlasst wurden oder das Wissen gezielt abgeschöpft wird.[1139]

Um die Befragungsmethoden der Compliance-Mitarbeiter bzw. der ermittelnden Rechtsanwälte den Strafverfolgungsbehörden zuzurechnen, bedarf es damit – nach den allgemein anerkannten Grundsätzen – einer staatlichen Beauftragung zu bestimmten Ermittlungsmaßnahmen, da zunächst nur die Kenntnis des Staates eine einschränkende Verwertung privater Ermittlungsergebnisse ermöglicht.[1140]

Der vorliegenden Beurteilung der Bedeutung des Nemo-tenetur-Prinzips bei Internal Investigations liegt allerdings die These zugrunde, dass repressive Compliance-Ermittlungen losgelöst von einer staatlichen Mitwirkung stattfinden.[1141] Die Ermittlungsergebnisse der Compliance werden durch die Strafverfolgungsbehörden eher zu eigenen Strafverfolgungszwecken ausgenutzt, ohne sie selbst zu veranlassen.[1142] Damit entzieht sich die einzelne Ermittlungsmaßnahme auch der Kenntnis des Staates, da die Strafverfolgungsbehörde häufig erst bei abgeschlossener unternehmensinterner Compliance-Ermittlung und somit quasi erst bei Spruchreife der Vorwürfe von einem strafrechtlich relevanten Verhalten erfährt. Die staatliche Duldung von Compliance-Managements innerhalb von Unternehmen genügt dabei nicht den Anforderungen der engen Zurechnungsdoktrin.

1137 *Eidam*, Die strafprozessuale Selbstbelastungsfreiheit am Beginn des 21. Jahrhunderts, S. 87ff.; auch *Dencker*, StV 1994, 671; *Bockemühl*, Private Ermittlungen im Strafprozess, S. 19; *Wewerka*, Internal Investigations, S. 246.

1138 *Godenzi*, Private Beweisbeschaffung im Strafprozess, S. 172f.; vgl. *Rogall*, in: SK-StPO, § 136a Rn. 7.

1139 *Jahn*, Gutachten für den 67. DJT, C 101 m.w.N.; *Rogall*, in: SK-StPO, § 136a Rn. 7, 10ff.; *Gleß*, in: LR-StPO, § 136a Rn. 10; *Hassemer/Matussek*, Das Opfer als Verfolger, S. 83f.; *Bosch*, Aspekte des nemo-tenetur-Prinzips aus verfassungsrechtlicher und strafprozessualer Sicht, S. 214f.; BGHSt 34, 362, 364; 44, 129, 134; vgl. EGMR, StV 2004, 1ff.; siehe zur Anwendbarkeit der Grundsätze der mittelbaren Täterschaft *Bockemühl*, Private Ermittlungen im Strafprozess, S. 19 m.w.N.; zum Gedanken der Ingerenzhaftung *Mende*, Grenzen privater Ermittlungen durch den Verletzten einer Straftat, S. 206ff.

1140 Vgl. *Rogall*, in: SK-StPO, § 136a Rn. 12.

1141 Vgl. *Rödiger*, Strafverfolgung von Unternehmen, S. 242.

1142 Siehe zur Ausnutzung privater Ermittlungen *Bockemühl*, Private Ermittlungen im Strafprozess, S. 28.

Selbst eine Koordination der staatsanwaltlichen und unternehmensinternen Ermittlungen[1143] könnte den hohen Anforderungen einer staatlichen Veranlassung nicht gerecht werden[1144]. „Angesichts der weiten Einschätzungsprärogative bei der Führung ihrer Ermittlungen ist eine wenig energische Ermittlungstätigkeit der Staatsanwaltschaft auch noch nicht geeignet, als qualifiziertes Unterlassen eine solche Zurechnung zu rechtfertigen."[1145] Die Initiative zu Ermittlungen ergreifen Unternehmen als Private, weshalb eine Zurechnung der privaten Ermittlungsergebnisse aufgrund einer Veranlassung der Strafverfolgungsbehörde a priori nicht in Betracht kommt.[1146]

Dem steht auch eine eventuelle staatliche Vollstreckung der Auskunftspflicht gemäß § 888 ZPO nicht entgegen. Der zwangsvollziehende Staat verfolgt zu diesem Zeitpunkt nicht das Motiv der Strafverfolgung, sondern allein die Durchsetzung der berechtigten privatrechtlichen Ansprüche, weshalb nur das „Instrumentarium von Zwangsmitteln zur Verfügung"[1147] gestellt wird. Dies folgt allein schon aus der Entscheidung eines Zivilgerichts. Strukturell bleibt die Auseinandersetzung damit ein privatrechtlicher Konflikt,[1148] dem eine hoheitliche Veranlassung im Sinne einer mittelbaren Ermittlung der Strafverfolgungsbehörde grundsätzlich fremd ist. Insofern ist unter den Voraussetzungen einer gezielten Veranlassung der deutschen Staatsanwaltschaft keine Zurechnung des Ermittlungsverhaltens möglich.

Fraglich ist allerdings, ob Internal Investigations durch die Beteiligung der US-amerikanischen SEC oder dem DOJ einen hoheitlichen Charakter haben und damit eine Zurechnung des Ermittlungsverhaltens zu deutschen Strafverfolgungsbehörden nach der anerkannten Zurechnungsdoktrin erforderlich machen könnte.[1149] In diesem Zusammenhang wird zum Teil die Ansicht vertreten, dass Internal Investigations durch das „formelle Auskunftsverlangen der SEC" vor dem Hintergrund „drohender drakonischer Strafen" auf Veranlassung staatlicher

1143 Siehe *Knauer*, in: Verhandlungen des 67. DJT, Band II/2, L 160.

1144 *Jahn*, StV 2009, 45; vgl. *Theile*, StV 2011, 385; *Rödiger*, Strafverfolgung von Unternehmen, S. 248.

1145 *Jahn*, StV 2009, 45.

1146 Vgl. *Bockemühl*, Private Ermittlungen im Strafprozess, S. 28.

1147 *Momsen*, ZIS 2011, 513.

1148 *Momsen*, ZIS 2011, 513.

1149 Siehe zur Vereinbarkeit grenzüberschreitender Ermittlungen mit supranationalen Regelungen sowie zur Umgehung der Rechtshilfeübereinkommens ausführlich *Wewerka*, Internal Investigations, S. 174ff.; vgl. auch *Wastl/Litzka/Pusch*, NStZ 2009, 71f.

Behörden durchgeführt werden[1150]. Obwohl die SEC als US-Bundesbehörde nicht „unmittelbar dem deutschen Recht und seinen Prinzipien" unterliege, ändere dies an der staatlichen Veranlassung nichts[1151]. Das Nemo-tenetur-Prinzip sei dem US-amerikanischen Recht „nicht fremd" und darüber hinaus ein „universelles Prinzip", weshalb die nationalstaatliche Zurechnung nicht entscheidend sei.[1152]

Obwohl dieser Ansatz in seinen Grundzügen nachvollziehbar ist und die Auflösung des Spannungsverhältnisses mit Hilfe der Zurechnungsdoktrin richtig erscheint, kann eine staatliche Veranlassung allein aufgrund der grenzüberschreitenden US-amerikanischen Beteiligung nicht angenommen werden.[1153] Trotz der Gehilfenstellung werden die ermittelnden Kanzleien nicht von der SEC, sondern durch das betroffene Unternehmen beauftragt.[1154] Auch die mittelbare Beweisgewinnung, die regelmäßig im Interesse der SEC und des DOJ ist, kann nicht ausreichen, um den hohen Anforderungen einer staatlichen Veranlassung zu genügen.[1155] Selbst wenn eine US-amerikanische hoheitliche Veranlassung zu Internal Investigations angenommen werden würde, werden US-Kanzleien auf dem Hoheitsgebiet der Bundesrepublik Deutschland als Privatpersonen tätig.[1156] Der mögliche Zugriff der US-Behörden auf die Ermittlungsergebnisse ändert an diesem Umstand nichts.[1157]. Deshalb ist eine Zurechnung des Ermittlungsverhaltens aufgrund einer US-amerikanischen staatlichen Veranlassung nicht möglich.

IV. Die Berücksichtigung erzwungener Interviews im Rahmen des Strafprozesses

Eine Zurechnung des privaten Ermittlungsverhaltens scheidet nach den allgemein anerkannten Grundsätzen aus. Die festgestellte Zwangsqualität der Auskunftspflicht führt allerdings zu der Frage, inwiefern eine privatrechtliche

1150 *Wastl/Litzka/Pusch*, NStZ 2009, 71; vgl. *Neuhaus*, in: Die Finanzkrise, das Wirtschaftsstrafrecht und die Moral, S. 257.

1151 *Wastl/Litzka/Pusch*, NStZ 2009, 71.

1152 *Wastl/Litzka/Pusch*, NStZ 2009, 71 in Fn. 37b.

1153 Vgl. *Wewerka*, Internal Investigations, S. 252f.; *Jahn*, StV 2009, 42f.; *Knauer/Buhlmann*, AnwBl 2010, 390; *Theile*, StV 2011, 383.

1154 *Wewerka*, Internal Investigations, S. 194ff., 252f.; siehe zu den Umständen der Beauftragung *Westpfahl*, in: Verhandlungen des 67. DJT, Band II/2, L 128ff.

1155 *Wewerka*, Internal Investigations, S. 252f.

1156 *Jahn*, StV 2009, 42f.; vgl. *Knauer/Buhlmann*, AnwBl 2010, 390.

1157 *Jahn*, StV 2009, 43; vgl. *Knauer/Buhlmann*, AnwBl 2010, 390; *Theile*, StV 2011, 383.

Zwangsmittelanwendung strafprozessual berücksichtigt werden muss, da durch Weitergabe der Ermittlungsergebnisse an die Strafverfolgungsbehörden eine Verwertung im Strafverfahren und damit eine Umgehung strafprozessualer Prinzipien droht. Daher ist zu erläutern, unter welchen Voraussetzungen dies möglich ist.

1. Die Regelungslücke durch die Schutzlosigkeit des Befragten

Trotz einer fehlenden staatlichen Veranlassung zu Compliance-Interviews liegt die Problematik der Beweisverwertung auf der Hand. Zum Zeitpunkt der Aussage erfüllt der Arbeitnehmer den zivilrechtlichen Anspruch des Arbeitgebers auf Auskunftserteilung und ist weder mit einer strafprozessualen Selbstbelastung noch einem etwaigen Strafprozess konfrontiert. Sofern die Ermittlungsergebnisse durch Weitergabe oder Beschlagnahme in die Hände der Strafverfolgungsbehörden geraten, werden die betroffenen Mitarbeiter aufgrund ihrer eigenen bislang privatrechtlichen Aussage ohne den Schutz der strafprozessualen Prinzipien zum zentralen Gegenstand der staatlichen Ermittlungen.[1158] Durch die strafprozessuale Nutzung der Aussage läuft folglich das Abwehrrecht der Selbstbelastungsfreiheit eines „Beschuldigten" ins Leere,[1159] das gerade eine bewusste und freie Aussage im Rahmen eines Strafverfahrens gewährleisten soll.

Die Weitergabe der Ermittlungsakten der Internal Investigations liegt durch den verhältnismäßig geringeren Arbeitsaufwand freilich im nachvollziehbaren Interesse der Staatsanwaltschaften. Dabei fehlen möglicherweise die finanziellen Mittel, personelle Ressourcen oder es ist schlicht die Einsparung derselben, die die Attraktivität der Nutzung von Ermittlungsergebnissen der Compliance steigern.[1160] Neben dem bloßen Empfang der Akten wird im Einzelfall auch die direkte Beschlagnahme der Ermittlungsergebnisse – als wohl deutlichstes Indiz für ein Verwertungsinteresse der Strafverfolgungsbehörde – angeordnet.[1161] „Mitunter scheint der Weg über ausgelagerte Ermittlungshandlungen aber auch (sowohl tatsächlich als auch prozessual) einfacher zu sein und zu schnelleren Ergebnissen zu führen als der formale rechtsstaatliche Weg, der durch die Normen der Strafprozessordnung vorgegeben ist."[1162]

1158 *Momsen*, ZIS 2011, 513.

1159 Vgl. *Momsen*, ZIS 2011, 514; *Theile*, StV 2011, 386.

1160 Deutlich *Pfordte*, in: Strafverteidigung im Rechtsstaat, S. 741; vgl. auch *Martín*, in: Compliance und Strafrecht, S. 52; *Wastl/Litzka/Pusch*, NStZ 2009, 73.

1161 Vgl. Beschlagnahmebeschluss des LG Hamburg, StV 2011, 148ff.; LG Mannheim, Beschluss v. 3.7.2012, 24 Qs 1,2/12.

1162 *Pfordte*, in: Strafverteidigung im Rechtsstaat, S. 741.

Dadurch wird eine staatlich geduldete private Ermittlung genutzt, um das Ermittlungsverfahren zu fördern. Insofern erscheint eine Exkulpation der Strafverfolgungsbehörde aufgrund mangelnder Kenntnis und fehlender hoheitlicher Veranlassung der einzelnen Compliance-Befragung durch die bewusste Ausnutzung der privatrechtlichen Beweisermittlung mit dem Sinn und Zweck der strafprozessualen Prinzipien im Konflikt zu stehen. Dies begründet dementsprechend eine Regelungslücke hinsichtlich der Bestandskraft der Selbstbelastungsfreiheit des Beschuldigten.[1163]

2. Die Zwangsmittel des Zivil- und Strafrechts im Lichte der Einheit der Rechtsordnung

Die zivilrechtlich rechtmäßige Zwangsanwendung im Rahmen der Interviews durch Compliance-Beauftrage könnte im Licht der Einheit der Rechtsordnung einem strafprozessualen Beweisverwertungsverbot entgegenstehen, da in diesem Fall eine zivilrechtlich rechtmäßige Zwangsmittelanwendung einem strafprozessual verbotenen Zwang zur Selbstbelastung entsprechen würde.

Das Prinzip der Einheit der Rechtsordnung wird soziologisch und normtheoretisch als Begriffs- sowie als Wert- oder Prinzipieneinheit bestimmt.[1164] Soziologisch ist die Rechtsordnung als Einheit zu sehen, da die Systemgrenze empirisch durch die Anwendung der einzelnen Normen ermittelbar ist.[1165] Normtheoretisch bildet die Rechtsordnung eine Einheit, da alle einfachen Rechtsnormen auf dem Maßstab der Verfassung beruhen und somit der Anwendungsmaßstab der Rechtsordnung in sich geschlossen ist.[1166] Dies soll eine Wertungseinheit zur Verhinderung von Wertungswidersprüchen innerhalb des Systems ermöglichen, die im Einzelfall nur durch die widerspruchsfreie Deutung des Rechtsanwenders hergestellt werden kann.[1167] Widersprüche können sich durch die Berücksichtigung unterschiedlicher Zwecke ergeben, die mit den Rechtsnormen verfolgt werden, da diese Zwecke im Einzelnen „vielfältig, konkurrierend und dem historischen

---

1163 Vgl. *Momsen*, ZIS 2011, 513.

1164 *Röhl/Röhl*, Allgemeine Rechtslehre, S. 451; grundlegend *Felix*, Einheit der Rechtsordnung, 16ff.; siehe zur Historie *Baldus*, Die Einheit der Rechtsordnung, S. 24ff.

1165 *Röhl/Röhl*, Allgemeine Rechtslehre, S. 451.

1166 *Röhl/Röhl*, Allgemeine Rechtslehre, S. 451.

1167 *Rüthers/Fischer/Birk*, Rechtstheorie, Rn. 145; vgl. *Felix*, Einheit der Rechtsordnung, S. 142ff.; 157ff.; *Canaris*, Systemdenken und Systembegriff in der Jurisprudenz, S. 16f.

und sozialkulturellen Wandel unterworfen“[1168] sind. Dadurch könnte die Anwendung der Norm eines Rechtsgebiets den Zweck einer anderen Norm desselben oder eines anderen Rechtsgebiets beeinträchtigen oder vereiteln.[1169] Gerade bei der kombinierten Anwendung von zivilrechtlichen und strafrechtlichen Normen ist die Drittwirkung der Grundrechte vielfach zu beachten.[1170] Um diesem Anspruch gerecht zu werden, ist eine „harmonisierende Interpretation im Lichte der Verfassung“ erforderlich, um der „Gerechtigkeitsvorstellung“ der Rechtsordnung im Lichte des Gleichheitssatzes zu entsprechen.[1171]

In diesem Zusammenhang ist zu diskutieren, ob durch das Spannungsverhältnis zwischen arbeitsrechtlicher Auskunftspflicht und strafprozessualer Selbstbelastungsfreiheit überhaupt ein Widerspruch vorliegt, der im Wege einer harmonisierenden einheitlichen Auslegung durch ein Verwertungsverbot aufgelöst werden muss. Dies erscheint zunächst fraglich, da ein Verwertungsverbot den bereits erfolgten zivilrechtlich rechtmäßigen Zwang de facto rückwirkend zu einem strafprozessual unzulässigen Zwang deklarieren würde. Allerdings sind in diesem Zusammenhang die besonderen Umstände und der Zweck der Auskunftspflicht erneut zu berücksichtigen.

a) Die Zweckentfremdung zivilrechtlich rechtmäßigen Zwangs

Gegen einen Wertungswiderspruch und für eine divergierende Bewertung derselben Zwangsmaßnahme sprechen die evidenten rechtlichen Unterschiede zwischen dem privatrechtlichen Auskunftsanspruch und einer strafprozessualen Selbstbelastung.

Zunächst folgt die Auskunftspflicht des Arbeitnehmers aus einem dem Kernbereich der Geschäftsbesorgung entspringenden Anspruch und genügt aus den bereits erwähnten Gründen den Anforderungen des Zivilrechts. Die Auskunftspflicht ist dabei ausschließlich durch privatrechtliche Motive und nicht durch Ziele der öffentlichen Strafverfolgung geprägt. Diese isolierte Betrachtungsweise ist erforderlich, um die Besonderheiten des Auftragsrechts und die berechtigten Interessen des Auftraggebers, denen sich auch der Aussagende freiwillig verpflichtet hat, angemessen und sachgerecht zu berücksichtigen.[1172] Dies gilt auch im Falle

1168 *Rüthers/Fischer/Birk*, Rechtstheorie, Rn. 147.

1169 *Röhl/Röhl*, Allgemeine Rechtslehre, S. 452.

1170 *Rüthers/Fischer/Birk*, Rechtstheorie, Rn. 746.

1171 *Rüthers/Fischer/Birk*, Rechtstheorie, Rn. 147, 746; *Canaris*, Systemdenken und Systembegriff in der Jurisprudenz, S. 16f.

1172 Vgl. *Theile*, StV 2011, 385.

einer Vollstreckungsanordnung durch ein Zivilgericht, das zur Durchsetzung der rechtmäßigen arbeitsrechtlichen Ansprüche das Mittel der Zwangsvollstreckung gewährt. Insofern ist schon der Zweck der zivilrechtlichen Auskunftspflicht und der strafprozessualen Selbstbelastung grundsätzlich unterschiedlich und spricht folglich gegen einen Wertungswiderspruch.

Durch die Weitergabe der privatrechtlichen Ermittlungsergebnisse an die Strafverfolgungsbehörden ändert sich vielmehr rückwirkend das Verwendungsmotiv der Befragung von zivilrechtlichem und vor allem unternehmensinternem Aufklärungsinteresse zu dem öffentlichen Interesse der Strafverfolgung. Das Motiv der Interviews ist aus der Sicht des Arbeitgebers zunächst die Verhinderung eines materiellen oder immateriellen Schadens für das Unternehmen. Auch im Fall der Vollstreckung der Auskunftspflicht gemäß § 888 ZPO ist die Entscheidungsgrundlage des Zivilgerichts die zwangsweise Durchsetzung zivilrechtlich rechtmäßiger Interessen. Sofern allerdings das Motiv der zivilrechtlichen Aussage durch das Motiv der Strafverfolgung ausgetauscht wird, entscheidet das Zivilgericht – ex post – quasi nicht mehr über eine Pflicht zur Auskunftserteilung, sondern eine Pflicht zur Selbstbelastung. Damit findet zum Zeitpunkt der Weitergabe an die Strafverfolgungsbehörde eine rückwirkende Zweckentfremdung des ursprünglich zulässigen zivilrechtlichen Motivs der privaten Interessendurchsetzung statt.[1173]

Die rückwirkende Zweckentfremdung der Motive einer Auskunftspflicht hebt auch die Legitimation der Zwangsmittelanwendung auf. Im Rahmen der Vollstreckung sind Zwangsmittel ein verfassungsmäßiges Instrument zur Durchsetzung zivilrechtlicher Ansprüche. Wird allerdings die privatrechtliche Entscheidungsgrundlage der Zwangsmittelanwendung durch ein staatliches Strafverfolgungsinteresse ersetzt, muss sie auch den strafrechtlichen Anforderungen der Zwangsmittelanwendung entsprechen, anderes lässt an der Verfassungsmäßigkeit erheblich zweifeln.

Zudem werden die Rollen der Akteure und die Entscheidung tragenden Parteien ausgetauscht, da im Rahmen der Interviews ausschließlich Arbeitgeber und Arbeitnehmer beteiligt sind. Durch die Eröffnung des Ermittlungsverfahrens wandelt sich der Arbeitnehmer zum Beschuldigten und die Rolle des Arbeitgebers wird von der Strafverfolgungsbehörde eingenommen, wodurch de facto auch der Adressat der Aussage ersetzt wird.

1173 Eine Zweckentfremdung nahm auch das Bundesverfassungsgericht im „Gemeinschuldner-Beschluss“ an, siehe BVerfGE 56, 37, 50; vgl. *Theile*, StV 2011, 385.

Der rückwirkende Austausch der Motive und der beteiligten Parteien durch die Verwendung im Rahmen eines Ermittlungsverfahrens lässt an der Zwangsmittellegitimation erheblich zweifeln und wird einen maßgeblichen Einfluss auf die Frage eines Verwertungsverbots haben. In diesem Zusammenhang ist jedoch entscheidend, dass die Entscheidungsgrundlage, mit den besonderen Gründen und Umständen des Privatrechts zum Zeitpunkt der strafprozessualen Verwendung, nicht mehr besteht. Durch die folgenreiche Zweckentfremdung kann die anfänglich rechtmäßige zivilrechtliche Auskunftspflicht auch keinen Einfluss auf die Frage eines strafrechtlich rechtswidrigen Zwangs haben, da die zivilrechtlichen Wertungsmaßstäbe nicht mehr vorhanden sind. Insofern besteht auch kein Wertungswiderspruch innerhalb der einheitlichen Rechtsordnung, der eine rechtsgebietsübergreifende Lösung erfordern würde. Die Kernthese der vorliegenden Arbeit, nämlich die Erforderlichkeit einer strikt isolierten Bewertung des Spannungsverhältnisses innerhalb des Zivil- und Strafrechts, bleibt somit bestehen.

b) Parallelität zum „Gemeinschuldner-Beschluss“

Die These einer divergierenden rechtlichen Bewertung derselben Zwangsmaßnahme wird auch durch die Grundsätze des „Gemeinschuldner-Beschlusses“ sowie dem darauf gründenden Beweisverwendungsverbot des § 97 I InsO gestützt.

Auch im Rahmen der Konkursordnung sah das Bundesverfassungsgericht eine Auskunftspflicht des Schuldners aufgrund des besonderen Pflichtenverhältnisses sowie der Schutzwürdigkeit der Gläubiger als rechtmäßig an.[1174] Dies gilt auch im Fall einer Vollstreckung der Auskunftspflicht, da der Zwang nicht zum Zweck der Selbstbelastung, sondern zur Erfüllung eines berechtigten Informationsbedürfnisses angewendet wird.[1175] Ungeachtet dessen stellte auch das Bundesverfassungsgericht eine Zweckentfremdung in der Verwertung der Aussage durch die Strafverfolgung fest,[1176] was durch ein die insolvenzrechtliche Auskunftspflicht ergänzendes strafrechtliches Verwertungsverbot kompensiert werden musste, um den verfassungsrechtlichen Anforderungen der Selbstbelastungsfreiheit zu genügen[1177].

Das Bundesverfassungsgericht bewertete die konkursrechtliche Zwangsmaßnahme zum Zeitpunkt der Verwertung durch die Strafverfolgung unter strafprozessualen Gesichtspunkten de facto neu, da die konkursrechtlich rechtmäßige Zwangsmaßnahme zum Zeitpunkt der strafprozessualen Verwendung einem

1174 BVerfGE 56, 37, 48f.
1175 BVerfGE 56, 37, 49f.
1176 BVerfGE 56, 37, 50.
1177 BVerfGE 56, 37, 50.

rechtswidrigen Zwang zur Aussage entspricht. Dies kann einerseits als Wandlungsprozess von Rechtmäßigkeit zur Rechtswidrigkeit umschrieben werden, sofern die genaue Verwendung zum Zeitpunkt der außerstrafrechtlichen Zwangsmittelanwendung nicht abzusehen ist. Anderseits ist ex post betrachtet die insolvenzrechtliche Zwangsmittelanwendung im Hinblick auf eine strafrechtliche Verwendung bereits eine strafprozessual rechtswidrige Zwangsmittelanwendung und daher auch kein Wandlungsprozess. Die Bewertung hängt daher von der Betrachtungsweise ab. Jedenfalls schließt die Vollendung der Zwangsmittelanwendung eine divergierende rechtliche Bewertung, auch unter Berücksichtigung des „Gemeinschuldner-Beschlusses" des Bundesverfassungsgerichts, nicht aus.

3. Die Revisibilität außerstrafprozessual erzwungener Auskünfte

Nachdem die Regelungslücke aufgezeigt wurde und ein Beweisverwertungsverbot vor dem Hintergrund der Einheit der Rechtsordnung möglich ist, sind nun die Parallelen zum Besteuerungs- und Insolvenzverfahren aufzuzeigen. Dabei soll insbesondere die Reichweite einer Beweissperre unter Berücksichtigung eines Beweisverwendungsverbots diskutiert werden.

a) Die Beweisverwendungsverbote des Steuer- und Insolvenzrechts

Um die Bedeutung der Beweisverwertung sowie den Sinn und Zweck derselben zu verdeutlichen, ist der Umgang mit Beweismitteln des Steuer- und Insolvenzverfahrens zu skizzieren.

Soweit der Staatsanwaltschaft oder dem Gericht in einem Strafverfahren aus den Steuerakten Tatsachen oder Beweismittel bekannt werden, die der Steuerpflichtige der Finanzbehörde vor Einleitung des Strafverfahrens oder in Unkenntnis der Einleitung des Strafverfahrens in Erfüllung steuerrechtlicher Pflichten offenbart hat, dürfen diese Kenntnisse gegen ihn gemäß § 393 II AO nicht für die Verfolgung einer Tat verwendet werden, die keine Steuerstraftat ist.

Gemäß § 97 I 3 InsO darf die Auskunft des Schuldners im Insolvenzverfahren, die er gemäß seiner Verpflichtung nach Satz 1 erteilt hat, in einem Strafverfahren oder in einem Verfahren nach dem Gesetz über Ordnungswidrigkeiten gegen den Schuldner oder einen in § 52 I 1 der Strafprozessordnung bezeichneten Angehörigen des Schuldners nur mit Zustimmung des Schuldners verwendet werden.

Durch die Vorschriften der AO und der InsO wird deutlich, dass der Gesetzgeber den Begriff der Verwendung und nicht den der Verwertung gewählt hat. Daher ist zunächst auf den Unterschied dieser beiden Termini einzugehen, um dann die konkrete Bedeutung für beide Verfahren zu erläutern.

b) Beweisverwertungs- und Beweisverwendungsverbote

Der Unterschied zwischen Beweisverwertungs- und Beweisverwendungsverboten richten sich nach der Reichweite des konkreten Beweisverbots. Ein Beweisverwertungsverbot bezieht sich auf die Verwertung des unmittelbar ermittelnden Beweismittels und bezweckt damit isoliert ein Verbot der Verwertung dieses konkreten Ermittlungsergebnisses bei gerichtlichen Entscheidungen.[1178] Den „klassischen Sprachgebrauch“ des Strafprozessrechts prägt in seinen Normen lediglich der Begriff der Verwertungsverbote.[1179] Verbote hinsichtlich der „Verwendung“ von Beweismitteln haben dagegen grundsätzlich Ausnahmecharakter,[1180] liegen aber unter anderem auch in der Strafprozessordnung[1181] sowie in den auf einen Strafprozess abzielenden Normen der § 97 I 3 InsO und § 393 II AO vor. Diese unterschiedlichen Kodifizierungen sind keinem Redaktionsfehler geschuldet, sondern gründen vielmehr, jedenfalls im Hinblick auf Verwendungsregelungen außerhalb der Strafprozessordnung, auf der intradisziplinären Verwertung von Beweismitteln, beispielsweise zwischen Besteuerungs- bzw. Insolvenzverfahren und dem Strafprozess.[1182] Sowohl § 97 I 3 InsO also auch § 393 II AO sind selbstständige Beweisverbote, da beide Verwendungsverbote auf einer rechtmäßigen Auskunftspflicht beruhen.[1183]

Aus dem Gesetzgebungsverfahren zu § 97 InsO geht hervor, dass „nach dem Sinn dieses Verbots“ auch Tatsachen von einem Verwertungsverbot erfasst sein sollen, „zu denen die Auskunft den Weg gewiesen hat“[1184]. Damit wird nicht nur

---

1178 *Rogall*, in: FS-Kohlmann, S. 485.

1179 *Eidam*, Die strafprozessuale Selbstbelastungsfreiheit am Beginn des 21. Jahrhunderts, S. 183f.

1180 *Theile*, StV 2011, 385f.

1181 Verwendungsregelungen der StPO sind bspw. §§ 81a III, 81g II 1, 98a III 2 („Nutzung“), § 98c S. 1 („abgeglichen“), § 100d VI, 100i II 2, 101 VIII 3, 160 IV, 160a I 2, 161 III.

1182 Siehe *Eidam*, Die strafprozessuale Selbstbelastungsfreiheit am Beginn des 21. Jahrhunderts, S. 185; auch das BVerfG erwähnt ein Verwendungsverbot, siehe wistra 2005, 175f.; *Besson* sieht dagegen in dem Begriff der Verwendung keine „eigenständige Bedeutung“, siehe *ders.*, Das Steuergeheimnis und das Nemo-tenetur-Prinzip im (steuer-)strafrechtlichen Ermittlungsverfahren, S. 170.

1183 *Hefendehl*, wistra 2003, 4; *Dencker*, Verwertungsverbote im Strafprozess, S. 10f., 101ff.; vgl. *ders.*, in: FS-Meyer-Goßner, S. 253; auch das Bundesverfassungsgericht stellte im „Gemeinschuldner-Beschluss“ ausführlich fest, dass die rechtmäßige Auskunftspflicht im Konkursrecht zu einem Beweisverwertungsverbot führt, siehe BVerfGE 56, 37, 48ff.

1184 Gesetzentwurf der Bundesregierung, Entwurf einer Insolvenzordnung, BT-Drucks. 12/2443, S. 142.

die Verwertung eines Beweismittels im Sinne eines Verwertungsverbots unterbunden. Ein Verwendungsverbot bezweckt auch, die Nutzung der rechtswidrig erhobenen Informationen als „Spurenansatz zum Anlass für Ermittlungen in der Sache“[1185] zu verhindern.

Die Formulierung der „Verwendung“ im Zusammenhang mit den intradisziplinären Spannungsverhältnissen verdeutlicht, dass der Gesetzgeber diese Form der Kodifizierung ganz bewusst gewählt hat[1186] und damit offensichtlich über die Reichweite eines Verwertungsverbots hinausgehen wollte[1187], um dadurch eine Fernwirkung der Beweissperre zu verdeutlichen[1188]. Bemerkenswert ist in diesem Zusammenhang, dass die Normierung eines Verwendungsverbots im Rahmen des § 97 I 3 InsO losgelöst vom „Gemeinschuldner-Beschluss“ erfolgte, da das Bundesverfassungsgericht keine Aussage hinsichtlich einer Fernwirkung des Verwertungsverbots traf.[1189]

Ungeachtet davon, ob man dem Begriff des Verwendungsverbots terminologisch eine eigenständige Bedeutung zukommen lassen möchte oder nicht,[1190] herrscht jedenfalls dahingehend weitestgehend Einigkeit, dass ein Verwendungsverbot schon durch seine Fernwirkung ein Mehr zum Verwertungsverbot darstellt[1191] und die Fernwirkung damit ipso iure in sich trägt[1192]. Dies kann man „Verwendungsverbot“

1185 Siehe zum „Spurenansatz“ *Rogall*, in: FS-Kohlmann, S. 485.

1186 „In Satz 3 des Absatzes wird das Wort „verwertet“ durch das Wort „verwendet“ ersetzt. Entsprechend einem Anliegen des Bundesbeauftragten für den Datenschutz wird damit zum Ausdruck gebracht, dass eine Auskunft des Schuldners ohne dessen Zustimmung auch nicht als Ansatz für weitere Ermittlungen führen darf“, siehe Beschlussempfehlung und Bericht des Rechtsausschusses, BT-Drucks. 12/7302, S. 166.

1187 *Rogall*, in: FS-Kohlmann, S. 479.

1188 *Dencker*, in: FS-Meyer-Goßner, S. 253.

1189 Siehe BVerfGE 56, 37, 50ff.; vgl. *Dingeldey*, NStZ 1984, 530; *Rödiger*, Strafverfolgung von Unternehmen, S. 308.

1190 Nach *Dencker* ist § 97 I InsO vielmehr ein „klassisches selbständiges Verwertungsverbot“, siehe *ders.*, in: FS-Meyer-Goßner, S. 253.

1191 *Meyer-Goßner*, StPO, Einl. Rn. 57d; *Theile*, StV 2011, 385f.; *Passauer/Stephan*, in: MüKo-InsO, § 97 Rn. 16; vgl. *Eidam*, Die strafprozessuale Selbstbelastungsfreiheit am Beginn des 21. Jahrhunderts, S. 188; *Talaska*, Mitwirkungspflichten des Steuerpflichtigen im Spannungsfeld von Besteuerungs- und Steuerstrafverfahren, S. 145.; *Nikolaus*, in: Flore/Tsambikakis, Steuerstrafrecht, § 393 Rn. 124ff. Zum datenschutzrechtlichen Charakter der Verwertungsverbote mit Fernwirkung siehe *Dencker*, in: FS-Meyer-Goßner, S. 243; auch *Püschel*, in: Strafverteidigung im Rechtsstaat, S. 763f.; a.A. *Bader*, NZI 2009, 416.

1192 *Rogall*, in: FS-Kohlmann, S. 485.

nennen oder schlicht als „Verwertungsverbot mit Fernwirkung" umschreiben.[1193] Der weiteren Bearbeitung soll allerdings der Begriff des Beweisverwendungsverbots zugrunde gelegt werden, da die Verwendung die Fernwirkung im Rahmen der fachsäulenübergreifenden Verwertungsproblematik deutlich zum Ausdruck bringt und dadurch im Hinblick auf die Abgrenzung zu den Beweisverwertungsverboten geeigneter ist.

c) Inhalt und Reichweite des § 393 II AO

Durch die Ermittlungen im Rahmen des Besteuerungsverfahrens können sich aus den Steuerakten[1194] Tatsachen oder Beweismittel für die Gerichte oder die Staatsanwaltschaft ergeben, die zum Zwecke einer Strafverfolgung genutzt werden könnten. Das Spannungsverhältnis zwischen Besteuerungsverfahren und Strafprozess hinsichtlich einer strafprozessual erheblichen Selbstbelastung wird durch das in § 393 II 1 AO kodifizierte Beweisverwendungsverbot[1195] entschärft, um den Beschuldigten nicht schlechter zu stellen, nur weil er auch Steuerpflichtiger ist[1196].

Nicht jede Aussage des Steuerpflichtigen im Rahmen der Ermittlungen der Finanzbehörde ist vom Schutzbereich des § 393 II 1 AO umfasst. Von einer Beweissperre kann nur das Beweismaterial erfasst sein, dass der Steuerpflichtige in Erfüllung seiner steuerrechtlichen Pflicht offenbaren musste,[1197] da nur dies das staatliche Zwangsmittelverbot Nemo-tenetur tangieren kann.

1193 Vgl. *Bittmann/Rudolph*, wistra 2001, 84.

1194 Zum Begriff der Steuerakte und Steuerstrafakte siehe *Joecks*, in: Franzen/Gast-Dehaan/Joecks, Steuerstrafrecht, § 393 Rn. 59; auch *Kohlmann*, in: Steuerstrafrecht, § 393 Rn. 75.

1195 Auch das Bundesverfassungsgericht geht in diesem Zusammenhang von einem Verwendungsverbot aus, BVerfG, NJW 2005, 352f.; vgl. *Reiß*, Besteuerungsverfahren und Strafverfahren, S. 226ff.; *Jäger*, in: Klein, Abgabenordnung, § 393 Rn. 45; *Rogall*, in: FS-Kohlmann, S. 493ff.; *ders.*, NStZ 2006, 43; *Eidam*, Die strafprozessuale Selbstbelastungsfreiheit am Beginn des 21. Jahrhunderts, S. 182ff.; *Talaska*, Mitwirkungspflichten des Steuerpflichtigen im Spannungsfeld von Besteuerungs- und Steuerstrafverfahren, S. 144f.; *Kohlmann* spricht von einem „Verfolgungsverbot", siehe *ders.*, in: Steuerstrafrecht, § 393 Rn. 2.

1196 *Joecks*, in: Franzen/Gast-Dehaan/Joecks, Steuerstrafrecht, § 393 Rn. 68.

1197 Vgl. BVerfG, NJW 2005, 352, 353; *Rogall*, in: FS-Kohlmann, S. 490; *Joecks*, in: FS-Kohlmann, S. 452; *Nikolaus*, in: Flore/Tsambikakis, Steuerstrafrecht, § 393 Rn. 85ff.

Der Schutz erstreckt sich gemäß § 393 II 1 AO nur auf nicht-steuerliche Delikte, also eine materiell-rechtliche Straftat[1198], wie etwa Nichtversteuerung von Einnahmen aus Hehlerei (§ 259 StGB), Geldwäsche (§ 261 StGB) oder Schmier- bzw. Bestechungszahlungen (§ 299 StGB, §§ 331ff. StGB).[1199] Informationen und Tatsachen, die der Kausalkette der steuerrechtlichen Aussage entspringen, dürfen nicht berücksichtigt werden, weshalb sich ein Strafverfahren nur aus unabhängigen und vom Besteuerungsverfahren losgelösten Beweisquellen ergeben kann.[1200] Zum einen dürfen Amtsträger der Finanzbehörden keine amtlichen Auskünfte erteilen oder Akten und weitere erhebliche Schriftstücke mit den Aussagen des Steuerpflichtigen herausgeben.[1201] Zum anderen ist auch die Vernehmung eines Beamten über den Inhalt der Akten als Zeuge unzulässig.[1202]

Der Schutzbereich des § 393 II AO wird unter dem Gesichtspunkt der Mitwirkungshandlung weit ausgelegt. Demnach ist alles, was der Steuerpflichtige durch eigenes Zutun oder durch Dulden der Einsichtnahme in Geschäftsunterlagen beigetragen hat, vom Schutzbereich des Verwendungsverbots erfasst.[1203] Begründet wird dies unter anderem mit dem Wortlaut des § 393 II AO, der nicht ausschließlich auf die Auskunft des Steuerpflichtigen, sondern auf Tatsachen abstellt, die „offenbart“ wurden.[1204] Zudem wird vorgebracht, dass ein fehlendes Auskunftsverweigerungsrecht aufgrund eines zwingenden öffentlichen Interesses durch ein Äquivalent gesichert werden muss, das die Gefahr der Strafverfolgung in demselben Umfang „bei Gewährung eines Auskunftsverweigerungsrechtes“[1205] ausschließt. „Die selbstbelastenden Angaben dürfen weder unmittelbar noch mittelbar zur Beweisführung

1198 Siehe zum Tatbegriff klärend *Rogall*, in: FS-Kohlmann, S. 495.

1199 *Kohlmann*, in: Steuerstrafrecht, § 393 Rn. 79.

1200 *Rogall*, in: FS-Kohlmann, S. 493; mit *Kohlmann* ist streng nach dem „Verfolgungsverbot“ die Eröffnung des Hauptverfahrens (§ 204 StPO) abzulehnen oder das Verfahren nach § 260 StPO einzustellen, siehe *ders.*, in: Steuerstrafrecht, § 393 Rn. 81.

1201 *Rogall*, in: FS-Kohlmann, S. 488; vgl. *Joecks*, in: FS-Kohlmann, S. 452.

1202 *Joecks*, in: Franzen/Gast-Dehaan/Joecks, Steuerstrafrecht, § 393 Rn. 59; *Rogall*, in: FS-Kohlmann, S. 488.

1203 *Jäger*, in: Klein, Abgabenordnung, § 393 Rn. 48; vgl. *Reiß*, Besteuerungsverfahren und Strafverfahren, S. 227ff., 235ff.; *Talaska*, Mitwirkungspflichten des Steuerpflichtigen im Spannungsfeld von Besteuerungs- und Steuerstrafverfahren, S. 144f.; *Joecks*, in: Franzen/Gast-Dehaan/Joecks, Steuerstrafrecht, § 393 Rn. 54.

1204 Vgl. *Richter*, wistra 2000, 3.

1205 *Reiß*, Besteuerungsverfahren und Strafverfahren, S. 227; vgl. *Rogall*, Der Beschuldigte als Beweismittel gegen sich selbst, S. 70ff.

verwendet werden."[1206] Dementsprechend dürfen auch solche Tatsachen nicht verwertet werden, zu denen die Auskunft den Weg gewiesen hat.[1207]

Allerdings wird eine Einbeziehung der Mitwirkungspflichten, wie etwa die Vorlage der Geschäftsunterlagen, auch kritisch beurteilt. Dies beruht im Wesentlichen darauf, dass gesetzliche Vorlage- und Aufzeichnungspflichten als nonverbales Verhalten den Kernbereich der Selbstbelastungsfreiheit auch dann nicht tangieren sollen, wenn sie zur Verfolgung von Straftaten und Ordnungswidrigkeiten genutzt werden.[1208] Vielmehr soll dies zum Schutz von Gemeinwohlbelangen im Einzelfall sogar geboten sein.[1209]

d) Inhalt und Reichweite des § 97 I 3 InsO

Sofern der Schuldner seiner Auskunftspflicht gemäß § 97 I InsO gegenüber dem Insolvenzverwalter[1210] nachgekommen ist, darf seine Auskunft nur mit seiner Zustimmung in einem Strafverfahren oder einem Verfahren nach dem Gesetz über Ordnungswidrigkeiten verwendet werden. „Das Verwendungsverbot gemäß § 97 I 3 InsO bereitet allerdings in der Praxis erhebliche Schwierigkeiten."[1211]

aa) Auskunfts- und Mitwirkungspflichten

Freiwillige Auskünfte ohne Kenntnis einer Pflicht sind in einem Strafprozess verwendbar,[1212] da sie keine das Nemo-tenetur-Prinzip tangierende Zwangslage hervorrufen und die Entscheidungsfreiheit gewahrt wurde. Dagegen sind Auskünfte, die im Bewusstsein einer Pflicht erfolgen, zwar scheinbar „freiwillig" ergangen, allerdings sind sie auch von § 97 I 3 InsO erfasst, da die Kenntnis der Pflicht schon die entscheidende Konfliktlage verursacht.[1213]

Neben den Auskünften des Schuldners erfolgt die Vorlage von Bilanzen sowie der Buchhaltungs- oder weiterer Geschäftsunterlagen grundsätzlich nicht aufgrund

---

1206 *Reiß*, Besteuerungsverfahren und Strafverfahren, S. 227; vgl. *Nikolaus*, in: Flore/Tsambikakis, Steuerstrafrecht, § 393 Rn. 126f.

1207 *Nikolaus*, in: Flore/Tsambikakis, Steuerstrafrecht, § 393 Rn. 126.

1208 BVerfG, wistra 2010, 341, 344; siehe zum Unterschied zwischen Aussage und nonverbaler Mitwirkung kritisch *Verrel*, NStZ 1997, 417ff.

1209 BVerfG, wistra 2010, 341, 344; *Jäger*, in: Klein, Abgabenordnung, § 393 Rn. 59.

1210 Nicht gegenüber dem Gutachter, siehe dazu OLG Jena, NZI 2011, 382ff.

1211 *Uhlenbruck*, Insolvenzordnung, § 97 InsO Rn. 10.

1212 *Passauer/Stephan*, in: MüKo-InsO, § 97 Rn. 16; *Bittmann/Rudolph*, wistra 2001, 84.

1213 Vgl. *Uhlenbruck*, Insolvenzordnung, § 97 InsO Rn. 11; *Bittmann/Rudolph*, wistra 2001, 84.

der Auskunftspflicht des Schuldners, sondern in Erfüllung der Mitwirkungspflicht gemäß § 97 II InsO und wäre folglich nicht vom Verwendungsverbot des § 97 I 3 InsO erfasst.[1214] Im Gegensatz zu § 393 II AO, der den weiten Begriff des „Offenbarens" beinhaltet, differenziert § 97 I InsO zwischen Mitwirkungs- und Auskunftspflichten.[1215]

Diese formale Abgrenzung wird mit der Unterscheidung zwischen freiwillig erstellten Unterlagen und solchen, zu deren Führung eine Rechtspflicht besteht, ergänzt.[1216] Geschäftsunterlagen, zu denen keine Rechtspflicht besteht, weisen demnach eine Parallelität zur Auskunftspflicht des Schuldners auf, da der Schuldner schlichtweg Informationen offenbart, die auch einer mündlichen Auskunft entsprechen.[1217] Der Schuldner, der einzelne Vorgänge dokumentiert, würde gegenüber dem, der die Vorgänge mündlich vorträgt, schlechter gestellt werden, da nur Letzterem durch seine mündliche Auskunft das Verwendungsverbot des § 97 I 3 InsO zugesprochen werden würde.[1218] Geschäftsunterlagen, die etwa aufgrund von gesetzlichen Buchführungspflichten im Sinne des Handelsgesetzbuches erstellt wurden, sind demnach nicht von der Auskunftspflicht und damit nicht von dem Verwendungsverbot des § 97 I 3 InsO umfasst.[1219]

Sofern die Auskunft des Schuldners parallel zur Sichtung der Akten erfolgt, ist der Einzelfall entscheidend. Eine unbeschränkte Verwendung ist zulässig, sofern die Tatsachen bereits durch die Sichtung der Unterlagen und nicht durch die Aussage gewonnen wurden.[1220] Falls die strafrechtlich relevanten Aspekte sowohl durch die Aussage des Schuldners als auch durch die Geschäftsunterlagen erlangt wurden, wächst die Bedeutung des Nemo-tenetur-Prinzips mit dem Umfang der Aussage. Entscheidend ist, ob der Aussage im Verhältnis zu den Geschäftsunterlagen ein „eigenständiger Erklärungswert"[1221] zukommt, sie also umfangreicher als die Geschäftsunterlagen ist, und damit neue Tatsachen offenbart.

1214 *Richter*, wistra 2000, 4; OLG Jena, NZI 2011, 382, 383.

1215 Vgl. *Richter*, wistra 2000, 3.

1216 *Bittmann/Rudolph*, wistra 2001, 82; *Hefendehl*, wistra 2003, 9; *Passauer/Stephan*, in: MüKo-InsO, § 97 Rn. 18; *Bader*, NZI 2009, 420; *Uhlenbruck*, NZI 2002, 405; *ders.*, Insolvenzordnung, § 97 InsO Rn. 13.

1217 *Hefendehl*, wistra 2003, 9; *Passauer/Stephan*, in: MüKo-InsO, § 97 Rn. 18.

1218 *Hefendehl*, wistra 2003, 9; *Passauer/Stephan*, in: MüKo-InsO, § 97 Rn. 18.

1219 *Hefendehl*, wistra 2003, 9; *Bittmann/Rudolph*, wistra 2001, 82f.

1220 *Bittmann/Rudolph*, wistra 2001, 82; *Richter*, wistra 2000, 4; *Passauer/Stephan*, in: MüKo-InsO, § 97 Rn. 18; *Hefendehl*, wistra 2003, 9.

1221 *Passauer/Stephan*, in: MüKo-InsO, § 97 Rn. 18; *Hefendehl*, wistra 2003, 8.

Der Regelungszweck des § 97 I InsO beschränkt sich darauf, dass der Schuldner nicht gezwungen werden soll, Beweise gegen sich selbst zu schaffen.[1222] Ein Verwendungsverbot kann sich daher nur in Bezug auf Tatsachen ergeben, die gerade durch den Auskunftszwang bewirkt wurden und nicht durch die Geschäftsunterlagen einsehbar sind, anderes würde den Anwendungsbereich des Zwangsmittelverbots überschreiten. Dadurch soll dem Schuldner die Möglichkeit genommen werden, durch eine frühzeitige Aussage und Übergabe der Geschäftsunterlagen ein „Asyl für Geschäftsunterlagen"[1223] zu schaffen, das eine Verwertung aller übergebenen Dokumente verhindert. Um rechtsmissbräuchlichem Verhalten vorzubeugen, muss der Sinn und Zweck des § 97 I 3 InsO und des Nemo-tenetur-Prinzips entscheidend sein. Durch die Auskunftspflicht des § 97 I InsO darf sich der Schuldner damit nicht herausgefordert fühlen, sämtliche beweiserheblichen Unterlagen herauszugeben.

Sofern nur die Aussage den Weg zu den Unterlagen gewiesen hat, wird daher überwiegend vertreten, dass die Auskunft des Schuldners unverwertbar ist, die inhaltsgleichen Geschäftsunterlagen jedoch davon unberührt bleiben sollen.[1224] Diese Ansicht scheint im Wesentlichen mit der Frage des Inhalts der Aussage und der Unterlagen und deren Mehrwert begründet zu werden. Festzustellen ist jedoch, dass auch die Informationen, die gerade durch die Auskunft erlangt wurden und damit den Mehrwert der Offenbarung der Unterlagen innehaben, von dem Verwendungsverbot umfasst werden müssen.[1225] Der Inhalt und der „eigenständige Mehrwert" der Aussage können nur entscheidend sein, wenn Aussage und Geschäftsunterlagen parallel ermittelt werden. Wenn die Geschäftsunterlagen ausschließlich durch die Aussage gewonnen wurden, ist daher auch ein Beweisverwendungsverbot erforderlich, da sie aufgrund der Auskunftspflicht des § 97 I InsO gewonnen wurden. Sowohl aktiv verbale als auch aktiv nonverbale Verhaltensweisen können selbstbelastend sein, daher ist es unerheblich, ob sich „der Zwang zur Selbstbelastung in einem persönlichen oder sachlichen Beweismittel manifestiert"[1226]. Im Einklang mit der bereits erläuterten Editionspflicht gemäß § 95 StPO ist daher auch die Herausgabe von Beweismaterial durch den

1222 *Hefendehl*, wistra 2003, 9; *Passauer/Stephan*, in: MüKo-InsO, § 97 Rn. 18; *Bittmann/Rudolph*, wistra 2001, 82.

1223 *Richter*, wistra 2000, 4; vgl. *Bittmann/Rudolph*, wistra 2001, 82.

1224 *Hefendehl*, wistra 2003, 9; *Richter*, wistra 2000, 4; *Bittmann/Rudolph*, wistra 2001, 82; *Bader*, NZI 2009, 420.

1225 Siehe nur *Püschel*, in: Strafverteidigung im Rechtsstaat, S. 769.

1226 *Püschel*, in: Strafverteidigung im Rechtsstaat, S. 769.

Beschuldigten vom Verwendungsverbot erfasst.[1227] Dementsprechend ist eine Fernwirkung dahingehend anzunehmen, dass das Verwendungsverbot auch jene Tatsachen umfasst, die gerade durch die Zwangsanwendung erlangt wurden. Dem befürchteten „Asyl für Geschäftsunterlagen" kann vorgebeugt werden, sofern die Geschäftsunterlagen eigenhändig und unabhängig von einer Auskunftspflicht durch die Strafverfolgungsbehörde ermittelt werden.[1228]

Sofern die Unterlagen erst durch den Schuldner lesbar werden und sich erst durch die Aussage in Verbindung mit den Unterlagen ein strafrechtlich relevantes Verhalten ergibt, ist auch diese Auskunft nicht verwertbar, da die Tatsachen ebenso nur aufgrund der Auskunftspflicht des Schuldners erlangt wurden.[1229]

bb) Die Verwendung der Auskunft des Schuldners im Strafprozess

In einem Sondervotum des „Gemeinschuldner-Beschlusses" wird angefügt, dass nur ein Offenbarungsverbot den verfassungskonformen Lösungsansatz gewährleisten könne,[1230] da schon die Weitergabe der Informationen an die Strafverfolgungsbehörde das Persönlichkeitsrecht des Schuldners verletze[1231]. Die „volle Gewähr" dafür, dass Auskünfte aus dem Konkursverfahren nicht verfassungswidrig in einem Strafverfahren verwertet werden, könne nur das Verbot der Offenbarung an „Unbefugte" bieten.[1232] Die Angaben des Schuldners sollten noch vor der Weiterleitung an die Ermittlungsbehörden aus der Insolvenzakte entfernt werden,[1233] um damit jegliche Beweisgewinnung und schon einen Anfangsverdacht entsprechend § 152 II StPO zu verhindern.

Einer Vorwirkung des Verwendungsverbots im Sinne einer Streichung strafrechtlich erheblicher Auskünfte aus den Insolvenzakten wird grundsätzlich entgegengehalten, dass dies einer Kompetenzverschiebung entspräche,[1234] da das Insolvenzgericht eine Art ‚strafrechtliches Vorverfahren' vornehmen müsste. Dabei dürfe in diesem Zusammenhang an der erforderlichen Sachkunde eines Insolvenzgerichts gezweifelt werden.[1235]

1227 Vgl. *Püschel*, in: Strafverteidigung im Rechtsstaat, S. 769.
1228 Vgl. zu diesem Gedanken *Rödiger*, Strafverfolgung von Unternehmen, S. 315.
1229 *Hefendehl*, wistra 2003, 9; *Passauer/Stephan*, in: MüKo-InsO, § 97 Rn. 18.
1230 Sondervotum *Heußner*, BVerfGE 56, 37, 53f.; vgl. *Hohnel*, NZI 2005, 154.
1231 Sondervotum *Heußner*, BVerfGE 56, 37, 53.
1232 Sondervotum *Heußner*, BVerfGE 56, 37, 53.
1233 *Hohnel*, NZI 2005, 154; vgl. LG Stuttgart, wistra 2000, 439, 440.
1234 *Hefendehl*, wistra 2003, 5; *Passauer/Stephan*, in: MüKo-InsO, § 97 Rn. 17.
1235 *Hefendehl*, wistra 2003, 5; *Passauer/Stephan*, in: MüKo-InsO, § 97 Rn. 17.

Zudem ergibt sich auch aus § 97 I 3 InsO nicht, dass der Gesetzgeber ein Offenbarungsverbot kodifiziert hat. Die Mitglieder des Rechtsausschusses merkten zum Gesetzesentwurf der Insolvenzordnung an, „dass eine Auskunft des Schuldners ohne dessen Zustimmung auch nicht als Ansatz für weitere Ermittlungen dienen darf"[1236]. Der Ansatz für weitere Ermittlungen wird demnach mit dem Anfangsverdacht gemäß § 152 II StPO interpretiert. Allerdings begründet erst die Informationsübermittlung bzw. die Offenbarung an die Strafverfolgungsbehörden einen Anfangsverdacht, der die notwendige Voraussetzung für ein Ermittlungsverfahren ist.[1237] Somit ist die Weitergabe bzw. Offenbarung der Insolvenzakte dem Anfangsverdacht und dem Strafverfahren vorgelagert und stellt insofern keine Verwendung im Strafverfahren dar.

In der Praxis sind die Insolvenzgerichte nach der Anordnung über die Mitteilung in Zivilsachen (MiZi) verpflichtet[1238], die jeweils zuständige Staatsanwaltschaft über die Eröffnung eines Insolvenzverfahrens zu unterrichten. Daraufhin fordert die Staatsanwaltschaft die Insolvenzakten an und prüft das Vorliegen verschiedener Insolvenzdelikte.[1239] Des Weiteren werden Fragenkataloge an die Insolvenzverwalter zur Klärung von Einzelheiten übermittelt.[1240] Daher wird auch der weitere Umgang mit der Aussage des Schuldners, also bei Kenntnis der Staatsanwaltschaft, diskutiert.

Nach wohl herrschender Meinung soll im Hinblick auf die Intention des Gesetzgebers[1241] die Auskunft des Schuldners als Ansatz für weitere Ermittlungen unterbunden werden[1242]. Dies umfasst auch die Vernehmung des Insolvenzverwalters über den Inhalt der Auskunft sowie eines Ermittlungsbeamten, der an einer Gläubigerversammlung teilgenommen hat.[1243]

1236 Beschlussempfehlung und Bericht des Rechtsausschusses, BT-Drucks. 12/7302, S. 166.

1237 *Hefendehl*, wistra 2003, 5; *Bader*, NZI 2009, 418; *Passauer/Stephan*, in: MüKo-InsO, § 97 Rn. 17.

1238 Teil 2, 3. Abschnitt, IX 3, Absatz 3 Nr. 3.

1239 *Passauer/Stephan*, in: MüKo-InsO, § 97 Rn. 17.

1240 *Tetzlaff*, NZI 2005, 317.

1241 Beschlussempfehlung und Bericht des Rechtsausschusses, BT-Drucks. 12/7302, S. 166.

1242 *Bader*, NZI 2009, 418f.; *Uhlenbruck*, NZI 2002, 404; *Richter*, wistra 2000, 3; *Passauer/Stephan*, in: MüKo-InsO, § 97 Rn. 16; *Hefendehl*, wistra 2003, 6f.; *Bittmann/Rudolph*, wistra 2001, 84f.; *Püschel*, in: Strafverteidigung im Rechtsstaat, S. 766ff.

1243 *Püschel*, in: Strafverteidigung im Rechtsstaat, S. 767.

Umstritten ist allerdings, ob sich ein Anfangsverdacht für ein Ermittlungsverfahren aus der Auskunft des Schuldners ergeben darf.

Einer Ansicht nach bezweckt das Verwendungsverbot zwar kein Offenbarungsverbot, jedoch die Verhinderung einer unmittelbaren oder mittelbaren Verwendung der Aussage in einem Strafprozess. Demnach folgt aus einem Beweisverwendungsverbot ein Beweisermittlungsverbot hinsichtlich der darauf gestützten strafprozessualen Maßnahmen,[1244] da nur dies einem angemessenen Schuldnerschutz entsprechen würde[1245]. Danach dürfte die Durchführung von staatsanwaltlichen Ermittlungsmaßnahmen ihrerseits nur auf Anhaltspunkte gründen, die unabhängig von der Aussage des Schuldners aus dem Insolvenzverfahren, etwa aus den Geschäftsunterlagen, gewonnen wurden.[1246]

Nach einer anderen Ansicht lässt das Verwendungsverbot die Sichtung und Auswertung der Insolvenzakte sowie die Schöpfung eines Anfangsverdachts gemäß § 152 II StPO unberührt, da „weder § 97 I 3 InsO ein Beweiserhebungsverbot normiert, noch das Grundgesetz ein solches verlangt“[1247]. Demnach ist erst zum Abschluss des Ermittlungsverfahrens und bei der Urteilsfindung wiederholt zu prüfen, ob sich die relevanten Beweismittel auf die Aussagen des Schuldners stützen und eine davon unabhängige Beweiskette vorliegt.[1248] Ist dies nicht der Fall, so greift erst dann das Verwendungsverbot und die Fernwirkung des § 97 I 3 InsO.

Ein hypothetischer Kausalverlauf mit der Frage, ob ein unverwendbares Beweismittel unter Umständen doch verwendet werden könnte, sofern die Strafverfolgungsbehörden dasselbe Beweismittel auf anderem Weg hätten erlangen können, wird unterschiedlich bewertet.[1249] Zwar nimmt das Bundesverfassungsgericht im „Gemeinschuldner-Beschluss“ dazu keine Stellung,[1250] allerdings enthält die Normierung der Fernwirkung in § 97 InsO einen ausdrücklichen „Appell an die Strafverfolgungsbehörden, alle Möglichkeiten einer rechtmäßigen Beweisgewinnung auszuschöpfen“[1251]. Sofern dies nicht erfolgreich war, kann es nicht

1244 LG Stuttgart, wistra 2000, 439; *Uhlenbruck*, NZI 2002, 405; vgl. *Richter*, wistra 2000, 3.

1245 *Uhlenbruck*, NZI 2002, 405.

1246 *Passauer/Stephan*, in: MüKo-InsO, § 97 Rn. 18.

1247 *Bittmann/Rudolph*, wistra 2001, 85.

1248 *Bittmann/Rudolph*, wistra 2001, 85.

1249 Contra *Hefendehl*, wistra 2003, 7f.; vgl. *Passauer/Stephan*, in: MüKo-InsO, § 97 Rn. 17; Pro *Bader*, NZI 2009, 416; LG Stuttgart, wistra 2000, 439f.

1250 BVerfGE 56, 37ff.

1251 *Hefendehl*, wistra 2003, 8.

vorteilhaft sein, dass es hypothetisch eine solche Möglichkeit gegeben hätte, da sonst der Appell folgenlos bliebe.[1252]

e) Die analoge Lage im Strafprozess

Nachdem die Voraussetzungen der Beweisverwertung skizziert wurden, ist die Vernehmungssituation der Internal Investigations isoliert unter strafrechtlichen Aspekten zu beurteilen. Fraglich ist, ob die Ermittlungsmaßnahmen bei einer strafrechtlichen Vernehmung zu einem Verwertungsverbot führen würden. Denn die hier versuchte Auflösung des Spannungsverhältnisses darf nicht über Grundsätze der originären Beweisverwertungsdoktrin hinausgehen und den aussagenden Arbeitnehmer mehr schützen als den Beschuldigten.

Die Befragung im Rahmen einer strafprozessualen Vernehmung setzt eine Belehrung des Beschuldigten gemäß § 136 StPO voraus. Sofern diese nicht erfolgte, unterliegt die Aussage, sofern der Verwertung rechtzeitig widersprochen wird, im Strafprozess einem Beweisverwertungsverbot.[1253]

Hinsichtlich eines Beweisverwertungsverbots aufgrund unzulässigen Zwangs fließen freilich auch die Besonderheiten der arbeitsrechtlichen Sanktionen in die Bewertung ein, allerdings kann auch auf einer abstrakteren Ebene die Zwangsqualität und der Einfluss auf das Beweisverwertungsverbot des § 136a StPO bewertet werden. Ungeachtet der Abmahnung, Kündigung oder der Schadensersatzforderungen wären finanzielle Nachteile auch im Rahmen einer strafrechtlichen Vernehmung geeignet, den Willen des Befragten zu beeinflussen. Vielmehr noch sind generell nachteilige Konsequenzen sowie die Verpflichtung zu einer Aussage entscheidend, die das Wesen der Selbstbelastungsfreiheit und damit das Recht auf Passivität im Strafverfahren beeinträchtigen können. Sofern also dem Befragten im Rahmen einer strafprozessualen Vernehmung durch eine Auskunftsverweigerung unmittelbare Nachteile drohen würden und die Aussagefreiheit zu einer Aussagepflicht wird, würde der Befragte durch heteronome Einflüsse zu einer Aussage verleitet werden. Pflichten, die zur aktiven Selbstüberführung zwingen, sind offensichtlich eine unzulässige Beeinflussung der Willensfreiheit und eine Verletzung des Nemo-tenetur-Prinzips. Dies stellt regelmäßig auch eine unzulässige Beeinflussung der Willensentschließung des Befragten dar und führt zum absoluten Beweisverwertungsverbot des § 136a III 2 StPO.

1252 *Hefendehl*, wistra 2003, 8.

1253 BGHSt 38, 214, 225f.; 42, 15, 22; vgl. *Meyer-Goßner*, StPO, § 136 Rn. 20; *Beulke*, Strafprozessrecht, Rn. 460a.

Auch im Strafprozess schließt sich die Frage an, welche Beweismittel aus einer rechtswidrigen und zwangsweisen Vernehmung grundsätzlich nutzbar sind und worauf sich das Beweisverwertungsverbot erstreckt. Grundsätzlich könnten die Protokolle der strafprozessualen Vernehmung als Urkundenbeweis in die Hauptverhandlung einfließen. Sofern die Vernehmung jedoch mit den Mitteln des § 136a StPO zustande gekommen ist, erstreckt sich das Verwertungsverbot des § 136a III 2 StPO auf die Verlesung der Niederschriften der Vernehmung sowie auf eventuelle Tonbandaufnahmen.[1254] Zudem sind Vorhalte aus der Vernehmung unzulässig.[1255] Parallel zu den Vernehmungen bei Internal Investigations könnten auch der befragende Polizeibeamte oder Staatsanwalt als Zeuge vernommen werden, allerdings ist auch die Anhörung des Vernehmungspersonals[1256] oder eines bei der Vernehmung anwesenden Dritten unzulässig[1257]. Insofern wäre die Verwertung der Vernehmung im Strafprozess durch einen Zeugen oder Urkundenbeweis unzulässig. Dieses Ergebnis muss auch der Auskunft durch die Interviews widerfahren, um einen gleichwertigen Schutz der Beschuldigten zu gewährleisten.

4. Die Erforderlichkeit einer Ausstrahlungswirkung des Nemo-tenetur-Prinzips

Der Umgang mit den Ermittlungsergebnissen der Internal Investigations zeigt, dass der Beschuldigte der Verwertung der selbstbelastenden Interviews bislang schutzlos ausgeliefert ist, da die arbeitsrechtliche Auskunftspflicht aufgrund des fehlenden staatlichen Zwangs grundsätzlich nicht vom originären Schutzbereich des Nemo-tenetur-Prinzips erfasst ist. Aufgrund der mangelnden staatlichen Veranlassung ist auch eine Berücksichtigung der Ermittlungsmethoden der Compliance-Managements im Wege der Zurechnung nicht möglich. Die Regelungslücke und die dadurch bedingte Schutzlosigkeit des Befragten offenbaren das Dilemma des betroffenen Arbeitnehmers. Diese offensichtliche Ungerechtigkeit könnte durch eine Ausstrahlungswirkung der Selbstbelastungsfreiheit auf außerstrafprozessuale Zwangseinwirkungen wiederhergestellt werden.

Der Ausstrahlungswirkung der Selbstbelastungsfreiheit liegt folgende These zugrunde: Das Prinzip nützt dem Beschuldigten nicht viel, wenn er die Aussage im

---

1254 *Meyer-Goßner*, StPO, § 136a Rn. 29.

1255 BGH, MDR 1973, 371; *Schroth*, ZStW 87 (1975), 105.

1256 *Rogall*, MDR 1977, 979; *Spendel*, NJW 1966, 1107; *Meyer-Goßner*, StPO, § 136a Rn. 29

1257 *Baumann*, GA 1959, 43f.; *Meyer-Goßner*, StPO, § 136a Rn. 29.

Strafprozess verweigern darf, allerdings die gleiche Tatsache in einem vorherigen rechtlichen Verfahren offenbaren musste.[1258] Durch die Pflicht, auch strafrechtlich relevantes Verhalten im Rahmen der Interviews mitzuteilen, würde das Schweigerecht im Strafverfahren entwertet, „bevor es überhaupt entstanden oder jedenfalls zum Vollrecht erstarkt“[1259] wäre. Demnach droht durch den „ungehinderten Informationsfluss“ aus (privaten) Verfahren, die einem Strafverfahren dienen können, eine Aushöhlung der Selbstbelastungsfreiheit[1260] und damit verfassungsrechtlicher Garantien. Dies kann nur durch eine Ausstrahlung des Schutzbereichs des Nemo-tenetur-Prinzips auf Ermittlungsergebnisse nicht-strafprozessualer Verfahren kompensiert werden.

a) Die Übertragbarkeit der Wertungen des „Gemeinschuldner-Beschlusses“

Das Bundesverfassungsgericht sah in der zwangsweisen Vollstreckung eines konkursrechtlichen Auskunftsanspruchs einen Zwang zur Selbstbezichtigung, der in das durch Art. 2 I GG geschützte Persönlichkeitsrecht eingreift. Insofern wurde die Erforderlichkeit einer Ausstrahlungswirkung des Nemo-tenetur-Grundsatzes begründet:

> *„Das Schweigerecht wäre illusorisch, wenn eine außerhalb des Strafverfahrens erzwungene Selbstbezichtigung gegen seinen Willen strafrechtlich gegen ihn verwertet werden dürfe. Der bloße Umstand, dass dem Gemeinschuldner im Interesse seiner Gläubiger eine uneingeschränkte Auskunftspflicht zuzumuten ist, rechtfertigt es nicht, dass er zugleich zu seiner Verurteilung beitragen muss und dass die staatlichen Strafverfolgungsbehörden weitergehende Möglichkeiten erlangen als in anderen Fällen der Strafverfolgung.“*[1261]

Die Reichweite dieser Feststellung und eine Übertragbarkeit auf die Verwertung von Ermittlungsergebnissen der Internal Investigations werden unterschiedlich bewertet.[1262] In diesem Zusammenhang sind die Auswirkungen des Beschlusses

---

1258 Vgl. *Theile*, StV 2011, 384f. Siehe zum Steuerverfahren *Wolff*, Selbstbelastung und Verfahrenstrennung, S. 101.

1259 *Jahn*, StV 2009, 44.

1260 *Wolff*, Selbstbelastung und Verfahrenstrennung, S. 101.

1261 BVerfGE 56, 37, 51.

1262 Pro *Theile*, StV 2011, 385; *Kirsch*, in: Unternehmensstrafrecht, S. 367; *Wastl/Litzka/Pusch*, NStZ 2009, 73; *Bittmann/Molkenbur*, wistra 2009, 377f.; *Böhm*, WM 2009, 1927ff.; *I. Roxin, StV* 2012, 119f.; *Rödiger*, Strafverfolgung von Unternehmen, S. 275ff., 299f.; contra LG Hamburg, StV 2011, 148, 151; *Schuster* NZWiSt 2012, 30; *Raum*, StraFo 2012, 397; differenzierend *Jahn*, StV 2009, 43f.

auf andere Spannungsverhältnisse durch die Besonderheiten der Fachsäulen und des Einzelfalls zu präzisieren.

aa) Insolvenzrecht versus Arbeitsrecht

Gemäß § 1 InsO dient das Insolvenzverfahren der gemeinschaftlichen Befriedigung der Gläubiger eines Schuldners, indem das Vermögen des Schuldners verwertet und der Erlös verteilt oder in einem Insolvenzplan eine abweichende Regelung insbesondere zum Erhalt des Unternehmens getroffen wird. Dem redlichen Schuldner wird Gelegenheit gegeben, sich von seinen restlichen Verbindlichkeiten zu befreien. Das Insolvenzverfahren dient dabei nicht nur dem Gläubiger und dem Schuldner, sondern auch dem öffentlichen Interesse der Wahrung des Rechtsfriedens, da „jeder Bürger auf die Verwirklichung seiner Forderung sowie die geordnete Abwicklung gescheiterter Rechtsbeziehungen in einem gesetzlich geregelten Verfahren vertrauen können muss“[1263]. Zur Sicherung des öffentlichen Interesses an dem geordneten Insolvenzverfahren ist auch der Staat in den Prozess der Insolvenz integriert, indem das zuständige Insolvenzgericht gemäß § 5 InsO von Amts wegen alle Umstände ermittelt, die für das Insolvenzverfahren von Bedeutung sind. Dies verleiht dem staatlich geordneten Insolvenzverfahren grundsätzlich einen hoheitlichen Charakter.

Der arbeitsrechtlichen Pflicht zur Auskunftserteilung ist ein öffentliches Interesse fremd. Obwohl das öffentliche Interesse an der Strafverfolgung über den Internal Investigations zu schweben scheint, sind weder die agierenden Parteien hoheitlicher Natur noch verfolgt die Compliance das Motiv der öffentlichen Strafverfolgung. Auch der Auskunftsanspruch wurzelt in der privatrechtlichen Geschäftsbesorgung, was auch den wesentlichen Unterschied zu dem insolvenzrechtlichen Auskunftsanspruch markiert. Zudem ist die Erhebung des arbeitsrechtlichen Auskunftsanspruch nicht an eine staatliche Beteiligung gekoppelt, da der Anspruch gemäß §§ 666, 675 BGB losgelöst und ohne Kenntnis des Staates erhoben wird. Der Staat wird – wenn überhaupt – durch den Vollzug der Informationspflicht gemäß § 888 ZPO beteiligt. Dagegen findet das Insolvenzverfahren durch die Beteiligung des zuständigen Insolvenzgerichts unter staatlicher Beobachtung statt, was folglich den wesentlichen Unterschied beider Verfahren verdeutlicht. Dies spricht zunächst dafür, die Tragweite des Urteils auf das Konkurs- bzw. Insolvenzverfahren zu beschränken.

1263 *Reischl*, Insolvenzrecht, Rn. 5.

bb) Gesetzliche Rechtsfolge versus freiwillige Verpflichtung

Gegen eine Übertragbarkeit der Grundsätze des „Gemeinschuldner-Beschlusses“ wird vorgebracht, dass die Auskunftspflicht des Schuldners aus einer gesetzlichen Pflicht gemäß § 97 I InsO folgt. Die arbeitsrechtliche Auskunftspflicht und die damit zusammenhängende Vollstreckbarkeit beruhe dagegen lediglich auf einer vertraglichen bzw. gesetzlichen Folge dieser freiwilligen Entscheidung.[1264]

Zunächst ist festzustellen, dass auch das Insolvenzverfahren die Abwicklung freiwillig eingegangener schuldrechtlicher Verpflichtungen zum Gegenstand hat. Allerdings resultiert die Auskunftspflicht des Schuldners aus der gesetzlichen Rechtsfolge der Insolvenz, weshalb sich die freiwillig eingegangenen Verpflichtungen des Schuldners nur mittelbar auf die gesetzliche Auskunftspflicht auswirken.

Die Auskunftspflicht des Arbeitnehmers ergibt sich aus §§ 666, 675 BGB und damit aus einer gesetzlichen Pflicht. Dabei wird vertreten, dass bereits eine durch den Gesetzgeber geschaffene Auskunftspflicht, die durch staatliche Zwangsmaßnahmen durchgesetzt werden kann, staatlichen Zwang vermittelt.[1265] Das Argument der kongruenten Konfliktsituation[1266] ist sicher noch entscheidend, allerdings ist die Rechtsnatur der Pflichtenlage doch vorliegend eine der wesentlichen Unterschiede zwischen dem insolvenzrechtlichen und dem arbeitsrechtlichen Spannungsverhältnis. Die arbeitsrechtliche Auskunftspflicht beruht unmittelbar auf dem bewusst freiwillig eingegangenen, dispositiven Arbeitsverhältnis und entspricht damit keiner originären gesetzlichen Pflichtenlage.[1267] Die insolvenzrechtliche Auskunftspflicht folgt dagegen aus der Zahlungsunfähigkeit des Schuldners und damit nur mittelbar aus dem freiwillig eingegangenen Pflichtenverhältnis. Die gesetzliche Anknüpfung des Insolvenzrechts spricht daher für eine Nähe zur staatlichen Veranlassung des Zwangs, da die Auskunftspflicht des Insolvenzschuldners auch auf einem öffentlichen Interesse beruht und nicht in der Privatautonomie wurzelt. Während im Zivilverfahren der Staat nur die Instrumentarien der Zwangsmittel zur Verfügung stellt,[1268] ist der insolvenzrechtliche Auskunftsanspruch und dessen Vollstreckung gesetzlicher und damit hoheitlicher Natur und hat den Beigeschmack des öffentlichen Interesses an einem geordneten Insolvenzverfahren.

1264 LG Hamburg, StV 2011, 148, 151; dem zustimmend *Wimmer*, in: FS-Imme Roxin, S. 549; vgl. *Raum*, StraFo 2012, 397.

1265 *Rödiger*, Strafverfolgung von Unternehmen, S. 276f.

1266 *Rödiger*, Strafverfolgung von Unternehmen, S. 276f.

1267 *Knauer/Buhlmann*, AnwBl 2010, 389.

1268 *Momsen*, ZIS 2011, 513.

Fraglich ist jedoch, ob das Kriterium der gesetzlichen Rechtsfolge im Rahmen der Auskunftspflicht die maßgebliche Komponente bei der Frage einer Ausstrahlungswirkung des staatlichen Zwangsmittelverbots sein kann oder ob nicht vielmehr die Konfliktsituation des Befragten entscheidend ist. Denn letztlich ist es dem Befragten gleichgültig, woher die Verpflichtung stammt. Die Beeinflussung des freien Willens des Befragten und die Anwendung von Zwang ist das entscheidende Kriterium bei der Frage, ob die Selbstbelastungsfreiheit tangiert ist oder nicht. Gleichwohl ist jedoch anzuerkennen, dass die Auskunftspflicht des Arbeitsrechts auf einem freiwillig eingegangenen Pflichtenverhältnis und keiner originären gesetzlichen Pflicht beruht.

cc) Vollstreckbarkeit der Auskunftspflicht als entscheidendes Zwangsmerkmal

Die Besonderheit des „Gemeinschuldner-Beschlusses" bzw. dem zugrunde liegenden Sachverhalt ist, dass eine Zwangseinwirkung auf den Beschwerdeführer bereits durch den Vollzug der Beugehaft erfolgte und somit abgeschlossen war. Insofern wurde mit der Veranlassung durch das zuständige Konkursgericht eine staatliche Zwangseinwirkung verwirklicht. Dies könnte darauf schließen lassen, dass das Bundesverfassungsgericht erst bei unmittelbarer Zwangseinwirkung die Anwendung von Zwang als erfüllt ansieht. Gleichwohl wurde allerdings betont, dass die Zwangseinwirkung bereits in der Konfliktsituation liegt, „sich entweder selbst einer strafbaren Handlung zu bezichtigen oder durch eine Falschaussage gegebenenfalls ein neues Delikt zu begehen oder aber wegen ihres Schweigens Zwangsmitteln ausgesetzt zu werden"[1269], weshalb die Erzwingbarkeit der Pflicht und nicht der Vollzug der Pflicht maßgeblich ist.

In Anlehnung an den „Gemeinschuldner-Beschluss" ist damit eine Parallele zu dem vorliegenden Spannungsverhältnis hergestellt.[1270] Zwar unterscheidet sich das Wesen des Arbeitsrechts von dem des Insolvenzrechts durch die divergierenden Interessen und die Beteiligung des Staates, jedoch droht sowohl dem aussagenden Arbeitnehmer als auch dem Schuldner im Insolvenzrecht die zwangsweise Vollstreckung der Auskunftspflicht.[1271] Damit haben beide nicht mehr die Freiheit, über

1269 BVerfGE 56, 37, 41; vgl. *Wolff*, Selbstbelastung und Verfahrenstrennung, S. 131.

1270 *Bittmann/Molkenbur*, wistra 2009, 377f.; *Böhm*, WM 2009, 1927f.; vgl. *I. Roxin*, *StV* 2012, 119f.; vgl. LAG Hamm CCZ 2010, 237, 238; anders *Fritz/Nolden*, CCZ 2010, 175.

1271 Nach *Kölbel* ist die Argumentation des Bundesverfassungsgerichts „umstandslos" auf das Zwangsvollstreckungsrecht zu übertragen, siehe *ders.*, Selbstbelastungsfreiheiten, S. 70f.; vgl. zur Erzwingbarkeit auch *Rödiger*, Strafverfolgung von ihre Aussage zu entscheiden.[1272] Durch die mögliche mittelbare Selbstbelastung bei einer Verwertung im Strafverfahren liegen auch vergleichbare Interessenlagen vor. Auch dem arbeitsrechtlichen Spannungsverhältnis ist eine unmittelbare Zwangseinwirkung nicht fremd, da die Auskunftspflicht gemäß § 888 I ZPO mit Beugehaft oder Zwangsgeld vollstreckt werden kann. „Damit schwebt auch über dem Arbeitnehmer das Damoklesschwert eines staatlich geregelten Verfahrens zur Erzwingung der Auskunft."[1273]

Parallelen und vergleichbare Interessenlagen begründen jedoch keine vollständige Übertragung auf das Spannungsverhältnis durch Internal Investigations. Durch das Wesen des Insolvenzrechts, die aktive Beteiligung der Insolvenzgerichte und die gesetzliche Auskunftspflicht ist die Fährte des Staates im Rahmen der Auskunftspflicht des Schuldners allgegenwärtig und begründet deshalb eine Nähe zum staatlichen Zwangsmittelverbot. Gegensätzlich dazu wurzelt die Auskunftspflicht des Arbeitnehmers in §§ 666, 675 BGB. Dem Privatrecht ist, bis auf die Durchsetzung berechtigter Ansprüche im Rahmen der Vollstreckung oder des Urteils, ein hoheitlicher Einfluss grundsätzlich fremd.

Allerdings ist der „Gemeinschuldner-Beschluss" des Bundesverfassungsgerichts für die vorliegende Diskussion fruchtbar zu machen, da die verfassungsrechtliche Wertung von intradisziplinären Spannungsverhältnissen im Hinblick auf den Schutz vor erzwungenen und strafrechtlich relevanten Auskünften nicht von der Hand zu weisen ist. Daraus muss kein vollständiger Transfer des Beschlusses auf das vorliegende Spannungsverhältnis erfolgen, jedoch ist eine analoge Beeinträchtigung der Willensfreiheit des Befragten im Lichte eines Verwertungsverbotes in Betracht zu ziehen. Denn eine staatliche Beteiligung erscheint in diesem Zusammenhang aus Sicht des Befragten und vor dem Hintergrund der verfassungsrechtlichen Bedeutung des Nemo-tenetur-Grundsatzes unerheblich, da die Auskunftsbereitschaft sowohl durch gesetzliche Pflichten, als auch durch die Folgen der Kündigung und der Schadensersatzforderungen unmittelbar beeinträchtigt werden kann. Wer bedingt durch die Freiwilligkeit des schuldrechtlichen Auskunftsanspruchs eine Berücksichtigung des „Gemeinschuldner-Beschlusses" ablehnt,[1274] verschließt sich vor dem Sinn und

---

Unternehmen, S. 276; anders *Rogall*, danach sind die Leitprinzipien des „Gemeinschuldner-Beschlusses" auf den Fall einer privaten Zwangsausübung nicht anzuwenden, da Private durch den Nemo-tenetur-Grundsatz nicht verpflichtet werden, siehe *ders.*, in: SK-StPO, Vor § 133ff. Rn. 140.

1272 *Bittmann/Molkenbur*, wistra 2009, 377f.

1273 *Böhm*, WM 2009, 1928.

1274 LG Hamburg, StV 2011, 148, 151.

Zweck der Freiheit, über die Umstände seiner Aussage selbst zu entscheiden, und den Wertungen des Bundesverfassungsgerichts.

b) Zum Beweisverwertungsverbot wegen staatlicher Nutzung von privaten Ermittlungsergebnissen

Neben der Parallelität zur Rechtsprechung des Bundesverfassungsgerichts ist die Beurteilung des Spannungsverhältnisses und die Erforderlichkeit einer Ausstrahlungswirkung anhand der verfassungsrechtlichen Verantwortung der Strafverfolgungsbehörde sowie dem Sinn und Zweck strafprozessualer Abwehrprinzipien, insbesondere des staatlichen Zwangsmittelverbots Nemo-tenetur, vorzunehmen.

Die Strafverfolgungsbehörden sind durch die Normen der Strafprozessordnung gegenüber verfassungsrechtlich fundierten Prinzipien verpflichtet. Daraus folgt, dass sie auf die Anwendung bestimmter Methoden zur Beweisermittlung beschränkt sind und insbesondere auf Zwang zur Selbstbelastung des Beschuldigten verzichten müssen. Dies dient dem Schutz des Beschuldigten, der den staatlichen Gewalten im Rahmen von Ermittlungen ohnehin unterlegen ist. Eine zwangsweise Selbstbelastung würde den Beschuldigten im Interesse der Strafverfolgung instrumentalisieren und einen verfassungswidrigen Eingriff in Art. 2 I i. V. m. Art. 1 I GG darstellen.

Die Verantwortung staatlicher Strafverfolgung muss sich auch auf die Nutzung privater Ermittlungsergebnisse auswirken. Diese sind zwar nicht vom unmittelbaren Anwendungsbereich der Strafprozessordnung bzw. dem Schutzbereich staatlicher Strafverfolgung erfasst, allerdings würden die Abwehrrechte des Beschuldigten ins Leere laufen[1275] und damit ausgehöhlt werden, wenn sich der Staat als Adressat der Schutzpflichten durch die Hilfe privater Dritter exkulpieren könnte. Dies ist freilich nur in den Fällen zu befürchten, die eine analoge Gefährdung strafprozessual geschützter Interessen darstellen und in denen besondere Umstände gegeben sind, „unter denen die Privatperson zur beweiserheblichen Angaben eines Tatverdächtigen gelangt"[1276]. Das heißt, dass nur dann eine Ausstrahlungswirkung strafprozessualer Prinzipien notwendig ist und eine Zurechnung erfolgen kann, wenn die gleiche Vernehmungssituation im Strafverfahren zu einem Verwertungsverbot geführt hätte.

Dieser hypothetischen Prüfung hält die Zwangsmittelanwendung der Internal Investigations stand. Die arbeitsrechtliche Auskunftspflicht gemäß §§ 666,

1275 Vgl. *Momsen*, ZIS 2011, 514; *Theile*, StV 2011, 386.
1276 BGHSt 44, 129, 134.

675 BGB ruft die bereits erläuterte faktische Zwangslage hervor, die ungeachtet ihres gesetzlichen oder freiwilligen Ursprungs in der Lage ist, die freie Willensentschließung des Befragten zu beeinträchtigten.[1277] Der befragte Arbeitnehmer entscheidet nicht unbefangen und frei, sondern um die wirtschaftlich nachteiligen Folgen der Kündigung und der Schadensersatzforderungen zu verhindern. Sofern – rein hypothetisch – die vernehmende Staatsanwaltschaft in einem Strafverfahren die Kosten der notwendigen Ermittlungsmaßnahmen als Schadensersatz deklarieren könnte, weil der Beschuldigte nicht aussagt, würde dies zweifelsfrei eine unzulässige Zwangsmaßnahme darstellen. Hinzukommend droht, abgesehen von der faktischen Zwangslage, ohnehin die Vollstreckung der Auskunftspflicht gemäß § 888 ZPO. Sofern der Arbeitnehmer nicht aussagt, um die wirtschaftlichen Folgen zu verhindern, bezweckt er, zumindest auch den Zwangsmitteln der Beugehaft oder des Zwangsgeldes zu entgehen. Auch wenn die Staatanwaltschaft bei einer Verweigerung der Aussage Zwangsmittel unmittelbar anordnen könnte, wäre das Nemo-tenetur-Prinzip unstreitig tangiert, weshalb die Zwangsqualität der Auskunftspflicht im Hinblick auf den Strafprozess eine analoge verbotene Zwangsmaßnahme darstellt. Durch die Weitergabe der Interviews wird sich insofern nicht nur die faktische, sondern auch die rechtliche Zwangslage zunutze gemacht.[1278] Dies wird auch dadurch bestärkt, dass der Staat das Instrument der Vollstreckung für die Auskunftspflicht des Arbeitnehmers zur Verfügung stellt.[1279]

Auch die Freiwilligkeit des eingegangenen Arbeitsverhältnisses steht dem nicht entgegen. Unter Berücksichtigung der späteren gravierenden Folgen einer Verwertung im Rahmen des Strafverfahrens ist es fernliegend zu argumentieren, dass die Selbstbelastung die Folge des freiwillig eingegangenen Arbeitsverhältnisses sei.[1280] Erstens ist die Befragung im Rahmen der Internal Investigations keine Selbstbelastung, da der Adressat der Auskunft die privatrechtliche Compliance ohne Strafverfolgungsauftrag ist. Zweitens wird ein Arbeitnehmer wohl kaum durch das Eingehen eines Arbeitsverhältnisses auf strafprozessuale Schutzprinzipien verzichten wollen.[1281]

Das Argument, dass strafprozessuale Prinzipien nur staatliche Institutionen zum Adressaten deklarieren,[1282] ist „zu simpel und auch zu oberflächlich“, um

1277 Vgl. *Momsen*, ZIS 2011, 514; siehe S. 173ff.

1278 *Knauer/Buhlmann*, AnwBl 2010, 393.

1279 *Knauer/Buhlmann*, AnwBl 2010, 393; nach *Momsen*, ZIS 2011, 513 werden die Zwangsmittel „nur“ zur Verfügung gestellt.

1280 So LG Hamburg, StV 2011, 148, 151.

1281 Vgl. *I. Roxin*, StV 2012, 121; *Sidhu/v. Saucken/Ruhmannseder*, NJW 2011, 883.

1282 So im Zusammenhang mit § 136a StPO *Raum*, StraFo 2012, 398.

den „Kern des Problems treffen zu können“[1283]. Mangels einer ausdrücklichen staatlichen Veranlassung ist allerdings eine Zurechnung der Ermittlungsmethoden nach der allgemein anerkannten Doktrin und den bisher erläuterten Grundsätzen nicht möglich. Vor dem Hintergrund einer Aushöhlung strafprozessualer Prinzipien ist daher zu fragen, ob die fehlende staatliche Veranlassung der Compliance-Ermittlungen nicht durch das bewusste Ausnutzen der privaten Ermittlungen kompensiert werden kann.[1284] Zur Verhinderung der Umgehung von Beweisverwertungsverboten würde das Verhalten der Privatpersonen den Mitarbeitern der Strafverfolgungsbehörden wie ein eigenes Verhalten zugerechnet werden.[1285] Dies gilt freilich nicht für den Zeugen, der das Verhalten eines Dritten zufällig beobachtet hat.[1286] Erst wenn private Ermittlungen vorliegen, die von einem gezielten Aufklärungswillen getragen sind, müssen sich außerstaatliche Ermittlungsergebnisse an staatlichen Maßstäben messen lassen, um letztlich auch ein Outsourcing von Ermittlungen und eine Exkulpation der Strafverfolgungsbehörden zu verhindern.[1287]

Dem wird entgegengehalten, dass die Begründungen „einer genauen dogmatischen Grundlage entbehren und vielmehr ergebnisgeleitet argumentieren“[1288] würden.[1289]

Allerdings schließt eine fehlende staatliche Veranlassung nicht im Vorhinein eine Zurechnung privater Ermittlungsergebnisse aus. Die bestehende Regelungslücke und die vergleichbaren Interessenlagen zwischen befragtem Arbeitnehmer und Beschuldigtem erfordern vielmehr eine Kompensation der auf den Befragten wirkenden Zwangseinwirkung und der Ermittlungsmethoden

---

1283 Deutlich und zutreffend im Hinblick auf § 136a StPO *Hassemer/Matussek*, Das Opfer als Verfolger, S. 76.

1284 Vgl. dazu *Pfordte*, in: Strafverteidigung im Rechtsstaat, S. 755f.; *Lammer*, in: Verhandlungen des 67. DJT, Band II/2, L 126f.; *Gleß*, in: LR-StPO, § 136a Rn. 10; kritisch *Wewerka*, Internal Investigations, S. 249ff. *Jahn* sieht eine „horizontale Drittwirkung“ des § 136a StPO nur dann, wenn der Staat sich aus seiner „Verantwortung für Ermittlungen verabschiedet“ und die Aufklärungsarbeit Privaten mit den Mitteln des § 136a StPO überlässt, siehe *ders.*, Gutachten für den 67. DJT, C 32, dies sei aber im Fall Siemens nicht gegeben, *ders.*, StV 2009, 45.

1285 *Pfordte*, in: Strafverteidigung im Rechtsstaat, S. 755.

1286 *Lammer*, in: Verhandlungen des 67. DJT, Band II/2, L 127.

1287 *Lammer*, in: Verhandlungen des 67. DJT, Band II/2, L 127.

1288 *Wewerka*, Internal Investigations, S. 251.

1289 Vgl. *Godenzi*, der allerdings nicht von organisierten Compliance-Ermittlungen, sondern allgemein von privaten Ermittlungen ausgeht, siehe *ders.*, GA 2008, 505.

bei Internal Investigations, sofern das zunächst private Ermittlungsergebnis im Strafverfahren verwertet werden soll.

Die Verhinderung einer Umgehung verfahrensrechtlicher Abwehrrechte bedarf dabei keiner dogmatischen Grundlage, sie orientiert sich am Sinn und Zweck von Abwehrrechten und damit an einer prinzipienorientierten Argumentation. Ergebnisgeleitet ist die hier vertretene Auffassung damit lediglich hinsichtlich der verfassungsrechtlichen Verantwortung der hoheitlichen Strafverfolgungsbehörden. Die rückwirkende Zweckentfremdung der Ermittlungsergebnisse wird durch die Strafverfolgungsbehörde nicht nur gefördert, sondern durch das Einbringen in das Strafverfahren gezielt veranlasst. Damit kann es keinen Unterschied machen, ob die ursprüngliche Ermittlungsmaßnahme veranlasst wurde oder die Verwertung eines erzwungenen Ermittlungsergebnisses veranlasst wird, da die Staatsanwaltschaft in beiden Fällen über die Umstände der Vernehmung in Kenntnis war.[1290] Sinn und Zweck strafprozessualer Abwehrprinzipien ist der Schutz vor bestimmten staatlichen Ermittlungsmethoden zur Sicherung eines rechtsstaatlichen Verfahrens. Insofern sind dem Staat selbst bestimmte Maßnahmen untersagt. Gleichwohl darf sich die Strafverfolgung allerdings auch nicht an Ermittlungsergebnissen bedienen, die durch eben diese strafprozessual rechtswidrigen Methoden gewonnen wurden.[1291] Andernfalls würde das staatliche Zwangsmittelverbot seiner verfassungsrechtlichen Bedeutung nicht mehr gerecht und entwertet werden. Die Selbstbelastungsfreiheit würde dem Beschuldigten nicht viel nützen, wenn er die Aussage im Strafprozess verweigern darf, allerdings die gleiche Tatsache in einem anderen rechtlichen Verfahren offenbaren muss.[1292] Der Zweck der Selbstbelastungsfreiheit liegt gerade darin, die Konfliktsituation des Befragten zu verhindern, entweder auszusagen oder Zwangsmitteln unterworfen zu werden.[1293] Ob die Konfliktsituation durch staatliche Veranlassung hervorgerufen wurde, darf nicht maßgeblich sein, vielmehr ist das bewusste Ausnutzen dieser Zwangslage zum Ziele der Strafverfolgung entscheidend, um eine Aushöhlung des Nemo-tenetur-Prinzips zu verhindern.

Auch das Argument, dass die deutsche Rechtsordnung „klar" zwischen privater und staatlicher Tätigkeit unterscheiden würde, indem „für die unterschiedliche Freiheiten auf der einen sowie unterschiedliche Grenzen auf der anderen

1290 Vgl. *Pfordte*, in: Strafverteidigung im Rechtsstaat, S. 755.

1291 Vgl. *Rogall*, Der Beschuldigte als Beweismittel gegen sich selbst, S. 208.

1292 Vgl. *Theile*, StV 2011, 384f.; siehe zum Steuerverfahren *Wolff*, Selbstbelastung und Verfahrenstrennung, S. 101.

1293 *Momsen*, ZIS 2011, 513.

Seite gelten“[1294], kann nicht überzeugen. Vielmehr ist das Gegenargument dem Spannungsverhältnis zwischen arbeitsrechtlicher Pflicht und strafprozessualer Selbstbelastungsfreiheit immanent. Die als so „klar“ beschriebene Unterscheidung der Rechtsordnung wurde schon der intradisziplinären Problematik des Insolvenzrechts nicht gerecht. Viel näher liegt die Argumentation, dass einzelne Rechtsgebiete durch bestimmte Auskunftspflichten und die Offenbarung strafrechtlich relevanten Verhaltens miteinander verschmelzen können. Eben dies führte zu dem entschärfenden Beweisverwendungsverbot des § 97 InsO, wobei auch das Bundesverfassungsgericht feststellte, dass die Rechtsordnung diesen Umstand nicht berücksichtigt hatte.[1295]

Ex post, also nach Eröffnung eines Strafverfahrens, wandelt sich die arbeitsrechtliche Auskunftspflicht zu einer strafprozessualen Selbstbelastungspflicht, da das Vernehmungsmotiv des privaten Zwecks der Geschäftsbesorgung durch das öffentliche Interesse der Strafverfolgung ausgetauscht wird. Die Besonderheiten des Privatrechts, die zu Recht gerade kein Auskunftsverweigerungsrecht erfordern, darf sich der Staat – als Adressat der Schutzpflichten – nicht zunutze machen, um dieselben zu umgehen. Eine Pflicht zur Selbstbelastung würde dann quasi eine Rückkehr zum Inquisitionsprozess darstellen, bei dem der Beschuldigte zur wahrheitsgemäßen Aussage verpflichtet war.[1296] Wenn sich der Staat durch Zwangsmittel gewonnener Auskünfte zum Zwecke der Strafverfolgung bedient, muss also auch das Nemo-tenetur-Prinzip Anwendung finden und eine Verletzung durch ein Verwertungsverbot kompensiert werden.[1297] Allein die fehlende unmittelbare

1294 *Wewerka*, Internal Investigations, S. 251.

1295 BVerfGE 56, 37, 51.

1296 *Eidam*, Die strafprozessuale Selbstbelastungsfreiheit am Beginn des 21. Jahrhunderts, S. 129.

1297 Einen Verstoß gegen das Nemo-tenetur-Prinzip sieht auch *Beulke*, Strafprozessrecht, Rn. 481 mit dem Hinweis auf eine Umgehung des § 136a StPO; vgl. *Wastl/Litzka/Pusch*, NStZ 2009, 71; in bewusster Erweiterung des „traditionellen Anwendungsbereichs“ unter Bezugnahme des Allgemeinen Persönlichkeitsrechts *Theile*, StV 2011, 385; *Rödiger*, Strafverfolgung von Unternehmen, S. 304; siehe zur Anlehnung an § 97 I 3 InsO *Böhm*, WM 2009, 1926ff.; für eine Übertragbarkeit der Grundsätze des „Gemeinschuldner-Beschlusses“ und für ein Beweisverwertungsverbot *Bittmann/Molkenbur*, wistra 2009, 375ff.; vgl. *Kirsch*, in: Unternehmensstrafrecht, S. 366ff.; eine Verwertung „entsprechend“ § 136a StPO befürwortet *Jahn*, StV 2009, 45; siehe *ders.*, Gutachten für den 67. DJT, C 100, C 102ff.; vgl. *Bock/Gerhold*, in: Knierim/Rübenstahl/Tsambikakis, Internal Investigations, Kap. 5 Rn. 41. Unter Ablehnung einer Verletzung des Nemo-tenetur-Prinzips aufgrund eines fehlenden staatlichen Zwangs wird eine Verletzung des Rechts auf ein faires

Zwangsausübung des Staates kann nicht zur Unanwendbarkeit des Zwangsmittelverbots führen, da die Anwendung von Zwang zur Selbstüberführung und damit die besondere Verwerflichkeit staatlicher Beweisermittlung erfüllt sind.

5. Offenbarungsverbot

Bereits bei der Bewertung der insolvenzrechtlichen Auskunftspflicht wurde ein Offenbarungsverbot angesprochen und für nicht erforderlich gehalten, da die strafrechtliche Vorprüfung des Insolvenzgerichts einer Kompetenzverschiebung entsprechen würde.[1298]

Freilich sind die Argumente für ein Offenbarungsverbot auch bei der Bewertung der Ermittlungsergebnisse der Internal Investigations naheliegend. Dem Schutz des Arbeitnehmers würde größtmögliche Wirkung zukommen, sofern dem Arbeitgeber untersagt werden würde, die entsprechenden Unterlagen an die Strafverfolgungsbehörden weiterzugeben oder sensible Informationen aus dem internen Verfahren zu offenbaren.[1299] Dies könnte im Einzelfall auch durch Schwärzung der Informationen erreicht werden, die durch die Auskunftspflicht gewonnen wurden. Dadurch würde in deutlichster Weise eine strikte Verfahrenstrennung zwischen zivilrechtlicher Auskunftspflicht und strafprozessualen Verfahrensrechten erreicht werden.

Dagegen spricht jedoch zunächst, dass privaten Unternehmen rechtlich kaum verwehrt werden kann, „Strafanzeige zu erstatten und den Strafverfolgungsbehörden rechtswidrige Mitarbeiterpraktiken zu offenbaren“[1300]. Zudem kann die Strafanzeige eines Unternehmens im Einzelfall auch an die Bedingungen der SEC und des DOJ gebunden sein und unmittelbar in die Bewertung der Kooperationsbereitschaft einfließen sowie die Bemessungsgrundlage für die Strafzahlungen

---

Verfahren begründet von *Knauer/Buhlmann*, AnwBl 2010, 390ff.; *Knauer/Gaul*, NStZ 2013, 193f.; *Momsen*, ZIS 2011, 513ff.; *Rogall*, in: SK-StPO, Vor § 133 Rn. 140; *Wewerka*, Internal Investigations, S. 212ff., 270ff. Einen Verstoß gegen die Grundsätze eines fairen Verfahrens und gegen den „Menschenwürdegehalt des nemo-tenetur-Grundsatzes“ sieht *I. Roxin, StV* 2012, 120.; a.A. *Wimmer*, in: FS-Imme Roxin, S. 548ff.; *Schuster* NZWiSt 2012, 30; *Raum*, StraFo 2012, 397f.

1298 Vgl. zum Insolvenzverfahren *Hefendehl*, wistra 2003, 5; *Passauer/Stephan*, in: MüKo-InsO, § 97 Rn. 17; siehe S. 196ff.

1299 *Wewerka*, Internal Investigations, S. 322; vgl. zum Insolvenzverfahren Sondervotum *Heußner*, BVerfGE 56, 37, 53.

1300 *Theile*, StV 2011, 386.

beeinflussen.[1301] Würde man also ein Offenbarungsverbot annehmen, würde sich dies erheblich zulasten des Unternehmens auswirken. Dagegen ist jedoch wiederum einzuwenden, dass die Erforderlichkeit einer Beweissperre im Strafverfahren mit der Verletzung individueller Beschuldigtenrechte begründet wurde und Unternehmensinteressen unberücksichtigt blieben. Demnach dürften auch etwaige Schäden und Strafzahlungen keine Auswirkung auf die Beurteilung eines Offenbarungsverbots haben. Dennoch kann dies, trotz der zweifellosen Schutzbedürftigkeit des auskunftsverpflichtenden Arbeitnehmers, nicht dazu führen, dass dem Arbeitgeber eine Anzeige strafrechtlich relevanten Verhaltens untersagt wird. Auch die Filterung von Informationen würde eine Kompetenzverlagerung darstellen, der die Rechtsabteilungen und Compliance-Managements noch weniger als Insolvenzgerichte gewachsen sein dürften. Zudem könnte eine Vorprüfung zu unübersehbaren Fehlerquellen und Unstimmigkeiten führen, was letztlich auch die Frage aufwerfen würde, welche Folgen ein Verstoß gegen das Offenbarungsverbot nach sich ziehen müsste. Die Annahme eines Offenbarungsverbots würde außerdem den Schutz elementarer Verfahrensrechte von der pflichtgemäßen Einhaltung des Offenbarungsverbots abhängig machen und ihn damit in die Hände der Compliance-Ermittler legen. Letztlich obliegt jedoch die Verantwortung eines rechtsstaatlichen Strafprozesses den staatlichen Strafverfolgungsbehörden sowie den Gerichten und nicht dem Arbeitgeber, weshalb die Verantwortlichkeit für die Einhaltung der Verfahrensrechte in der Anwendung eines Verwendungsverbots im staatlichen Strafverfahren zu verorten ist und daher zur Ablehnung eine Offenbarungsverbots führen muss.

6. Rechtsgrundlage des Beweisverwertungsverbots

Mangels ausdrücklicher gesetzlicher Regelung für die Verwertung preisgegebener Informationen durch den Arbeitnehmer werden verschiedene Lösungsansätze vertreten.

Aufgrund der weiteren Verwendung durch die Strafverfolgungsbehörden und die Gerichte könnte eine analoge Anwendung des § 136a StPO in Betracht gezogen werden.[1302] Dies könnte in Anlehnung an die hier vertretene weite Zurechnungsdoktrin damit begründet werden, dass durch das bewusste Ausnutzen der

1301 *Wewerka*, Internal Investigations, S. 322.

1302 *Beulke*, Strafprozessrecht, Rn. 481; nur bei Anwendung strafbarer Mitteln oder unter Verletzung der Menschenwürde, *Jahn*, in: Verhandlungen des 67. DJT, Band II/2, L 142; vgl. *ders.*, StV 2009, 45.

privaten Ermittlungsergebnisse auch das Zwangsmittelverbot ‚entsprechend' anzuwenden ist, um eine Entwertung desselben zu verhindern.[1303] In diesem Zusammenhang wird angemerkt, dass die „gesetzgeberische Intention der Vorschrift" nicht verloren gehen dürfe, wenn sich der Staat aus der Ermittlungsverantwortung im Hinblick auf das Offizialprinzip „amtspflichtwidrig verabschiedet" und die „Aufklärungsarbeit" Privaten überlässt[1304]. Hinreichende Anhaltspunkte für eine derartige Ausweitung privater Ermittlungstätigkeit bzw. eine Quasi-Delegation staatlicher Ermittlungstätigkeit und ein „qualifiziertes Unterlassen" werden gleichwohl nicht gesehen.[1305]

Es spricht ein entscheidender Aspekt gegen eine analoge Anwendung des § 136a StPO. Die Verwertung einer durch die arbeitsrechtliche Auskunftspflicht gewonnenen Aussage in einem späteren Strafprozess wurde aufgrund der bewussten Verwendung durch die Strafverfolgungsbehörde und die rückwirkende Zweckentfremdung als Verstoß gegen das verfassungsrechtlich fundierte Nemo-tenetur-Prinzip gewertet. Die einfachgesetzliche Ausgestaltung des § 136a StPO wird zwar als Kernvorschrift des Nemo-tenetur-Prinzips bezeichnet,[1306] allerdings umfasst sie nur die „gröbsten Fälle" des Zwangsmittelverbots und definiert nicht den Schutzbereich der Selbstbelastungsfreiheit[1307]. Daher wurde mit § 136a StPO lediglich das Zwangsmittelverbot der Strafverfolgungsbehörden im Rahmen der Strafprozessordnung kodifiziert. Dieser gesetzgeberischen Intention, dass § 136a StPO den Adressaten der Abwehrprinzipien verpflichten soll, muss in diesem Zusammenhang auch entsprochen werden. Eine analoge Anwendung der Normen der Strafprozessordnung ist, wie bereits erläutert, geboten, wenn private Ermittler auf Veranlassung der Strafverfolgungsbehörden tätig werden. Dieser Fall liegt jedoch hier nicht vor.[1308] Vielmehr ist im Rahmen des zu beurteilenden Spannungsverhältnisses eine Erweiterung des Nemo-tenetur-Prinzips aufgrund der Verantwortung der Strafverfolgungsbehörden anzunehmen, die – und das ist in diesem Zusammenhang entscheidend – deutlich über den Anwendungsbereich

---

1303 *Beulke*, Strafprozessrecht, Rn. 481; *Bock/Gerhold*, in: Knierim/Rübenstahl/Tsambikakis, Internal Investigations, Kap. 5 Rn. 41; *Jahn*, StV 2009, 45.

1304 *Jahn*, StV 2009, 45.

1305 Im Fall Siemens *Jahn*, StV 2009, 45.

1306 *Rogall*, Der Beschuldigte als Beweismittel gegen sich selbst, S. 50, 105; *Rogall*, in: SK-StPO, § 136a Rn. 4.

1307 *Rogall*, Der Beschuldigte als Beweismittel gegen sich selbst, S. 106; vgl. *Eidam*, Die strafprozessuale Selbstbelastungsfreiheit am Beginn des 21. Jahrhunderts, S. 368.

1308 *Momsen*, ZIS 2011, 514; *Knauer/Buhlmann*, AnwBl 2010, 392; vgl. *Wewerka*, Internal Investigations, S. 245ff.; *Rödiger*, Strafverfolgung von Unternehmen, S. 251ff.

des § 136a StPO hinausgeht. Aufgrund dessen erscheint eine analoge Anwendung des § 136a StPO nicht sachgerecht zu sein.[1309]

Einer Ansicht nach ist, in Anlehnung an die Regelung des Insolvenzrechts, eine analoge Anwendung des § 97 I 3 InsO anzunehmen.[1310] Es könne keinen Unterschied machen, ob der Auskunftsschuldner Gemeinschuldner oder dem Arbeitgeber zur Auskunft verpflichtet ist.[1311] Zudem könne sowohl die Auskunftspflicht des Gemeinschuldners gemäß § 98 II InsO als auch die Auskunftspflicht des Arbeitnehmers gemäß § 888 ZPO vollstreckt werden, was insofern eine Nähe zum Insolvenzrecht begründen würde.[1312]

Die Parallelität der Spannungsverhältnisse zwischen den Auskunftspflichten des Gemeinschuldners und des Arbeitnehmers wurde ausführlich aufgezeigt. Fraglich ist allerdings, ob dies auch eine analoge Anwendung des § 97 I 3 InsO rechtfertigt. Dem wird zu Recht entgegengehalten, dass die Normen des Insolvenzrechts, insbesondere § 97 I 3 InsO, durch seinen „Ausnahmecharakter" einer analogen Anwendung nicht zugänglich sind.[1313] Dies wird auch durch die hier vorgenommene Wertung des „Gemeinschuldner-Beschlusses" gestützt, da in diesem Zusammenhang bereits erläutert wurde, dass zwar vergleichbare Interessenlagen vorliegen, allerdings keine vollständige Übertragung aufgrund der Rechtsnatur der gesetzlichen Auskunftspflicht und der wenn auch nur hintergründigen staatlichen Beteiligung möglich ist. Ein Begründungsansatz in Anlehnung an den „Gemeinschuldner-Beschluss" erfordert daher eher, das notwendige intradisziplinär wirkende Beweisverwertungsverbot mit dem verfassungsrechtlichen Kern des Nemo-tenetur-Prinzips – Art. 2 I i. V. m. Art. 1 GG – zu begründen,[1314] da das Persönlichkeitsrecht des Aussagenden erheblich beeinträchtigt ist, wenn seine Auskunft zur eigenen Strafverfolgung zweckentfremdet wird.

1309 *Momsen*, ZIS 2011, 514; trotz „unverkennbarer Nähe" zu § 136a StPO, *Knauer/Buhlmann*, AnwBl 2010, 392; vgl. *Wewerka*, Internal Investigations, S. 245ff.; *Rödiger*, Strafverfolgung von Unternehmen, S. 251ff.

1310 So *Böhm*, WM 2009, 1927f., der gleichwohl einen Eingriff in das Allgemeine Persönlichkeitsrecht des Arbeitnehmers sieht; vgl. *Neuhaus*, in: Die Finanzkrise, das Wirtschaftsstrafrecht und die Moral, S. 259.

1311 *Böhm*, WM 2009, 1927f.

1312 *Böhm*, WM 2009, 1927f.; vgl. *Neuhaus*, in: Die Finanzkrise, das Wirtschaftsstrafrecht und die Moral, S. 259.

1313 *Theile*, StV 2011, 385.

1314 *Theile*, StV 2011, 385; *Rödiger*, Strafverfolgung von Unternehmen, S. 314; vgl. *Wastl/Litzka/Pusch*, NStZ 2009, 73; *Wewerka*, Internal Investigations, S. 295; siehe zur verfassungsrechtlichen Grundlage S. 22.

Ein selbstständiges Beweisverwertungsverbot ist dementsprechend aus der verfassungsrechtlichen Grundlage des Nemo-tenetur-Prinzips gemäß Art. 2 I i. V. m. Art. 1 I GG herzuleiten, da eine Verletzung vorliegt, die über den Anwendungsbereich des § 136a StPO deutlich hinausgeht und unabhängig von § 97 InsO eine eigenständige Bedeutung erfahren muss.

7. Die Reichweite des Beweisverwertungsverbots

Nachdem die Erforderlichkeit eines Beweisverwertungsverbots festgestellt wurde, ist die Reichweite desselben in Hinblick auf ermittelnde Unterlagen und herausgegebene Beweismaterialien festzustellen.

a) Fehlende Belehrung im Interview

Wie bereits erläutert würde eine Belehrung im Rahmen der Interviews der Internal Investigations zu einem unauflösbaren Konflikt führen, da die Belehrung de facto folgenlos bliebe. Denn der Inhalt einer Belehrung kann nicht der Hinweis auf das Recht einer Auskunftsverweigerung sein, da ein solches Recht zum Zeitpunkt des Interviews, bedingt durch das überwiegende Interesse des Arbeitgebers aus dem Kern der Geschäftsbesorgung, nicht besteht.[1315] Dies muss sich auch auf die Frage eines Beweisverwertungsverbots niederschlagen. Sofern schon kein Recht auf Auskunftsverweigerung angenommen werden kann, besteht auch keine Belehrungspflicht, weshalb sich daraus auch kein Beweisverwertungsverbot ergeben kann.

b) Die Auskunft und deren Informationsträger

Sofern der Arbeitnehmer im Rahmen der Interviews der Internal Investigations aufgrund seiner arbeitsrechtlichen Pflicht zu einer strafrechtlich relevanten Auskunft gezwungen wurde, erstreckt sich das Verwertungsverbot zunächst auf seine Auskunft.[1316] Als Produkt des ausgeübten Zwangs ist die Auskunft des Arbeitnehmers von einer Verwertung in einem rechtsstaatlichen Strafprozess ausgeschlossen. Diese Wertung spiegelt sich auch in den Verwendungsverboten des § 97 I 3 InsO und § 393 II AO wider, die eine Beweissperre hinsichtlich der Auskunft des Schuldners und des Steuerpflichtigen normieren.

Neben der mündlichen Auskunft des Arbeitnehmers existieren aber auch Informationsträger, die als Ertrag der Auskunft deren Inhalt wiedergeben könnten. Dies

1315 Siehe S. 145ff., 161ff.
1316 Siehe S. 206ff.

sind die schriftlichen Erklärungen des Arbeitnehmers oder die Mitschriften der Compliance-Ermittler, die Interviewprotokolle[1317] oder Gedächtnisprotokolle[1318]. Mit einem Beweisverwertungsverbot hinsichtlich der mündlichen Auskunft muss freilich auch ein Beweisverwertungsverbot hinsichtlich der unmittelbar daraus wurzelnden Beweismittel einhergehen. Dies muss parallel zum Strafverfahren[1319] auch für die Vernehmung des Compliance-Ermittlers gelten, der nicht vom Schutzbereich des Zeugnisverweigerungsrechts des § 53 I Nr. 3 StPO Gebrauch machen kann.

Die Verlesung eines Interviewprotokolls und die Befragung des Zeugen würden die erzwungene Auskunft schlichtweg reproduzieren und das Zwangsmittelverbot des Strafprozesses entwerten, sofern die Auskunft über den Umweg des Urkunden- oder Zeugenbeweises Eingang in das Strafverfahren finden würde. Somit sind parallel zum Strafprozess die im Wege der rechtswidrigen Auskunft gewonnenen Dokumente[1320] und die Vernehmung des Compliance-Ermittlers als Zeuge[1321] von dem Verwertungsverbot umfasst.

Das Erfordernis einer Fernwirkung ergibt sich erst, sobald die Strafverfolgungsbehörden die Interviewprotokolle und damit die Auskunft des Mitarbeiters für weitere Ermittlungen verwenden. Erst dann stellt sich die Frage, ob sich das Verwertungsverbot auch auf die dadurch gewonnenen Ermittlungsansätze beziehen darf.

In einem Strafverfahren ist jede unmittelbare und mittelbare Verwertung einer im Sinne des § 136a StPO erzwungenen Aussage unzulässig.[1322] Sie ist als „nicht existent" zu behandeln[1323] und kann folglich auch nicht als Ansatz für Ermittlungen genutzt werden[1324]. Gemessen an der finalen Verwendung der Informationen in einem Strafprozess darf der aussagende Arbeitnehmer nicht schlechter gestellt werden als der Beschuldigte.[1325] Gründet der Ansatz der staatsanwaltlichen Ermittlungsergebnisse somit in der erzwungenen arbeitsrechtlichen Auskunft, muss auch

1317 Vgl. *Rödiger*, Strafverfolgung von Unternehmen, S. 314.

1318 *I. Roxin, StV* 2012, 116.

1319 Siehe *Gleß*, in: LR-StPO, § 136a Rn. 73.

1320 *Rödiger*, Strafverfolgung von Unternehmen, S. 314; *Kölbel*, Selbstbelastungsfreiheiten, S. 70.

1321 Vgl. *Theile*, StV 2011, 384ff.; *I. Roxin* sieht ein Aussageverweigerungsrecht aufgrund der „Unteilbarkeit des Weigerungsrechtes" zwischen Unternehmen und Befragten, siehe *dies.*, StV 2012, 120.

1322 *Rogall*, in: SK-StPO, § 136a Rn. 106; *Gleß*, in: LR-StPO, § 136a Rn. 73.

1323 *Rogall*, in: SK-StPO, § 136a Rn. 106.

1324 Siehe zur Fernwirkung S. 131ff.

1325 *Rödiger*, Strafverfolgung von Unternehmen, S. 311.

dem Verwertungsverbot eine Fernwirkung zukommen. Dem Schutz des befragten Arbeitnehmers kann nicht nachgekommen werden, wenn die erzwungene Auskunft zwar von einem Verwertungsverbot umfasst ist, der Inhalt derselben allerdings als „Spurenansatz" für staatsanwaltliche Ermittlungen genutzt werden kann.[1326]

Dem wird entgegengehalten, dass „im Einklang mit der im deutschen Recht vorherrschenden Meinung und der im ‚Gemeinschuldner-Beschluss' geäußerten Auffassung" des Bundesverfassungsgerichts dem Beweisverwertungsverbot keine Fernwirkung zukomme, da dies die „Effektivität der Strafverfolgung über Gebühr beeinträchtigen (würde) und dies überdies nicht erforderlich"[1327] sei. Der Betroffene sei „durch die private Erhebung und nachträgliche Verwertung der entgegen dem Leitbild der StPO erhobenen Beweise zwar insgesamt in seiner verfahrensrechtlichen Subjektstellung verletzt", keiner dieser Verstöße sei jedoch „für sich genommen schwerwiegend"[1328]. Diese Ansicht ist aufgrund mehrerer Aspekte angreifbar.

Das Argument der Effektivität der Strafverfolgung ist nicht tauglich, um die Frage einer Fernwirkung zu beurteilen, da dies schon gegen die Berechtigung eines Beweisverwertungsverbots an sich spricht,[1329] indem die Effektivität der Strafverfolgung offensichtlich durch jedes Verwertungsverbot geschwächt wird. Darüber hinaus ist die vorliegende Verletzung der verfahrensrechtlichen Subjektstellung des befragten Arbeitnehmers zwingend eine schwerwiegende, da die Freiheit, über die strafprozessuale Selbstbelastung zu entscheiden, durch die Zweckentfremdung der Auskunft entwertet wird. Dies gilt erst recht nach der hier vertretenen Auffassung, wonach eine Verletzung des in Art. 2 I i. V. m. Art. 1 I garantierten Rechts auf Selbstbelastungsfreiheit vorliegt.

Somit erstreckt sich das Beweisverwertungsverbot parallel zum Besteuerungs- und Insolvenzverfahren auf den Ermittlungsansatz der Staatsanwaltschaft, der ausschließlich auf der erzwungenen Auskunft der befragten Arbeitnehmer beruht. Eine Verletzung des Nemo-tenetur-Prinzips erfordert daher eine Fernwirkung auf den unmittelbar darauf gründenden Ansatz für staatliche Ermittlungen. Deshalb ist in Anlehnung an das Besteuerungs- und Insolvenzverfahren ein Beweisverwertungsverbot mit Fernwirkung, also ein Beweisverwendungsverbot, erforderlich.

1326 *Theile*, StV 2011, 386; *Böhm*, WM 2009, 1927ff.; *Wastl/Litzka/Pusch*, NStZ 2009, 73; *Rödiger*, Strafverfolgung von Unternehmen, S. 310; a.A. *Wewerka*, Internal Investigations, S. 218f.; *Bittmann/Molkenbur*, wistra 2009, 378.

1327 *Wewerka*, Internal Investigations, S. 218f.

1328 *Wewerka*, Internal Investigations, S. 218f.; vgl. *Bittmann/Molkenbur*, wistra 2009, 378.

1329 Siehe deutlich *Jahn*, Gutachten für den 67. DJT, C 93.

Der Begriff der Beweisverwendung ist an dieser Stelle bewusst gewählt, da er der intradisziplinären Bedeutung und der Besonderheit der intradisziplinären Fernwirkung gerecht wird.

c) Geschäftsunterlagen und strafrechtlich relevante Dokumente

Parallel zum Besteuerungs- und Insolvenzverfahren können auch im Rahmen der Internal Investigations Dokumente gesichtet werden, die für eine strafrechtliche Verfolgung relevant sein könnten. Der Schriftverkehr, einzelne Verträge sowie Konto- und Buchungsunterlagen sind regelmäßig im Interesse der Ermittler, um z.B. „schwarze Kassen" aufzudecken.[1330]

Auch im vorliegenden Spannungsverhältnis ist vor dem Hintergrund des Nemo-tenetur-Prinzips sowohl die Auskunftspflicht gemäß §§ 666, 675 BGB als auch die Mitwirkungs- bzw. Herausgabepflicht hinsichtlich der herausgegebenen Unterlagen gemäß §§ 667, 675 BGB zu berücksichtigen. Ein Verwendungsverbot hinsichtlich der mittelbar gewonnenen Beweismittel sowie die Erforderlichkeit einer sich darauf erstreckenden Fernwirkung bemessen sich nach dem Sinn und Zweck des Zwangsmittelverbots. Es kann, wie im Rahmen des Besteuerungs- und Insolvenzverfahrens festgestellt wurde, auch im Rahmen des vorliegenden Spannungsverhältnisses nur tangiert sein, sofern ein Zwang zur Aktivität vorliegt. In diesem Zusammenhang ist zwischen folgenden Fallkonstellationen zu unterscheiden:

<u>*Fall 1:*</u> Die beweiserheblichen Dokumente werden im Rahmen der Internal Investigations selbstständig durch die Überprüfung der Unterlagen des Mitarbeiters erlangt.

Im Hinblick auf die Fürsorgepflicht des Arbeitgebers wird davon auszugehen sein, dass die betroffenen Arbeitnehmer in der Regel im Rahmen des Interviews nur mit einem „aufbereiteten Sachverhalt" unter Beifügung der entsprechenden Unterlagen konfrontiert werden. Dies erfordert primär die Sichtung der Unterlagen durch die Ermittler der Compliance. In diesem Fall ergibt sich kein Konflikt mit dem Nemo-tenetur-Prinzip, da kein Zwang zu einem Verhalten gegeben ist und die Passivität des Mitarbeiters gewahrt wurde. Mithin bestehen keine Bedenken, die Dokumente im Rahmen des Strafverfahrens zu verwerten.

<u>*Fall 2:*</u> Zum Zeitpunkt der Informationsrecherche wird der Betroffene aufgefordert, die erforderlichen Unterlagen an die Geschäftsleitung bzw. die ermittelnden Compliance-Mitarbeiter herauszugeben.

1330 *Rödiger*, Strafverfolgung von Unternehmen, S. 314.

Die Herausgabe der Geschäftsunterlagen jeglicher Art gründet auf §§ 667, 675 BGB und bedarf insofern einer aktiven Mitwirkung des Arbeitnehmers. Im Strafverfahren darf es, gemessen am Sinn und Zweck des Zwangsmittelverbots, keinen Unterschied machen, ob die Überführung durch eine erzwungene Auskunft oder durch eine erzwungene Vorlage von Urkunden bewirkt wurde.[1331] Dies muss auch für die Herausgabepflicht des Arbeitnehmers gemäß §§ 667, 675 BGB gelten, da die Konfliktlage parallel zu der Auskunftspflicht gemäß §§ 666, 675 BGB besteht. Insofern folgt sowohl aus der arbeitsrechtlichen Auskunftspflicht als auch aus der Herausgabepflicht ein strafprozessuales Verwendungsverbot: „Denn was der Mund nicht zu offenbaren braucht, darf auch der Hand nicht entrissen werden."[1332]

Fall 3: Der Arbeitnehmer gibt Hinweise auf strafrechtlich relevante Tatsachen, die sich nicht aus den Unterlagen ergeben.

Sobald der Auskunft im Verhältnis zu den Dokumenten ein „eigenständiger Erklärungswert"[1333] zukommt, greift hinsichtlich des Mehrwertes das Verwendungsverbot ein, da der befragte Arbeitnehmer hinsichtlich dieses Inhalts keine Entscheidungsfreiheit hatte und zu einem aktiven Verhalten im Rahmen der Auskunftspflicht gezwungen wurde. Hinsichtlich des Auskunftsinhalts, der sich auch aus den Unterlagen ergeben hätte, kann dagegen nichts anderes gelten als bei der Verwertung der von den Geschäftsunterlagen unabhängigen Auskünfte in Fallkonstellation 1.

Fall 4: Die Auskunft des Mitarbeiters weist den Weg zu versteckten oder nicht auffindbaren Geschäftsunterlagen.[1334] Denkbar ist allerdings auch, dass zu Beginn der Ermittlungen eine Auskunft des betroffenen Arbeitnehmers eingeholt wird, um dadurch die Sicherung der Unterlagen und internen Ermittlungen zu beschleunigen.

Grundsätzlich bleibt die Herausgabepflicht unberührt, da der Arbeitnehmer den Weg zu den Unterlagen durch seine Auskunft leitet und diese nicht selbstständig übergibt. Sobald jedoch bestimmte Dokumente ausschließlich durch die Auskunft des

---

1331 *Rogall*, in: SK-StPO, Vor § 133 Rn. 146; vgl. *ders.*, Der Beschuldigte als Beweismittel gegen sich selbst, S. 157; *Dingeldey*, NStZ 1984, 530; *Meyer-Goßner*, StPO, § 95 Rn. 5; *Müller*, in: KMR-StPO, § 95 Rn. 3; *Reiß*, Besteuerungsverfahren und Strafverfahren, S. 178f.; dagegen *Böse*, Wirtschaftsaufsicht und Strafverfolgung, S. 438ff.

1332 Vgl. *Dünnebier*, Das Problem einer Sonderstellung der Presse im Strafverfahren, S. 44.

1333 Im Rahmen der InsO *Passauer/Stephan*, in: MüKo-InsO, § 97 Rn. 18; *Hefendehl*, wistra 2003, 8.

1334 Vgl. *Rödiger*, Strafverfolgung von Unternehmen, S. 314.

Arbeitnehmers gewonnen werden konnten, knüpft die nonverbale Beweisgewinnung an den Auskunftszwang unmittelbar an. Auch hier kann letztlich dem Zwangsmittelverbot nur nachgekommen werden, wenn das Produkt der Zwangsanwendung – der Hinweis auf bestimmte Unterlagen – nicht verwertet wird.[1335] Daher muss sich das Beweisverwendungsverbot im Einzelfall auch auf Unterlagen erstrecken, zu denen der befragte Arbeitnehmer den Weg gewiesen hat.[1336]

Problematisch ist in diesem Zusammenhang allerdings, dass die Bedenken hinsichtlich eines „Asyls für Geschäftsunterlagen"[1337] auch in diesem Zusammenhang begründet sein könnten, da der Arbeitnehmer durch eine vollständige Aussage die Verwertbarkeit der beweiserheblichen Geschäftsunterlagen einschränken würde. In diesem Zusammenhang ist allerdings auch noch ein weiterer Aspekt zu beachten. Abgesehen von dem Individualverhalten des Arbeitnehmers könnte sich das Ermittlungsverhalten der Compliance-Mitarbeiter auf den Strafprozess erheblich auswirken, wenn sie keine Informationsrecherche betreiben, sondern sich die Internal Investigations zunächst nur auf die Aussage des Arbeitnehmers stützen und dadurch weitere Beweismittel gewinnen. Das besagte „Asyl für Geschäftsunterlagen" könnte demnach sowohl durch den Arbeitnehmer als auch durch das Ermittlungsverhalten der Compliance verursacht werden. Eine Sperrung von Beweismitteln wäre aus Strafverfolgungsgesichtspunkten zunächst untragbar. Dies ist jedoch kein Anhaltspunkt, um das Verwendungsverbot zu lockern, sondern vielmehr ein Appell an die Strafverfolgungsbehörden. Es wird demnach zu Recht angemerkt, dass das Verwendungsverbot letztendlich vom Verhalten der Strafverfolgungsbehörden abhängt, da ein Beweisverwendungsverbot nicht eingreift, wenn sich die Staatsanwaltschaft der Beweismittel der Internal Investigations nicht bedient, sondern der Sachverhalt im Rahmen eines offiziellen Ermittlungsverfahrens in eigener Verantwortung ermittelt wird.[1338] Dies unterbindet freilich eine Kooperation zwischen Unternehmen und Strafverfolgungsbehörden im Hinblick auf eine gemeinsame Strafverfolgung,[1339] allerdings ist auch kein Grund ersichtlich, weshalb eine solche Zusammenarbeit schützenswert sein sollte. Die Strafverfolgungsmöglichkeiten

---

1335 *Rödiger*, Strafverfolgung von Unternehmen, S. 315.

1336 Vgl. *Rödiger*, Strafverfolgung von Unternehmen, S. 315, 317, allerdings unter Berücksichtigung hypothetischer Kausalverläufe.

1337 Im Rahmen des Insolvenzrechts siehe *Richter*, wistra 2000, 4; vgl. *Bittmann/Rudolph*, wistra 2001, 82.

1338 Vgl. *Rödiger*, Strafverfolgung von Unternehmen, S. 315.

1339 Siehe zu diesem Gedanken *Rödiger*, Strafverfolgung von Unternehmen, S. 316.

richten sich primär nach den Maßstäben der Strafprozessordnung unter verfassungskonformer Auslegung des Grundgesetzes. Die Erforderlichkeit einer weiten Auslegung des Nemo-tenetur-Grundsatzes wurde nicht zuletzt mit der Gefahr einer Aushöhlung der Prinzipien begründet und ist auch in diesem Zusammenhang wegweisend. Die Frage der Reichweite des Beweisverwendungsverbots darf sich gerade nicht nach den Auswirkungen einer umfassenden Sperrung von Geschäftsunterlagen und damit nach der Effektivität der Strafverfolgung richten, sondern muss die strafprozessualen, elementaren Rechte des Beschuldigten als Entscheidungsgrundlage nehmen. Eine Verlagerung der Ermittlungstätigkeit kann demnach wegen ihrer Entfernung aus dem Wirkungsbereich der Strafprozessordnung nicht schützenswert sein und muss ein Verwendungsverbot hinsichtlich der erzwungenen Beweismittel zur Folge haben. Diese strenge, gleichwohl prinzipienorientierte Wertung des Spannungsverhältnisses und die Erforderlichkeit einer umfassenden Beweissperre ist hinfällig, sofern sich die Strafverfolgungsbehörden wieder auf den durch den Gesetzgeber gewollten Kern ihrer selbstständigen Ermittlungstätigkeit zurückziehen und sich an Ermittlungsergebnissen der Internal Investigations nicht bedienen.

d) Die Berücksichtigung hypothetischer Kausalverläufe

In der Diskussion um die Verwertbarkeit von Ermittlungsergebnissen der Internal Investigations wird vertreten, dass hypothetische Kausalverläufe zur Einschränkung der Fernwirkung führen könnten.[1340] Dies würde Folgendes bedeuten: Wenn die Ermittlungsbehörden keinen Anfangsverdacht im Sinne des § 152 II StPO gehabt hätten, könnten entsprechende Unterlagen mangels Ermittlungsbefugnis nicht rechtmäßig erhoben werden, da eine rechtswidrige Beschlagnahme vorliegen würde.[1341] Im Umkehrschluss würde dies dazu führen, dass den zu Internal Investigations parallel verlaufenden staatlichen Ermittlungen unterstellt werden könnte, dass sie möglicherweise dieselben Beweismittel gefunden hätten, sofern sie einen Anfangsverdacht gehabt hätten.

Diese Betrachtung des hypothetischen Kausalverlaufs ist allerdings abzulehnen, da der Schluss von einem Anfangsverdacht auf das einzelne Beweismittel

---

1340 Die Berücksichtigung ist nach *Rödiger* „denkbar“, siehe *dies.*, Strafverfolgung von Unternehmen, S. 315, 317; bei Verstoß gegen das Prinzip des fairen Verfahrens, *Wewerka*, Internal Investigations, S. 298f.; vgl. *Kirsch*, in: Unternehmensstrafrecht, S. 368.

1341 *Wewerka*, Internal Investigations, S. 298f.

zu abstrakt und daher für die Bewertung der Erfolgsaussichten einer unternehmensweiten Ermittlung untauglich ist. Selbst wenn eine konkrete Ermittlung der Strafverfolgungsbehörden angenommen werden würde, schlagen sich die im Rahmen des allgemeinen Strafprozesses geäußerten Bedenken zu den hypothetischen Kausalverläufen in der Beurteilung des vorliegenden Sachverhalts nieder.[1342] Letztlich ist es ein ungewisser und unbestimmbarer Kausalverlauf, der hier in die Beweisverwertung Einzug finden soll. Die einer Hypothese immanente Problematik spricht daher auch hier maßgeblich gegen die Berücksichtigung hypothetischer Kausalverläufe. In Anlehnung an die Beurteilung im Rahmen des Strafprozesses ist daher der Arbeitnehmer nicht schlechter als ein Beschuldigter zu stellen, nur weil er im Rahmen seines Arbeitsverhältnisses strafrechtlich relevante Tatsachen offenbart hat.

e) Der Schutz des Nemo-tenetur-Prinzips bei drohender intradisziplinärer Verwendung

Die Auflösung des Spannungsverhältnisses zwischen arbeitsrechtlicher Auskunftspflicht und strafprozessualer Selbstbelastungsfreiheit bedarf einer strikten Trennung zwischen Zivil- und Strafrecht. Die zunächst rechtmäßige arbeitsrechtliche Auskunftspflicht gemäß §§ 666, 675 BGB besteht unabhängig von einem Beweiserhebungsverbot, aufgrund der fehlenden staatlichen unmittelbaren Beweisgewinnung. Eine erzwungene Auskunftspflicht führt jedoch bei einem Transfer in das Strafverfahren zu einer Verletzung des Nemo-tenetur-Prinzips und muss durch ein selbstständiges Beweisverwertungsverbot mit Fernwirkung, also einem Beweisverwendungsverbot, kompensiert werden.

Eine Einzelfalllösung wäre vor dem Hintergrund der Tragweite einer strafprozessualen Selbstbelastung nicht ausreichend. In Anlehnung an die insolvenzrechtliche Lösung gemäß § 97 I 3 InsO ist ein selbstständiges Beweisverwendungsverbot zu normieren, wenn der Beschuldigte durch die Erfüllung des Auskunftsanspruchs gemäß §§ 666, 675 BGB keine freie Entscheidung über die eigene Mitwirkung hatte und die erlangten Informationen in einem Strafprozess verwendet werden sollen. Dies ist zum einen erforderlich, um die notwendige Rechtssicherheit herzustellen. Zum anderen kann der Beschuldigte im Rahmen der Revision überprüfen lassen, ob das Tatsachengericht das Beweisverwendungsverbot rechtsfehlerfrei angewendet hat.

1342 Siehe S. 133ff.

Darstellung des selbstständigen Beweisverwendungsverbots in der Systematik strafprozessualer Beweisverbote

(Ansatz von Verfasser grau unterlegt)

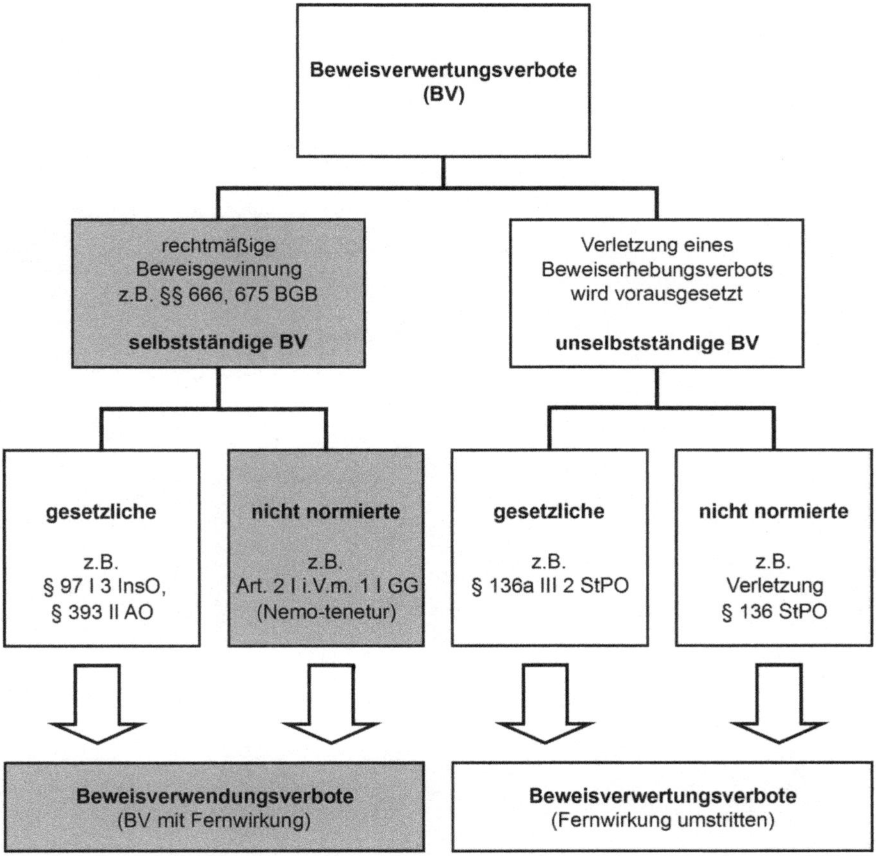

Kapitel 4: Ergebnisse im Überblick

Aufgrund der vorgenommenen Untersuchung lassen sich folgende Ergebnisse festhalten.

Die Rechtsgrundlage des Nemo-tenetur-Prinzips bemisst sich durch den überwiegenden persönlichkeitsrechtlichen Charakter unter Berücksichtigung des Intimbereichs der Menschenwürde nach Art. 2 I i. V. m. Art. 1 I GG.

Neben den Motiven der Aufklärung und Transparenz kann Compliance, auch im Sinne einer Bad Compliance, Motive der Vertuschung und Abschirmung verfolgen, damit sensible Informationen nicht an die Öffentlichkeit geraten. Dies wird den etablierten Compliance-Management-Systemen keinesfalls unterstellt, allerdings liegt die Vermutung nahe, dass die internen Aufklärungsmaßnahmen aufgrund dieser Motive zweckentfremdet werden könnten, um strafbares Handeln sowie Organisationsverschulden intern, ohne offizielle Strafverfolgungsmaßnahmen, zu sanktionieren.

Trotz des erheblichen Umfangs von Compliance-Management-Systemen sowie deren legislativer Förderung entsprechen Compliance-Maßnahmen keinem „weichen Vorverfahren" staatlicher Ermittlungstätigkeit. Dementsprechend ist auch der Anwendungsbereich der Normen des Strafprozessrechts nicht gegeben. Die privatrechtliche Compliance ist vom staatlichen Strafprozessrecht zu trennen.

Die grundsätzliche Beweistauglichkeit der Interviewprotokolle als Urkunde i. S. d. § 249ff. StPO wirft erhebliche Zweifel auf, da sowohl ein Verstoß gegen den Unmittelbarkeitsgrundsatz des § 250 StPO vorliegt als auch das Richterprivileg des § 254 StPO umgangen wird.

Die Interviewprotokolle im Gewahrsam der mandatierten Rechtsanwaltskanzlei unterliegen dem im Hinblick auf § 160a StPO spezielleren Beschlagnahmeschutz des § 97 I Nr. 3 StPO. Im Einzelfall sind auch die Unterlagen im Gewahrsam des Mandanten vom Beschlagnahmeschutz des § 148 StPO erfasst.

Aufgrund des mandatsähnlichen Vertrauensverhältnisses steht dem bei Internal Investigations ermittelnden Rechtsanwalt im Rahmen des Strafverfahrens das Zeugnisverweigerungsrecht gemäß § 53 I Nr. 3 StPO zu.

Die erläuterten Bedenken hinsichtlich der Beweistauglichkeit und Beschlagnahme-fähigkeit der Interviewprotokolle können einen wirksamen Transferschutz in das Strafverfahren nicht gewährleisten. Es ist vielmehr auf die absolute Wirkung des Nemo-tenetur-Prinzips abzustellen, um, unabhängig von strafprozessualen Ermittlungsmaßnahmen zur Beweisgewinnung, einen wirksamen Schutz von Verfahrensrechten zu gewährleisten.

Der Arbeitgeber hat gegen den Arbeitnehmer einen Auskunftsanspruch gemäß §§ 666, 675 BGB, der auch bei einer möglichen Selbstbelastung besteht und gemäß § 888 ZPO vollstreckt werden kann. Dies ist aufgrund der Interessen des Arbeitgebers im Rahmen des Arbeitsverhältnisses und der nur privatrechtlichen Selbstbelastung rechtmäßig. Mithin steht dem Arbeitnehmer auch kein Auskunftsverweigerungsrecht zu, allerdings ist es vor dem Hintergrund der Fürsorgepflicht des Arbeitgebers angemessen, den Arbeitnehmer auf die Folgen einer Auskunft hinzuweisen.

Der „Gemeinschuldner-Beschluss" des Bundesverfassungsgerichts ist wegen seiner insolvenzrechtlichen Besonderheiten nicht vollständig zu übertragen, jedoch sind die Wertungen im Hinblick auf die intradisziplinäre Wirkung des Nemo-tenetur-Prinzips zu berücksichtigen. Das Spannungsverhältnis zwischen arbeitsrechtlicher Auskunftspflicht und strafprozessualer Selbstbelastung ist bei einem Transfer der Interviewprotokolle in ein Strafverfahren durch ein selbstständiges Beweisverwendungsverbot aus Art. 2 I i. V. m. Art. 1 I GG aufzulösen und erstreckt sich sowohl auf Auskünfte des Arbeitnehmers als auch auf die Früchte dieser Auskunft. Das strafprozessuale Nemo-tenetur Prinzip muss auch bei privater Zwangsmittelanwendung Anwendung finden, sofern eine Verwertung im Strafverfahren droht, um rechtsstaatliche Grundsätze nicht auszuhöhlen. Dementsprechend sind die Interview- und Gedächtnisprotokolle sowie die Befragung von beteiligten Compliance-Ermittlern im Strafverfahren unverwendbar. Darüber hinaus erstreckt sich das Beweisverwendungsverbot auch auf Unterlagen, zu denen die Auskunft den Weg gewiesen hat.

Zudem sind die im Rahmen der Herausgabepflicht offenbarten Unterlagen, wenn sie nicht selbstständig und nicht ohne die Mitwirkung des Arbeitnehmers ermittelt wurden, vom Beweisverwendungsverbot umfasst. Die Berücksichtigung hypothetischer Ermittlungsverläufe ist unzulässig.

Die Verletzung des Nemo-tenetur-Prinzips erfordert die Normierung eines selbstständigen Beweisverwendungsverbots, um die notwendige Rechtssicherheit, unabhängig von Einzelfallentscheidungen, herzustellen.

Rechtsstaatliche Abwehrprinzipien bedürfen der konsequenten Umsetzung in allen Bereichen staatlicher Ermittlungstätigkeit. Auch das Phänomen der Compliance lässt keine Ausnahme von diesem Grundsatz zu und kann die Strafverfolgungsbehörden nicht von ihrer Verantwortung freisprechen, den eigenen Anforderungen auch bei Ausnutzung privater Ermittlungsergebnisse zu genügen. Dies ist erforderlich, um der rechtlichen Verselbstständigung der Compliance, fernab des originären Anwendungsbereichs der Prinzipien des Strafprozesses, entgegenzuwirken und das Risiko einer Subkultur im Bereich der Wirtschaftskriminalität zu entschärfen.

Literaturverzeichnis

Albrecht, Peter-Alexis: Die vergessene Freiheit, 3. Auflage, Berlin 2011.

Albrecht, Peter-Alexis: Kriminologie – Eine Grundlegung zum Strafrecht, 4. Auflage, München 2010.

Albrecht, Peter-Alexis: Der Weg in die Sicherheitsgesellschaft – Auf der Suche nach staatskritischen Absolutheitsregeln, Berlin 2010.

Amelung, Knut: Informationsbeherrschungsrechte im Strafprozess – Dogmatische Grundlagen individualrechtlicher Beweisverbote, Berlin 1990.

Amelung, Knut: Prinzipien strafprozessualer Beweisverwertungsverbote, Karl-Ernst Wehnert (Hrsg.), Berlin 2011.

Arzt, Gunther: Anmerkung zu BGH, Urteil v. 6.9.1968 – 4 StR 339/68, Juristenzeitung 1969, S. 438–440.

Bader, Markus: Das Verwendungsverbot des § 97 I 3 InsO, Neue Zeitschrift für das Recht der Insolvenz und Sanierung 2010, S. 416–420.

Baldus, Manfred: Die Einheit der Rechtsordnung – Bedeutungen einer juristischen Formel in Rechtstheorie, Zivil – und Staatsrechtswissenschaft des 19. und 20. Jahrhunderts, Berlin 1995.

Ballo, Emanuel H.F.: Beschlagnahmeschutz im Rahmen von Internal Investigations – Zur Reichweite und Grenze des § 160a StPO, Neue Zeitschrift für Wirtschafts-, Steuer- und Unternehmensstrafrecht 2013, S. 46–52.

Bauer, Wolfram: Anmerkung zu LG Hamburg, Beschluss v. 15.10.2010 – 608 Qs 18/10, Strafverteidiger 2011, S. 277–280.

Bauer, Wolfram: Keine Beschlagnahmefreiheit für Unterlagen eines mit internen Ermittlungen beauftragten Rechtsanwalts, Strafverteidiger Forum 2012, S. 488–490.

Baumann, Jürgen: Sperrkraft der mit unzulässigen Mitteln herbeigeführten Aussage, Goltdammer's Archiv für Strafrecht 1959, S. 33–44.

Beling, Ernst von: Die Beweisverbote als Grenzen der Wahrheitserforschung im Strafprozess, Breslau 1903.

Besson, Philipp Alexander: Das Steuergeheimnis und das Nemo-tenetur-Prinzip im (steuer-)strafrechtlichen Ermittlungsverfahren, Frankfurt am Main 1997.

Beulke, Werner / Wessels, Johannes: Strafrecht Allgemeiner Teil – Die Straftat und ihr Aufbau, 41. Auflage, München 2011.

Beulke, Werner: Hypothetische Kausalverläufe im Strafverfahren bei rechtswidrigem Vorgehen von Ermittlungsorganen, Zeitschrift für die gesamte Strafrechtswissenschaft, Band 103 (1991) S. 657–680.

Beulke, Werner: Strafprozessrecht, 12. Auflage, Heidelberg 2012.

Bittmann, Folker / Molkenbur, Josef: Private Ermittlungen, arbeitsrechtliche Aussagepflicht und strafprozessuales Schweigerecht, Zeitschrift für Wirtschafts- und Steuerstrafrecht 2009, S. 373–379.

Bittmann, Folker / Rudolph, Carolin: Das Verwendungsverbot gemäß § 97 Abs. 1 Satz 3 InsO, Zeitschrift für Wirtschafts- und Steuerstrafrecht 2001, S. 81–85.

Bock, Dennis: Compliance und Aufsichtspflichten im Unternehmen, in: Compliance und Strafrecht, Lothar Kuhlen (Hrsg.), Heidelberg 2013, S. 57–70.

Bock, Dennis: Criminal Compliance, Baden-Baden 2011.

Bock, Dennis: Strafrechtliche Aspekte der Compliance-Diskussion – § 130 OWiG als zentrale Norm der Compliance, Zeitschrift für Internationale Strafrechtsdogmatik 2008, S. 68–81.

Bockemühl, Jan: Private Ermittlungen im Strafprozess – Ein Beitrag zu der Lehre von den Beweisverboten, Baden-Baden 1996.

Böhm, Wolf-Tassilo: Strafrechtliche Verwertbarkeit der Auskünfte von Arbeitnehmern bei unternehmensinternen Untersuchungen, Wertpapier Mitteilungen – Zeitschrift für Wirtschafts- und Bankenrecht 2009, S. 1923–1929.

Boos, Karl-Heinz / Fischer, Reinfrid / Schulte-Mattler, Hermann (Hrsg.): Kreditwesengesetz – Kommentar zu KWG und Ausführungsvorschriften, 4. Auflage, München 2012.

Bosch, Nikolaus: Aspekte des nemo-tenetur-Prinzips aus verfassungsrechtlicher und strafprozessualer Sicht – Ein Beitrag zur funktionsorientierten Auslegung des Grundsatzes „nemo tenetur seipsum accusare“, Berlin 1998.

Böse, Martin: Die verfassungsrechtlichen Grundlagen des Satzes „Nemo tenetur se ipsum accusare“, Goltdammer´s Archiv für Strafrecht 2002, S. 98–128.

Böse, Martin: Wirtschaftsaufsicht und Strafverfolgung, Tübingen 2005.

Braum, Stefan: Europäische Strafgesetzlichkeit, Frankfurt am Main 2003.

Brünger, Christian: Erfolgreiches Risikomanagement mit COSO ERM, Berlin 2009.

Bürkle, Jürgen: Compliance in Versicherungsunternehmen – Rechtliche Anforderungen und praktische Umsetzung, München 2009.

Bürkle, Jürgen: Grenzen der strafrechtlichen Garantenstellung des Compliance-Officers, Corporate Compliance Zeitschrift 2010, S. 4–12.

Bussmann, Kai-D. / Matschke, Sebastian: Die Zukunft der unternehmerischen Haftung bei Compliance-Verstößen, Corporate Compliance Zeitschrift 2009, S. 132–138.

Byrd, Sharon / Hruschka, Joachim: Kant zu Strafrecht und Strafe im Rechtsstaat, Juristenzeitung 2007, S. 957–964.

Campos Nave, Susana: Rechtsstaatliche Regeltreue? – Corporate Compliance als zwingende Antwort des freiheitsliebenden Unternehmens im Wirtschaftsstrafrecht, Frankfurt am Main 2012.

Canaris, Claus-Wilhelm: Systemdenken und Systembegriff in der Jurisprudenz – entwickelt am Beispiel des deutschen Privatrechts, Berlin 1969.

Castringius, Arnold: Schweigen und Leugnen des Beschuldigten im Strafprozess, Hamburg 1965.

Cohen, Joel M. / Holland, Michael P.: Fünf Punkte, die ausländische Unternehmen über den United States Foreign Corrupt Practices Act (FCPA) wissen sollten, Corporate Compliance Zeitschrift 2008, S. 7–11.

Dalakouras, Theoharis: Beweisverbote bezüglich der Achtung der Intimsphäre, Berlin 1988.

Dallmeyer, Jens: Beweisführung im Strengbeweisverfahren – Die Beweisbefugnisse als Voraussetzung der Wahrheitserforschung im Strafprozess, Frankfurt am Main 2002.

Dann, Matthias / Schmidt, Kerstin: Im Würgegriff der SEC? – Mitarbeiterbefragungen und die Selbstbelastungsfreiheit, Neue Juristische Wochenschrift 2009, S. 1851–1855.

Deister, Jochen / Geier, Anton / Rew, Paul: Business as usual? – Die Leitlinien zum UK Bribery Act 2010 sind veröffentlicht, Corporate Compliance Zeitschrift 2011, S. 81–89.

Deister, Jochen / Geier, Anton: Der UK Bribery Act 2010 und seine Auswirkungen auf deutsche Unternehmen, Corporate Compliance Zeitschrift 2011, S. 12–18.

Dencker, Friedrich: Über Heimlichkeit, Offenheit und Täuschung bei der Beweisgewinnung im Strafverfahren, Strafverteidiger 1994, S. 667–683.

Dencker, Friedrich: Verwertungsverbote im Strafprozess, Köln 1977.

Dencker, Friedrich: Verwertungsverbote und Verwendungsverbote im Strafprozess, in: Festschrift für Lutz Meyer-Gossner, Albin Eser u.a. (Hrsg.), München 2001, S. 237–255.

Dietrich, Gero: § 142 StGB und das Verbot zwangsweiser Selbstbelastung, Baden-Baden 1998.

Diller, Martin: Der Arbeitnehmer als Informant, Handlanger und Zeuge im Prozess des Arbeitgebers gegen Dritte, Der Betrieb 2004, S. 313–319.

Dingeldey, Thomas: Das Prinzip der Aussagefreiheit im Strafprozessrecht, Juristische Arbeitsblätter 1984, S. 407–414.

Dingeldey, Thomas: Der Schutz der strafprozessualen Aussagefreiheit durch Verwertungsverbote bei außerstrafrechtlichen Aussage- und Mitwirkungspflichten, Neue Zeitschrift für Strafrecht 1984, S. 529–534.

Dix, Alexander: Compliance und Schutz der Privatsphäre im Unternehmen, Zeitschrift für internationale Strafrechtsdogmatik 2011, S. 110–112.

Döhring, Erich: Die Erforschung des Sachverhalts im Prozess, Berlin 1964.

Dreier, Horst (Hrsg.): Kommentar zum Grundgesetz, Band 1, Art. 1–19, 2. Auflage, Tübingen 2004.

Dünnebier, Hanns: Das Problem einer Sonderstellung der Presse im Strafverfahren, Verhandlungen der Fachgruppe für Strafrechtsvergleichung in Kiel vom 8. bis 11. September 1965, S. 39–64.

Dürig, Günter: Der Grundsatz der Menschenwürde – Entwurf eines praktikablen Wertsystems der Grundrechte aus Art. 1 Abs. I in Verbindung mit Art. 19 Abs. II des Grundgesetzes, Archiv des öffentlichen Rechts 1956, 81. Band, S. 117–157.

Ebert, Udo: Tendenzwende in der Straf- und Strafprozessgebung? Juristische Rundschau 1978, S. 136–142.

Eidam, Lutz: Die strafprozessuale Selbstbelastungsfreiheit am Beginn des 21. Jahrhunderts, Frankfurt am Main 2007.

Eisenberg, Ulrich: Beweisrecht der StPO – Spezialkommentar, 7. Auflage, München 2011.

Eisenhardt, Urte: Das nemo tenetur-Prinzip: Grenze körperlicher Untersuchungen beim Beschuldigten – Am Beispiel des § 81a StPO, Frankfurt am Main 2007.

Erbel, Günter: Das Sittengesetz als Schranke der Grundrechte, Berlin 1971.

Erfurter Kommentar zum Arbeitsrecht, Rudi Müller-Glöge u.a. (Hrsg.), 12. Auflage, München 2012.

Erman, Walter: Bürgerliches Gesetzbuch, Harm Peter Westermann (Hrsg.), Band 1, §§ 1–758, 13. Auflage, Köln 2011.

Eser, Albin: Aussagefreiheit und Beistand des Verteidigers im Ermittlungsverfahren – Rechtsvergleichende Beobachtung zur Rechtsstellung des Beschuldigten, Zeitschrift für die gesamte Strafrechtswissenschaft, Band 79 (1967) S. 213–271.

Eufinger, Alexander: Zu den historischen Ursprüngen der Compliance, Corporate Compliance Zeitschrift 2012, S. 21–22.

Felix, Dagmar: Einheit der Rechtsordnung – Zur verfassungsrechtlichen Relevanz einer juristischen Argumentationsfigur, Tübingen 1998.

Feuerbach, Paul Johann Anselm von: Lehrbuch des gemeinen in Deutschland gültigen peinlichen Rechts, 5. Auflage, Gießen 1812.

Fezer, Gerhard: Anmerkung zu BGH, Urteil v. 17.2.1989–2 StR 402/88, Strafverteidiger 1989, S. 290–295.

Fezer, Gerhard: Grundfragen der Beweisverwertungsverbote, Heidelberg 1995.
Fischer, Bianca: Divergierende Selbstbelastungspflichten nach geltendem Recht – Versuch einer Harmonisierung, Berlin 1979.
Fischer, Thomas: Strafgesetzbuch und Nebengesetze, 60. Auflage, München 2013.
Flore, Ingo / Tsambikakis, Michael: Steuerstrafrecht – Kommentar, Köln 2013.
Fornauf, Marc: Die Marginalisierung der Unabhängigkeit der Dritten Gewalt im System des Strafrechts, Frankfurt am Main 2010.
Franzen, Klaus / Gast-Deehan, Brigitte / Joecks, Wolfgang (Hrsg.): Steuerstrafrecht mit Zoll- und Verbrauchssteuerstrafrecht Kommentar, §§ 369–412 AO, § 32 ZollVG, 7. Auflage, München 2009.
Frisch, Wolfgang: Zur Bedeutung des Beweisrechts und des Rechtsmittelrechts für die Revisibilität von Verfahrensmängeln, in: Zur Theorie und Systematik des Strafprozessrechts, Symposium zu Ehren von Hans-Joachim Rudolphi, Jürgen Wolter (Hrsg.), Berlin 1995, S. 173–204.
Fritz, Hans-Joachim / Nolden, Dagmar: Unterrichtungspflichten und Einsichtsrechte des Arbeitnehmers im Rahmen von unternehmensinternen Untersuchungen, Corporate Compliance Zeitschrift 2010, S. 170–177.
Fritz, Hans-Joachim: Anmerkung zu LG Hamburg, Beschluss v. 15.10.2010 – 608 Qs 18/10, Corporate Compliance Zeitschrift 2011, S. 155–160.
Galen, Magarete von: Anmerkung zu LG Hamburg, Beschluss vom 15.10.2010 – 608 Qs 18/10, Neue Juristische Wochenschrift 2011, S. 945.
Geismar, Anne-Gwendolin: Der Tatbestand der Aufsichtspflichtverletzung bei der Ahndung von Wirtschaftsdelikten – Eine Untersuchung zu § 130 OWiG unter Berücksichtigung des Kartellordnungswidrigkeitenrechts, Baden-Baden 2012.
Geppert, Klaus: Das Beweisverbot des § 252 StPO, Juristische Ausbildung 1988, S. 305–314.
Gerst, Hans-Joachim: Unternehmensinteresse und Beschuldigtenrechte bei Internal Investigations – Problemskizze und praktische Lösungswege, Corporate Compliance Zeitschrift 2012, S. 1–5.
Gilch, Andreas / Pelz, Christian: Compliance-Klauseln – Gut gemeint aber unwirksam?, Corporate Compliance Zeitschrift 2008, S. 131–136.
Godenzi, Gunhild: Das strafprozessuale Verbot staatlicher Beweismittelhehlerei: Königsweg oder Luftschloss?, Goltdammer's Archiv für Strafrecht 2008, S. 500–515.
Godenzi, Gunhild: Private Beweisbeschaffung im Strafprozess – Eine Studie zu strafprozessualen Beweisverboten im schweizerischen und deutschen Recht, Zürich 2007.
Goers, Mathias: Der Ombudsmann als Instrument unternehmensinterner Kriminalprävention, Frankfurt am Main 2010.

Göpfert, Burkard / Merten, Frank / Siegrist, Carolin: Mitarbeiter als „Wissensträger“ – Ein Beitrag zur aktuellen Compliance-Diskussion, Neue Juristische Wochenschrift 2008, S. 1703–1709.
Göpfert, Burkard / Merten, Frank / Siegrist, Carolin: Mitarbeiter als „Wissensträger“ – Ein Beitrag zur aktuellen Compliance-Diskussion, Neue Juristische Wochenschrift 2008, S. 1703–1709.
Görtz, Birthe: Der neue Compliance-Prüfungsstandard (EPS 980) Inhalte und Aussagen, Corporate Compliance Zeitschrift 2010, S. 127–133.

Gößwein, Georg / Hohmann, Olaf: Modelle der Compliance-Organisation in Unternehmen – Wider den Chief Compliance Officer als „Überoberverantwortungsnehmer“, Betriebsberater 2011, S. 963–968.

Gotzens, Markus: Tax Compliance – Fluch oder Segen für den steuerlichen Berater?, in: Festschrift für Imme Roxin zum 75. Geburtstag, Lorenz Schulz (Hrsg.), S. 453–464, Heidelberg 2012.

Graßberger, Roland: Psychologie des Strafverfahrens, 2. Auflage, Wien 1968.

Greeve, Gina: Privatisierung behördlicher Ermittlungen, Strafverteidiger Forum 2013, S. 89–96.

Grünwald, Gerald: Anmerkung zu BGH, Urteil v. 28.04.1987 – 5 StR 666/86, Strafverteidiger 1987, S. 470–473.

Grünwald, Gerald: Beweisverbote und Bewertungsverbote im Strafverfahren, Juristenzeitung 1966, S. 489–501.

Grützner, Thomas / Behr, Nicolai: Effektives Compliance Programm verhindert Bestrafung von Investmentbank wegen Verstößen gegen FCPA, Corporate Compliance Zeitschrift 2013, S. 71–74.

Grützner, Thomas / Leisch, Franz Clemens: §§ 130, 30 OWiG – Probleme für Unternehmen, Geschäftsleitung und Compliance-Organisation – Sechs Probleme aus der geänderten Praxis der Ermittlungsbehörden, Der Betrieb 2012, S. 787–794.

Günther, Hans-Ludwig: Die Schweigebefugnis des Tatverdächtigen im Straf- und Bußgeldverfahren aus verfassungsrechtlicher Sicht, Goltdammer's Archiv für Strafrecht 1978, S. 193–206.

Haffke, Bernhard: Schweigepflicht, Verfahrensrevision und Beweisverbot, Goltdammer´s Archiv für Strafrecht 1973, S. 65–84.

Haller, Klaus / Conzen, Klaus: Das Strafverfahren – Eine systematische Darstellung mit Originalakte und Fallbeispielen, 6. Auflage, Heidelberg 2011.

Hamel, Walter: Glaubens- und Gewissensfreiheit, in: Die Grundrechte – Handbuch der Theorie und Praxis der Grundrechte, Karl August Bettermann u.a. (Hrsg.), 4. Band, Grundrechte und institutionelle Garantien, 1. Halbband, Berlin 1960.

Hamm, Rainer: Compliance vor Recht? – Anwälte bei der Bewältigung eines „Datenskandals“, Neue Juristische Wochenschrift 2010, S. 1332–1336.

Harzer, Regina: Der Naturzustand als Denkfigur moderner praktischer Vernunft – Zugleich ein Beitrag zur Staats-und Rechtsphilosophie von Hobbes und Kant, Frankfurt am Main, 1994.

Hassemer, Winfried / Matussek, Karin: Das Opfer als Verfolger – Ermittlungen des Verletzten im Strafverfahren, Frankfurt am Main 1996.

Hassemer, Winfried: Kennzeichen und Krisen des modernen Strafrechts, Zeitschrift für Rechtspolitik 1992, S. 378–383.

Hassemer, Winfried: Menschenrecht im Strafprozess, Kritische Vierteljahresschrift für Gesetzgebung und Rechtswissenschaft 1988, S. 336–343.

Hassemer, Winfried: Warum und zu welchem Ende strafen wir?, Zeitschrift für Rechtspolitik 1997, S. 316–321.

Hauschka, Christoph E. / Greeve, Gina: Compliance in der Korruptionsprävention – was müssen, was sollen, was können die Unternehmen tun?, Betriebsberater 2007, S. 165–174.

Hauschka, Christoph E.: Corporate Compliance – Handbuch der Haftungsvermeidung im Unternehmen, München 2010.

Hauschka, Christoph E.: Compliance am Beispiel der Korruptionsbekämpfung, Zeitschrift für Wirtschaftsrecht 2004, S. 877–883.

Hefendehl, Roland: Beweisermittlungs- und Beweisverwertungsverbote bei Auskunfts- und Mitwirkungspflichten – das sog. Verwendungsverbot nach § 97 Abs. 1 S. 3 InsO, Zeitschrift für Wirtschafts- und Steuerstrafrecht 2003, S. 1–9.

Hehn, Paul A. von / Hartung, Wilhelm: Unabhängige interne Untersuchungen in Unternehmen als Instrument guter Corporate Governance – auch in Europa?, Der Betrieb 2006, S. 1909–1914.

Heubel, Horst: Der „fair-trial“ – ein Grundsatz des Strafverfahrens? – Zugleich ein Beitrag zum Problem der „verfassungskonformen“ Rechtsfortbildung im Strafprozess, Berlin 1981.

Hilber, Marc: Auswirkungen des Sarbanes-Oxley Act auf deutsche WP-Gesellschaften: Konflikte mit der Verschwiegenheitspflicht der Wirtschaftsprüfer und dem Datenschutzrecht, Betriebsberater 2003, S. 1054–1060.

Hippel, Robert von: Über Grenzen der Beschlagnahme, Zeitschrift für die gesamte Strafrechtswissenschaft 1927, Band 47, S. 523–533.

Hobbes, Thomas: Leviathan – Erster und zweiter Teil (1651), Reclam, Stuttgart 1980.

Hobbes, Thomas: Leviathan: Leviathan Or The Matter, Form, and Power of a Common-wealth, Ecclesiasticall and Civill, London 1651.

Hobbes, Thomas: The English Works of Thomas Hobbes, Vol. II, William Molesworth (Hrsg.), London 1841.

Hobbes, Thomas: Vom Menschen Vom Bürger (1658, 1642), Philosophische Bibliothek, Günter Gawlick (Hrsg.), Hamburg 1959.

Höffe, Otfried: Kategorische Rechtsprinzipien – Ein Kontrapunkt der Moderne, Frankfurt am Main 1990.

Hohnel, Andreas: Selbstbelastungsfreiheit in der Insolvenz, Neue Zeitschrift für das Recht der Insolvenz und Sanierung 2005, S. 152–154.

Hölters, Wolfgang (Hrsg.): Aktiengesetz Kommentar, München 2011.

Horrer, Philipp: Bestechung durch deutsche Unternehmen im Ausland – Strafrechtsentwicklung und Probleme, Frankfurt am Main 2011.

Hubmann, Heinrich: Das Persönlichkeitsrecht, 2. Auflage, Köln 1967.

Hugger, Heiner / Pasewaldt, David: UK Bribery Act: Erste Verurteilung nach neuem britischen Korruptionsstrafrecht, Corporate Compliance Zeitschrift 2012, S. 23–24.

Hugger, Heiner / Röhrich, Raimund: Der neue UK Bribery Act und seine Geltung für deutsche Unternehmen, Betriebsberater 2010, S. 2643–2647.

Hüning, Dieter: Freiheit und Herrschaft in der Rechtsphilosophie des Thomas Hobbes, Berlin 1998.

Immenga, Ulrich: Compliance als Rechtspflicht nach Aktienrecht und Sarbanes-Oxley-Act, in: Unternehmensrecht zu Beginn des 21. Jahrhunderts, Festschrift für Eberhard Schwark zum 70. Geburtstag, Stefan Grundmann (Hrsg.) München 2009, S. 199–207.

Itzen, Uta: Richtungswechsel, Bestandsaufnahme, Prävention: Das Gerüst einer erfolgreichen Compliance-Strategie, Betriebsberater-Beilage 2008 Nr. 5, S. 12–16.

Jahn, Matthias / Kirsch, Stefan: Anmerkung zu LG Hamburg, Beschluss v. 15.10.2010 – 608 Qs 18/10, Strafverteidiger 2011, S. 151–155.

Jahn, Matthias / Kirsch, Stefan: Anmerkung zum Beschluss des LG Bonn v. 21.6.2012 – 27 Qs 2/12, Neue Zeitschrift für Wirtschafts-, Steuer- und Unternehmensstrafrecht 2013, S. 28–31.

Jahn, Matthias / Kirsch, Stefan: Anmerkung zum Beschluss des LG Mannheim v. 3.7.2012 – 24 Qs 1, 2/12, Neue Zeitschrift für Strafrecht 2012, S. 718–720.

Jahn, Matthias: Anmerkung zu BGH, Urteil v. 5.11.1997 – 5 StR 504/97, Strafverteidiger 1998, S. 653–656.

Jahn, Matthias: Beweiserhebungs- und Beweisverwertungsverbote im Spannungsfeld zwischen den Garantien des Rechtsstaates und der effektiven Bekämpfung von Kriminalität und Terrorismus, Gutachten C für den 67. Deutschen Juristentag in Erfurt 2008, Abteilung Strafrecht, in: Verhandlungen des siebenundsechzigsten Deutschen Juristentages, Ständige Deputation des Deutschen Juristentages (Hrsg.), Band I, München 2008.

Jahn, Matthias: Der Unternehmensanwalt als „neuer Strafverteidigertyp“ und die Compliance-Diskussion im deutschen Wirtschaftsstrafrecht (Teil I), Zeitschrift für Wirtschaftsstrafrecht und Haftung im Unternehmen 2012, S. 477–482.

Jahn, Matthias: Die Grenzen der Editionspflicht des § 95 StPO – Ein Beitrag zur Systematik der strafprozessualen Vorschriften über die Beschlagnahme, in: Festschrift für Claus Roxin zum 80. Geburtstag, Heinrich, Manfred (Hrsg.), Band II, Berlin 2011.

Jahn, Matthias: Die verfassungskonforme Auslegung des § 97 I Nr. 3 StPO, Zeitschrift für Internationale Strafrechtsdogmatik 2011, S. 453–460.

Jahn, Matthias: Ermittlungen in Sachen Siemens/SEC – Legitimer Baustein des globalisierten Wirtschaftsstrafverfahren oder rechtswidriges Parallelverfahren zur Strafprozessordnung? – Eine Problemskizze, Strafverteidiger 2009, S. 41–46.

Jahn, Matthias: Mündlicher Beitrag, Verhandlungen des siebenundsechzigsten Deutschen Juristentages Erfurt 2008, Ständige Deputation des Deutschen Juristentages (Hrsg.), Band II/2, Sitzungsberichte – Diskussionen und Beschlussfassung, München 2008, L 139–142.

Joecks, Wolfgang: Der nemo-tenetur-Grundsatz und das Steuerstrafrecht, in: Festschrift für Günther Kohlmann zum 70. Geburtstag, Hans J. Hirsch u.a. (Hrsg.), Köln 2003, S. 451–464.

Kagan, Heike: Das Mitbestimmungsrecht des Betriebsrates bei der Einführung von Ethikrichtlinien, Frankfurt am Main 2012.

Kammerer-Galahn, Gunbritt: Compliance – Herausforderung für Unternehmensleiter und deren Rechtsberater Pflichten, Haftungsrisiken und Versicherungsschutz, Anwaltsblatt 2009, S. 77–83.

Kant, Immanuel: Die Metaphysik der Sitten (1793), Werkausgabe Band VIII, Wilhelm Weischedel (Hrsg.), Wiesbaden 1977.

Kant, Immanuel: Grundlegung zur Metaphysik der Sitten (1785), Werkausgabe Band VII, Wilhelm Weischedel (Hrsg.), Wiesbaden 1974, S. 1–102.

Kant, Immanuel: Prolegomena zu einer jeden künftigen Metaphysik, die als Wissenschaft wird auftreten können (1783), J.H. von Kirchmann (Hrsg.), Berlin 1869.

Kant, Immanuel: Über den Gemeinspruch: Das mag in der Theorie richtig sein, taugt aber nicht für die Praxis (1793), Quellen der Philosophie, Julius Ebbinghaus (Hrsg.), Frankfurt 1968.

Karlsruher Kommentar zum Gesetz über Ordnungswidrigkeiten, Lothar Senge (Hrsg.), 3. Auflage, München 2006.

Karlsruher Kommentar zur Strafprozessordnung, Rolf Hannich (Hrsg.), 6. Auflage, München 2008.

Keller, Rainer: Rechtliche Grenzen der Provokation von Straftaten, Berlin 1989.

Kelnhofer, Evelyn: Hypothetische Ermittlungsverläufe im System der Beweisverbote, Berlin 1994.

Kersting, Wolfgang: Jean-Jaques Rousseaus „Gesellschaftsvertrag", Darmstadt 2002.

Kersting, Wolfgang: Wohlgeordnete Freiheit – Immanuel Kants Rechts- und Staatsphilosophie, Berlin 1984.

Keßler, Hans-Christian: Strafrechtliche Aspekte von Corporate Governance – Eine Untersuchung der Strafbarkeit im Zusammenhang mit der gesetzlichen Corporate Governance Publizität nach § 161 AktG und § 289a HGB sowie dem Deutschen Corporate Governance Kodex, Berlin 2012.

Kirsch, Stefan: Anmerkung zu LG Saarbrücken, Beschluss vom 12. 3. 2013 – 2 Qs 15/13, Neue Zeitschrift für Wirtschafts-, Steuer- und Unternehmensstrafrecht 2013, S. 153–156.

Kirsch, Stefan: Probleme des Zugriffs auf Beweismaterial bei Rollenkonflikten von Verbandsmitgliedern, in: Unternehmensstrafrecht, Eberhard Kempf u.a. (Hrsg.), S. 361–371, Berlin 2012.

Klasen, Evelyn / Schaefer Sandra: Whistleblower, Zeuge und „Beschuldigter" – Informationsweitergabe im Spannungsfeld grundrechtlicher Positionen, Betriebsberater 2012, S. 641–647.

Klein, Franz: Abgabenordnung, 11. Auflage, München 2012.

Kleinknecht, Theodor: Die Beweisverbote im Strafprozess – Gedanken zum Thema des 46. Deutschen Juristentages, Neue Juristische Wochenschrift 1966, S. 1537–1545.

Klengel, Jürgen / Dymek, Stephanie: Criminal Compliance in Zeiten des UK Bribery Act – Extraterritoriales Antikorruptionsgesetz als Herausforderung für die Compliance-Strukturen deutscher und international tätiger Unternehmen, Onlinezeitschrift für Höchstrichterliche Rechtsprechung zum Strafrecht 2011, S. 22–25.

Klengel, Jürgen / Mückenberger, Ole: Internal Investigations – typische Rechts- und Praxisprobleme unternehmensinterner Ermittlungen, Corporate Compliance Zeitschrift 2009, S. 81–87.

KMR-StPO, Kommentar zur Strafprozessordnung, Bernd Heintschel-Heinegg u.a. (Hrsg.), Band 2, §§ 94–150, Köln 2011.

KMR-StPO, Kommentar zur Strafprozessordnung, Bernd Heintschel-Heinegg u.a. (Hrsg.), Band 1, §§ 1–93, Köln 2011.

Knauer, Christoph / Buhlmann, Erik: Unternehmensinterne (Vor-) Ermittlungen – was bleibt von nemo-tenetur und fair-trail? – Grenzen der strafprozessualen Verwertbarkeit unternehmensinterner Ermittlungen, Anwaltsblatt 2010, S. 387–393.

Knauer, Christoph/Gaul, Michael: Internal investigations und fair trial – Überlegungen zu einer Anwendung des Fairnessgedankens, Neue Zeitschrift für Strafrecht 2013, S. 192–194.

Knauer, Christoph: Die strafrechtliche Haftung von Justiziaren, Innen-Revisoren und Compliance Officers („Berliner Straßenreinigung – 5 StR 394/08“), in: Festschrift für Imme Roxin zum 75. Geburtstag, Lorenz Schulz u.a. (Hrsg.), Heidelberg 2012, S. 465–483.

Knauer, Christoph: Mündlicher Beitrag, Verhandlungen des siebenundsechzigsten Deutschen Juristentages Erfurt 2008, Ständige Deputation des Deutschen Juristentages (Hrsg.), Band II/2, Sitzungsberichte – Diskussionen und Beschlussfassung, München 2008, L 159–161.

Knierim, Thomas / Rübenstahl, Markus / Tsambikakis, Michael (Hrsg.): Internal Investigations – Ermittlungen im Unternehmen, Heidelberg 2013.

Knierim, Thomas: Anmerkung zu LG Hamburg, Beschluss v. 15.10.2010 – 608 Qs 18/10, Fachdienst Strafrecht 2011, 314177.

Knierim, Thomas: Das Verhältnis von strafrechtlichen und internen Ermittlungen, Strafverteidiger 2009, S. 324–331.

Koch, Jens: Compliance-Pflichten im Unternehmensverbund? Wertpapiermitteilungen 2009, S. 1013–1020.

Kohlhaas, Max: Schlüsse aus dem Schweigen des Beschuldigten, Neue Juristische Wochenschrift 1965, S. 2282–2284.

Kohlmann, Günter: Steuerstrafrecht mit Ordnungswidrigkeitenrecht und Verfahrensrecht, Kommentar zu den §§ 369–412 AO, Band II, Köln 2007.

Kölbel, Ralf: Selbstbelastungsfreiheiten – Der nemo-tenetur-Satz im materiellen Strafrecht, Berlin 2006.

Kort, Michael: Verhaltensstandardisierung durch Corporate Compliance, Neue Zeitschrift für Gesellschaftsrecht 2008, S. 81–86.

Korte, Matthias: Der Schutz der finanziellen Interessen der Europäischen Gemeinschaften mit den Mitteln des Strafrechts – Das “Zweite Protokoll”, Neue Juristische Wochenschrift 1999, S. 1464–1466.

Krause, Daniel M.: Was bewirkt Compliance?, Strafverteidiger Forum 2011, S. 437–446.

Krause, Friedrich-Wilhelm: Zum Urkundenbeweis im Strafprozess, Hamburg 1966.

Krauß, Detlef: Der Grundsatz der Unschuldsvermutung im Strafverfahren, in: Strafrechtsdogmatik und Kriminalpolitik, Heinz Müller-Dietz (Hrsg.), Köln 1971.

Kreuder, Thomas: Rechts- und Organisationsfragen zur Trade Compliance, Corporate Compliance Zeitschrift 2008, S. 166–173.

Krey, Volker: Zur Problematik privater Ermittlungen des durch eine Straftat Verletzten – Zulässigkeit und Schranken privater Straftataufklärung durch den Verletzten, seinen Rechtsanwalt und durch Detektive zum Zwecke der Strafverfolgung, Berlin 1994.

Krieger, Steffen / Günther, Jens: Die arbeitsrechtliche Stellung des Compliance Officers – Gestaltung einer Compliance-Organisation unter Berücksichtigung der Vorgaben im BGH-Urteil vom 17. 7. 2009, Neue Zeitschrift für Arbeitsrecht 2010, S. 367–373.

Kromer, Christoph von / Pumpler, Reinhard / Henschel, Katharina: Tax Compliance, Betriebsberater 2013, S. 791–803.

Kühl, Kristian: Freie Beweiswürdigung des Schweigens des Angeklagten und der Untersuchungsverweigerung eines angehörigen Zeugen – BGHSt 32, 140, Juristische Schulung 1986, S. 115–122.

Kuhlen, Lothar: Grundfragen von Compliance und Strafrecht, in: Compliance und Strafrecht, Lothar Kuhlen (Hrsg.), Heidelberg 2013, S. 1–25.

Kühne, Hans-Heiner: Strafprozessrecht – Eine systematische Darstellung des deutschen und europäischen Strafverfahrensrechts, 7. Auflage, Heidelberg 2007.

Kühne, Hans-Heiner: Strafprozessuale Beweisverbote und Art. 1 I Grundgesetz – Zugleich ein Beitrag zur Auslegung des Rechtsbegriffs Menschenwürde, Köln 1970.

Küpper, Georg: Tagebücher, Tonbänder, Telefonate – Zur Lehre von den selbständigen Beweisverwertungsverboten im Strafverfahren, Juristenzeitung 1970, S. 416–424.

Kutschaty, Thomas: Unternehmensstrafrecht: – Deutschland debattiert, der Rest Europas handelt, Deutsche Richterzeitung 2013, S. 16–17.

Lammer, Dirk: Mündlicher Beitrag, Verhandlungen des siebenundsechzigsten Deutschen Juristentages Erfurt 2008, Ständige Deputation des Deutschen Juristentages (Hrsg.), Band II/2, Sitzungsberichte – Diskussionen und Beschlussfassung, München 2008, L 125–127.

Lemcke, Thomas W.: Die Sicherstellung gem. § 94 StPO und deren Förderung durch die Inpflichtnahme Dritter als Mittel des Zugriffs auf elektronisch gespeicherte Daten, Frankfurt am Main 1995.

Liese, Jens: Much Adoe About Nothing? Oder: Ist der Vorstand einer Aktiengesellschaft verpflichtet, eine Compliance-Organisation zu implementieren?, Betriebs Berater Special 2008, Heft 25, Beilage 5, S. 17–22.

Linnenbaum, Tim: Belehrung und „qualifizierte" Belehrung im Strafverfahren, Hamburg 2009.

Liszt, Franz von: Der Zweckgedanke im Strafrecht, Erik Wolf (Hrsg.), 2. Auflage, Freiburg 1948.

Löhr, Holle Eva: Der Grundsatz der Unmittelbarkeit im deutschen Strafprozessrecht, Berlin 1972.

Lorenz, Frank Lucien: „Operative Informationserhebung“ im Strafverfahren, „Unverfügbares“ und Grundrechtsschutz durch „institutionelle Kontrolle“, Juristenzeitung 1992, S. 1000–1011.

Lösler, Thomas: Compliance im Wertpapierdienstleistungskonzern, Berlin 2003.

Löwe-Rosenberg, Die Strafprozessordnung und das Gerichtsverfassungsgesetz – Großkommentar, Volker Erb u.a. (Hrsg.), 26. Auflage, 2. Band, §§ 48–93, Berlin 2008.

Löwe-Rosenberg, Die Strafprozessordnung und das Gerichtsverfassungsgesetz – Großkommentar, Volker Erb u.a. (Hrsg.), 26. Auflage, 4. Band, §§ 112–150, Berlin 2007.

Löwe-Rosenberg, Die Strafprozessordnung und das Gerichtsverfassungsgesetz – Großkommentar, Volker Erb u.a. (Hrsg.), 26. Auflage, 8. Band, §§ 374–448, Berlin 2009.

Löwe-Rosenberg, Die Strafprozessordnung und das Gerichtsverfassungsgesetz – Großkommentar, Peter Rieß u.a. (Hrsg.), 25. Auflage, 2. Band, §§ 72–136a, Berlin 2004.

Löwe-Rosenberg: Die Strafprozessordnung und das Gerichtsverfassungsgesetz – Großkommentar, Volker Erb u.a. (Hrsg.), 26. Auflage, 1. Band, §§ 1–47, Berlin 2009.

Löwe-Rosenberg: Die Strafprozessordnung und das Gerichtsverfassungsgesetz – Großkommentar, Volker Erb u.a. (Hrsg.), 26. Auflage, Band 6, Teil 1, §§ 213–255a, Berlin 2009.

Lützeler, Martin / Müller-Sartori, Patrick: Die Befragung des Arbeitnehmers – Auskunftspflicht oder Zeugnisverweigerungsrecht?, Corporate Compliance Zeitschrift 2011, S. 19–25.

Mark, Jones: Internal Investigations und das Attorney-Client-Privilege (Anwaltsprivileg) in Deutschland, Zeitschrift für Wirtschaftsstrafrecht und Haftung im Unternehmen 2012, S. 311–315.

Martín, Adán Nieto: Grundlegende Probleme von Compliance und Strafrecht, in: Compliance und Strafrecht, Lothar Kuhlen (Hrsg.), Heidelberg 2013, S. 27–55.

Martinek, Michael / Semler, Franz-Jörg / Habermeier, Stefan / Flohr, Eckard: Handbuch des Vertriebsrechts, 3. Auflage, München 2010.

Maschmann, Frank: Compliance und Mitarbeiterrechte, in: Compliance und Strafrecht, Lothar Kuhlen (Hrsg.), Heidelberg 2013, S. 85–103.

Maunz, Theodor / Dürig, Günter: Grundgesetz Kommentar, Art. 1–5, Band I, Roman Herzog u.a. (Hrsg.), München 2012.

Maunz, Theodor / Dürig, Günter: Grundgesetz Kommentar, Art. 23–53a, Band IV, Roman Herzog u.a. (Hrsg.), München 2012.

Maunz, Theodor / Dürig, Günter: Grundgesetz Kommentar, Art. 86–106 b, Band VI, Roman Herzog u.a. (Hrsg.), München 2012.

Mende, Boris: Grenzen privater Ermittlungen durch den Verletzten einer Straftat, Berlin 2001.

Mengel, Anja / Ullrich, Thilo: Arbeitsrechtliche Aspekte unternehmensinterner Investigations, Neue Zeitschrift für Arbeitsrecht 2006, S. 240–246.

Mengel, Anja: Compliance und Arbeitsrecht, Implementierung Durchsetzung – Organisation, München 2009.

Meyer-Goßner, Lutz: Strafprozessordnung mit GVG und Nebengesetzen, 54. Auflage, München 2011.

Michalke, Reinhart: Anmerkung zu LG Gießen, Beschluss v. 25.6.2012 – 7 Qs 100/12, Journal der Wirtschaftsstrafrechtlichen Vereinigung e.V. 2013, S. 104–107.

Milde, Oliver: Anmerkung zu LG Mannheim, Beschluss v. 3.7.2012 – 24 Qs 1, 2/12, Corporate Compliance Zeitschrift 2012, S. 78–80.

Momsen, Carsten: Internal Investigations zwischen arbeitsrechtlicher Mitwirkungspflicht und strafprozessualer Selbstbelastungsfreiheit, Zeitschrift für internationale Strafrechtsdogmatik 2011, S. 508–516.

Moosburger, H.: § 104 Abs. 2 AO – eine gesetzlich fixierte „Umgehung" des Schutzes von Berufsgeheimnissen?, Zeitschrift für Wirtschaft – Steuer – Strafrecht 1989, S. 252 – 256.

Moosmayer, Klaus (Hrsg.) / *Hartwig, Niels*: Interne Untersuchungen – Praxisleitfaden für Unternehmen, München 2012.

Moosmayer, Klaus: Compliance – Praxisleitfaden für Unternehmen, 2. Auflage, München 2012.

Moosmayer, Klaus: Modethema oder Pflichtprogramm guter Unternehmensführung? – Zehn Thesen zu Compliance, Neue Juristische Wochenschrift 2012, S. 3013–3017.

Mössner, Birte / Kerner, Matthias: Praxisbeitrag: Einführung konzernweiter Standards für die Geschäftspartner-Prüfung, Corporate Compliance Zeitschrift 2011, S. 182–184.

Münch, Ingo von / Kunig, Philip (Hrsg.): Grundgesetz-Kommentar, Band 1, Präambel, Art. 1–19, 6. Auflage, München 2012.

Münchener Handbuch des Arbeitsrechts, Reinhard Richardi u.a. (Hrsg.), Band 1, Individualarbeitsrecht, 3. Auflage, München 2009.

Münchener Handbuch des Gesellschaftsrechts, Michael Hoffmann-Becking (Hrsg.), Band 4, Aktiengesellschaft, München 2007.

Münchener Kommentar zum Aktiengesetz, Wulf Goette (Hrsg.), Band 2, §§ 76–117, 3. Auflage, München 2008.

Münchener Kommentar zum Bürgerlichen Gesetzbuch, Franz Jürgen Säcker u.a. (Hrsg.), Band 4, Schuldrecht, Besonderer Teil II, §§ 611–704, 6. Auflage, München 2012.

Münchener Kommentar zum Strafgesetzbuch, Wolfgang Joecks u.a. (Hrsg.), Band 1, §§ 1–37, 2. Auflage, München 2011.

Münchener Kommentar zum Strafgesetzbuch, Wolfgang Joecks u.a. (Hrsg.), Band 2, §§ 38–79b, 2. Auflage, München 2011.

Münchener Kommentar zum Strafgesetzbuch, Wolfgang Joecks u.a. (Hrsg.), Band 3, §§ 80–184g, 2. Auflage, München 2012.

Münchener Kommentar zum Strafgesetzbuch, Wolfgang Joecks u.a. (Hrsg.), Band 4, §§ 185–262, 2. Auflage, München 2012.

Münchener Kommentar zur Insolvenzordnung, Hans-Peter Kirchhof u.a. (Hrsg.), Band 1, §§ 1–102, 2. Auflage, München 2007.

Münchener Kommentar zur Zivilprozessordnung, mit Gerichtsverfassungsgesetz und Nebengesetzen, Thomas Rauscher u.a. (Hrsg.), Band 1, §§ 1–510c, 3. Auflage, München 2008.

Naucke, Wolfgang: Christliche, aufklärerische und wissenschaftstheoretische Begründung des Strafrechts (Luther-Beccaria-Kant), in: Christentum und modernes Recht – Beiträge zum Problem der Säkularisierung, Gerhard Dilcher u.a. (Hrsg.), Frankfurt am Main 1984, S. 213–221.

Naucke, Wolfgang: Die Aushöhlung der strafrechtlichen Gesetzlichkeit durch den relativistischen, politisch aufgeladenen strafrechtlichen Positivismus, in: Vom unmöglichen Zustand des Strafrechts, Institut für Kriminalwissenschaften Frankfurt am Main (Hrsg.), Frankfurt am Main 1995, S. 483–498.

Naucke, Wolfgang: Die Kriminalpolitik des Marburger Programms 1882, Zeitschrift für das gesamte Strafrecht, Band 94 (1982), S. 524–564.

Naucke, Wolfgang: Kant und die psychologische Zwangstheorie Feuerbachs, Hamburg 1962.

Naucke, Wolfgang: Schwerpunktverlagerung im Strafrecht, Kritische Vierteljahresschrift für Gesetzgebung und Rechtswissenschaft 1993, S. 135–162.

Naucke, Wolfgang: Strafrecht – Eine Einführung, 10. Auflage, Neuwied 2002.

Naucke, Wolfgang: Über die Zerbrechlichkeit des rechtsstaatlichen Strafrechts, Kritische Vierteljahresschrift für Gesetzgebung und Rechtswissenschaft 1990, S. 244–259.

Navrotska, Vira / Lashchuk, Nataliya: Umkehr der Beweisregel (Nemo-tenetur se ipso accusare) bei Machtmissbrauch von Amtsträgern, in: Der eigene Weg in die Ukraine, Peter-Alexis Albrecht u.a. (Hrsg.), S. 181–182.

Neuhaus, Ralf: Compliance-Systeme und Vorfeldermittlungen, in: Die Finanzkrise, das Wirtschaftsstrafrecht und die Moral, Eberhard Kempf u.a. (Hrsg.), Berlin 2010.

Nietzer, Wolf: Die rechtliche Behandlung von Schmiergeldzahlungen in den USA („Foreign Corrupt Practices Act") und Deutschland, Internationales Steuerrecht – Zeitschrift für europäische und internationale Steuer und Wirtschaftsberatung 1998, S. 187 – 189.

Nomos Kommentar Strafgesetzbuch, Urs Kindhäuser u.a. (Hrsg.), Allgemeiner Teil, Band 1, §§ 1–79b, 4. Auflage, Baden-Baden 2013.

Nomos Kommentar Strafgesetzbuch, Urs Kindhäuser u.a. (Hrsg.), Besonderer Teil, Band 3, §§ 232–358, 4. Auflage, Baden-Baden 2013.

Nothhelfer, Martin: Die Freiheit von Selbstbezichtigungszwang – Verfassungsrechtliche Grundlagen und einfachgesetzliche Ausformung, Heidelberg 1989.

Ostermeyer, Helmut: Der schweigende Beschuldigte, Neue Juristische Wochenschrift 1967, S. 915–917.

Otto, Harro: Grenzen und Tragweite der Beweisverbote im Strafverfahren, Goltdammer´s Archiv für Strafrecht 1970, S. 289–305.

Paeffgen, Hans-Ullrich: Vorüberlegungen zu einer Dogmatik des Untersuchungshaft-Rechts, München 1986.

Pahlke, Anne-Kathrin: Risikomanagement nach KonTraG – Überwachungspflichten und Haftungsrisiken für den Aufsichtsrat, Neue Juristische Wochenschrift 2002, 1680–1688.

Palandt, Otto: Bürgerliches Gesetzbuch, 71. Auflage, München 2012.

Park, Tido: Kapitalmarktstrafrecht – Straftaten, Ordnungswidrigkeiten, Finanzaufsicht, Compliance, 3. Auflage, Baden-Baden 2013.

Partsch, Christoph: The Foreign Corrupt Practices Act (FCPA) der USA – Das amerikanische Bestechungsverbot und seine Auswirkungen auf Deutschland, Berlin 2007.

Peters, Hans: Die freie Entfaltung der Persönlichkeit als Verfassungsziel, in: Gegenwartsprobleme des internationalen Rechtes und der Rechtsphilosophie, Festschrift für Rudolph Laun zu seinem 70. Geburtstag, D.S. Constantopoulos u.a. (Hrsg.), Hamburg 1953, S. 669–678.

Peters, Karl: Literaturbericht – Gerichtswesen und Kriminalistik Teil II, Zeitschrift für die gesamte Strafrechtswissenschaft, Band 91 (1979) S. 96–138.

Petry, Horst: Beweisverbote im Strafprozess, Darmstadt 1971.

Pfordte, Thilo: „Outsourcing of Investigations?“ Anwaltskanzleien als Ermittlungsgehilfen der Staatsanwaltschaft, in: Strafverteidigung im Rechtsstaat – 25 Jahre Arbeitsgemeinschaft Strafrecht des Deutschen Anwaltsvereins (Hrsg.), Baden-Baden 2009, S. 740–758.

Polley, Romina / Kuhn, Tilman / Wegmann, Henning: Kölner Schrift zum Wirtschaftsrecht 2012, S. 206–217.

Powilleit, Simone: Compliance im Unternehmen: Rechtliches Risikomanagement als Wertschöpfungsfaktor, Gesellschafts- und Wirtschaftsrecht 2010, S. 28–31.

Prasch, Volker: Die List in der Vernehmung und Befragung des Beschuldigten – Zugleich ein Beitrag zur Auslegung des Täuschungsverbots des § 136a StPO, Köln 2002.

Prittwitz, Cornelius: Die Rechtsstellung – insbesondere Garantenstellung – von Compliance-Beauftragten, in: Compliance und Strafrecht, Lothar Kuhlen (Hrsg.), Heidelberg 2013, S. 125–135.

Püschel, Christof: Das Verwendungsverbot des § 97 Abs. 1 S. 3 InsO und seine Folgen für die Verteidigung in Insolvenzstrafverfahren, in: Strafverteidigung im Rechtsstaat – 25 Jahre Arbeitsgemeinschaft Strafrecht des Deutschen Anwaltsvereins (Hrsg.), Baden-Baden 2009, S. 759–772.

Rathgeber, Christian: Criminal Compliance – Kriminalpräventive Organisations- und Aufsichtspflichten am Beispiel der Wirtschaftskorruption, Baden-Baden 2012.

Rau, Charlotte: Compliance und Unternehmensverantwortlichkeit – materiellrechtliche Fragen der sanktionsrechtlichen Unternehmensverantwortlichkeit unter Berücksichtigung von Compliance-Maßnahmen, Frankfurt am Main 2012.

Raum, Rolf: Die Verwertung unternehmensinterner Ermittlungen, Strafverteidiger Forum 2012, S. 395–399.

Raus, Nadja / Lützeler, Martin: Berichtspflicht des Compliance Officers – zwischen interner Eskalation und externer Anzeige, Corporate Compliance Zeitschrift 2012, S. 96–101.

Regelin, Peter / Fisher, Raymond: Zum Stand der Umsetzung des Sarbanes-Oxley Act aus deutscher Sicht, Internationales Steuerrecht 2003, S. 276–288.

Reichert, Jochem / Ott, Nicolas: Non Compliance in der AG – Vorstandspflichten im Zusammenhang mit der Vermeidung, Aufklärung und Sanktionierung von Rechtsverstößen, Zeitschrift für Wirtschaftsrecht 2009, S. 2173–2180.

Reichert-Hammer, Hansjörg: Zur Fernwirkung von Beweisverwertungsverboten (136a StPO) – BGHSt 34, 362, Juristische Schulung 1989, S. 446–450.

Reinecke, Jan: Die Fernwirkung von Beweisverwertungsverboten, München 1990.

Reischl, Klaus: Insolvenzrecht, 2. Auflage, Heidelberg 2011.

Reiß, Wolfram: Besteuerungsverfahren und Strafverfahren – Zugleich ein Beitrag zur Bedeutung des Grundsatzes von nemo tenetur se ipsum prodere im Besteuerungsverfahren, Köln 1987.

Richter, Hans: Auskunfts-und Mitteilungspflichten nach §§ 20, 97 Abs.1 ff. InsO, Zeitschrift für Wirtschafts- und Steuerstrafrecht 2001, S. 1–5.

Rieble, Volker: Schuldrechtliche Zeugenpflicht von Mitarbeitern, Zeitschrift für Wirtschaftsrecht 2003, S. 1273–1283.

Rödiger, Katja: Strafverfolgung von Unternehmen, Internal Investigations und strafrechtliche Verwertbarkeit von „Mitarbeitergeständnissen" – Untersuchung am Beispiel der Siemens-Korruptionsaffäre, Frankfurt am Main 2012.

Rogall Klaus: Grund und Grenzen des strafrechtlichen Selbstbegünstigungsprinzips auf der Basis eines generalpräventiv-funktionalen Schuldmodells, Rezension der Dissertation von Hartmut Schneider, Strafverteidiger 1996, S. 63–68.

Rogall, Klaus: „Abwägungen" im Recht der Beweisverbote, in: Festschrift für Ernst-Walter Hanack, Udo, Ebert u.a. (Hrsg.), Berlin 1999, S. 293–309.

Rogall, Klaus: Anmerkung zu BGH, Beschluss v. 12. 1. 2005 – 5 StR 191/04, Neue Zeitschrift für Strafrecht 2006, S. 41–44.

Rogall, Klaus: Beweisverbote im System des deutschen und amerikanischen Strafverfahrensrechts, in: Zur Theorie und Systematik des Strafprozessrechts, Symposium zu Ehren von Hans-Joachim Rudolphi, Jürgen Woltes (Hrsg.), Berlin 1995, S. 113–160.

Rogall, Klaus: Das Verwendungsverbot des § 393 II AO, in: Festschrift für Günther Kohlmann zum 70. Geburtstag, Hans J. Hirsch u.a. (Hrsg.), Köln 2003, S. 465–498.

Rogall, Klaus: Der Beschuldigte als Beweismittel gegen sich selbst – Ein Beitrag zur Geltung des Satzes „Nemo tenetur seipsum prodere" im Strafprozess, Berlin 1977.

Rogall, Klaus: Gegenwärtiger Stand und Entwicklungstendenzen der Lehre von den strafprozessualen Beweisverboten, Zeitschrift für die gesamte Strafrechtswissenschaft, Band 91 (1979) S. 1–44.

Rogall, Klaus: Hypothetische Ermittlungsverläufe im Strafprozess – Ein Beitrag zur Lehre der Beweiserhebungs- und Beweisverwertungsverbote, Neue Zeitschrift für Strafrecht 1988, S. 385–393.

Rogall, Klaus: Zur Lehre von den Beweisverboten, in: Festschrift für Gerald Grünwald, Erich Samson u.a. (Hrsg.), Baden-Baden 1999, S. 523–548.

Rogall, Klaus: Zur Verwertbarkeit der Aussage einer noch nicht beschuldigten Person, Monatsschrift für Deutsches Recht 1977, S. 978–980.

Röhl, Klaus / Röhl, Hans Christian: Allgemeine Rechtslehre – Ein Lehrbuch, 3. Auflage, München 2008.

Rohlf, Dietwalt: Der grundrechtliche Schutz der Privatsphäre – Zugleich ein Beitrag zur Dogmatik des Art. 2 Abs. 1 GG, Berlin 1980.

Rosen, Rüdiger von: Internal Investigations bei Compliance-Verstößen – Praxisleitfaden für die Unternehmensführung, Studien des Deutschen Aktieninstituts, Heft 48, Frankfurt am Main 2010.

Rotsch, Thomas: Compliance und Strafrecht – Konsequenzen einer Neuentdeckung, in: Recht – Wirtschaft – Strafe, Festschrift für Erich Samson zum 70. Geburtstag, Wolfgang Joecks u.a.(Hrsg.), Heidelberg 2012, S. 141–160.

Rotsch, Thomas: Criminal Compliance, Zeitschrift für Internationale Strafrechtsdogmatik 2010, S. 614–617.

Rotsch, Thomas: Wider die Garantenpflicht des Compliance-Beauftragten, in: Festschrift für Imme Roxin zum 75. Geburtstag, Lorenz Schulz u.a. (Hrsg.), S. 485–500, Heidelberg 2012.

Rousseau, Jean-Jaques: Vom Gesellschaftsvertrag oder Grundsätze des Staatsrechts (1762), Reclam, Stuttgart 1977.

Roxin, Imme: Probleme und Strategien der Compliance-Begleitung in Unternehmen, Strafverteidiger 2012, S. 116–121.

Roxin, Claus / Schünemann, Bernd: Strafverfahrensrecht, 27. Auflage, München 2012.

Roxin, Claus: Zum Hörfallen-Beschluss des Großen Senats für Strafsachen, Neue Zeitschrift für Strafrecht 1997, S. 18–21.

Rudkowski, Lena: Die Aufklärung von Compliance-Verstößen durch „Interviews“, Neue Zeitschrift für Arbeitsrecht 2011, S. 612–615.

Rudolphi, Hans-Joachim: Die Revisibilität von Verfahrensmängeln im Strafprozess, Monatsschrift für Deutsches Recht 1970, S. 93–100.

Ruhmannseder, Felix: Unternehmensinterne Ermittlungen – rechtliche Fallstricke in Deutschland und Österreich, in: Festschrift für Imme Roxin zum 75. Geburtstag, Lorenz Schulz u.a. (Hrsg.), S. 501–520, Heidelberg 2012.

Rüping, Hinrich: Der Grundsatz des rechtlichen Gehörs und seine Bedeutung im Strafverfahren, Berlin 1976.

Rüthers, Bernd / Fischer, Christian / Birk, Axel: Rechtstheorie mit Juristischer Methodenlehre, 6. Auflage, München 2011.

Rzepka, Dorothea: Zur Fairness im deutschen Strafverfahren, Frankfurt am Main 2000.

Sahan, Oliver: Keine Steuererklärungspflicht bei Gefahr strafrechtlicher Selbstbelastung – Renaissance des „nemo-tenetur“ vor dem Hintergrund des Steuerverkürzungsbekämpfungsgesetz und der neuen BGH-Rechtsprechung, Köln 2006.

Sahan, Oliver: Unternehmensinterne Untersuchungen als rechtsanwaltliche Perspektive, in: Compliance und Strafrecht, Lothar Kuhlen (Hrsg.), Baden-Baden 2013, S. 171–183.

Samson, Erich / Langrock, Marc: Bekämpfung von Wirtschaftskriminalität im und durch Unternehmen, Der Betrieb 2007, S. 1684–1689.

Sänger, Marc: Whistleblowing in der börsennotierten Aktiengesellschaft, Frankfurt am Main 2011.

Saucken, Alexander von: Anmerkung zu LG Mannheim, Beschluss v. 3.7.2012 – 24 Qs 1/12, Journal der Wirtschaftsstrafrechtlichen Vereinigung e.V. 2013, S. 30–33.

Sautter, Bruno: Die Pflicht zur Duldung von Körperuntersuchungen nach § 372a ZPO – Zugleich ein Beitrag zur Verfassungsmäßigkeit des § 81a StPO, Archiv für die civilistische Praxis 1962, 161. Band, S. 215–269.

Schlüter, Jan: Die Strafbarkeit von Unternehmen in einer prozessualen Betrachtung, Frankfurt am Main 2000.

Schmidt, Eberhard: Ärztliche Mitwirkung bei Untersuchungen und Eingriffen nach StPO §§ 81a und 81c, Monatsschrift für deutsches Recht 1970, S. 461–465.

Schmidt, Eberhard: Der Strafprozess – Aktuelles und Zeitloses, Neue Juristische Wochenschrift 1969, S. 1137–1146.

Schmitz, Walter: Tatgeschehen, Zeugen und Polizei, Wiesbaden 1978.

Schneider, David: Die arbeitsrechtliche Implementierung von Compliance- und Ethikrichtlinien, Baden-Baden 2009.

Schneider, Hartmut: Grund und Grenzen des strafrechtlichen Selbstbegünstigungsprinzips auf Basis eines generalpräventiv-funktionalen Schuldmodells, Berlin 1991.

Schneider, Uwe H.: Compliance als Aufgabe der Unternehmensleitung, Zeitschrift für Wirtschaftsrecht 2003, S. 645–650.

Scholler, Heinrich J.: Die Freiheit des Gewissens, Berlin 1958.

Schönke, Adolf / Schröder, Horst: Strafgesetzbuch Kommentar, 28. Auflage, München 2010.

Schröder, Svenja: Beweisverwertungsverbote und die Hypothese rechtmäßiger Beweiserlangung im Strafprozess, Berlin 1992.

Schroeder, Friedrich-Christian / Verrel, Torsten: Strafprozessrecht, 5. Auflage, München 2011.

Schroth, Hans-Jürgen: Der Vorhalt eigener protokollierter Aussagen an den Angeklagten, Zeitschrift für die gesamte Strafrechtswissenschaft, Band 87 (1975) S. 103–131.

Schulz, Stephan / Kuhnke, Michael: Insider-Compliance-Richtlinien als Baustein eines umfassenden Compliance-Konzeptes, Betriebsberater 2012, 143–150.

Schürrle, Thomas / Olbers, Lucie Anne Mary: Compliance-Verantwortung in der AG – Praktische Empfehlungen zur Haftungsbegrenzung an Vorstände und Aufsichtsräte, Corporate Compliance Zeitschrift 2010, S. 102–107.

Schuster, Frank Peter: Anmerkung zu LG Hamburg, Beschluss v. 15.10.2010 – 608 Qs 18/10, Neue Zeitschrift für Wirtschafts-, Steuer- und Unternehmensstrafrecht, 2012, S. 26–30.

Schwark, Eberhard / Zimmer, Daniel: Kapitalmarktrechts-Kommentar, Börsengesetz mit Börsenzulassungsverordnung, Wertpapierprospektgesetz, Verkaufsprospektgesetz mit Vermögensanlagen-Verkaufsprospektverordnung, Wertpapierhandelsgesetz, Wertpapiererwerbs- und Übernahmegesetz, 4. Auflage 2010.

Schwedhelm, Rolf: Tax Compliance – mehr als ein Trend? – Im Spannungsfeld zwischen Haftungsvermeidung und Steueroptiminierung, Anwaltsblatt 2009, S. 90–93.

Sidhu, Karl / von Saucken, Alexander / Ruhmannseder, Felix: Der Unternehmensanwalt im Strafrecht und die Lösung von Interessenkonflikten, Neue Juristische Wochenschrift 2011, S. 881–884.

Sieber, Ulrich: Compliance-Programme im Unternehmensstrafrecht, in: Strafrecht und Wirtschaftsstrafrecht – Dogmatik, Rechtsvergleich, Rechtstatsachen, Sieber Ulrich u.a. (Hrsg.), Festschrift für Klaus Tiedemann zum 70. Geburtstag, München 2008, S. 449–484.

Simon, Oliver / Schilling, Jan Moritz: Kündigung wegen Whistleblowing?, Betriebsberater 2011, S. 2421–2428.

Sinner, Stefan: Der Vertragsgedanke im Strafprozessrecht, Frankfurt 1999.

Spendel, Günter:, Beweisverbote im Strafprozessrecht, Neue Juristische Wochenschrift 1966, S. 1102–1108.

Spindler, Gerald / Stilz, Eberhard (Hrsg.): Kommentar zum Aktiengesetz, Band 1, §§ 1 – 149, 2. Auflage, München 2010.

Staudinger, Julius von: Kommentar zum Bürgerlichen Gesetzbuch mit Einführungsgesetz und Nebengesetzen, Buch 2, Recht der Schuldverhältnisse, Berlin 2011.

Staudinger, Julius von: Kommentar zum Bürgerlichen Gesetzbuch mit Einführungsgesetz und Nebengesetzen, Buch 1, Allgemeiner Teil, Berlin 2013.

Steuerstrafrecht, mit Zoll- und Verbrauchsteuerstrafrecht, Wolfgang Joecks u.a. (Hrsg.), §§ 369–412 AO, § 32 ZollVG, 7. Auflage, München 2009.

Störmer, Rainer: Dogmatische Grundlagen der Verwertungsverbote – Eine Untersuchung über die Strukturen strafprozessualer Verwertungsverbote unter dem Einfluss der Verfassung und der Grundsätze des öffentlichen Rechts, Marburg 1992.

Strauch, Mark: Der Sarbanes-Oxley Act und die Entwicklung im US-Aufsichtsrecht, Neue Zeitschrift für Gesellschaftsrecht 2003, S. 952–956.

Stree, Walter: Schweigen des Beschuldigten im Strafverfahren, Juristenzeitung 1966, S. 593–600.

Stürner, Rolf: Strafrechtliche Selbstbelastung und verfahrensförmige Wahrheitsermittlung, Neue Juristische Wochenschrift 1981, S. 1757–1763.

Systematischer Kommentar zur Strafprozessordnung, mit GVG und EMRK, Jürgen Wolter (Hrsg.), Band X, 4. Auflage, Köln 2012.

Systematischer Kommentar zur Strafprozessordnung, mit GVG und EMRK, Jürgen Wolter (Hrsg.), Band II, §§ 94–136a StPO, 4. Auflage, Köln 2010.

Systematischer Kommentar zur Strafprozessordnung, mit GVG und EMRK, Jürgen Wolter (Hrsg.), Band V, §§ 246a – 295 StPO, 4. Auflage, Köln 2012.

Szesny, André-M.: Anmerkung zu LG Hamburg, Beschluss v. 15.10.2010 – 608 Qs 18/10, Gesellschafts- und Wirtschaftsrecht 2011, S. 169.

Talaska, Peter: Mitwirkungspflichten des Steuerpflichtigen im Spannungsfeld von Besteuerungs- und Steuerstrafverfahren, Frankfurt am Main 2006.

Taschke, Jürgen: Zur Entwicklung der Verfolgung von Wirtschaftsstrafsachen in der Bundesrepublik Deutschland – Teil 3: Auf dem Weg zur Privatisierung der Strafverfolgung, Neue Zeitschrift für Wirtschafts-, Steuer- und Unternehmensstrafrecht 2013, S. 89–94.

Tetzlaff, Christian: Unzugänglichmachung des Insolvenzeröffnungsgutachtens für die Staatsanwaltschaft? Erwiderung auf Hohnel, NZI 2005, 152, Neue Zeitschrift für das Recht der Insolvenz und Sanierung 2005, S. 315–317.

Theile, Hans: „Internal Investigations“ und Selbstbelastung – Zum Verantwortungstransfer bei Akkumulation privater und staatlicher Ermittlungen, Strafverteidiger 2011, S. 381–386.

Thum, Kai: Beschlagnahmefreiheit von Verteidigungsunterlagen, Onlinezeitschrift für Höchstrichterliche Rechtsprechung zum Strafrecht 2012, S. 535–540.

Timm, Frauke: Tagungsbericht: 2. Tagung des CCC – Center for Criminal Compliance: „Criminal Compliance vor den Aufgaben der Zukunft“ am 7./8.12.2012 in Gießen, Zeitschrift für Internationale Strafrechtsdogmatik 2013, S. 249–256.

Tscherwinka, Ralf: Interne Ermittlungen zwischen Selbstbelastung des Arbeitnehmers und Fürsorgepflicht des Arbeitgebers, in: Festschrift für Imme Roxin zum 75. Geburtstag, Lorenz Schulz u.a. (Hrsg.), Heidelberg 2012, S. 521–536.

Uhlenbruck, Wilhelm (Hrsg.): Insolvenzordnung Kommentar, 13. Auflage, München 2010.

Uhlenbruck, Wilhelm: Auskunfts- und Mitwirkungspflichten des Schuldners und seiner organschaftlichen Vertreter im Insolvenzverfahren, Neue Zeitschrift für das Recht der Insolvenz und Sanierung 2002, S. 401–406.

Verhandlungen des siebenundsechzigsten Deutschen Juristentages Erfurt 2008, Ständige Deputation des Deutschen Juristentages (Hrsg.), Band II/2, Sitzungsberichte – Diskussionen und Beschlussfassung, München 2008.

Verhandlungen des siebenundsechzigsten Deutschen Juristentages Erfurt 2008, Ständige Deputation des Deutschen Juristentages (Hrsg.), Band I, Gutachten, München 2008.

Verrel, Torsten: Nemo tenetur – Rekonstruktion eines Verfahrensgrundsatzes – 1.Teil, Neue Zeitschrift für Strafrecht 1997, S. 361–365.

Vogelgesang, Klaus: Grundrecht auf informationelle Selbstbestimmung?, Baden-Baden 1987.

Vogt, Volker: Compliance und Investigations – Zehn Fragen aus Sicht der arbeitsrechtlichen Praxis, Neue Juristische Online-Zeitschrift 2009, S. 4206–4220.

Wabnitz, Heinz-Bernd / Janovsky Thomas: Handbuch des Wirtschafts- und Steuerstrafrechts, München 2007.

Wagner, Jens: „Internal Investigations" und ihre Verankerung im Recht der AG, Corporate Compliance Zeitschrift 2009, S. 8–17.

Walisch, Wildried B.: Organisatorische Prävention gegen strafrechtliche Haftung deutscher Unternehmen und ihrer Leitung nach US-Recht, Berlin 2004.

Warneke, Nikolai: Die Garantenstellung des Compliance- Beauftragten, Neue Zeitschrift für Strafrecht 2010, S. 312–317.

Wastl, Ulrich / Litzka, Philippe / Pusch, Martin: SEC-Ermittlungen in Deutschland – eine Umgehung rechtsstaatlicher Mindeststandards!, Neue Zeitschrift für Strafrecht 2009, S. 68–74.

Wastl, Ulrich: Zwischenruf Privatisierung staatsanwaltschaftlicher Ermittlungen, Zeitschrift für Rechtspolitik 2011, S. 57–58.

Wehnert, Anne: SEC: Kapitulation vor der (un)heimlichen Übermacht?, in: Festschrift für Egon Müller zum 70. Geburtstag, Eberhard Wahle (Hrsg.), Baden-Baden 2008, S. 729–737.

Weigend, Thomas: Unverzichtbares im Strafverfahrensrecht, Zeitschrift für die gesamte Strafrechtswissenschaft, Band 113 (2001) S. 271–304.

Wessels, Johannes: Schweigen und Leugnen im Strafverfahren, Juristische Schulung 1966, S. 169–176.

Wessing, Jürgen: Der Unternehmensverteidiger, in: Festschrift für Volkmar Mehle zum 65. Geburtstag, Stefan Hiebl (Hrsg.), Baden-Baden 2009, S. 665–686.

Weßlau, Edda: Informationsbeherrschungsrechte im Strafprozess, Dogmatische Grundlagen individualrechtlicher Beweisverbote, Strafverteidiger 1995, S. 278–280.

Westpfahl, Marion: Mündlicher Beitrag, Verhandlungen des siebenundsechzigsten Deutschen Juristentages Erfurt 2008, Ständige Deputation des Deutschen Juristentages (Hrsg.), Band II/2, Sitzungsberichte – Diskussionen und Beschlussfassung, München 2008, L 128–130.

Wewerka, Frederike: Internal Investigations – Private Ermittlungen im Spannungsfeld von strafprozessualen Grundsätzen und Anforderungen eines globalisierten Wirtschaftsstrafverfahrens – eine Problemanalyse unter besonderer Berücksichtigung des Falles Siemens, Frankfurt am Main 2012.

Wieland, Josef: Unternehmensethik und Compliance Management – Zwei Seiten einer Medaille, Corporate Compliance Zeitschrift 2008, S. 15–17.

Wimmer, Renate: „Gesetzliche Privilegierung" von internal investigations durch externe Kanzleien? – Anmerkung zu LG Mannheim vom 03.07.2012–24 Qs 1/12 / 24 Qs 2/12 und zu v. Saucken, WiJ 2013, 30 ff., Journal der Wirtschaftsstrafrechtlichen Vereinigung e.V. 2013, S. 102–104.

Wimmer, Renate: Die Verwertung unternehmensinterner Untersuchungen, in: Festschrift für Imme Roxin zum 75. Geburtstag, Lorenz Schulz u.a. (Hrsg.), S. 537–552, Heidelberg 2012.

Winterhoff, Christian: Kanzleidurchsuchungen im Lichte von Grund- und Menschenrechten, Die Rechtslage nach der Reform von § 160a StPO – Mandantenschutz weiter verbessern, Anwaltsblatt 2011, S. 789–799.

Wintrich, Josef M.: Zur Problematik der Grundrechte, Köln 1979.

Wintrich, Josef: Über Eigenart und Methode verfassungsgerichtlicher Rechtsprechung, in: Verfassung und Verwaltung in Theorie und Wirklichkeit, Festschrift für Wilhelm Laforet anlässlich seines 75. Geburtstages, München 1952, S. 227–249.

Wirth, Christian / Paul, Frederik: Organisationspflichten nach § 64 a VAG – beginnende Vereinheitlichung der Organisationspflichten in der Finanzwirtschaft, Corporate Compliance Zeitschrift 2010, S. 95–102.

Wolff, Heinrich Amadeus: Selbstbelastung und Verfahrenstrennung – Das Verbot des Zwangs zur aktiven Mitwirkung am eigenen Strafverfahren und seine Ausstrahlungswirkung auf die gesetzlichen Mitwirkungspflichten des Verwaltungsrechts, Berlin 1997.

Zieschang, Frank: Das EU-Bestechungsgesetz und das Gesetz zur Bekämpfung internationaler Bestechung, Neue Juristische Wochenschrift 1999, S. 105–107.

Internetangaben (Abrufdatum 29.1.2014)

Ad-hoc Meldung der Siemens AG v. 15.12.2008, http://www.siemens.com/investor/pool/de/investor_relations/finanzpublikationen/ad_hoc_meldungen/20081215_settlement_deu.pdf.

Unternehmensweites Risikomanagement – Übergreifendes Rahmenwerk, Committee of Sponsoring Organizations of the Threadway Commission (COSO), http://www.coso.org/documents/COSO_ERM_ExecutiveSummary_German.pdf.

Code of Conduct für Siemens Lieferanten, https://w9.siemens.com/cms/supply-chain-management/en/supplier-at-siemens/download-center/Documents/code-of-conduct/coc-german.pdf.

„Tell-us"-Helpdesk der Siemens AG, http://www.siemens.com/sustainability/de/themenfelder/compliance/managementansatz/compliance-helpdesk.htm.

Siemens Nachhaltigkeitsbericht 2012, http://www.siemens.com/sustainability/pool/de/nachhaltigkeitsreporting/siemens-nb2012.pdf.

Leitlinien zum United Kindom Bribery Act, http://www.justice.gov.uk/downloads/legislation/bribery-act-2010-guidance.pdf.

Compliance und Unternehmenskultur 2010, Zur aktuellen Situation in deutschen Großunternehmen 2010, PricewaterhouseCoopers und Martin-Luther-Universität Halle-Wittenberg (Hrsg.), http://www.pwc.de/de/risiko-management/assets/studie_Compliance-und-Unternehmenskultur.pdf.

BRAK-Stellungnahme-Nr. 35/2010, Thesen der Bundesrechtsanwaltskammer zum Unternehmensanwalt im Strafrecht, November 2010, http://www.brak.de/zur-rechtspolitik/stellungnahmen-pdf/stellungnahmen-deutschland/2010/november/stellungnahme-der-brak-2010–35.pdf.

BRAK-Stellungnahme Nr. 46/2012, Stellungnahme der Bundesrechtsanwaltskammer zu Artikel 4 des Achten Gesetzes zur Änderung des Gesetzes gegen Wettbewerbsbeschränkungen (E-8. GWB-ÄndG) – Änderung der §§ 30, 130 des Gesetzes über Ordnungswidrigkeiten (OWiG), http://www.brak.de/zur-rechtspolitik/stellungnahmen-pdf/stellungnahmen-deutschland/2012/oktober/stellungnahme-der-brak-2012–46.pdf.

BRAK-Stellungnahme-Nr. 9/2013, Einführung einer Unternehmensstrafe, http://www.brak.de/zur-rechtspolitik/stellungnahmen-pdf/stellungnahmen-deutschland/2013/mai/stellungnahme-der-brak-2013–09.pdf.

Fall-Ergo, http://www.spiegel.de/wirtschaft/unternehmen/verhaltenskodex-ergo-vetreter-bekommen-neuen-regelkatalog-a-778145.html.

Compliance-Ergo, http://www.ergo.com/de/Unternehmen/Overview/Corporate-Governance/Compliance.

Compliance-Siemens, http://www.siemens.com/sustainability/de/themenfelder/compliance/managementansatz/vorbeugen.htm#toc-5.

Compliance-Deutsche Bahn, http://www.deutschebahn.com/de/konzern/compliance/team_und_aufgaben.html.

Compliance-MAN, http://www.man.eu/de/unternehmen/compliance/organisation/Organisation.html.

Global Compact der Vereinten Nationen – Zehn Prinzipien, http://www.unglobalcompact.org/AboutTheGC/TheTenPrinciples/index.html.

Corruption Perceptions Index 2013, Transparency International, http://www.transparency.org/cpi2013/results.

Hauptversammlung der Siemens AG am 25.01.2007, http://w1.siemens.com/press/pool/de/events/hauptversammlung/sie_hv_speech_cromme_1430860.pdf.

McNulty Memorandum,
http://www.justice.gov/dag/speeches/2006/mcnulty_memo.pdf.

Presseerklärung der Siemens AG v. 15.12.2008,
http://www.siemens.com/press/de/pressemitteilungen/index.php?content%5B%5D=CC&search=Suchbegriff&date-1-dd=15&date-1-mm=12&date-1=2008&date-2-dd=15&date-2-mm=12&date-2=2008&intern=1.

Presseerklärung der EU-Kommission v. 21.2.2007,
http://europa.eu/rapid/press-release_IP-07-209_de.htm.

Presseerklärung der EU-Kommission v. 4.12.2013,
http://europa.eu/rapid/press-release_IP-13-1208_de.htm.

FRANKFURTER KRIMINALWISSENSCHAFTLICHE STUDIEN

Band 1 Peter Böning: Die Lehre vom Unrechtsbewußtsein in der Rechtsphilosophie Hegels 100 S., 1978.

Band 2 Wolfgang Schneider: Kriminelle Straßenverkehrsgefährdung (§ 315c Abs. 1 Ziff. 2, Abs. 3 StGB). Eine kriminologische und strafrechtliche Untersuchung zur Problematik dieser Verkehrsstraftaten unter Berücksichtigung ausländischer Rechte. 342 S., 1978.

Band 3 Lothar Kuhlen: Die Objektivität von Rechtsnormen. Zur Kritik des radikalen labeling approach in der Kriminalsoziologie. 178 S., 1978.

Band 4 Günther Grewe: Straßenverkehrsdelinquenz und Marginalität. Untersuchungen zur institutionellen Regelung von Verhalten. 148 S., 1978.

Band 5 Dieter Haberstroh: Strafverfahren und Resozialisierung. Eine Studie über Verstehen und Nicht-Verstehen, über Verstanden-Werden und Nicht-Verstanden-Werden und deren Bedingungen in der Hauptverhandlung. 202 S., 1979.

Band 6 Thomas Vogt: Die Forderungen der psychoanalytischen Schulrichtungen für die Interpretation der Merkmale der Schuldunfähigkeit und der verminderten Schuldfähigkeit (§§ 51 a.F., 20, 21 StGB). 182 S., 1979.

Band 7 Andreas Michael: Der Grundsatz in dubio pro reo im Strafverfahrensrecht. Zugleich ein Beitrag über das Verhältnis von materiellem Recht und Prozeßrecht. 214 S., 1981.

Band 8 Ilias G. Anagnostopoulos: Haftgründe der Tatschwere und der Wiederholungsgefahr (§§ 112 Abs. 3, 112 a StPO). Kriminalpolitische und rechtssystematische Aspekte der Ausweitung des Haftrechts. 1984.

Band 9 Helga Müller: Der Begriff der Generalprävention im 19. Jahrhundert. Von P.J.A. Feuerbach bis Franz v. Liszt. 1984.

Band 10 Frowin Jörg Kurth: Das Mitverschulden des Opfers beim Betrug. 1984.

Band 11 Martin J. Worms: Die Bekenntnisbeschimpfung im Sinne des § 166 Abs. 1 StGB und die Lehre vom Rechtsgut. 1984.

Band 12 Jong-Dae Bae: Der Grundsatz der Verhältnismäßigkeit im Maßregelrecht des StGB. 1985.

Band 13 Helmut Fünfsinn: Der Aufbau des fahrlässigen Verletzungsdelikts durch Unterlassen im Strafrecht. 1985.

Band 14 Christoph Krehl: Die Ermittlung der Tatsachengrundlage zur Bemessung der Tagessatzhöhe bei der Geldstrafe. 1985.

Band 15 Walter-Hermann Kiehl: Strafrechtliche Toleranz wechselseitiger Ehrverletzungen - Zur ratio legis der §§ 199, 233 Strafgesetzbuch -. 1986.

Band 16 Matthias Krahl: Die Rechtsprechung des Bundesverfassungsgerichts und des Bundesgerichtshof zum Bestimmtheitsgrundsatz im Strafrecht (Art. 103 Abs. 2 GG). 1986.

Band 17 Patrick Carroll Campbell: § 220a StGB. Der richtige Weg zur Verhütung und Bestrafung von Genozid? 1986.

Band 18 Winfried Hassemer (Hrsg.): Strafrechtspolitik. Bedingungen der Strafrechtsreform. 1987.

Band 19 Felix Herzog: Prävention des Unrechts oder Manifestation des Rechts. Bausteine zur Überwindung des heteronom-präventiven Denkens in der Strafrechtstheorie der Moderne. 1987.

Band 20 Astrid Michalke-Detmering: Die Mindestanforderungen an die rechtliche Begründung des erstinstanzlichen Strafurteils. Zur Auslegung des § 267 StPO. 1987.

Band 21 Lothar Kuhlen: Die Unterscheidung von vorsatzausschließendem und nichtvorsatzausschließendem Irrtum. 1987.

Band 22 Michael Buttel: Kritik der Figur des Aufklärungsgehilfen im Betäubungsmittelstrafrecht (§ 31 BtMG). 1988.

Band 23 Matthias Kögler: Die zeitliche Unbestimmtheit freiheitsentziehender Sanktionen des Strafrechts. Eine vergleichende Untersuchung zur Rechtslage und Strafvollstreckungspraxis in der Bundesrepublik Deutschland und den USA. 1988.

Band 24 Klaus Lüderssen / Cornelius Nestler-Tremel / Ewa Weigend(Hrsg.): Modernes Strafrecht und ultima-ratio-Prinzip. 1990.

Band 25 Jürgen Taschke: Die behördliche Zurückhaltung von Beweismitteln im Strafprozeß. 1989.

Band 26 Daniela Westphalen: Karl Binding (1841-1920). Materialien zur Biographie eines Strafrechtsgelehrten. 1989.

Band 27 Sigrid Jans: Die Aushöhlung des Klageerzwingungsverfahrens. 1990.

Band 28 Dimitris Spirakos: Folter als Problem des Strafrechts. Kriminologische, kriminalsoziologische und (straf-)rechtsdogmatische Aspekte unter besonderer Berücksichtigung der Folterschutzkonvention und der Pönalisierung der Folter in Griechenland. 1990.

Band 29 Stephan Moll: Strafrechtliche Aspekte der Behandlung Opiatabhängiger mit Methadon und Codein. 1990.

Band 30 Stefan Werner: Wirtschaftsordnung und Wirtschaftsstrafrecht im Nationalsozialismus. 1991.

Band 31 Xanthi Bassakou: Beiträge zur Analyse und Reform des Absehens von Strafe nach § 60 StGB. 1991.

Band 32 Rainer Runte: Die Veränderung von Rechtfertigungsgründen durch Rechtsprechung und Lehre. Moderne Strafrechtsdogmatik zwischen Rechtsstaatsprinzip und Kriminalpolitik. 1991.

Band 33 Olaf Hohmann: Das Rechtsgut der Umweltdelikte. Grenzen des strafrechtlichen Umweltschutzes. 1991.

Band 34 Klaus Jochen Müller: Das Strafbefehlsverfahren (§§ 407 ff. StPO). Eine dogmatisch-kriminalpolitische Studie zu dieser Form des schriftlichen Verfahrens unter besonderer Berücksichtigung der geschichtlichen Entwicklung – zugleich ein Beitrag zum StVÄG 1987. 1993.

Band 35 Sang-Don Yi: Wortlautgrenze, Intersubjektivität und Kontexteinbettung. Das strafrechtliche Analogieverbot. 1991.

Band 36 Birgit Malsack: Die Stellung der Verteidigung im reformierten Strafprozeß. Eine rechtshistorische Studie anhand der Schriften von C. J. A. Mittermaier. 1992.

Band 37 Rüdiger Schäfer: Die Privilegierung des "freiwillig-positiven" Verhaltens des Delinquenten nach formell vollendeter Straftat. Zugleich ein Beitrag zum Grundgedanken des Rücktritts vom Versuch und zu den Straftheorien. 1992.

Band 38 Cornelius Nestler-Tremel: AIDS und Strafzumessung. 1992.

Band 39 Christine Gutmann: Freiwilligkeit und (Sozio-)Therapie – notwendige Verknüpfung oder Widerspruch? 1993.

Band 40 Walter Kargl: Der strafrechtliche Vorsatz auf der Basis der kognitiven Handlungstheorie. 1993.

Band 41 Jürgen Rath: Zur strafrechtlichen Behandlung der aberratio ictus und des error in objecto des Täters. 1993.

Band 42 Martin Fischer: Wille und Wirksamkeit. Eine Untersuchung zum Problem des *dolus alternativus*. 1993.

Band 43 Regina Harzer: Der Naturzustand als Denkfigur moderner praktischer Vernunft. Zugleich ein Beitrag zur Staats- und Rechtsphilosophie von Hobbes und Kant. 1994.

Band 44 Helmut Pollähne: Lockerungen im Maßregelvollzug. Eine Untersuchung am Beispiel der Anwendung des nordrhein-westfälischen Maßregelvollzugsgesetzes im Westfälischen Zentrum für Forensische Psychiatrie (Lippstadt). 1994.

Band 45 Hans-Joachim Leonhardt: Rechtsmittelermessen der Staatsanwaltschaft. Eine Gegenüberstellung von § 296 StPO mit Nummern 147 und 148 Richtlinien für das Strafverfahren und das Bußgeldverfahren (RiStBV). 1994.

Band 46 Rolf Grünebaum: Zur Strafbarkeit des Therapeuten im Maßregelvollzug bei fehlgeschlagenen Lockerungen. 1996.

Band 47 Barbara Bialas: Promille-Grenzen, Vorsatz und Fahrlässigkeit. 1996.

Band 48 Christine Pott: Die Außerkraftsetzung der Legalität durch das Opportunitätsdenken in den Vorschriften der §§ 154, 154a StPO. Zugleich ein Beitrag zu einer kritischen Strafverfahrensrechtstheorie. 1996.

Band 49 Wolfgang Köberer: *Iudex non calculat*. Über die Unmöglichkeit, Strafzumessung sozialwissenschaftlich-mathematisch zu rationalisieren. 1996.

Band 50 Institut für Kriminalwissenschaften Frankfurt a.M. (Hrsg.): Vom unmöglichen Zustand des Strafrechts. 1995.

Band 51 Petra Kamberger: Treu und Glauben (§ 242 BGB) als Garantenstellung im Strafrecht? 1996.

Band 52 Anastassios Triantafyllou: Das Delikt der gefährlichen Körperverletzung (§ 223a StGB) als Gefährdungsdelikt. (Zugleich ein Beitrag zur Dogmatik der Gefährdungsdelikte). 1996.

Band 53 Norbert Kissel: Aufrufe zum Ungehorsam und § 111 StGB. Grundrechtlicher Einfluß bei der Feststellung strafbaren Unrechts. 1996.

Band 54 Susanne Ehret: Franz von Liszt und das Gesetzlichkeitsprinzip. Zugleich ein Beitrag wider die Gleichsetzung von Magna-charta-Formel und Nullum-crimen-Grundsatz. 1996.

Band 55 Stefan Braum: Geschichte der Revision im Strafverfahren von 1877 bis zur Gegenwart. Zugleich eine Kritik der Kontinuität politischer Macht im Recht. 1996.

Band 56 Katja Diel: Das Regreßverbot als allgemeine Tatbestandsgrenze im Strafrecht. 1997.

Band 57 Christoph Koller: Die Staatsanwaltschaft – Organ der Judikative oder Exekutivbehörde? Die Stellung der Anklagebehörde und die Gewaltenteilung des Grundgesetzes. 1997.

Band 58 Frank Schößler: Anerkennung und Beleidigung. Rechtsgut und Strafzweck des § 185 StGB. 1997.

Band 59 Regina Engelstädter: Der Begriff des Unfallbeteiligten in § 142 Abs. 4 StGB. Zugleich eine Kritik an aktuellen Zurechnungslehren. 1997.

Band 60 Jörg Reinhardt: Der Ausschluß und die Ablehnung des befangen erscheinenden Staatsanwaltes. 1997.

Band 61 Jens Christian Müller-Tuckfeld: Integrationsprävention. Studien zu einer Theorie der gesellschaftlichen Funktion des Strafrechts. 1998.

Band 62 Peter Maria Rohe: Verdeckte Informationsgewinnung mit technischen Hilfsmitteln zur Bekämpfung der Organisierten Kriminalität. Zugleich eine rechtsvergleichende Analyse der polizeilichen Abhörbefugnisse in den U.S.A. 1998.

Band 63 Dirk Fabricius: Was ein Lehrbuch lehrt ... Eine exemplarische Untersuchung von Jakobs *Strafrecht – Allgemeiner Teil.* 1998.

Band 64 Stefan Sinner: Der Vertragsgedanke im Strafprozeßrecht. 1999.

Band 65 Sebastian Schattenfroh: Die Staatsphilosophie Giovanni Gentiles und die Versuche ihrer Verwirklichung im faschistischen Italien. 1999.

Band 66 Athanassia Dionyssopoulou: Der Tatbestand der Geldwäsche. Eine Analyse der dogmatischen Grundlagen des § 261 StGB. 1999.

Band 67 Klaus von Lampe: *Organized Crime.* Begriff und Theorie organisierter Kriminalität in den USA. 1999.

Band 68 Christian Hanssen: "Trennung der Märkte". Rechtsdogmatische und rechtspolitische Probleme einer Liberalisierung des Drogenstrafrechts. 1999.

Band 69 Institut für Kriminalwissenschaften und Rechtsphilosophie Frankfurt a.M. (Hrsg.): Irrwege der Strafgesetzgebung. 1999.

Band 70 Konstantinos Chatzikostas: Die Disponibilität des Rechtsgutes Leben in ihrer Bedeutung für die Probleme von Suizid und Euthanasie. 2000.

Band 71 Bettina Wirmer-Donos: Die Strafrechtstheorie Karl Christian Friedrich Krauses als theoretische Grundlage des spanischen Korrektionalismus. 2001.

Band 72 Christine Löw: Die Erkundigungspflicht beim Verbotsirrtum nach § 17 StGB. 2001.

Band 73 Florian Ufer: Der Verwertungswiderspruch in Theorie und Praxis. Prozessuale Obliegenheiten des Verteidigers und ihre Bedeutung für die Rechtsposition des Beschuldigten. 2002.

Band 74 Katja Melzer: Psychisch kranke Straftäterinnen. Frauen im Maßregelvollzug. 2001.

Band 75 Gregor Kuntze-Kaufhold: Lebenswelt und Unparteilichkeit. Kriterien für eine Rechtsanwendungslehre am Beispiel der Analyse von fünf Hauptverhandlungen in Strafverfahren. 2002.

Band 76 Iris Kristina Passek: Die erstinstanzliche Zuständigkeit der Oberlandesgerichte in Staatsschutzstrafsachen. Historische Entwicklung und aktuelle Probleme. 2002.

Band 77 Michael Krebs: Die Weisungsgebundenheit des Staatsanwalts unter besonderer Berücksichtigung des rechtstatsächlichen Aspekts. 2002.

Band 78 Kerstin Degenhardt: Europol und Strafprozeß. Die Europäisierung des Ermittlungsverfahrens. 2003.

Band 79 Domenico Siciliano: Das Leben des fliehenden Diebes: Ein strafrechtliches Politikum. 2., überarbeitete und ergänzte Auflage. 2013.

Band 80 Marc Colussi: Produzentenkriminalität und strafrechtliche Verantwortung. 2003.

Band 81 Thilo Lars Hild: Grenzen einer strafrechtlichen Regulierung des Kapitalmarktes. Eine kriminalrechtliche Untersuchung von Börsengängen und Aktienhandel in Deutschland und den USA. 2004.

Band 82 Philipp Rau: Schweigen als Indiz der Schuld. Ein Vergleich des deutschen und englischen Rechts zur Würdigung des Schweigens des Beschuldigten. 2004.

Band 83 Alexandra Pfeiffer: Die Regelung der Lebendorganspende im Transplantationsgesetz. 2004.

Band 84 Elena Fischer: Recht auf Sterben?! Ein Beitrag zur Reformdiskussion der Sterbehilfe in Deutschland unter besonderer Berücksichtigung der Frage nach der Übertragbarkeit des Holländischen Modells der Sterbehilfe in das deutsche Recht. 2004.

Band 85 Jörg Ziethen: Grundlagen probabilistischer Zurechnung im Strafrecht. 2004.

Band 86 Stefanie Schork: Ausgesprochen schuldig. Dogmatische und metadogmatische Untersuchungen zum Schuldspruch. 2005.

Band 87 Claudia Schubert: Verbotene Worte? Versuch einer Neubestimmung im Umgang mit rassistischen Äußerungen jenseits des Strafrechts. 2005.

Band 88 Ulfrid Neumann / Cornelius Prittwitz (Hrsg.): Kritik und Rechtfertigung des Strafrechts. 2005.

Band 89 Denis Basak: Die Zuständigkeitsregeln internationaler Strafgerichte und Art. 101 GG. Zum Verhältnis der deutschen Strafgerichtsbarkeit zu den Internationalen Tribunalen für Jugoslawien und Ruanda sowie zum Ständigen Internationalen Strafgerichtshof. 2005.

Band 90 Hsiao-Wen Wang: Der universale Strafanspruch des nationalen Staates. Eine Untersuchung über das Weltrechtsprinzip im Internationalen Strafrecht. 2005.

Band 91 Leonie Frenz: Faktizität des Rechts in der forensischen Psychiatrie. Eine Untersuchung im LKH Moringen. 2005.

Band 92 Eva-Maria Unger: Schutzlos ausgeliefert? Der Europäische Haftbefehl. Ein Beispiel für die Missachtung europäischer Bürgerrechte. 2005.

Band 93 Marcus Bastelberger: Die Legitimität des Strafrechts und der *moralische Staat*. Utilitaristische und retributivistische Strafrechtsbegründung und die rechtliche Verfassung der Freiheit. 2006.

Band 94 Marc Reiß: Rechtliche Aspekte der Präimplantationsdiagnostik. Unter besonderer Berücksichtigung der Rechte der von einem Verbot betroffenen Paare. 2006.

Band 95 Alexander Kolz: Einwilligung und Richtervorbehalt. 2006.

Band 96 Vasco Reuss: Eine Kritik der juristischen Vernunft. Rezeptionsversuche der Negativen Dialektik Adornos für die Dogmatik des Strafrechts. 2007.

Band 97 Lutz Eidam: Die strafprozessuale Selbstbelastungsfreiheit am Beginn des 21. Jahrhunderts. 2007.

Band 98 Christiane Rüdiger: Schutzinteresse und Deliktsstruktur der „Bestechungsdelikte" (§§ 331 ff. StGB). 2007.

Band 99 Urte Eisenhardt: Das nemo tenetur-Prinzip: Grenze körperlicher Untersuchungen beim Beschuldigten. Am Beispiel des § 81a StPO. 2007.

Band 100 Institut für Kriminalwissenschaften und Rechtsphilosophie Frankfurt a. M. (Hrsg.): Jenseits des rechtsstaatlichen Strafrechts. 2007.

Band 101 Nils Möckelmann: Die rechtliche, psychiatrische und gesellschaftliche Beurteilung jugendlicher Straftäter in der jüngeren deutschen Geschichte. Eine Analyse anhand zweier Strafverfahren mit Gutachten des Psychiaters Ernst Rüdin aus den Jahren 1915/1917 unter Berücksichtigung der Entwicklungen bis zur Gegenwart. 2007.

Band 102 Alexa Albrecht: Zur Erosion der Menschenrechte im demokratischen Rechtsstaat. Reaktionen der Systeme und der Zivilgesellschaft. 2007.

Band 103 Dirk Lange: Die politisch motivierte Tötung. 2007.

Band 104 Ulfrid Neumann / Cornelius Prittwitz (Hrsg.): „Personale Rechtsgutslehre" und „Opferorientierung im Strafrecht". 2007.

Band 105 Lisa Kathrin Sander: Grenzen instrumenteller Vernunft im Strafrecht. Eine Kritik der Präventionsdoktrin aus strafrechtsgeschichtlicher und empirischer Perspektive. 2007.

Band 106 Stephan Werner: Zur Notwendigkeit der Verteidigeranwesenheit während der polizeilichen Beschuldigtenvernehmung. 2008.

Band 107 Inti Schubert: Europol und der virtuelle Verdacht. Die Suspendierung des Rechts auf informationelle Selbstbestimmung. 2008.

Band 108 Bong-Jin Ko: Menschenwürde und Biostrafrecht bei der embryonalen Stammzellenforschung. 2008.

Band 109 Wanja Andreas Welke: Die Repersonalisierung des Rechtskonflikts. Zum gegenwärtigen Verhältnis von Straf- und Zivilrecht. 2008.

Band 110 Jan Helmrich: Die Berufung gewerblicher Sicherheitskräfte auf Notwehr und Nothilfe. Zugleich ein Beitrag zu den Grundlagen des Notwehr- und Nothilferechts. 2008.

Band 111 Alexander Köstler-Loewe: Strafrecht US-Style: „Three Strikes and You're Out!" Baseball, Rückfall und Kriminalpolitik? 2008.

Band 112 Christina Bott: Die Medienprivilegien im Strafprozess. Zeugnisverweigerungsrecht und Beschlagnahmeverbot zum Schutz der Medien im Strafverfahren. 2009.

Band 113 Mario Riechmann: Organisierte Kriminalität und Terrorismus. Zur Funktionalisierung von Bedrohungsszenarien beim Abbau eines rechtsstaatlichen Strafrechts. 2009.

Band 114 Dirk Simon: Präzeptoraler Sicherheitsstaat und Risikovorsorge. 2009.

Band 115 Stefan Kirsch: Der Begehungszusammenhang der Verbrechen gegen die Menschlichkeit. 2009.

Band 116 Heng-da Hsu: Zurechnungsgrundlage und Strafbarkeitsgrenze der Fahrlässigkeitsdelikte in der modernen Industriegesellschaft. 2009.

Band 117 Dennis Teschner: Die soziale Kontrolle im virtuellen Raum. Eine juristische, soziologische und soialpsychologische Untersuchung der Instrumentalisierbarkeit von Internetkriminalität. 2009.

Band 118 Daniel Schilling: Fragmentarisch oder umfassend? Wege strafrechtlichen Zugriffs bei der Veruntreuung fremden Vermögens am Beispiel des deutschen und des italienischen Untreuestrafrechts. 2009.

Band 119 Andreas Stüdemann: Die Entwicklung der zwischenstaatlichen Rechtshilfe in Strafsachen im nationalsozialistischen Deutschland zwischen 1933 und 1945. Kontinuität und Diskontinuität im Auslieferungsrecht am Beispiel der Rechtsentwicklung im NS-Staat. 2009.

Band 120 Matthias Achenbach: Strafrechtlicher Schutz des Wettbewerbs? Eine kritische Analyse von Sinn und Zweck der Straftatbestände zum Schutz des Wettbewerbs. 2009.

Band 121 Vera Backhaus: Der gesetzliche Richter im Staatsschutzstrafrecht. Zur Verfassungsmäßigkeit des § 120 Abs. 2 GVG. 2010.

Band 122 Verena Maria Brenneis: Rechtspolitische Implikationen von Gefährlichkeitsprognosen im Vollzug von Maßregeln nach § 63 StGB. Zum Subjektstatus von Eingewiesenen. 2010.

Band 123 Maike Hoenigs: Zur Existenzberechtigung des Straftatbestandes der Rechtsbeugung. Korrelat oder Widerspruch zur richterlichen Unabhängigkeit. 2010.

Band 124 Christine Würfel: Freiheit als Grundlage der Schuld. 2012.

Band 125 Charlotte Rau: Compliance und Unternehmensverantwortlichkeit. Materiellrechtliche Fragen der sanktionsrechtlichen Unternehmensverantwortlichkeit unter Berücksichtigung von Compliance-Maßnahmen. 2010.

Band 126 Marc Fornauf: Die Marginalisierung der Unabhängigkeit der Dritten Gewalt im System des Strafrechts. 2010.

Band 127 Sabine Benthin: Subventionspolitik und Subventionskriminalität. Zur Legitimität und Rationalität des Tatbestandes zum Subventionsbetrug (§ 264 StGB). 2011.

Band 128 Philipp Horrer: Bestechung durch deutsche Unternehmen im Ausland. Strafrechtsentwicklung und Probleme. 2011.

Band 129 Marianne Varwig: Zum Tatbestandsmerkmal des Vermögensschadens (§ 263 StGB). Eine kritische Untersuchung mittels der vier klassischen Auslegungsmethoden. 2011.

Band 130 Alexander Rieger: Verfassungsrechtliche Legitimationsgrundlagen richterlicher Unabhängigkeit. Zugleich eine Auseinandersetzung mit der Debatte um eine Selbstverwaltung der Justiz. 2011.

Band 131 Moritz von Schenck: Pönalisierung der Folter in Deutschland – de lege lata et ferneda. 2011.

Band 132 Kerstin Bohn: Der gesetzliche Richter als rechtsstaatstragendes Prinzip in europäischen Staaten. Eine Untersuchung der Fallzuteilung unter besonderer Berücksichtigung Englands. 2011.

Band 133 Cornelius Trendelenburg: Ultima ratio? Subsidiaritätswissenschaftliche Antworten am Beispiel der Strafbarkeit von Insiderhandel und Firmenbestattungen. 2011.

Band 134 Susana Campos Nave: Rechtsstaatliche Regeltreue? Corporate Compliance als zwingende Antwort des freiheitsliebenden Unternehmens im Wirtschaftsstrafrecht. 2012.

Band 135 Christine Ditscher: Europäische Beweise. Der Rahmenbeschluss über die Europäische Beweisanordnung zur Erlangung von Sachen, Schriftstücken und Daten zur Verwendung in Strafsachen. 2012.

Band 136 Fedor Brunner: Das Phänomen des Mietnomaden in der Rechtspraxis. Strukturelle Hintergründe, zivilrechtliche Mechanismen und Perspektiven. 2012.

Band 137 Konstantinos Diakonis: Die Geringfügigkeitsvorschriften als Teil der Problematik der Kollision zwischen primären und sekundären Prinzipien des Rechts. 2012.

Band 138 Gustavo Chan Mora: Kritik des Schuldbegriffs im Jugendstrafrecht. Eine metadogmatische Begründung des Schuldfähigkeits- und Verbotsirrtumsbegriffs. 2012.

Band 139 Julia Anna Bargenda: *Australian Law Reform Commission.* Ein Modell für Deutschland? 2012.

Band 140 Katharina Schermuly: Grenzen funktionaler Integration. Anforderungen an die Kontrolle europäischer Strafgesetzgebung durch den EuGH. 2013.

Band 141 Florian Conradi: Die Sicherungsverwahrung – Ausdruck einer zunehmenden Sicherheitsorientierung im Strafrecht? Die Entwicklung der Sicherungsverwahrung im Kontext des Spannungsverhältnisses von Freiheit und Sicherheit. 2013.

Band 142 Hyun Kyong Joo: Die positive Generalprävention im Straßenverkehr. 2013.

Band 143 Ulfrid Neumann / Cornelius Prittwitz / Paulo Abrão / Lauro Joppert Swensson Jr. / Marcelo D. Torelly (Hrsg.): Transitional Justice. Das Problem gerechter strafrechtlicher Vergangenheitsbewältigung. 2013.

Band 144 Frederico Figueiredo: Zur Möglichkeit des unmöglichen Strafrechts. Ein Versuch über die Dissonanz im System der ultima ratio. 2014.

Band 145 Moritz Bermel: Banken und Pflichten. Moderne Bankmanager und traditionelles Strafrecht. 2014.

Band 146 Björn Kruse: Compliance und Rechtsstaat. Zur Freiheit von Selbstbelastung bei Internal Investigations. 2014.

www.peterlang.com